近世ベトナムの政治と社会

上田 新也 著

大阪大学出版会

目　次

序　章
　第1節　検討対象とする政権、時代の呼称　　　　　　　1
　第2節　先行研究および史料について　　　　　　　　　5
　第3節　本書の視角　　　　　　　　　　　　　　　　18
　序章補　本書で扱う史料の書誌情報　　　　　　　　　20

第Ⅰ部　黎鄭政権の統治機構

第1章　17世紀黎鄭政権の国家機構
　　　　──鄭王府系組織の構築──　　　　　　　　　35

　はじめに　　　　　　　　　　　　　　　　　　　　　35
　第1節　17世紀黎朝朝廷の空洞化　　　　　　　　　　38
　第2節　17世紀黎鄭政権の軍事機構　　　　　　　　　44
　第3節　17世紀黎鄭政権の財政機構　　　　　　　　　50
　第4節　非例官署の設置　　　　　　　　　　　　　　56
　第5節　鄭棡の即位とその治世　　　　　　　　　　　67
　小結　　　　　　　　　　　　　　　　　　　　　　　76

第2章　鄭王府の財政機構 ── 18世紀の六番を中心に ── 　　78

　はじめに　　78
　第1節　禄社制の再整理　　80
　第2節　六番の職掌と組織　　85
　第3節　三番・六番における宦官の任用　　93
　第4節　地方における財政機構　　107
　小結　　114

第3章　黎鄭政権の官僚機構 ── 18世紀の鄭王府と差遣 ── 　　117

　はじめに　　117
　第1節　黎鄭政権における差遣概念　　118
　第2節　差遣元の黎朝系官職の検討　　128
　第3節　黎鄭政権における人事権の所在　　130
　第4節　差遣官僚の活動の実態　　137
　小結　　142

第4章　黎鄭政権における徴税と村落　　145

　はじめに　　145
　第1節　徴税における村請け制の成立　　147
　第2節　禄社制と村落　　153
　第3節　受禄者・徴税官吏と村落　　159
　第4節　流散の発生と税制度　　168
　小結　　174

第Ⅱ部　近世ベトナム社会の諸相

第5章　黎鄭政権の地方統治 ―― 17〜18世紀鉢場社の事例 ―― 179

 はじめに　179
 第1節　訴訟碑文を通じて見る黎鄭政権期の紅河デルタ社会　182
 第2節　黎鄭政権期の鉢場社と東皋社　198
 第3節　黎鄭政権の地方統治と鉢場阮氏　204
 小結　213

第6章　紅河デルタにおける亭の成立と郷村秩序
 ―― 龍珠社の事例 ――　217

 はじめに　217
 第1節　郷約よりみた山村の集落内組織　221
 第2節　亭の成立　230
 第3節　山村と近隣集落の紛争　241
 第4節　張氏と在地社会　253
 小結　260

第7章　近世ベトナムの家族形態
 ―― 花板張功族の嘱書の分析から ――　263

 はじめに　263
 第1節　花板張族の嘱書にみる相続　266
 第2節　女性の土地所有と家族形態　273

第3節　共住集団と土地所有　　　　　　　　　　　　　　　279
　小結　　　　　　　　　　　　　　　　　　　　　　　　283

第8章　フエ近郊におけるキン族社会の成立
　　　　――清福社の事例――　　　　　　　　　　　　　286

　はじめに　　　　　　　　　　　　　　　　　　　　　　286
　第1節　清福集落史料群の概要　　　　　　　　　　　　289
　第2節　地籍関連文書より見る清福集落の変遷　　　　　298
　第3節　清福集落における家譜編纂　　　　　　　　　　310
　小結　　　　　　　　　　　　　　　　　　　　　　　　322

第9章　フエ近郊の郷村社会と親族集団の形成
　　　　――清福社の事例――　　　　　　　　　　　　　324

　はじめに　　　　　　　　　　　　　　　　　　　　　　324
　第1節　開耕氏族における支族・支派の形成　　　　　　326
　第2節　開耕氏族における祖先祭祀　　　　　　　　　　336
　第3節　開耕氏族における族資産の形成　　　　　　　　344
　小結　　　　　　　　　　　　　　　　　　　　　　　　356

終　章　　　　　　　　　　　　　　　　　　　　　　　360

　第1節　黎鄭政権における政治と統治機構の構築　　　　360
　第2節　伝統村落の形成　　　　　　　　　　　　　　　363
　第3節　ベトナムの近世　　　　　　　　　　　　　　　367

参考文献　　　　　　　　　　　　　　　　　373
あとがき　　　　　　　　　　　　　　　　　381
索引　　　　　　　　　　　　　　　　　　　384

[図表目次]

序　章
　【図表0-1】ベトナム前近代史簡略年表　　　　　　　　29
　【図表0-2】黎鄭政権期年号－西暦対照表　　　　　　　30
　【図表0-3】『黎朝官制例』における文班・武班主要官職　31

第1章
　【図表1-1】黎鄭政権期の行政区分　　　　　　　　　　37
　【図表1-2】鄭王府系下級官僚（六番設置以前）　　　　63
　【図表1-3】鄭氏一族関係者系図　　　　　　　　　　　71

第2章
　【図表2-1】六宮の徴収号　　　　　　　　　　　　　　87
　【図表2-2】知番就任者リスト　　　　　　　　　　　　95
　【図表2-3】副知番、僉知番、内差就任者リスト　　　　98
　【図表2-4】勾稽就任者リスト　　　　　　　　　　　101
　【図表2-5】稷忠侯范公の履歴　　　　　　　　　　　105
　【図表2-6】珥禄侯范公の履歴　　　　　　　　　　　105
　【図表2-7】「構作石橋碑記」における六番系官吏　　　108
　【図表2-8】六番系の下級官吏（該合以下）　　　　　109

第3章
　【図表3-1】譚公伣の致仕（永盛16年（1720）6月22日）　121
　【図表3-2】阮伯璘の致仕（景興25年（1764）12月16日）　122
　【図表3-3】黎英俊の履歴　　　　　　　　　　　　　132
　【図表3-4】黎時海の履歴　　　　　　　　　　　　　138
　【図表3-5】陳名寧の履歴　　　　　　　　　　　　　140

v

第4章
【図表4-1】黎鄭政権期の徴税機構（1718～1753年） 156

第5章
【図表5-1】現在のバッチャン社周辺域 181
【図表5-2】19世紀初頭の係争地周辺域 201
【図表5-3】鉢場阮氏系図 205
【図表5-4】ラン・バッチャン亭における甲の構成 210

第6章
【図表6-1】山村周辺地図 220
【図表6-2】「後賢碑記」における后賢者 229
【図表6-3】山村亭の訴訟碑文概要 242
【図表6-4】如琼張族と鄭氏 254

第7章
【図表7-1】張功鏗夫妻の嘱書（1806年） 270
【図表7-2】張功錫の嘱書（1848年） 271
【図表7-3】地簿における花板社の耕作状況 274
【図表7-4】花板社の個人別私田耕作状況 280

第8章
【図表8-1】清福集落周辺地図 288
【図表8-2】地籍情報の概略 299
【図表8-3】清福集落と前城社の境界 304
【図表8-4】地簿の改訂（1850年） 309
【図表8-5】1786年丁簿［DTP45］における清福集落の人丁構成 312
【写真1】黎朝期の字体［TP潘有1］ 317
【写真2】阮朝期の字体［TP潘有5］ 317
【図表8-6】［TP潘有1］と［TP潘有5］の比較 319
【図表8-7】潘有氏の文書編纂 319
【図表8-8】阮玉氏の文書編纂 320
【図表8-9】阮玉氏各家譜の比較 320

第9章
【図表9-1】阮玉氏家譜における女性名の増加 329

【図表9-2】	［DTP27］における香火田獲得状況	348
【図表9-3】	現存の嘉隆12年10月26日の土地契約文書	348
【図表9-4】	［TP潘有4］における潘有族の収入	355

［本書と初出論文の対応一覧］

第1章　上田新也、2006、「17世紀ベトナム黎鄭政権における国家機構と非例官署」『南方文化』33、及び Ueda Shin'ya, 2015, "On the Financial Structure and Personnel Organization of the Trịnh Lords in Seventeenth to Eighteenth Century North Vietnam", *Journal of Southeast Asian Studies* 46-2 を改稿。

第2章　上田新也、2008、「ベトナム黎鄭政権における鄭王府の財政機構―18世紀の六番を中心に―」『東南アジア研究』46-1 を改稿。

第3章　上田新也、2009、「ベトナム黎鄭政権の官僚機構―18世紀の鄭王府と差遣―」『東洋学報』91-2 を改稿。

第4章　上田新也、2010a、「ベトナム黎鄭政権における徴税と村落」『東方学』119 を改稿。

第5章　上田新也、2010b、「ベトナム黎鄭政権の地方統治―17～18世紀鉢場社の事例―」山本英史編『近世の海域世界と地方統治』汲古書院を改稿。

第6章　（第1節）上田新也、2015a、「ベトナム村落と地方文書」『歴史評論』783 を改稿。（第2節以降）新稿。

第7章　上田新也、2015b、「19世紀前半ベトナムにおける家族形態に関する一考察―花板張功族の嘱書の分析から―」『アジア遊学』186 を改稿。

第8章　上田新也、2011、「ベトナム・フエ近郊村落の変遷と文書保存―タインフオック集落の事例―」『史学研究』272 を改稿。

第9章　上田新也、2013、「ベトナム・フエ近郊の村落社会と親族集団の形成―18～19世紀タインフオック村の事例―」『東洋史研究』72-1 を改稿。

凡　例

- 史料の引用に関しては新字体を基本的に使用した。但し固有名詞（地名、人名、爵位、史料名など）と認められるものに関しては正字体をそのまま用いている。
- 引用史料中の〈　〉は割註、（　）は筆者による補足、■は原史料における欠落、□は欠落ではないが解読不能の文字を示す。
- ベトナムの年代記の記事は繋月日の不明な場合が多い。従って例えば4月の条と9月の条の間にある記事は「4月〜9月条」と記して、引用部分を示すことにする。なお「末」とあるのは、その年の最後の記事のことである。
- ベトナムは現在も行政区画の変更が突然に行われることが多い。本書における「現在の地名」は2018年10月現在のものである。

序　章

第1節　検討対象とする政権、時代の呼称

　本書が検討対象とする17世紀から18世紀のベトナム[1]は一般的には「黎朝後期（後期黎朝）」の時代とされているが、その内実は複雑である。詳細な歴史的経緯は後述するとして、まず概念のみを説明すると、そもそも「黎朝」とは胡朝滅亡後20年に及ぶ明朝の支配に対し、反旗を翻した黎利（黎太祖、位1428～1433）が1428年に創建した王朝であり、これは1527年に莫登庸に篡奪されて一旦は滅亡している。ところが1533年に黎朝皇族が地方軍閥により推戴され、ラオスの山中において「黎朝」は復興した。復興された黎朝はベトナム北部を1592年に莫氏から奪回し、西山朝により1787年に滅亡させられるまで継続する。「黎朝後期」という用語は主に黎利により創建された黎朝（黎朝前期）と、復興された黎朝を区別するためのものであり、これ以外にも「中興黎朝（復興黎朝）」などの語が用いられる場合もある。例えば中国史では「前漢」「後漢」と呼び分けるのが慣例として定着しているのに倣って、「前黎」「後黎」としてはどうかと考える方も多いことかと思われるが、これができない事情がある。ベトナム北部は漢の武帝により支配下に組み込まれて以降、10世紀まで中国歴代王朝の支配下にあり、この時代は「北属期」と呼ばれる。その後、初の独立長期政権である李朝（1009～1226）が成立する前段階として、「独立期諸王朝」と総称される短命の王朝が継起する時期があるが、このなかに黎恒により創建された黎朝（前黎朝、994～1009）があり、これとの混同が発生してしまうためである。したがって、あえて「前黎」

---

1) Việt Nam の日本語訳として「ヴェトナム」が用いられる場合もあるが、本書でに引用の場合などを除き「ベトナム」で呼称を統一する。

「後黎」の呼称を用いて表記するならば、黎利により創建されたのが「後黎朝前期」、1533年に復興した黎朝は「後黎朝後期」ということになる[2]。もっとも黎利により創建された黎朝は前期と後期をつなげば1428年～1787年という3世紀以上に及ぶ長期政権であることから、単に「黎朝」という場合には、こちらを指すのが一般的である。

　このように17～18世紀のベトナムは支配政権の呼称を確定させることからして、若干のややこしさを伴う。このため研究者間でも時代呼称が一定していないが、それでも多くの論者があえて黎朝を2つの時期に区分するのは、当然ながら必要性があってのことであり、復興前と復興後の黎朝が大きく実態が異なるからに他ならない。後述するように復興された黎朝では少なくとも形式上は「黎朝皇帝」が推戴されてはいるものの、皇帝は実権に乏しい。復興した黎朝は帝位を簒奪した莫氏と半世紀以上もの間、断続的な戦闘を繰り返し、18世紀末にベトナム北部の紅河デルタを奪回するものの、実態としてはベトナム北部では鄭氏、ベトナム中部～南部では阮氏（広南阮氏）によって政治的実権が掌握されているといってよい【図表0-1参照】。しかし昇龍（現ハノイ）で黎朝皇帝を推戴する鄭氏にせよ、あるいはベトナム中部のフエを本拠地として独立的勢力を保っていた広南阮氏にせよ、黎朝皇帝の定める年号を使用しつづけている【図表0-2参照】。つまり実権を掌握していても建前上、律令制度上の最高権者として黎朝皇帝が存在していることを否定しているわけではなく、あくまで黎朝を「正朔」として奉じていたことになり、北部の鄭氏、中部～南部の広南阮氏にせよ少なくとも理念上は「黎朝」の中に一応は包摂される。この点については黎朝皇帝と鄭氏・広南阮氏の関係を天皇制—幕府の関係に類似している（天皇の下に幕府が2つあるような状態）と考えれば日本人には理解しやすい。このような複雑な政治権力構造に起因して、論者の立場や課題設定により様々な呼称が生まれることになる。一般に黎朝前期との間にある程度の連続性を見る場合には「黎朝後期（後期黎朝）」

2）日本語版Wikipediaのベトナム史年表では「後黎朝後期」と記載されている（2018年7月21日時点）。

の呼称を用いることになるが、「黎朝後期」の中にベトナム中部〜南部に割拠した広南阮氏政権を含むか含まないかは、論者により立場が異なる。これに関連して広南阮氏政権の独立性を重視する場合には「広南国」の呼称が用いられる場合もある。またベトナム北部を検討する場合でも、特に政治的実権を掌握していた鄭氏に着目した政治史的研究では「鄭氏政権」の語句が用いられる場合もある。いずれの呼称も論者の分析視角をそれぞれ反映したものであって、必ずしも誤りという訳でない。

　これらに対し、本書では17〜18世紀にかけてのベトナム北部を支配した政権に対して「黎鄭政権」の呼称を用いる。全くの筆者の造語というわけではなく、ベトナム本国でも時折用いられる「chính quyền Lê-Trịnh」の日本語訳であるが、日本ではあまり用いられることのない呼称である。黎利により創建され莫氏に簒奪された前半の黎朝に対しては本書でも、通常通り「黎朝前期（前期黎朝）」の呼称を用いる。筆者の本書における立場は黎朝前期の制度的枠組みが復興後の黎朝でも継承されている点を重視しているので、前半の「黎朝前期」に対応させる意味でも、本来であれば後半を「黎朝後期」と呼称するのが最も座りが良い。しかし17〜18世紀の黎朝では黎朝前期から継承された制度的枠組みと、実権を掌握した鄭氏が新たに創設した制度的枠組みが併存していたため、錯綜した統治機構が構築されている。これも日本史に例えると理解しやすいが、天皇制（律令制）に由来する官職（太政大臣、大納言、○○守など）と幕府に由来する役職（江戸幕府であれば老中、若年寄、奉行など）が、前者の形骸化をともないつつ併存していたように、復興後の黎朝では前時代から継承された黎朝系の制度・官職と、鄭氏が創設した鄭氏系の制度・役職が併存しているのである。このような錯綜した統治機構が構築されていたのが、後世の歴史研究者による分析を困難にした一因であるが、これを解明するため第一部の統治機構の検討では「黎朝系」「鄭氏系」などの用語を使用して両者を区別せざるを得ない。この際、政権全体の呼称として「黎朝後期」を用いた場合、「黎朝」が黎朝系諸制度のみを指すのか、鄭氏も含む黎朝後期政権全体を指すのかが判別困難となってしまい、読者をいたずらに混乱させることになる。このため本書では17〜18世紀ベトナム北部を支

配した政権の全体を指す呼称としては「黎鄭政権」とし、「黎朝」は黎朝系諸制度、「鄭氏」は鄭氏系諸制度に意味を限定して使用することとする。

したがって本書で使用する「黎鄭政権」という語句は「黎朝」「鄭氏」の判別という行論上の混乱を避けるための一種の学術用語に過ぎない。当然ながら同時代史料での使用例は皆無である。あえて「黎朝後期」の呼称を使用しないことにより、黎鄭政権が「黎朝」ではないといった主張を含むものではなく、むしろ、それは本書における筆者の主張とは真逆の解釈をすることになるので、その点はあらかじめご了解いただきたい[3]。また「黎鄭政権」の呼称が上記のような必要性から使用されるものである以上、当然ながらその中にはベトナム中部～南部に割拠した広南阮氏政権は含まない。先行研究が明らかにしているように広南阮氏に関しては、「黎朝」という枠組みの中から脱して独立国として認知されることを志向する論理があったのは確かである［桃木 1995］。しかし実態面では現地の村落文書では依然として黎朝年号が用いられていることも確認できることから[4]、「広南国」という呼称を使用することにはためらいを覚える。本書では「広南阮氏」または「広南阮氏政権」の呼称を用いることとする。

また本書では検討対象とする時代を仮に「近世」としているが、唯物史観に基づく時代区分論に与するものではないことも申し添えておく。本書で「近世」という呼称を用いる理由は大きく2つある。1つは本書に先行して桃木至朗の専著『中世大越国家の成立と変容』［桃木 2011］が出版されており、そこでは李朝～陳朝期に対して「中世」の呼称が用いられているからという、はなはだ消極的な理由である[5]。桃木は李朝～陳朝期をマンダラ王権に代表さ

---

3) 筆者自身の東南アジア史概説の講義においても、前半期に関しては「黎朝前期」の呼称を用いる以上、後半期にも「黎朝後期」の呼称を用いて対応関係を持たせた方が人口に膾炙しやすいと判断して、あえて「黎鄭政権」の語句は使用していない。
4) フエ近郊の清福集落文書を見ると、あえて年号を用いずに干支による年代表記を採用していると推測される文書も多く、民間レベルでも黎朝年号の使用について「ためらい」のようなものがあったことを窺わせる。ただし国号については「大越」の使用で一貫している。
5) もとより桃木にしても時代区分論的な意味から「中世」の呼称を用いている訳ではなく、むしろリーバーマン［Lieberman 2003；2009］の研究における Charter Era を強く意

れる東南アジア的国家から中央集権的官僚制に代表される東アジア的国家へと次第に移行していく時代と捉えた上で、この時代に対して「中世」の呼称を用いている。一方、東南アジア史ではヨーロッパ列強の植民地化により旧来の社会体制が大きく転換した19世紀以降を以て「近代」とするのが一般的であるから、消去法的に「近世」の呼称に落ち着く。ただ、もう1つ積極的理由を加えるならば、現代において「伝統社会」あるいは「伝統文化」とみなされているものが成立する時代、つまり前近代から現代へと継承され、現在でも社会における一定の規範性あるいは影響力を持っている文化的諸要素が成立した時代をもって「近世」とみなすという近年の学界の傾向からしても、黎朝前期から植民地化以前の阮朝までを「近世」とするのは、しっくりする時代区分である。黎朝前期を扱った八尾隆生の専著も「近世」という語の使用は慎重に避けてはいるものの、結論部分では宮嶋博史の近世小農社会論［宮嶋 1994］の取り込みを図っていることから、これに比較的近い立場をとっていると推測される［八尾 2009：418-421］。ただし、これ以外の時代区分や時期区分を否定するものではなく、個別の研究テーマや関心によって様々に可能であることは言うまでもない。本書における「近世」の呼称は、上記の意味で（特にベトナム史を専門としない）読者が大まかなイメージを持ちやすくするためものである。

第2節　先行研究および史料について

　個別のテーマに関する先行研究に関しては各章で述べることとし、ここでは本書で検討対象とする黎鄭政権の全体像、時代像に関わる部分を中心に整理しておく。
　まずベトナム本国において、黎鄭政権期はどのような評価が下されているのか。17～18世紀のベトナムに関して現在のベトナム本国で内容的に最も詳

識している［桃木　2011：9］。

細で、かつ公定史観的な位置を占めているのは大学用歴史教科書として編纂された Lịch sử chế độ phong kiến Việt Nam の3巻本と思われるが、このうちファン・フイ・レーらによって編纂された第3巻［Phan Huy Lê, Chu Thiên, Vương Hoàng Tuyên, Đinh Xuân Lâm（biên soạn）1960］が黎朝前期の崩壊後の莫朝からフランスの植民地化が本格化する阮朝期の1858年までを扱っている。巻頭言によるとこのうち莫朝～西山朝まではファン・フイ・レーによる編纂である。ここでの黎鄭政権の評価は決して高くない。黎鄭政権において実権を掌握していた鄭氏は、16世紀末に莫氏より奪回した紅河デルタにおいては確固とした支持層を持っていなかったため、基本的には武力による押さえつけにより支配を維持していたにすぎない。黎聖宗期に成立した中央集権的統治機構は鄭氏の実権掌握により形骸化が進み、中央政権の地方統制力が衰退していくなかで、行政による村落統制や公田管理の弛緩、私的所有の発展による貧富格差の拡大とそれにともなう大量の流民が発生したとされる。前時代に前期黎朝の全盛期を演出した黎聖宗がおり、後ろには広南阮氏政権、黎鄭政権を次々と滅亡させたうえ、タイや清の侵入を撃退して南北統一の基礎を築いた西山党の阮恵が控えている。加えて北部の黎鄭政権と中部～南部の広南阮氏政権という政治的分裂状況、鄭氏統治下における18世紀中頃の大規模な農民反乱が発生など、民族独立闘争史観においても階級闘争史観においても、「英雄不在」の17～18世紀の黎鄭政権に肯定的な評価が下されることはほとんどない。チュオン・ヒウ・クインによる土地制度史の専著［Trương Hữu Quýnh 2009］においても民族独立闘争史観は控えめではあるものの、私的所有の拡大による公田面積の縮小によって弱体化した中央政権が地主の専横を抑制することができずに、小農層の大規模な流散を招いたとされている。政治的には前期黎朝において構築された統治機構の弛緩、社会的にはそれに乗じた私的所有の拡大による格差拡大という構図が描かれているのはファン・フイ・レーにより編纂された通史と基本的には同じである。特に後ろに控える西山党の阮恵は18世紀中頃に発生した大規模な農民反乱の系譜の中に位置づけられており、農民運動の指導者にして外敵の侵入を退けた「民族英雄」とされている。その敵役となった黎鄭政権の評価は必然的に評価を下げざる

を得ない側面があり、先に結論ありきの議論が展開されている印象はぬぐえない。これ以外に、統一前の南ベトナムでもダン・フオン・ギ［Đặng Phương Nghi 1969］による制度史研究やレー・キム・ガン［Lê Kim Ngân 1974］による鄭王府の研究などが行われている。特にレー・キム・ガンの研究は黎鄭政権の黎朝朝廷と鄭王府の関係、鄭王府の統治機構などを検討しており、また鄭氏政権と江戸幕府の初歩的な比較を試みている。マルクス主義的生産様式論とは一線を画した今日的な意味での比較国制史の端緒という意味で貴重な研究であるが、残念ながら社会主義政権により統一されて以降のベトナムの歴史研究者には、このような視点はほとんど継承されていない。

　このようにベトナムの公定史観においては黎鄭政権の評価は決して高いものではない。これに対して1990年代より黎鄭政権期に対する再評価とも受け取れる研究動向も現れてきてはいる。例えば *Chúa Trịnh – Vị trí và vai trò lịch sử* ［Ban nghiên cứu và biên soạn lịch sử Thanh Hóa 1995］といった鄭氏に関する研究をまとめた書籍も出されるようになっており、また黎鄭政権期に科挙官僚や有力武人を輩出した一族や地域が中心となって各地で学術会議が行われ、これらの成果をまとめたものが次々と出版されるようになった[6]。しかし、これらの研究は個別の歴史的事実を知る上では有用ではあるのだが、そのほとんどは一族や地元から輩出した歴史上の人物を顕彰することによってある種の「名誉回復」をすることに重点が置かれており、公定史観の影響もあってか現時点では黎鄭政権それ自体の再評価、新たな歴史的意義の付与といった方向へは結実していない[7]。これ以外にもベトナム人研究者の間でもアンソニー・リードの「交易の時代」論と関連付けた研究が現れてきているが、

6）あまりに数が多く全てを挙げられるものではないが、鄭氏の事例のみを挙げておくと2008年に開催された学術会議の報告をまとめてものが［Minh Tiến, Minh Thảo (biên tập) 2009］として出版されている。

7）ヴァン・タオ［Văn Tạo 2006：205-211］が「ドイモイ」の中に鄭棡期の改革を位置付けており、あるいは対外開放の中で黎鄭政権の歴史的位置づけにも変更があるかと感じたが、史学院（Viện sử học）により編纂された最近のベトナム通史の第4巻（チャン・ティ・ヴィン主編［Trần Thị Vinh　2013］）を見る限り大きな変更は見られず、黎鄭政権期の紅河デルタに関しては、基本的には黎朝前期（特に黎聖宗期）に構築された統治機構の衰退期と捉えられており、鄭氏により新たに構築された統治機構に関しては

これについては後述する。

　上記のようにベトナム本国では近年、再評価の動きがあるとはいえ、公定史観の影響もあって依然として黎鄭政権期に関しては否定的イメージが強い。各地で開催される学術会議とはうらはらに、黎鄭政権それ自体の検討はむしろ停滞しているように見受けられる。それでは、このような制約から自由な日本を含む海外における研究状況はどうであろうか。現時点で、もっとも包括的な時代像を描いているのは桜井由躬雄による公田制研究であろう。農学的観点からの分析も取り込みつつ陳朝期までの紅河デルタ開発史を明らかにした桜井の一連の研究［桜井　1979；1980a；1980a；1989；1992］は、マンダラ王権から中国的官僚制国家への試行錯誤の時代として李陳期を描いた桃木［2011］による研究、紅河デルタにおける開発による大規模な耕地の面的拡大が終息し、精緻化の方向へと歩みだした時代として前期黎朝を描いた八尾［2009］の研究などの基礎となっており、以降の研究に大きな影響を及ぼしている。これに対して、桜井による公田制研究［桜井　1987］は、大規模な紅河デルタ開発が限界に達した前期黎朝以降の時代を描いたものであり、前期黎朝から植民地化以前の阮朝までの公田制の展開と描いたものである。これによると黎朝前期に自然集落が「社」と呼ばれる行政村へと再編成されたものの、戦乱を経て成立した17〜18世紀の黎鄭政権では中央政権は弱体化していたことから、村落の自律化を促すことにより「中間権力」を抑制しようとした。一方で農業開発が技術的限界に達しつつあった紅河デルタでは人口圧力から農業生産の不安定な土地にまで開発が及んだことにより頻繁に農民の流散が発生し、それらの土地を兼併しつつ集落運営の主導権を確立しようとする富農層と貧困層の階層分化が進んでいた。この結果、「中間権力」の抑制を図る中央政権と集落運営の主導権を握る富農層と利害が一致し、紅河

新たな歴史的意義を付与するといったことは行われていない。社会面においても手工業の発展が以前よりも重視されている印象は受けるが、地主階級の専横と18世紀中頃の農民反乱を重視する階級闘争的な歴史観は継承されている。しかし鄭氏それ自体に対する否定的評価はかなり後退しており、近年の「名誉回復」的な動きにある程度配慮されているようである。

デルタにおける村落の自律化が進行したとする。このように農業開発の進展状況と国家機構の弱体化を相互に関連付けつつ紅河デルタにおける「伝統村落」の成立を論じ、17～18世紀の社会と国家の全体像を提示したという点で、黎鄭政権期の研究において1つの画期とすべき研究であることは間違いない。

しかし桜井の研究にも今日的視点からみると問題点が多々現れてきている。第一に、国家と社会を結び付けている行政組織あるいは中間権力といった統治機構に関する検討が不足している点である。このために肝心の中央政権―中間権力―村落（富裕層）―貧困層の関係が不明瞭となっている。特に公田制の検討に主眼が置かれているために、統治機構それ自体の分析は貧弱と言わざるを得ず、これが地方統治の実態が不明なまま、具体性の乏しい「中間権力」概念の導入や実証不十分なまま農民の階層分化の強調することにつながっている点は問題である。果たして本当に黎鄭政権が「弱体な政権」であったのかどうかも含めて、再検討する必要がある。第二に、17世紀以降の紅河デルタでは大抵の集落が近隣集落との間に大なり小なり諍いを抱えている。これら全てを農業条件の差異に起因する経済格差というタテの関係へと収斂させるのは無理がある。つまり桜井の枠組みではヨコの関係が省捨されてしまい、紅河デルタ郷村社会の全体像を捉え損なっているのではあるまいか。第三に、「伝統村落」の成立を論じながら集落内部の状況、例えば亭を中心とした地縁集団の成立や変容、ゾンホ（dòng họ）と呼ばれる父系親族集団の社会的広範な出現、これらにともなう宗教実践の変化など、「伝統文化」それ自体に関してはほとんど検討が及んでいない。もっとも、これらは不毛な「無い物ねだり」というべき批判であって、いずれも桜井の責に帰せられるべきものではない。後述するようにベトナム史の史料アクセスが改善するのは1990年代以降であり、桜井が専著を出した1980年代の時点では黎鄭政権の統治機構に関する本格的な検討はなされていない、というよりはそもそも史料的制約により検討のしようもなかったのである。1980年代時点での史料状況を考慮するならば、農学的観点の取り込みにより史料の限界を突破した桜井の功績は素直に評価されるべきであろう。以上の諸点はむしろ史料的制約が大幅に緩和された現在の研究者に対して残された課題と捉えるべきである。

同時に桜井の公田制研究以降、約30年の間に新たに台頭してきた研究諸分野との接合も今日の我々は考えねばならない。この観点から見た場合、やはり桜井の研究は近接諸分野との接合性が悪いと言わざるを得ない。これは上述の問題点とも関連するが、桜井の研究は文献資料のみならず農学的観点からの知見を多く取り込んでおり、いわゆる「普通」の歴史研究とはかなり行論を異にする。これにより史料的限界を突破したのは上述の通りであるが、グローバル・ヒストリーや比較史など俯瞰的な観点からの研究における近世ベトナムの比較参照を難しくしている。例えば八尾［2009：419-421］は従来、近世ベトナム社会の成立を中国・朝鮮・日本という東アジア史の枠組みの中で論じられてきた小農社会論［宮嶋　1994］に依拠しつつ、黎朝前期のベトナムをその中に位置づけることを試みているが、同様の事を17〜18世紀のベトナムにおいて行うことは、一般論的な類似性を指摘することは可能であっても、それ以上の研究レベルでの本格的な比較や参照が困難である。また当然ながら桃木が李陳研究で行ったようなジェンダー史、家族史的視点は桜井の研究には欠いている。要するに桜井の紅河デルタ開発や公田制に関する社会史的研究には、李陳期については桃木［2011］、黎朝前期については八尾［2009］が行ったように、統治機構の研究を組み合わせないと全体的な時代像を描くことができないのである。

　それでは桜井の研究と組み合わせるべき黎鄭政権の統治機構の研究はどのような状況であったのだろうか。黎鄭政権の統治機構についての最も包括的な研究は統一前の南ベトナムにおけるダン・フオン・ギの制度研究［Đặng Phương Nghi 1969］と思われるが、残念ながら内容的には『歴朝憲章類誌』の引き写しに近く、統治機構の全体像を描くというよりは百科全書的なものになってしまっている。一方で統一後のベトナムにおける研究は「下部構造が上部構造を決定する」という唯物史観が支配的であったことにより、もっぱら公田制や税制などの研究に集中する傾向が強い。加えて漢文読解に習熟した歴史研究者が減少していること、高揚するナショナリズムの中で培われた民族独立闘争史観が外敵の侵入を退けた「民族英雄」へと研究を集中させてしまっていることもあって、黎鄭政権の統治機構に関する研究は長期にわ

たって停滞している。一方、日本を含む海外では藤原利一郎［1967］による黎鄭政権末期の政治情勢の研究、和田正彦［1978］・蓮田隆志［2005］による黎鄭政権期の宦官の活動に関する研究、テイラー［Taylor 1987］による17世紀後半の文人階級の政治的台頭と指摘した政治史研究、またウィットモア［Whitmore 1995］による黎聖宗期の継承に正当性を求める莫氏と、黎朝の中興に正当性を求める鄭氏の相違などを指摘するなどしており、それぞれ統治機構に関する若干の言及はあるものの桜井の研究以降も全容解明というにはほど遠い。これらの研究により指摘された諸事実が重要であることは間違いないが、結局は統治機構の検討不足が各論的に論じられる政治史と桜井の公田制・村落史研究の接合を困難にしている。

　このような黎鄭政権研究の停滞をもたらした要因については前述のように史料的制約が大きい。特に統治機構の検討に不可欠な制度関連の研究は史料不足が深刻であった。他地域の歴史研究者からすると17～18世紀という比較的近い時代でありながら史料が不足しているというのは若干奇異に見えるかもしれないが、これは黎鄭政権特有の権力構造に起因している。先述のように、黎鄭政権は実質的には鄭氏により権力が掌握されていたにせよ、形式上は黎朝皇帝が推戴されており、理念上はあくまで「黎朝」であった。このため黎朝前期、とりわけ黎聖宗期に確立された統治機構が、少なくとも表向きでは黎鄭政権にも継承されている。しかし鄭氏は莫氏より紅河デルタを奪回した後、黎朝皇帝より王爵を授与されて黎朝朝廷とは別個に「王府」を開設した。これにより黎鄭政権では表向きの黎朝系統治機構とは別個に、この鄭王府を頂点とする別体系の統治機構が構築されることになり、後者が国家運営のかなりの部分を担っている。しかし表向きはあくまで「黎朝」である以上、これはあくまで「非公式」なものであり、官撰史料などで鄭王府系の統治機構、諸制度について包括的、体系的に解説する記述はほとんど見出せない。このように既に同時代史料の段階から「本音」と「建前」が乖離した状態になっており、これが後代の研究者による実態把握を難しくしている。

　しかし1990年代に開始されたドイモイ以降、史料アクセスの改善が進み、逆に史料の洪水ともいえるような状況が出現している。本書が依拠するのも、

これらドイモイ以降に新たに参照可能になった史料によるところが大きい。特に黎鄭政権期に関しては漢喃研究院に所蔵される膨大な碑文拓本が、全てではないとはいえ *Tổng tập Thác bản văn khắc Hán Nôm*（『漢喃文刻拓本総集』、以下『拓本集』）として影印されたことが史料的制約の緩和に貢献している。これまでも漢喃研究院に所蔵される碑文拓本が非公開であったわけではないが、拓本の総数が5万枚以上と膨大である一方で、漢喃研究院において一日に閲覧できる枚数は多くとも10～20枚程度に限定されていたために、閲覧者が全体像を把握することは実質的には不可能であった。しかし『拓本集』が第22巻（2018年10月時点）までが出版されたことにより、合計2万2千枚の碑文拓本が常時参照できるようになり、飛躍的に史料アクセスが改善した。第1巻の緒言によると、拓本の収集が開始されるに至った経緯は不明とのことであるが、1910年にハノイのフランス極東学院により拓本の採録が開始され、1944年までにおよそ2万枚の碑文拓本が保管されるに至ったようである。その後、この碑文拓本は漢喃研究院へと移管され、1991年からは漢喃研究院による拓本採録が再開され、現在では5万枚以上の碑文拓本が同院に所蔵されるに至っている。漢喃研究院による再開後の碑文拓本の内容は不明であるが、現時点で刊行されている第22巻までに収録された碑文拓本は主に20世紀前半にフランス極東学院により作成されたものである。なお碑文拓本には採録された順番に番号が付されており、本書においては、この番号により引用する碑文拓本を明示することとする。

　内容的には概ねN.1000前後まではハノイ市内を中心に阮朝期のものまで網羅的に収集されているが、その後、次第に紅河デルタ全域に収集範囲を拡げるにつれて、あまりに数の多い阮朝期のものはあまり積極的には収集されなくなり、18世紀より以前の碑文が優先されるようになったと考えられる。結果として17～18世紀の碑文拓本が全体のかなりの割合を占めている。しかし、これらの拓本については比較的初期のものを中心に年代部分が偽造されているものが含まれることが指摘されている［Nguyễn Văn Nguyên 2006a；2006b；2006c］。そのため偽造の疑いのある拓本についてはその旨が明記されており、本稿ではこれらの拓本は使用していない。またN.14000までの碑文

拓本に関しては目録［Trịnh Khắc Mạnh 2007-2010］も出版されているが、残念ながら拓本の番号順に内容を解説しているだけであり、索引類が全く整備されていないため利用しにくい部分がある。このため碑文の採録地による検索が可能な簡略な索引［上田　2017］が作成されているが、研究史料としては未だ本格的な活用に至っていない。

　またこれ以外に近年、急速に史料アクセスが改善したものとして、村落文書が挙げられる。これはドイモイ以降に外国人研究者による農村部の実地調査が可能になったことによるものであり、桜井由躬雄を中心としたバックコック村総合調査が開始されるのもこの時期からである[8]。これにより、それまで官撰史料の活用が中心であった歴史研究にも新たな途が開けた。実際、2000年代に入ると研究者が農村部で自ら収集した史資料をもとにした研究が続々と出されるようになり、前近代の歴史研究は史料面でも様変わりが進みつつある。例えば八尾［2009］の黎朝前期研究、桃木［2011］の李陳期研究などでも、内容面だけでなく史料面でも、それ以前の研究とは一線を画すものとなっている。しかし、それでも野外調査において 16 世紀より以前の同時代史料が見つかることは稀であり、黎鄭政権期の 17〜18 世紀と比較すると、相対的に史料全体における新出史料の占めるウェイトはそれほど大きいものではない。これに対して 17 世紀以降に関しては、野外調査でも容易に家譜や碑文などを中心に膨大な量の史料が見出されることになる。17〜18 世紀はそれ以前の時代とは異なり、ごく普通の市井の人々の記録が残されることにより爆発的に史資料が増加する時代であり、量的のみならず質的にも史料の全体像が大きく様変わりする時代である。

---

8) バックコック総合調査の研究結果は桜井の手により［桜井　2006］としてまとめられている。この調査には桃木至朗、八尾隆生、嶋尾稔など現在の日本の前近代ベトナム史研究を牽引する研究者が軒並み参加しており、前近代史料の収集も行われているが、筆者自身は一連の調査に参加していないこともあり、本書ではこれらの史料は使用しない。村落文書の性格上、単に撮影された史料を入手すれば即座に誰でも利用できるという訳ではなく、史料撮影時に行われた聞き取り調査や保管状況（特に家譜などは誰が保管しているかにより史料のそのものの意義付けが大きく変わる）などの周辺情報がないと取り扱いが難しいためである。

これらの民間史料は従来の制度関連史料の情報不足を補うという意味でも重要であるが、何よりも官撰史料からでは窺うことのできない社会の実態を知りうるという意味で非常に魅力的な史料であることは間違いない。しかし、このような史料状況の激変にさらされた歴史研究者の側は新たな問題に直面させられている。確かに漢籍の分析に強みを持つ日本人研究者を中心に地簿（［松尾 1999；2011］など）、郷約（［嶋尾 1992；2000b］など）、家譜（［山本 1970］［末成 1995］［嶋尾 2000a］）不動産売買文書（［山本 1970；1981］など）、訴訟関連文書（［八尾 1998］［松尾 1999］など）といった個別の史料類型の活用に関しては既に一定の研究蓄積がある。しかし、実際の村落文書というのは多種多様な史料がまとめて保管されている場合がほとんどである。もちろん、その中の任意の一史料を選んで分析を加えることは可能であるが、それでは結局、個別の各論になってしまい、その集落の全体像を描くことは難しい。つまり、これらを「史料群」として総体的に扱い「集落史」として集落の全体像を明らかにしていくノウハウが研究者側に十分に確立されていない。個々の史料に対する検証が必要であるのは自明であるにしても、これらの史料群を活用するためには、文書群全体の性格や成立過程、そして何よりも文書管理をしている主体の検討が不可欠であることは明らかである。このように考えた場合、17〜18世紀の亭（ディン、Đình）に関連する史料が現在もなお亭に保管されており、同じく17〜18世紀の家譜が現在もその一族に継承されているという、一見当たり前のように思われる事実が非常に重要である。なぜならそれらの事実は、その史料群を成立せしめた種々の社会集団が、曲がりなりにも一定の連続性をもって現在まで存続しているということを意味するからである。筆者が本書において文化的・社会的に現代への接続性が強い「伝統社会」が成立した時代という意味で「近世」という時代呼称を用いるのも、この点を重視するが故である。したがって、これら新出の村落文書を史料群として活用していくということは、とりもなおさず、これらの史料群を成立せしめた地縁集団、親族集団の成立を明らかにしていくということに他ならない。これが桜井の研究における「伝統」それ自体の検討の不足を補うことにつながるはずである。

このように近年、盛んに研究者により収集が進められている村落文書群は、従来の社会史を大きく塗り替える可能性を秘めている。しかし、これらを活用していくにあたりもう１つ留意すべきは、既にベトナム史研究において１つのジャンルを形成している感がある『黎朝刑律（国朝刑律）』の研究である。中国からの継受法でありながら独自の規定を多く含む『黎朝刑律』は、早くから前近代ベトナムの社会的・文化的な独自性を示すものとして研究者から注目されてきた。既に戦前から山本達郎［1938］、牧野巽［1980（1930）］といった研究者から着目され、その後も片倉穣［1987］、ユー・インスン［Yu Insun 1990］、最近では八尾隆生［2010；2016］が精力的に研究を進めている。これらを見る限り『黎朝刑律』に見られる独自性の強い諸規定は、制定当時の「東南アジア的」な社会状況を幾ばくかは反映したものであるという見解が支配的であり、特に男女均分相続などの財産相続に関する規定に関してはジェンダー論的要素も関連して近年、盛んに議論されている[9]。本書では『黎朝刑律』それ自体に関する議論には立ち入らないが、ベトナムにおける「伝統社会」の成立を考える上で、これらの研究は示唆に富む。一般に東南アジア地域の社会的特徴の１つとして「ルースな社会構造」が挙げられる。これは固定的・閉鎖的なメンバーシップを持つ社会集団が存在しない流動的な社会状況を表現したものであり、日本を専門とする人類学者であったエンブリー［Embree 1950］がタイ社会と日本社会との対比において提示したものである。確かに東南アジアにおいては双系的親族構造をとる民族が多く、また閉鎖的な地縁集団も東南アジアにおいては一般的ではない。このような特徴は、歴史的に見て前近代の東南アジアが極めて人口密度の低い社会であったことに起因すると考えられている。つまり前近代の東南アジアは一般的に「土地余り」の社会である一方、東西の海上交通の要衝であり、また貴重な熱帯産物を産出することにより早くから水上交通が発展してきた。このため前近代の東南アジアは人口の流動性が高く、固定的かつ閉鎖的なメンバーシップを持

---

9) チャン・ニュン・トゥエット［Tran Nhung Tuyet 2006］は男女均分相続の実態に関して否定的な見解をとる一方、これに対して宮沢千尋［2016］は批判的立場を取っている。

つ社会集団が発展しにくい地域であり、このために組織性の弱い社会構造になると同時に、開放的な双系的親族構造をもたらしたと考えられている［坪内 1990］。

　一方でベトナムを見ると父系親族集団であるゾンホ、閉鎖的な地縁集団であるラン（làng）など、ベトナム北部を中心に固定的メンバーシップを持った強固な「伝統的」社会集団が広範に分布している。これらが近世史料の保存・継承の主要な担い手となってきたことは先述の通りであり、前近代から稠密な人口を抱えてきた紅河デルタは上記の東南アジア社会の特徴には当てはまらない部分が多い。これが桃木や八尾が東アジアを中心に論じられてきた近世小農社会論への接近を図る理由である。したがって村落文書を用いた社会史研究においては、種々の法制史研究が指摘する前近代ベトナム社会に含まれている「東南アジア性」の中から、いかにして強固な社会集団が現れてきたのかという点に留意する必要がある。これがとりもなおさず近世ベトナムにおける「伝統社会」の成立の解明につながるはずである。

　またこれ以外に、近年議論が盛んになっているグローバル・ヒストリーとの関連付けも考慮する必要がある。特に東南アジア史ではアンソニー・リード［Reid 1988；1993］による「交易の時代」論が盛んであり、ベトナム史の立場からも近世ベトナムについて何らかの形でコミットする必要性はあろう。ただ筆者は近世のベトナム社会を全面的に「交易の時代」の枠組みの中で説明することに関しては批判的である。確かに東南アジア島嶼部の港市国家に代表される比較的規模の小さい国家群に関しては交易に依拠するところが大きい。このような国々に関して「交易の時代」により歴史的変動を説明することは可能であろう。しかし東南アジア大陸部の国家群は島嶼部に比して相対的に遥かに規模が大きい。さらに既にリーバーマン［Lieberman 2003：384］も指摘しているように、東南アジア大陸部の中でも、黎鄭政権が割拠したベトナム北部は近代以前から紅河デルタを中心に大きな農業的基盤と稠密な人口を抱えていた社会であり、近代以降に本格的な開発が行われて人口爆発が起きるメコン・チャオプラヤー・エーヤワディの大陸部各デルタとも、さら

に性格を異にする。各先行研究[10]が明らかにしているように黎鄭政権下においてもオランダ、日本、中国などとの間に交易が盛んに行われ、フォーヒエン（舗憲）などを始めとする港町（河川港）が繁栄したのは事実である。交易の規模や銀の流通量といった絶対量で言えば、港市国家に劣るものではなく、支配政権において交易の収入が一定の割合を占めていたのも事実であろう。しかし、それらが膨大な人口を抱える紅河デルタの村々に対して与える社会的影響という点でいうならば、相対的に直接的影響力は小さいと見ざるを得ない。日本史で言うならば出島交易により長崎という町の盛衰を論じることは可能であっても、これを近世日本社会における諸々の社会現象にまで敷衍させることが難しいのと同じである。仮に交易と結びつけて論じるにしても、その場合にはいくつかの段階を踏まえた論理展開が必要である。しかし近年、リタナ［Li Tana 2012］はゾンホと呼ばれる父系親族集団、村落共同体の中心的施設である亭の展開が交易の隆盛によりもたらされたとする議論を展開しているが、これはあまりに乱暴な議論であり、行き過ぎた「交易中心史観」というものであろう。現在では単純な一国史観、自律史観が通用しないのは自明であるにしても、在地社会の内在的発展を全く無視した議論になってしまっており、これによりベトナムにおける近世社会の成立を説明できるとは思えない。

　むしろグローバル・ヒストリーの枠組みで考えるならば、本書の立場は対外的要因を加味しつつ社会統合を基準としてユーラシア大陸周縁部における国家形成の共時性を示したリーバーマン［Lieberman 2003；2009］の立場に近い。しかし、その理論的枠組みの壮大さに比して非常に矮小な指摘で申し訳ないのであるが、本書で検討の対象とする黎鄭政権期に関してはそもそも筆者未見の「manuscript」に基づく記述が多く、個々の記述に関しては反駁を加えたくなる部分が非常に多い。つまり筆者の立場は「総論賛成、各論反対」

10）あまりに数が多いので代表的なもののみを挙げておく。日本との朱印船貿易にかんしては岩生成一［1966：1987］による日本人町の研究、永積洋子［2001］など。またこれに関連して銀の流通に関してはウィットモア［Whitmore 1983］やリタナ［Li Tana 2012］の研究がある。

である。もっともこれとてベトナム史専門の研究者であるわけでもないリーバーマン個人の責に帰せられるものではなく（むしろ執筆に割かれたであろう超人的労力には畏敬の念しかない）、結局は上述した黎鄭政権の研究蓄積の薄さに起因するものである。よって本書の内容はリーバーマンによりまとめられた黎鄭政権の記述とは多々食い違う部分があるが、その点はご了解いただきたい。

第3節　本書の視角

　このようにみると、やはり現在の黎鄭政権期の研究は統治機構の研究の不足、それと関連付けられた社会史的研究の不足がボトルネックとなり、全体像を把握しにくくしていると言わざるを得ない。このため小農社会論に代表される近世論にせよ、あるいはグローバル・ヒストリーにせよ、近世ベトナムと他地域を絡めた研究を難しくしている。そこで本書では以下のように17～18世紀のベトナム北部を中心に検討を進めることとする。

　第Ⅰ部では、黎鄭政権の統治機構の解明を中心に行論を進める。黎鄭政権の統治機構に関する基礎的研究の不足は如何ともしがたいものがあり、これが関連分野における研究の発展の妨げになっている。消極的理由ではあるが、まずこれを解消しないことには行論を前に進めることができない。したがって第Ⅰ部では、これらの解明に傾注することになる。もっとも個別各論的な部分に関してはそれぞれ優れた専論がある場合もあり、本書ではこれをつなぎ合わせつつ不足部分を補うことになる。幸いにも研究の停滞をもたらしていた一因である史料不足は現在では大幅に緩和されており、史料的条件に関しては先達に比べて遥かに恵まれている。第Ⅰ部では従来の研究でも用いられてきた官撰史料や漢喃研究院所蔵の家譜に加えて、碑文拓本などの史料を組み合わせて行論を進める。

　第Ⅱ部では、上記の統治機構の解明を踏まえた上での地方統治、その下で郷村社会がどのように変容を遂げていたのかを明らかにする。特にベトナム

社会の持つ「東南アジア性」の中から「伝統村落」を特徴づける閉鎖的なメンバーシップを特徴とする地縁集団・親族集団がいかにして成立していったのかを明らかにしなくてはならない。これにより桜井による村落史研究と第Ⅰ部において明らかにした統治機構の研究の接合を図り、黎鄭政権期の社会像を明らかにする。このため第Ⅱ部では特定の数集落に注目し、現地で筆者が撮影した村落文書や碑文などを数多く使用することになる。あえて個別の集落に密着した分析を行うのは、従来行われてきた官撰史料を用いた俯瞰的な分析手法では、集落内部にまで立ち入った検討を行うことができず、近世社会成立の重要なファクターである亭の建設と集落運営、儒教の普及と父系親族集団の形成といったミクロな事象の分析が不可能なためである。また第Ⅰ部では制度分析に重点を置くため検討対象は基本的に黎鄭政権に限定するものの、第Ⅱ部では行論の必要上、地理的にはベトナム中部のフエ周辺域にまで検討対象を拡げざるを得ない。これは分析手法の都合上、どの集落でも良いという訳にはいかず、史料条件に恵まれた集落を検討対象として選択せざるを得ないという実際的な問題によるところが大きい。ベトナム北部を主たる研究対象とする本書においてフエ周辺域の集落を事例とするのは適切ではないという批判はもっともであるが、優に千年を超える農業開発の歴史を持つ紅河デルタに対し、キン族による農業開発の歴史が比較的浅いフエ周辺域は、17～18世紀の紅河デルタに近い状況が比較的遅れた時代において発生していると筆者は考えており、黎鄭政権期の郷村社会を知るうえで援用できると考えている。また時代的にも16～19世紀前半まで検討対象を広げざるを得ないが、17～18世紀という一部分のみを切り取った分析はかえって集落史の把握が難しくなる以上やむを得ない。

　最後に第Ⅰ部と第Ⅱ部の検討を踏まえつつ、俯瞰的観点から近世小農社会論及びリーバーマンのグローバル・ヒストリーにおける17～18世紀のベトナム北部の位置づけについて再検討し、近世ベトナムの時代的意義について考えてみたい。

序章補　本書で扱う史料の書誌情報

　本書では碑文拓本や村落文書などの新史料を積極的に使用するが、これ以外に使用する文書館所蔵の史料に関しても、今まで歴史研究において史料としてほとんど活用されてこず、あまりなじみのない史料も多い。本文においてその都度、史料の書誌情報等を付すのは煩雑であるのでここにまとめておく。適宜参照されたい。なお、同様の史料解説は桃木［2011：15-31］や八尾［2009：33-48］の著作においてもなされているので重複する部分も多い。既にこれらにおいて言及されている史料に関しては簡略にとどめる。また、『拓本集』に収録されている碑文拓本や、零細な史料の集合体である村落文書に関しては、個々の史料について解説を加えることは不可能であるので、ここには含めず、適宜本文において言及する。

〈年代記類〉

・『大越史記全書』（本書では『全書』と略す。以下同じ）

　阮朝以前の歴史を著した編年体正史。本書では陳荊和 編校『校合本　大越史記全書』（東京大学東洋文化研究所附属東洋学文献センター、1986年）を使用した。本書で扱う黎鄭政権期は荘宗～嘉宗までを扱った『大越史記全書本紀』巻16～19、阮朝期に編纂され熙宗～愍帝を扱った『大越史記全書続編』巻1～5に記されている。狭義の『大越史記全書』には後者は含まれないが、諸版本を校合する際、陳荊和氏は『大越史記全書続編』も合わせて『校合本　大越史記全書』とした。厳密には両者は区別されるべきであるが、引用の煩を省くため本書では陳荊和氏に倣い、両者を併せて『大越史記全書』とする。また編年体ではあるが、繋月が不明の条も多いため、これについては繋月の明確な前後の条を参照して、「○月～○月条」として引用箇所を示す。『大越史記全書』に関しては蓮田隆志［蓮田　2003］により、漢喃研究院所蔵A.4本が基礎史料として利用できる可能性が指摘されており、特に中央政治史の研究においては参照すべき史料と思われる。しかし陳荊和氏の校合本とは繋年

がずれているなど、基礎史料としては扱いづらい部分があり、またほとんどの読者はA.4本を参照しうる環境にあるとも思えない。本書では中央政治に関しては17世紀後半〜18世紀前半について若干詳しく言及する程度であるのでA.4本は使用せず、従来通り陳荊和氏の校合本を使用する。

- 『欽定越史通鑑綱目』（以下『綱目』）

　国立中央図書館（台北）影印本。同じく阮朝以前の歴史を著した編年体の年代記。大部分は『大越史記全書』における主要な事件を抜粋し、これに解説を加えたものであり、厳密に言えば阮朝期の歴史家の手による二次史料というべきであるが、17〜18世紀については現存していない史料によると見られる詳細な記述が見られる場合がある。これについては本書では一次史料に準ずるものとして使用した。

〈制度関連〉

- 『歴朝憲章類誌』（以下『類誌』）

　ベトナムにおける数少ない類書。1821年に潘輝注が中心となって編纂された。全体は輿地誌、人物誌、官職誌、礼儀誌、科目誌、国用誌、刑律誌、兵制誌、文籍誌、邦交誌に分かれる。種々の写本が存在するが、本稿では東洋文庫の写本（所蔵番号X-2-38）によった。後述する各種の法令関連史料によったと推測される記述が含まれ、『綱目』と同様、厳密には後世の学者の手になる二次史料と言うべきであるが、17〜18世紀については現存していない史料によったと思われる詳細な記述も多数含まれている。本書ではこれらについては一次史料に準ずるものとして使用した。

- 『黎朝詔令善政壹本』（以下『詔令善政』）

　漢喃研究院所蔵A.257。永祚7年（1625）から正和10年（1689）にかけての主な布告、法令類を集めたもの。布告の内容に応じて吏属、戸属、礼属、兵属、刑属、工属に分類されている。当時の官僚の参照用に編纂されたもの

と思われる。後述するように『国朝善政始増補令』として永盛 7 年（1711）までが増補されている点を考慮すると、17 世紀末の編纂の可能性が高い。17 世紀後半以降に関しては法令集的なものが複数あるものの、17 世紀前半に関しては史料が少なく、これが最もまとまった形の法令関連資料と考えられる。

• 『各衙門勾差』

漢喃研究院所蔵 A.331。地方官が地方行政を行う上での諸規定を収録した地方官用マニュアル本というべきもの。特に前半部分には地方官が管轄地域内に赴く際の諸規定、事件発生時の実況検分規定など、地方官の勤務に関する規定が詳細である。後半部分には永治元年（1676）から正和 24 年（1703）までの法令類を収録している。

• 『国朝善政始増補令』

漢喃研究院所蔵 A.331。景治 3 年（1665）から永盛 7 年（1711）にかけての布告、法令類を収録するが主に 1680 年代以降が中心であり、吏属、戸属、礼属、兵属、刑属、工属に分類されている。上記『各衙門勾差』に合綴されているが、［桜井 1987：第 3 章］で検討されている『各衙門勾差』の永盛均田例は、厳密にはこの『国朝善政始増補令』に収録されたものである。分類方式、題名から言って『黎朝詔令善政壹本』の編纂後に、これを増補する目的で編纂されたものと考えられる。

• 『国朝条例田制給田土事』（以下『給田土事』）

漢喃研究院所蔵 A.258。1680 年代より保泰 8 年（1727）にかけての主な布告、法令類を集めたもの。冒頭に永盛均田例（1711 年）を収録している［桜井 1987：第 3 章］。特に分野ごとの分類は行わず、基本的には年代順に並べている。

• 『黎朝旧典』

漢喃研究院所蔵 A.333。永慶元年（1729）から景興 38 年（1777）にかけて

22

の主な布告、法令類を集めたもの。特に分野ごとの分類は行わず、基本的には年代順に並べている。

• 『黎朝会典』
　漢喃研究院所蔵 A.52。黎鄭政権の制度をある程度、包括的に記した貴重な史料。『全書』の龍徳3年（1734）秋7月〜冬10月条によれば『国朝会典』の編纂が命じられている。一方で『黎朝会典』に含まれる法令類も永慶年間（1729〜1732）までであり、同一物と考えられる。戸属、吏属、兵属、刑属、工属、礼属の順に分野ごとの制度の沿革が整理されている。

• 『百司庶務』
　漢喃研究院所蔵 VHv.1273。表紙は『百司庶務』であるが、文章の冒頭には「擢定縉紳事録」なる題名が掲げられ、景興12年（1751）6月26日に布告された各官衙の職掌を記載している。『全書』景興12年6月条にある百官の職掌を定めた「縉紳事録」に該当すると見て良かろう。これ以外にほぼ同内容のものとして『黎縉紳事録』（漢喃研究院所蔵 VHv.1762.）があり、また『歴朝憲章類誌』の官職誌にも全文が収録されている。

• 『正和詔書』
　漢喃研究院所蔵 A.256。正和年間から景興年間の法令類を多数収録したもの。しかし書名に反して正和年間のものは数的には少なく、景興年間のものが大半を占めている。また収録されている布告も、広く一般人にあてたものだけでなく、これらの布告を伝達することを指示する御史台や地方官宛ものが多数含まれており、上述の『黎朝詔令善政壹本』などよりも編纂の度合いは低い。布告の内容自体とは別に、当時の文書行政や命令の伝達経路を知る上でも有用な史料と思われる。

• 『（校定黎朝）官制典例』
　漢喃研究院所蔵番号 A.56。黎朝聖宗期の官制の概略を記したもの。原本は

前期黎朝の洪徳年間に成立したものと考えられるが、現存する写本には永盛16年（1720）の諸規定も付加されており、18世紀以降に再編纂されたものと考えられる。

- 『（校定）黎朝官制』

漢喃研究院所蔵 A.51。『官制典例』と同様、黎朝の官制の概略を記したものである。前半部分に洪徳年間の官制を記し、後半部分では「景興官制」として景興16年（1755）2月に定められて黎朝の官制を記している。本論で述べるように黎鄭政権では黎朝の官職は形骸化が著しいが、それでもこのように名分を明らかにする努力が18世紀後半に至っても続けられていた点は注意すべきである。

- 『見聞小録』

漢喃研究院所蔵 VHv.1322/1-2。18世紀のベトナムを代表する文人である黎貴惇が、主として制度の故実や各地の文化、風俗に関して著述したもの。景興36年（1777）完成。冒頭の目次を見る限り全12巻であるが、現存しているのは一部のみである。

- 『撫辺雑録』

種々の写本があり、いずれを使用すべきか判断に迷うが、本書では Nguyễn Khắc Thuận (biên soạn), *Phủ biên tập lục*, Hà Nội: Nxb Giáo dục, 2008 に収録された影印部分を使用した。上記の『見聞小録』と同じく黎貴惇により著述されたもの。18世紀末に西山党の混乱に乗じて黎鄭政権が広南阮氏の首邑フエを占領した際、副司令官として従軍した黎貴惇が、旧広南阮氏治下の状況についてまとめたもの。

〈家譜・族譜類〉

• 『丞相范公年譜』
　漢喃研究院所蔵 A.1368。科挙官僚の黎有謀が永佑 2 年（1736）にまとめたもの。17 世紀後半の有力な文人官僚であった范公著の事歴を年代記風に叙述し、後半では彼の逸話や嘱書などが収録されている。

• 『譚氏家稽』
　漢喃研究院所蔵 VHv.1355。京北処慈山府東岸県の譚氏の家譜。最初、譚公伽によって永盛 14 年（1718）に家譜が作られ、その後、子孫の譚慎徳が明命 13 年（1832）に続編を付け足している。

• 『楊族家譜』
　漢喃研究院所蔵 A.1108。京北処順安府嘉林県の楊族の家譜。大きく 4 つの支派にわかれている。始祖は莫氏の時代に科挙で状元となり、これ以降も科挙の合格者を多数だす族であったようである。阮朝期の編纂。

• 『正和進士題名碑記』
　漢喃研究院所蔵 A.421。厳密には一族に関連する史料を 1786 年以降に集めて冊子としたものであり、家譜ではない。正和 24 年の進士題名碑の文章を模写したもの（収録理由は不明）、阮伯璘の科挙及第の際の祝文、致仕の際の賀帳などが収録されている。

• 『黎族家譜』
　漢喃研究院所蔵 A.2807。山西処広威府先豊県青梅社梅斎村の黎族の家譜。嘉隆 9 年（1808）に黎全城により編纂されたもの。内容的には一族から輩出した進士である黎英俊に下された辞令類が筆写されて収録されているのが特徴である。

- 『仙懐阮族譜』
漢喃研究院所蔵 VHv.1752。京北処慈山府仙遊県の阮氏の家譜。嘉隆 13 年（1812）に子孫の阮登覬により編纂されたもの。一族からは科挙官僚の阮登道を輩出している。

- 『阮族家譜実録』
漢喃研究院所蔵 VHv.1349。黎鄭政権期に科挙官僚や有力宦官を輩出した鉢場社の阮氏の家譜。17～18 世紀の各族人の事績についてかなり詳細な記述が見られる。同族に関してはこれ以外にもベトナム学発展科学院（Viện Việt Nam học và Khoa học Phát triển）にも他系統の家譜のマイクロ本が保管されており、ファン・ダイ・ゾアン［ファン・ダイ・ゾアン 2002］はこちらによって鉢場阮氏を検討している。

- 『京北如瓊張氏貴戚世譜』
漢喃研究院 A.959。黎朝創建に貢献し、開国功臣に列せられた張雷・張戦の父子から分枝し、如瓊社（Thị trấn Như Quỳnh, huyện Văn Lâm, tỉnh Hưng Yên）に移住した一族の家譜。1779 年の編纂。一族からは鄭氏に嫁いで鄭棡を出生した張氏玉楮のほか、張仍・張饒・張涯など 18 世紀に有力武人を多く輩出している。

〈その他〉
- 『黎朝名臣章疏奏啓』
ホーチミン市社会科学図書館所蔵 HNV.161。主に 18 世紀後半の黎朝皇帝、鄭王への上奏を収録しているが、末尾には八尾［2009：第 6 章］が引用している占射田の規定が付加されている。上奏文では流散した村落を占射田の規定に従い入植させることを提案しているものがあり、このため参照用として占射田規定が収録されたもののように思われる。

- 『同慶地輿志』

Ngô Đức Thọ; Nguyễn Văn Nguyên; Philippe Papin, eds., 2004, *Đồng Khánh Địa dư chí*, 3 tập, Hanoi: Nhà xuất bản Bản đồ. 同慶年間（1886～1888）に稿本が成立した地誌。各省の地理、風俗、土産などについて記し、またこれに附されている絵地図により各社の位置をある程度、推測できる。

- 『河東省彰美県仙侶総各社神蹟』

漢喃研究院 AE.a2/6。阮朝期に収集された神蹟の一部。本書の第6章で検討する龍珠社や花板社の神蹟を収録する。

- ***Tổng tập Thác bản văn khắc Hán Nôm***（『漢喃文刻拓本総集』、以下『拓本集』）

Trịnh Khắc Mạnh; Nguyễn Văn Nguyên; Philippe Papin（biên soạn）, 2005-2008, *Tổng tập Thác bản Văn khắc Hán Nôm*, tập 1-15, Hà Nội; Viện Cao học Thực hành, Viện Nghiên cứu Hán Nôm, Viện Viễn đông Bác cổ Pháp. 本章本文中で詳述したので、ここで改めて述べることはしない。同史料の目録は［Trịnh Khắc Mạnh 2007-2010］、地名索引は［上田 2017］を参照。

- 地簿

ベトナムでは阮朝の嘉隆年間に全国的な地簿が作成され、これは現在ハノイの第一国家公文書館（Trung tâm Lưu trữ Quốc gia I）に所蔵されている。黎鄭政権でも地簿は作成されていたはずであるが、ごく一部を除いて現存していないため、第Ⅱ部において各集落を検討する際には、この19世紀初頭の地簿を一部利用した。本書で使用した地簿は以下の通り。

【鉢場社周辺域】いずれも嘉隆4年（1805）の作成。

鉢場社地簿：第一国家公文書館 Q.2490

東皐社地簿：第一国家公文書館 Q.2497

東甯社地簿：第一国家公文書館 Q.2545

金関社地簿：第一国家公文書館 Q.2516

【龍珠社、花板社周辺域】いずれも嘉隆 5 年（1805）の作成。

　龍珠社地簿：第一国家公文書館 Q.6990

　花板社地簿：第一国家公文書館 Q.6997

　奉天村地簿：第一国家公文書館 Q.7011

【フエ近郊】

　清福社地簿：第一国家公文書館にも収蔵されているが本書では未使用。
　　　　　　　清福集落の亭に保管されている［DTP72］を使用した。嘉
　　　　　　　隆 10 年（1811）作成。

　雲窟社地簿：第一国家公文書館 Q.14956。嘉隆 14 年（1815）作成。［上田
　　　　　　　2012］にほぼ原文を掲載。

　前城社地簿：第一国家公文書館 Q.14946。嘉隆 13 年（1814）作成。［上田
　　　　　　　2012］にほぼ原文を掲載。

【図表0-1】ベトナム前近代史簡略年表

世紀	北部 山地	北部 デルタ	北中部	中中部	南中部	南部
10世紀以前	中国領期（北属期）					
10世紀		小王朝乱立		チャンパ		クメール
11世紀		李　朝				
12世紀						
13世紀	―	陳　朝				
14世紀						
15世紀		胡朝				
		属明期				
		前期黎朝				
16世紀		莫氏				
17世紀	莫氏	黎鄭政権		広南阮氏		
18世紀	―					
18世紀末		西山朝				
19世紀前半	阮　朝					

出所：〈http://www.h6.dion.ne.jp/~kawan/sotsumaru/No.16.htm〉を一部改変

【図表0-2】黎鄭政権期年号－西暦対照表

年号	西暦	黎朝皇帝	鄭氏（在位）	広南阮氏（在位）
元和1～16	1533～1548	黎荘宗	鄭検 （1545～70）	阮淦（1533～45）
順平1～8	1549～1556	黎中宗		阮潢 （1558-1613）
天祐1	1557	黎英宗		
正治1～14	1558～1571	黎英宗		
洪福1	1572			
嘉泰1～5	1573～1577	黎世宗	鄭松 （1570～1623）	
光興1～22	1578～1599			
慎徳1	1600	黎敬宗		
弘定1～20	1600～1619			阮福源 （1613～35）
永祚1～11	1619～1629	黎神宗		
徳隆1～7	1629～1635		鄭梉 （1623～57）	阮福瀾 （1635～48）
陽和1～9	1635～1643			
福泰1～7	1643～1649	黎真宗		
慶徳1～5	1649～1653	黎神宗 （復位）		阮福瀕 （1648～87）
盛徳1～6	1653～1658			
永寿1～5	1658～1662			
萬慶1	1662		鄭柞 （1657～82）	
景治1～9	1663～1671	黎玄宗		
陽徳1～3	1672～1674	黎嘉宗		
徳元1～2	1674～1675			
永治1～5	1676～1680	黎熙宗		
正和1～26	1680～1705		鄭根 （1682～1709）	阮福溱（1687～91）
永盛1～16	1705～1720	黎裕宗		阮福淍 （1691～1725）
保泰1～10	1720～1729		鄭棡 （1709～29）	
永慶1～4	1729～1732	永慶帝	鄭杠 （1729～40）	阮福澍 （1725～38）
龍徳1～4	1732～1735	黎純宗		
永佑1～6	1735～1740	黎懿宗		
景興1～47	1740～1786	黎顕宗	鄭楹（1740～67）	阮福濶（1738～65）
			鄭森（1767～82）	阮福淳（1765～77）
			鄭檊（1782）	
			鄭楷（1782～86）	
			鄭槰（1786～87）	
昭統1～3	1787～1789	黎愍帝		

序　章

【図表0-3】『黎朝官制例』における文班・武班主要官職①

文班散官	武班散官	官品	三公三少	六部	六寺	六科	御史台	都督府系統
特進金紫栄禄大夫	特進輔国上将軍	正一品	太師、太尉 太傅、太保					
光進慎禄大夫	光進鎮国大将軍	従一品	太子太師 太子太傅 太子太保					左都督、右都督
光亮大夫、正治上卿	昭毅将軍、上護軍	正二品	少師、少尉 少傅、少保					提領、都督同知 提督、都督 都校点
奉直大夫、正治卿	武勲将軍、護軍	従二品	太子少師 太子少傅 太子少保	尚書				都督僉事、副提領 左校点、右校点 参督
通章大夫、資正上卿	英烈将軍、上軽車尉	正三品					都御史	
嘉行大夫、資正卿	明毅将軍、軽車尉	従三品		左侍郎 右侍郎			副都御史	
中貞大夫、匡美少尹	懐遠将軍、驍騎尉	正四品						
朝列大夫、匡美少尹	馳威将軍、飛騎尉	従四品					僉都御史	
弘信大夫、修慎少尹	竭忠将軍、雲騎尉	正五品			寺卿、清化父安 順化太僕寺			
顕恭大夫、修慎少尹	壮節将軍、鉄騎尉	従五品			少卿			
茂林郎	奮力将軍	正六品		郎中				
茂林佐郎	果敢将軍	従六品		員外郎				
謹事郎		正七品			寺丞、清化父安 順化太僕寺丞	都給事中	提刑監察御史 十三道監察御史	
謹事佐郎		従七品			大理寺評事？			
進功郎		正八品				給事中		
進功佐郎		従八品		司務	大理寺評事？		御史台照勘	
将仕郎		正九品			鴻臚寺序班			
将仕佐郎		従九品			寺正			

【図表0-3】『黎朝官制例』における文班・武班主要官職②

官品	東閣	翰林院	国子監	中書監	承政使	憲察使	都指揮使	府県	所使	通政使
正一品										
従一品										
正二品										
従二品										
正三品							都指揮使(都総兵使)			
従三品					賛治承政使		都指揮同知(総兵同知)/指揮使			
正四品		翰林院承旨					都指揮僉事/都指揮同知/指揮使, 同総知/総兵僉事			
従四品	東閣大学士		国子監祭酒		参政					
正五品		翰林院侍読								
従五品	東閣学士	翰林院侍講	国子監司業		参議					通政副使
正六品	東閣校書	翰林院侍書		中書監舎人		清刑憲察使		知府		
従六品		翰林院待制		中書監典書		憲察副使		同知府		司丞
正七品		翰林院校理		中書監正字				知県		
従七品		翰林院校討								
正八品			国子監教授							
従八品			国子監学正/国子監学簿		主事, 推官			県丞	屯田所所使/蚕桑所所使	通政使典事
正九品								府丞	屯田所副使/蚕桑所副使	
従九品										

第Ⅰ部
黎鄭政権の統治機構

　第Ⅰ部では、黎鄭政権の統治機構の成立とその概要を明らかにする。前期黎朝が莫氏の簒奪により滅亡したのち、ラオス山中で復興された黎朝は、その内実は鄭氏により権力が掌握されていたが（黎鄭政権）、莫氏との死闘の末、16世紀末に紅河デルタを奪取することに成功する。しかし実権を掌握する鄭氏は、そこでこの新たな「占領地」をいかにして統治していくかという問題に直面することになる。第1章では、17世紀に「黎朝」の中で鄭王府が独自の統治機構を創出していく過程を明らかにしていく。これは多分になし崩し的に鄭王府の組織・機能が拡充されていったものと推測され、「制度史」として描くことは難しいが、18世紀初頭の鄭棡期に整理統合されることにより一応の完成形に至ったと考えられる。第2章では、この鄭棡期に鄭王府において成立した「六番」と呼ばれる官衙群を中心に、鄭王府系統治機構の特徴を明らかにしていく。さらに第3章では、鄭王府系統治機構の出現によって黎朝系・鄭王府系という2つの組織体系が併存することになった黎鄭政権において、官僚がどのようにして任用されていたのか、また「黎朝」という建前がどのようにして維持されていたのかを明らかにする。最後の第4章では、第1章〜第3章の検討を踏まえつつ、黎鄭政権の統治機構が紅河デルタ社会にどのような影響を与えていたのか、特に税制度と徴税機構に注目しつつ明らかにする。

第 1 章

17 世紀黎鄭政権の国家機構
―― 鄭王府系組織の構築 ――

はじめに

　15世紀に黎利により創建された黎朝は、黎聖宗期に最盛期を迎えるものの、その死後わずか30年で武挙出身の莫登庸により簒奪され一旦は滅亡する。しかし滅亡間もない1533年、阮淦は昭宗の子黎寧を荘宗（位1533–48）としてラオス山中で擁立し、さらに清化、乂安へと進出して北方の紅河デルタを支配する莫氏と対抗した。阮淦に率いられる軍団は1545年の彼の死去後、女婿の鄭検へと受け継がれ、これ以降鄭氏一族により継承されていくこととなる。従来の研究ではこのように阮淦による黎朝復興、彼の死後は娘婿の鄭検、その後は鄭氏一族というような比較的単線的な権力継承が描かれてきた。しかし近年の政治史研究［八尾　2009：394］［蓮田　2017］によれば、実際には水注鄭氏（阮淦の後継者である鄭検は別族）の鄭惟俊・鄭惟瞭らが荘宗を擁立した後に嘉苗外阮氏の阮淦が合流し、その後の権力闘争により水注鄭氏は比較的早い段階で没落したものであるらしく、当初の実態は前期黎朝において大きな政治的・軍事的勢力を持っていた開国功臣を中心とした勢力（いわゆる清化集団）の連合政権といったものであったらしい。これが事実であるとすれば、従来描かれてきた単線的な権力継承は後に権力を掌握した鄭氏が自らの正当化のために書き換えられたものであることになる。同様に16世紀末に莫氏より紅河デルタを奪回し、鄭検が王府を開設にするに至るまでの約半世紀についても、鄭氏が権力掌握する過程において実は相当な紆余曲折を経ていた可能性がある。特に鄭検を直接の始祖とする鄭氏は出自の定かな一

族ではなく、それ以外の開国功臣の末裔とは血統面で見劣りする。その中でいかにしてライバルを排除しつつ権力を掌握していったのか興味深い問題ではあるが、この時期についてはまとまった政治史史料に乏しく、筆者にはこれを論ずる能力はない。これは第Ⅰ部において分析の主眼を置く統治機構に関しても同様であり、清化・乂安に割拠して長期にわたり莫氏との抗争を続けた16世紀の黎鄭政権がいかなる統治機構を構築していたのか、現時点では依るべき史料が少なさすぎ、詳細不明とするしかない。

　いずれにせよ、この清化、乂安を基盤とする黎鄭政権は1592年に紅河デルタを奪取して、莫氏残党を北部山岳地帯に追いやることに成功し、以降、1787年に鄭氏が滅亡するまでの約2世紀にわたり紅河デルタを支配することとなった。しかし再興された黎朝においては形式上、黎朝皇帝が推戴されているものの、皇帝は傀儡的存在であり実権に乏しい。特に1599年に黎朝皇帝より王爵を授けられた鄭松が王府を開いて以降、鄭王によって政治的実権が掌握されていたと言ってよい。この黎鄭政権における鄭氏一族の実権掌握が、紅河デルタ奪還後の約2世紀にわたってほぼ安定して行われた背景には、黎朝朝廷とは別個に鄭王府を中心とした組織が権力基盤として構築されていたことが一因としてある。これが鄭氏を一時の権臣にとどめず、長期間の権力掌握を可能にした。しかしながら17世紀の鄭王府系組織については、1718年に鄭王府に六番と呼ばれる官衙群が成立する以前に「戸番」「兵番」「水師番」（以下、総称する場合は「三番」と略す）があったとされる程度で、その成立過程や職掌などはほとんど検討されてこなかった。本章ではこれらについての断片的な史料から、17世紀の鄭王府系組織の成立を考察していく。

　なお本書では黎鄭政権期の地域区分として清乂・四鎮・外鎮などの語句を用いるが、これらについては【図表1-1】の地図を参照されたい。四鎮は現在の紅河デルタにほぼ該当する地域、外鎮は山岳地帯であり平地の民とは異なる風俗を持つ山岳民が卓越する地域である。この地域に対しては直接的な統治は行われておらず、土酋などを通じた間接的な統治が基本である。清乂は平地と山地が相半ばする地域であり、大河川下流のデルタ部は平地民の世界であり、直接的な統治が行われているものの、その後背地域である丘陵地

【図表1-1】黎鄭政権期の行政区分

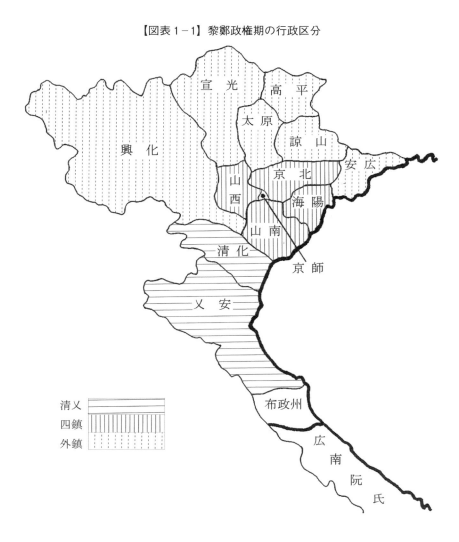

や山岳地域では外鎮と同様、間接的な統治がされている。

第1節　17世紀黎朝朝廷の空洞化

　黎鄭政権の行政機構は、少なくとも表面上は黎朝前期の組織体系を継承しつつ、実権を握る鄭王によって新しい官署が設けられるなどして、その職掌を鄭王府に吸収することによって形骸化させていった点に特徴がある。そのため17世紀の行政機構を全体として見ると、法制上は黎朝皇帝を頂点とする黎朝系組織と鄭王を頂点とする鄭王府系組織という、大きく2つの組織体系が混在することとなり、その実体を掴みにくいものとしている。これがひいては桜井の言う「中間権力」の国家機構内での位置付けを曖昧にし、後世の研究者にとって黎鄭政権期の村落と中央政権の結びつきを不鮮明なものとすることに繋がっている。ここではまず、17世紀の黎朝系列、鄭王系列の組織について概略を示しておく。

　まず黎朝系組織についてみると、黎朝前期、特に黎聖宗（位1460〜1497）期に確立されたものを基本的に継承している。黎聖宗は明の制度に倣って中央に六部、五軍都督府、御史台を設けた上で、清化出身の武人が大きな権力を振るう原因ともなっていた武人宰相職を廃止し、皇帝に権力を集中させる体制をとったのが特徴である［藤原　1980；1982］。これらは若干の変更はあるものの黎鄭政権でも少なくとも形式上は存続している。また聖宗期から三年一比の科挙が実施されるようになり［藤原　1976］、これも黎鄭政権、さらに後の阮朝に至るまで継承されている。

　一方で地方行政単位についても聖宗期に成立した紅河デルタにおける承宣（処）－府－県－社という行政単位は17世紀に至っても継承されている[1]。明

---

1) ただし17、18世紀においては「承宣」という呼称が用いられることは少なく、軍政系の呼称である「処」が使用されることが多いので、本稿では基本的に「処」の語を用いる。「社」は複数の自然村落を集めた末端の行政単位。この他、複数の社をまとめた単位として「総」という呼称が17世紀の段階で既に存在するが、その機能は不明である。

の地方行政組織の特徴は、民政系の布政使、軍政系の都指揮使、監察系の按察使が置かれ、当初は3者が拮抗させられていた点にあるが、黎朝前期においても聖宗期にこれを模倣した地方行政制度が整備されて17世紀まで継承されており、各承宣では民政系の賛治承政使（以下、承政使）、軍政系の都指揮使[2]、監察系の清刑憲察使（以下、憲察使）が置かれた。

しかし鄭王はこれらの組織とは別に、鄭王府において「五府府僚」と呼ばれる独自の官僚群を形成していた。この五府府僚とは参従・陪従・掌府事・署府事・権府事といった人々によって構成されるものである。これらについては藤原利一郎が既に鄭王府において実質的に国政を担当した人々として言及しているが［藤原　1967：541-543］、氏の検討は黎朝系組織と鄭氏系組織の並存という制度上の状況を考慮していないため、彼らの法制度上の位置付けが曖昧である。そこでまず彼らの制度的位置付けについて検討しておく。

まず『類誌』巻14、官職誌、官名沿革之別を見ると、参従について次のように述べられている。

> 光興年間（1578〜1599）の莫氏討滅後、鄭国公（鄭松）が王位に就き、（鄭王府の）府堂で議政を行って参従を置き、左相・右相・平章事の名称は全廃された。以後、政治は鄭王府が行い、参従の任は宰相職となった。しかしこれは「権」であり、「職」ではない。故に任用については品次に拘らず、六部尚書が参従に就任したり、左右侍郎が参従に就任したりした[3]。

2）黎朝前期では「都総兵使」であったが、黎鄭政権では、明と同様の「都指揮使」に名称が変更されている。明確な改称の時期は不明だが、*Tổng tập Thác bản Văn khắc Hán Nôm*（『漢喃刻文拓本全集』、以下『拓本集』）を見る限り、17世紀前半は「指揮吏」と「総兵使」の呼称が混在しているものの、17世紀後半には「都指揮使」「指揮使」の呼称でほぼ統一されるようである。

3）光興滅莫以後、鄭国公進膺王位、府堂議政置参従、而左右相平章之名、尽行革罷。自是而後政為王府、参従之任、即為宰相。然此権也、非職也。故擢用之間、不拘品次、或以尚書、而入参従者、或以侍郎、而行参従者。

とあり、鄭松が王爵(平安王)を賜って以降、政策審議の場が鄭王府に移り、その結果、王府における文官の首班である参従が実質的に宰相職になった。しかしこれは「権職」を与えられただけであり、「正職」ではない。つまり法制度的には鄭王がその私邸である王府内で個人的に信任しているというに過ぎない。また陪従に関しても、同じく『類誌』巻14、官職誌、官名沿革之別によれば、

> 中興以後、鄭氏が政を握って、始めて府堂に陪従する官僚を置いた〈黎敬宗の弘定2年(1601)に最初に阮名世を府堂に陪従せしめた〉。一時に複数人、通常は3〜4人おり、皆本職を兼帯しており参従に継いで政治を預かった。その任用については、特に官品や官職に拘らなかった。〈慎徳・弘定年間(1600〜1619)の阮名世と呉致和は、都給事中のまま陪従に加わった。〉[4]

とあり、鄭王が政治の実権を握って以降、やはり本職として黎朝系官職を帯びたまま王府で陪従として勤務していたことが述べられている。原文では「陪従府堂官」「陪従府堂」とあり、そもそもの原義は鄭王府での議政に「陪従する」ということ由来しており、それが常設化されることにより実質的には「陪従」という語のみで職名化したもののように思われる。参従についても同様であろう。その任用については参従と同様に特に官品には拘らない。このように参従、陪従は何れも本職である黎朝系官職を帯びたまま、鄭王府において政策決定に関与することを認められる者であったことがわかる。ただし史料中では参従と陪従の任用について官品に拘らないとあるが、実際には『全書』の記述を見る限り、未だ制度の整わない鄭王府開設直後を除くと概ね彼らが帯びる黎朝系官職は決まっており、参従の場合は六部尚書(従二品)や御史台都御史(正三品)、陪従は六部の左右侍郎(従三品)などの官職を帯び

---

4) 中興以後、王家柄政、始置陪従府堂官《敬宗弘定二年、始命阮名世陪従府堂》、一時同事、常三四員、皆以本職帯銜、次参従官預政。其簡用出自、特裁不勾品職《順徳弘定年間、阮名世・呉致和、皆以都給事入陪従》。

ている場合が多い。第3章で後論するように、鄭王が人事権を握っていたことを考えれば、実態は参従、陪従に抜擢した者に対してこれらの黎朝系官職をあとから兼帯させていた可能性が高い。

さらに『類誌』巻14、官職誌、官名沿革之別で掌府事・署府事についてみると、

> 黎聖宗の光順年間（1460〜1469）、初めて五軍都督府の中軍・南軍・北軍・東軍・西軍を置いた。都督府には左右都督・都督同知・都督僉事などの官職を置き、軍務を専掌させた。中興後の光興年間（1578〜1599）の始め、掌府事・署府事などの官を加え、鄭氏一族や功臣、重臣が充てられた。文官の参従と共に国政を議し、その職位は重きをなした。……掌府事・署府事・権府事を五府官と呼び、参従・陪従を府僚官と呼び、おしなべて布告を行う際には、五府府僚官と通称したという[5]。

とあり、掌府事・署府事・権府事は黎朝前期に成立した五軍都督府に、黎鄭政権期に新たに加えられたものであった。これには主に鄭氏一族や功臣などの武人が主に任命され、参従などと共に鄭王府で国政に参与している[6]。これらは「五府」と呼ばれ、さらに参従・陪従からなる府僚と合わせて「五府府

---

5) 聖宗光順、初置五府中軍南軍北軍東軍西軍。都督府有左右都督・同知・詹事等職名、專掌兵務。中興光興初、加設掌府事・署府事等官、以親勳重臣為之。与文階参従大臣並議国政、職位隆重。…〈中略〉…其掌府・署府・権府謂之五府官、参従・陪従謂之府僚官、凡有政令施行、通稱為五府府僚官云。

6) 『官制典例』によれば「掌」は等階の高い者が、それよりも低い衙門を統べること、「署」は等階の低い者がそれよりも高い衙門を統べること、「権」は等階の著しく低い者が統べる場合に用いられるとしている。掌府事の「府事」は各都督府の職務を指すものであろうから、掌府事は左右都督（従一品）よりも高位のもの（例えば太保など）が仮に都督府を統轄する、の意であろう。署府事、権府事もこれにしたがって解釈できる。いずれも職務内容的には各都督府を統轄するという意味ではほぼ同様であるが、就任者の官職・官品などによって呼称が変わるものと考えられる。ただし五軍都督府に関しては、黎鄭政権ではその基礎となる衛所制がほぼ完全に崩壊しており実体はない。これに伴って五軍都督、都指揮使などの官職は形骸化しており、有力な武人の多くがこれらの官職を兼帯している。五軍都督府、衛所制に代わる鄭氏の軍制については後述。

僚」と呼ばれ、鄭王府における政策決定集団を形成している。

　このように政策決定の場が黎朝朝廷から鄭王府へと移動した結果、黎朝朝廷や鄭王府への参内規定にも差が現れている。『詔令善政』礼属に収められている徳隆3年（1632）の「整理紀綱令」における黎朝朝廷への参内については、

　　一、朝礼は盛典である。毎月1日と15日、及び祝賀や大礼の日については、大臣文武百官は参内すべし。[7]

とあり、毎月2回及び式典の際に朝参すべき事が定められているのみで、その他に特に出仕の規定はない。一方で鄭王府に関しては、

　　一、大臣文武坐堂等官は、府堂〈鄭王府の議政場〉に侍る以外に、毎月2日・5日・8日・11日・14日・22日・23日・26日・29日に、務めに従事することとし、以て国家の体面を重んず。[8]

とし、「大臣文武坐堂」の官僚は府堂における議政に参画する以外に、月9回、鄭王府に出仕して政務に携わることが定められている。ここで述べられている「大臣文武坐堂等官」とは鄭王府での政策審議に参加する資格の有る者の意であり、主に五府僚官であると見て良いであろう。既に17世紀前半の段階で黎朝朝廷は主として儀礼的な場となっており、政策決定の場は完全に鄭王府に移っていると言える。

　このように黎朝朝廷は政治的決定権を鄭王府の府堂に奪われた結果、朝廷の官衙群は行政実務の官署としての性格を強めざるを得なかったと考えられるが、鄭王府の機能拡大はそれのみに止まらず、17世紀の段階から実務面についても黎朝朝廷の職掌を浸食していた。鄭王府には「番」と呼ばれる黎朝

---

7) 一、朝礼盛儀也。係逐月朔望日、恭遇慶賀大礼日、大臣文武百官、応進朝。
8) 一、大臣文武坐堂等官、候府堂外、宜定毎月初二・初五・初八・十一・十四・二十二・二十三・二十六・二十九等日、侍参議事務、以重体統。

朝廷とは別個に設置された官衙が存在しており、元来は黎朝朝廷において行われる行政実務をも鄭王府内へと吸収していたからである。特に永盛14年（1718）、黎朝の六部に対応して鄭王府に吏番・戸番・礼番・兵番・刑番・工番という六番が設置されて以降、黎朝朝廷の六部は形骸化していくとされているが［Lê Kim Ngân 1974：259-362］、史料からはこの六番が設けられる以前に、その前身として戸番・兵番・水師番という3つの「番」が存在していたことが記されている。以下、17世紀中に三番がどの様な役割を果たしていたのかを検討する。まず黎鄭政権では『全書』永盛14年（1718）冬10月条によれば、鄭王府に六番が設けられるが、

> 冬10月、始めて六番官を置いた。旧制ではただ兵番・戸番・水師番の三番があり、百人余りを充てていた。ここに至り吏戸礼兵刑工を置いて六番とし、左中宮・右中宮・東宮・西宮・南宮・北宮を帰属させ、六宮と呼称した。[9]

とあり、六番が全くの新設ではなく、それ以前よりあった三番を再編成したものであったことがわかる。さらにこれらに左中宮・右中宮・東宮・西宮・南宮・北宮という六宮が帰属させられた[10]。この六宮について『類誌』巻32、国用誌、徴収之例をみると、

> 黎裕宗の永盛14年（1718）、初めて六宮を置き、各鎮や外鎮の財賦を分掌させた。旧制度では徴収号は46に分けられていた。ここに至り六宮官と各徴収号は皆（六宮に）隷属した。[11]

9）冬十月、初置六番官。旧制惟兵・戸与水師三番、充補百余人。至是、始置吏戸礼兵刑工為六番、帰左中右中東西南北、又号六宮。
10）この六番と六宮の統属関係については諸説があるが、これについては第2章第2節で論ずる。
11）裕宗永盛十四年、初置六宮、分掌各鎮外藩財賦。旧例徴収各号、分為四十有六。至是六宮官・諸号皆隷属焉。

とあり、六番の設置に伴い、それまで 46 あった徴収号を整理・分割して六宮に分隸させている[12]。このことから少なくとも六番設置以前の鄭王府には三番の他に、黎朝系の地方行政組織である府県とは別に徴収号と呼ばれる徴税組織が存在していたことは確かである。次節以降ではこれら 17 世紀の鄭王府系組織について検討を進める。

第 2 節　17 世紀黎鄭政権の軍事機構

　先行研究でもしばしば指摘されているように、黎鄭政権においては黎朝中興の根拠地となった清乂出身の武人が大きな勢力を持っており、その軍事力も清乂出身の兵士である清乂優兵が中核的な戦力となっている。ここではその制度的背景について見ていく。まず当時の軍隊はどの様に組織されていたのであろうか。前述のように黎朝前期の聖宗によって五軍都督府制、衛所制が導入されたが、黎鄭政権期においてはこれらの軍事機構はほぼ形骸化しており、五軍都督、都指揮使など官職名のみが残存している状態にある。これに代わって設けられたのが軍営、鎮守である。

　まず兵士の構成について述べておく。当時の兵士はその出身地から、清乂出身の兵士である清乂優兵と、紅河デルタの四鎮出身の兵士である四鎮一兵の 2 つに大きく分類される。これら 2 つの兵種のうち、前者の清乂優兵は黎朝復興の主戦力となったことから優遇されており、16 世紀末に黎鄭政権が紅河デルタを奪取した後も軍の主力として維持されている。紅河デルタ奪取後は四鎮の人丁に対しても閱選[13]が行われ、これに基づいて徴兵すべき兵士数が定められるものの、実際に四鎮においてこれに基づいて全面的な徴兵が行

---

12) 六番成立後の徴収号は少なく見積もっても 50 以上はある。三番から六番への移行に伴って、徴収号を細分化したものと考えられる。
13) 閱選は各人丁を另兵（現役兵）、軍項（予備兵）、黄丁（＝小十八、17〜19 歳）、民項（20〜49 歳）、老項（50〜59 歳）、老饒（60 歳以上）などに分類するもの。これに応じて兵役や人丁税が課される。

われることはなく、各部隊の駐屯地の周辺において若干徴兵するのみであったようである。ただし有事の際には四鎮からも臨時に徴兵を実施したり、志願兵を募るということを行い、事が済むと帰農させるということを繰り返していたようである。『詔令善政』兵属に所収の景治5年(1667)の「暁戒四鎮另兵令」を一例として挙げると、

> 四鎮及び長安府[14]の各県の另兵は、部隊への帰属については、あるいは某社の民が沿海・水辺に居住していれば、水兵に加えること。某人が官田を所有するか近隣・利便の地に居住していれば、若干名を選んで軍務に応じさせること。それ以外の者は時に応じて訓練し、あるいは準備させて、別命あるまで待機させよ。閑暇な時期には家に帰って休息することを許す。もし軍事行動の際に、立功の志があり、命にしたがって功績を立てれば、功を賞して職爵を陞らせ、賊を平定した後にその部隊を解散して帰農させ、以て希望を育ませる[15]。

とあり、四鎮においては特別に水に慣れた者を水兵として徴兵し、あるいは駐屯地周辺に居住し、なおかつ口分田を支給するのが可能な者についてのみ兵士として徴用していたことがわかる[16]。

次に清乂優兵を主力とする軍隊がどの様に編成されたか、『類誌』巻39、兵制誌、設置之額によって見ると、「中興後兵籍総数」として「〜営」「〜軍営」「〜奇」「〜隊」などの呼称を持つ413部隊、兵士数が56,550人とされてお

---

14) 長安府は時期によって山南に帰属したり、清化に帰属したりしている。『大南一統志』巻35、寧平省、建置沿革によれば、黎鄭政権期には清化処に帰属し、清化処の「外鎮」と称されたようである。しかし地勢的には紅河デルタの一部といった方が良く、そのためこの布告では長安府を四鎮と同様の扱いにしている。
15) 四鎮并長安府各県另兵、帰送隊伍、如或某社民瀕海辺河、可添為水兵。某民所有官田并近便、可以択取干数応務。余者、以時練習、有時打点、並待令出。閑暇之日、亦許帰家休息。如有差行征討、当志在立功、某能用命有功、則以功論陞職爵、賊平之日、饒其隊伍帰農、以孚所望
16) 清乂優兵中心の軍団構成については[Lê Đình Sỹ 1995]も同様の見解を取っている。

り、さらに各部隊の定員が記されている[17]。しかし、これが果たしていつの軍制を記述したものであるかがまず問題である。史料中では上記の部隊以外に景興年間（1740～1786）に創設された部隊に関しては別記されているので、これより以前の軍制を記したものであることは確実である。さらに『全書』保泰3年（1722）冬10月～末条によれば鄭棡により中翊・中威・中勝・中匡・中鋭・中捷という「六中軍営」が設置されている。この6つの軍営名についてはいずれも「中興後兵籍総数」に記載されているので、この軍制は六中軍営が設置された1722年から、景興年間以前の1739年の間の軍制を記したものと見るべきであろう。しかし具体的な部隊名や人数などは異なっても、17世紀のおおよその軍制を知る手掛かりとはなりうる。

まず「中興後兵籍総数」によれば、諸部隊は大きく侍候兵（約12,000人）、内殿衛士（約400人）、外府兵（約1,800人）、外兵（約33,000人）、清化駐屯部隊（約3,500人）、乂安・布政州駐屯部隊（約10,000人）に分類される[18]。さらに『類誌』はこれらの部隊を列挙した後、その按文で以下のように記述している。

> 内殿の各部隊は皇家禁衛の兵であり、侍候の歩兵・水兵は王府奉侍の兵である。余りの各兵営奇隊船は、事が有れば派遣されて攻撃し、平穏であれば京城に駐屯する。さらに地方駐屯の兵については、清化は黎朝発祥の地であり、乂安は南方の要衝であるため、多くの兵力を置き防御と

---

[17] これだけの部隊が何らの統属関係もなく存在していたとは考えにくい。『類誌』巻39、兵制誌、設置之額の本文中によれば、16世紀に五軍都督府制が設けられるのに伴い「五匡軍営」が設けられ、この軍営がいくつかの奇隊によって構成されていたことが述べられている。恐らく軍営を中心に複数の各奇、各隊が属する形を取っていたと考えられる。ただし『類誌』は黎鄭政権期の都督府と軍営をほぼ同一物とみなしており、同史料が編纂された19世紀の時点で既に黎鄭政権の統治機構が理解しがたいものになっていたことを示している。

[18] 「中興後兵籍総数」における各部隊の人数に基づいて計算すると総兵力が約61,000人となる。これは「中興後兵籍総数」末尾に記された総兵力56,550人よりかなり多い。『全書』永佑5年（1739）秋7月－8月条によれば、清乂優の逃亡が3,000人以上発生しており、あるいは「中興後兵籍総数」の各部隊の兵士数は定員を記したのみで、末尾の総兵力については逃亡により定員割れした実際の兵士数が記載されたのかもしれない。

なした。それ以外の各鎮は適宜選んで、土兵（山岳民の兵士）を交えて用いた[19]。

ここから内殿衛士が黎朝皇帝の警護兵、侍候兵が鄭王の直衛軍であったことがわかる。さらに黎朝発祥の地である清化と、広南阮氏と境界を接する乂安・布政[20]に比較的大きな兵力を置いている。消去法的には有事の際に動員され、平時には京師周辺に駐屯する部隊が外兵、外府兵[21]ということになる。土酋を通じた間接的統治に止まっていた山岳民の兵士が四鎮などの平野部で用いられたとは考えにくく、これは恐らく外鎮に限定されたものであろう。

ここで考慮すべきは、これが1722～1739年の軍制であるということである。後述するが、鄭棡は保泰2年（1721）に清乂に対する徴兵を3丁に1人から5丁に1人へと緩和する一方で、四鎮から新たに5丁に1人の徴兵を行い、清乂と四鎮の徴兵負担を均等にするという大規模な兵制改革を行っており[22]、六中軍営の設置もこれに伴うものであった。しかしこの兵制改革はいたずらに虚数のみを増やしているとして不評であり、1738年の黎維禩の反乱勃発後は再び軍の主力は清乂優兵中心の編成へと回帰している[23]。つまり『類誌』の「中興後兵籍総数」は黎鄭政権において例外的に四鎮一兵の割合が高まった時期のものである。したがって17世紀の軍制では清乂優兵を中心に構成される侍候の兵員数はさらに多く、逆に四鎮一兵の割合の高い外兵部隊の兵員数は少なかったはずである。そして四鎮一兵の多くは先述したような平時には帰農しているような部隊であったと考えられる。

---

19) 其内殿諸司、為皇家禁衛之兵、侍候歩水、為王府奉侍之兵。余各営奇隊船、有事則応差攻付、無有事則留衛京城。至若留屯之兵、惟清化根本所係、乂安南陲衝要、皆宿重兵、以為防禦。其余各鎮則随宜差択、而以土兵参用之。
20) 南方の広南阮氏との境界域である布政州は行政単位的には一応、独立しているが、実際には『全書』を見る限り、乂安鎮守が管轄するのが通常であったようである。行政的には乂安と一体と考えた方が良い。
21) 外府兵に関しては、兵士数も1,800人前後と大きくないことから、あるいは鄭王府の警護兵かとも思われるが、推測の域を出ない。
22)『全書』保泰2年（1721）12月条。
23)『全書』龍徳2年（1733）2月～3月条、永佑6年（1740）春正月～2月条。

第Ⅰ部　黎鄭政権の統治機構

　それでは、このような黎鄭政権の軍制に、朝廷の兵部と王府の兵番・水師番はどのように関わっていたのであろうか。まず『詔令善政』兵属に所収の景治4年（1666）「旨伝汰替另兵定例」によれば、兵士の交替について次のように定められている。

　　一、各営奇隊船の官は、各県の社から另兵を送ってもらう。時に老弱であったり不具であったりして勤務に堪えない者は、その旨を記して（鄭王に）上啓し、兵部と兵番に連れて行って検分してもらうこと。兵役を免ずべき場合、兵番の侍内書写官はその者の姓名を記し、上啓のうえ指示を得て実行し、開例官[24)]に委ねて、（送り出した）社の官員・另兵・社長に催促し、壮健で豊かな者を選んで交替させ、兵部と兵番に連れて行って検分してもらう。まさに另兵にふさわしい者であれば、部隊に送り勤務させる[25)]。

ここに現れる「侍内書写兵番」は、次章で後述するように「侍内書写」は鄭王府の「番」で勤務する者の呼称であるから、ここでは鄭王府の兵番において勤務する者を指すと解するのが妥当である。また黎鄭政権における「啓」は一般的に鄭王、もしくは鄭王府への上行文に対して用いられる。したがって兵員の交替はまず部隊長が対象者を兵部と兵番に検分して貰った後、兵番の役人が鄭王に報告し、鄭王の許可を得て行うことなる。一応、兵部も兵士の検分に関与しているが、その後の報告についてははっきりと兵番の役人が鄭王に対して行うことが定められており、明らかに主導権は鄭王府側にある。兵部の関与は形式的なものであり、基本的に兵員の管理については鄭王府により管轄されていたとみるのが妥当である。さらに『詔令善政』兵属に所収

---

24)「開例官」は必要に応じて官田面積や兵士数、人口などを把握して戸籍を編纂するため派遣される官吏を言う。
25) 一、各営奇隊船等官、係奉送另兵、在各県社。間或某人老弱残疾不堪者、許備類謹啓、仍引就兵部兵番衙門奉看。応汰者、侍内書写兵番類彼姓名、謹啓奉旨准行、令付開例官、督催彼社官員幷另兵及社長等、択取強富人替進。仍経引就兵部兵番衙門奉看。応為另者、奉送隊伍応務。

の正和5年(1684)「旨伝精揀另兵薦替」を見ると、兵士の交替における兵番・水師番の優位がより明瞭にわかる。

> 一、清化と乂安の官員で京師に滞在している者及び(清乂優兵を供出している)社は[26]、侍候の兵士である者が、時として命を奉じて隊長となっていたり、老齢により除隊されるべきであったり、既に除隊になっていたりするので、管轄の部隊長が姓名を記して報告することを許す。歩兵であれば兵番に、水兵であれば水師番に納めること。書写衙門(兵番、水師番)は、(その部隊の徴兵区である)本社に伝達して項人[27]を選び、頑健で勤勉な者に預け、京師に送り出す。清化処からならば一ヶ月以内、乂安処からならば一ヶ月半以内。事実に則して上啓し、本人を引き連れて番による検分に赴く。次いで鄭王の「旨」を(朝廷へ)上呈したならば、派遣された官が閲選する。優れた者は侍候の水軍部隊に送り、次に優れた者は侍候の歩兵部隊に送り、さらに次に優れた者は各営奇の水軍部隊に送り、勤務させる。社が緩慢で期限を越えるならば、欠員の姓名を各営奇に送り、各営奇の另兵から選んで、侍候部隊に補充し、定員を満たす。[28]

これは清乂優兵が多数を占める侍候兵の補充に関する規定であるが、ここでは完全に兵番・水師番が管轄しており、兵部に対しては事後報告をしているのみである。補充された兵士は優秀なものから侍候兵に優先して配属され、また補充の兵士が遅延して兵員を確保できない場合、各営奇の兵士の中から

---

26) この冒頭文は若干、解釈しづらいが、前半部分は恐らく京師に駐屯している清乂出身の部隊長を指し、「本社」とは侍候兵を供出している清化・乂安の社を指すのであろう。
27) 閲選による分類により、交代要員として兵役に付くべき者、具体的には軍項の人丁。
28) 一、清化・乂安等処官員在京及本社等、係厶民另兵在侍候、間有奉令隊長并汰老及過去者、許本管官備類姓名投納。其歩兵則納在兵番、水兵則納在水番。書写衙門、乃伝典本社択取頂人、預有身才強健勤、催赴京。清化処期一月内、乂安処期一月半。備実謹啓、経引正身、就本番看実。遁進納奉旨、准差官閲選。優者、送入侍候各隊船、次優者、送入侍候各奇、又次優者、送在各営奇隊船、応務。若某社緩慢逾期、則類取原欠姓名、送出各営奇、仍奉選取各営奇隊另兵人、補入侍候、以足兵額。

侍候兵として選抜し、これに充てるとされている。鄭王府が侍候部隊の補充を他部隊に優先させていることがわかる。

　これら清乂優兵を中心に構成されている侍候部隊は単に黎鄭政権の中核的な戦力であるだけでなく、毎年、鄭王に忠誠を誓うことによって私的な紐帯で結ばれており、鄭王の重要な軍事基盤となっていた［Taylor 1987：4-5］[29]。ここで見たように、17世紀の段階で兵員の管理、特に清乂優兵の兵員確保に関しては、既に鄭王府の兵番、水師番により掌握されており、黎朝朝廷の兵部の関与はかなり限定的であったと考えてよい。これは鄭王が侍候部隊の兵員確保を他に優先して、いち早く鄭王府の直接的な管轄下に置いていたことを示しており、制度面からも侍候部隊が鄭王の権力基盤であったことを裏付けている。

第3節　17世紀黎鄭政権の財政機構

　前節では、五軍都督府制・衛所制が既に崩壊していた黎鄭政権において、復興の主戦力となった清乂優兵が紅河デルタ奪取後も主力として維持され、それらの兵員確保は鄭王府の兵番や水師番によって行われていたことを述べた。ここでは残った戸番の検討を通じて、17世紀の黎鄭政権の財政機構を検討する。しかし残念ながら戸番については拠るべき史料が少ない。ただ『詔令善政』戸属、永祚7年（1625）6月の「平治規模令」について見てみると、

　　一、官田租、及び給賜田・世業田・通告田・占射田[30]などの田土、並び

---

29)　『黎朝会典』兵属、応誓事例にも、毎年「会盟」の時期に兵番と刑番が担当して、兵員に忠誠を誓わせる旨が記されている。ただし忠誠を誓う対象が皇帝であるか鄭王であるかは明記していない。史料の性格上、意図的に忠誠対象を曖昧に記述している可能性もある。ベトナムにおける会盟については［竹田 1967］参照。

30)　通告田は同県内で人々が集まって官の許可を得て開拓された田土。占射田は他轄の人々が官の許可を得て開拓した田土［八尾 2009：210-214］。『類誌』巻29、国用誌、賦斂之法を見る限りいずれも官田よりも若干、税負担は軽い。

に桑洲土・陂池・市渡などの税額については、戸部に委ねて課税させる。県官が徴収し、規定に従い納入する。遂行できなかった場合や多くを徴収したにもかかわらず納入が少ない場合、戸部が取り調べて（鄭王に）上啓することを認め、降格・罷免をもって罰する[31]。

とあり、徴税については基本的に中央においては戸部、地方においては県官が担当することが定められている。しかし一方で同じく「平治規模令」の別の条文においては、

一、山南・山西・京北・海陽処各県の内囲子の社民、及び所該、官吏の随行の人々について、しばしば所該の苛酷な支配や官吏の貪婪を蒙り、民は怨嗟の声を上げている。以後、各人丁の季税については、それぞれ定める[32]。

とあり、同時期にすでに県官とは別に徴税官吏として所該が存在しており、四鎮において所該による徴税が行われていたことを示している。少なくともこの時点で官吏の俸給として設定された禄社に関しては既に県官の手を離れ、所該により管轄されていたことを示している。また先述したように1718年に六番と六宮が設けられた際、それ以前に46の徴収号があり、『詔令善政』戸属には永治3年（1678）7月の「許徴収各号坐収銭例」として以下のような徴収号へ税を納入する際の規定が収録されている。

一、ある者の一回の納入で、官庫に古銭600貫以上、及び切り上げると六百貫の場合、「大奉」とし、1社につき古銭2貫を手間賃として取得す

---

31) 一、官田租、給賜・世業・通告・占射等項田、並桑洲土・陂池・市渡諸税額、応付戸部衙門責催。某県官徴収、投納如例。若不能奉行、并収多納少、許戸部査実啓来、以貶罷論。
32) 一、山南・山西・京北・海陽等処各県社民内囲子及外各所該并随行、間有被所該苛刻、官吏貪冗、致民怨嘆。茲後其各項季銭、応定有差。

51

ることを認める。
　一、一回の納入で、官庫に古銭300貫から500貫、及び切り上げると300貫の場合、「中奉」とし、1社につき古銭1貫500銭を手間賃として取得することを認める。
　一、一回の納入で、官庫に古銭50貫から200貫の場合、「小奉」とし、1社につき古銭1貫を手間賃として取得することを認める。
　一、一回の納入で、官庫に古銭11貫から40貫の場合、「小小奉」とし、1社につき古銭200を手間賃として取得することを認める[33]。

このように税の納入額に応じて「大奉」「中奉」「小奉」「小小奉」に分類し、それぞれ納入者の取り分が定められている。これらの納入先は、布告の名前が示すように徴収号であることは明確である。このように17世紀の段階では、徴税を戸部や県官など黎朝系組織により担当させる事を定めた規定がある一方で、同時に徴収号など鄭王府系組織により担当されたことを窺わせる規定の双方が存在する。

　このように17世紀に相反する史料が存在している原因を窺わせるのが、『全書』弘定19年（1618）11月条である。当時、東方に彗星が現れたことを不吉とした朝臣は鄭松に対して具申を行い、この中で当時の社会状況について以下のように語っている。

　　官吏の紀律については吏部があるものの、特別に制度外の職名を許可し、賦税については戸部があるものの、派遣された役人は争って民から徴収し、詞訟については管轄の官衙が定められているものの、しばしば虚偽の訴えを受理して、捕らえて財産を奪い、軍項の人丁については五軍都

---

33)　一、某民一務例、実納官庫古銭自六百貫以上、及不満六百者、並為大奉、准坐収毎社古銭二貫銭。
　一、某民一務例、実納官庫古銭自三百貫至五百貫、及不満三百者、並為中奉、准坐収毎社古銭一貫五百。
　一、某民一務例、実納官庫古銭自五十貫至二百貫、並為小奉、許坐収毎社古銭一貫。
　一、某民一務例、実納官庫古銭十一貫至以上四十貫、為小小奉、許坐収毎社古銭二百。

督府や衛所があるにもかかわらず、しばしば派遣された者が徴兵や重役を課している。乞い願わくは、これらの弊害を改められ諭されんことを。綱紀や法規は既に具体的な定めがあり、将官の如きは兵を統轄するに留めて、民を統轄させてはならない。（しかし実際には）該官は民衆や財産や殺人をほしいままにし、一家から5〜6人に至るほどに勝手に徴兵して兵士を増やし、一田から2〜3回に至るほどの重税を課し、該総や該社は戸婚や田土の裁判を行い、水路や陸路には勝手に巡司[34]・巡察が置かれている[35]。

この記述は、吏部、戸部、五軍都督府、衛所が制度上は存在するものの、実際には充分に機能していなかったことを示しているが、重要なのは後段においてその原因として、本来は兵士を統率するのみであるはずの武人が行政分野にまで権限を拡大して専横を行い、その結果として「該官」が勝手な徴兵や徴税を行い、「該総」や「該社」が訴訟を受理していることが述べられている点である。引用冒頭で吏部が「職名非例」、つまり本来は制度にないはずの役職の存在を許容していることが指摘されているように、黎鄭政権では建前上は「黎朝」でありながら黎朝前期には存在しなかったはずの組織体系が鄭王府を中心に構築されている。前節で見たような黎鄭政権の軍制において五軍都督府、衛所が現れないことが示しているように、当時の軍隊も法制度的に言えば黎朝制度体系の枠外で構築された「非例」の集合体であり、さらに厳密に言えば鄭王府の存在それ自体が黎朝制度の枠外にある。つまり鄭王府

---

34) 巡司とは交通の要衝に置かれて、通行税や渡し賃を徴収するものである。若干は正規のものも存在するが、実際には非正規のものが各地に設けられていたようであり、17、18世紀を通じて度々、非例巡司の設置禁止や撤去がなされている。17世紀について例を挙げると『詔令善政』戸属に所収の慶徳元年（1649）の『改元大赦詔』などが挙げられる。また『類誌』巻31、国用誌、巡渡之制には巡司の増減について比較的詳細に記されている。
35) 如官方已有吏部、反特許職名非例、賦税已有戸部、反差人到民争収、詞訟已有該勘衙門、間有聴人誣告、捉人取財、軍項已有府司衛所、間有差人勾取軍色重役。乞具本革前弊照行。紀綱法度、已有成憲具在、如該将止許該兵、不有該民、茲各該官専民専財専殺、又私選益失、一家至五六人、重収官税、一田至両三租、該総該社勾勘戸婚田土諸訟、水路陸路私置巡司巡察衙門。

系組織とはそれ全体が黎朝系組織の枠外に作られた非正規官衙の集合体に他ならない。このように黎鄭政権では黎朝前期より継承した黎朝系組織と、その枠外に構築された鄭王府系組織が併存している状況にあり、史料で述べられているような17世紀初頭の混乱した状況は、この両組織の関係や役割分担が整序されないまま併存していたために衝突した結果と考えられる。

　このような状況の中、次章以降で見るように、鄭王府系組織への職掌移管、黎朝系組織の形骸化・弱体化をともないつつ、両組織の職掌が次第に整序され、一種の棲み分けが進んでいく。徴税についても黎朝前期の制度では県官が徴税を監督することになっているが［桜井 1987：第1章］、黎鄭政権では異質な制度が行われており、官吏の俸給として特定の集落を「禄社」として設定し、その税収を俸給とする制度（禄社制）が行われており、その禄社からの徴税を担当する人々は所該と呼ばれる。このような制度がいつ頃から行われていたのかは判然としない。しかし『全書』には、まだ黎鄭政権がまだ清乂の地方政権であった1577年、鄭松は莫氏の侵攻に備え、兵士が農事を妨害するのを防止するために「所該」に指示して稲を早めに収穫させている[36]。16世紀の段階で禄社の存在を直接裏付ける記述は見られないが、所該が禄社制にまつわる呼称であることから、地方政権時代からそれに類似する制度が行われていたと推測される。紅河デルタ奪取したのち、その制度がそのまま紅河デルタにも持ち込まれ、清乂の武人を中心とした功労者に賞与として大量の紅河デルタの集落を禄社として与えたため、四鎮の地方行政組織と衝突することになり、上述のような混乱を生み出したのであろう。しかし徴税に関しては規定上はともかくとして、黎朝系の地方行政機構である府県により担当させる路線は、少なくとも17世紀後半には放棄され、実態としては所該・該民などと呼称される人々により担当されることが一般的となっていたようである。例えば青湘社瀧廛村の碑文（『拓本集』N.2749、2785。京北処順安府超類県、建碑1679年）では1676年に同村を士王廟の守隷とし、その維

---

36)『全書』嘉泰5年（1577）5月～7月条。

持管理にあたることの見返りとして課税を免除する旨の令諭[37]が引き写されて刻まれている。これを見ると、

> 時に殿廟や調度品などが、朽ちて壊れるようなことがあれば、報告の上、官を派遣して修理することとし、以て我々の敬意を示す。上項（隴壥村）の季税[38]については既に税例内より除いているが、その他に各戸の負担する堤防工事の労役と捜差（地方官衙への役務）は全て免除する。所該や奉差の各衙門は、これらの免除を正しく履行し、民を騒擾させたり捕縛してはならない。違反者は処罰する。ここに令諭する[39]。

とあり、隴壥村の税を免除すると同時に、所該や奉差官がこれを無視して徴税したり賦役に駆り出すことを禁止している。次章で述べるように所該は禄社での徴税を担当する人々、奉差官は内囲子での徴税を担当していた人々を指すものと考えられる。いずれも鄭王府系組織の人々であり、徴税を免除するに際して、県官に注意を促すような文言は令諭の文中に現れていない。これは第4章で論じる徴税機構の検討においても同様であり、全体的に徴税における県官の存在感は希薄である。恐らく、少なくとも17世紀後半頃には所該などによって徴税され、各地にあった徴収号に納入されるという方式が一般的になっていたと見てよかろう。このように黎鄭政権では16世紀の地方政権時代の財政機構を、紅河デルタ奪取後にそのまま四鎮に持ち込んだため、それが以前よりあった地方行政機構（恐らくは黎聖宗期に確立され、莫氏へと継承されたもの）と衝突することになり、混乱が発生したものの、最終的には鄭王府系の財政機構が主導権を握り、府県を財政機構から排除していっ

---

37) 黎鄭政権では、鄭王により発給される文書は「令旨」もしくは「令諭」の文書形式を取る。詳細は第3章第3節で後論する。
38) 各人丁の項に基づく人頭税である丁税、田土の種別、面積に応じて課される田税を併せたもの。第4章第1節で後論。
39) 間或殿廟及祭器等物件、如有朽弊、許謹啓聞、差官修理応作、以昭敬意。其上項季銭已鄒例内、及戸分培築・築立堤路・捜差各役並准饒。係所該并奉差各衙門、当奉除不得擾捉。違者有罪。茲令諭。

たと考えられる。

第4節　非例官署の設置

　ここまで見てきたように、17世紀の鄭王は黎朝系組織とは別個に鄭王府を中心とする組織を構築することによって、自らの権力基盤の強化を進めていた。これら鄭王府系組織はそのほとんどが法制度的には正規の黎朝制度の枠外で構築されたものであるが、一方で同じく非正規に設立されたものであるにもかかわらず、「非例」の職名であるとして17世紀後半以降、度々禁令の対象となっているカテゴリーの地方官署群が存在する。前節の史料で若干現れた「該総」や「該社」などがこれに該当する。例えば『詔令善政』刑属に所収の盛徳元年（1653）の「禁非例職令」を見ると、

　　一、各処の譏察・巡察・同県・該県・該総・巡総・守約・守券・執券などの非例の職名は、一切差し止める。これらの者で志があり功を立てんとする者は、京師に赴いて上申することを許し、才に応じて任用する。もしくは蟄居して嘗ての過ちを悔い、謹んで善道に従い、その生業に安んぜよ。あるいは旧習に固執して良民を騒擾させることがあれば地方では承政使司、憲察使司に告発し、京師周辺では監察御史に告発することを許し、調査・議論の上、現地に赴いて拘束し、以て法禁を厳しくする。役所が畏れ奉り、怖じ気づいて罪に問わなければ、目撃者や被害者が告発することを許し、降格・罷免をもって処罰する[40]。

とあり、譏察、巡察、同県、該県、該総、巡総、守約、守券、執券など様々

---

40) 一、各処譏察・巡察・同県・該県・該総・巡総・守約・守券・執券等非例職名、一切停罷。其前項某員名有志立功、許赴京拝稟、随才任用。若在家洗浄旧愆、恪遵善道、以安生業。或猶狃旧習、擾害良民、許外告在承憲二司、内告在該道衙門、査実論行、令差拿捉徇問、以厳法禁。某衙門畏薦、而退托不問、許見知員人及被害人鳴告、論行貶罷。

な呼称を持つ官署が乱立していたことがわかる。これらはそもそも中央の許可を得ずに乱立され、めいめいが勝手に自称していたものであり、その性格上、必ずしも呼称は一定していないものの、彼らは時には地方官が畏怖して手が出せないほどの勢威を持っていたことがわかる。またこれら非例官署に対しては必ずしも一方的に厳罰に処すという対応は取っておらず、京師に赴けば、相応の役職に任用するという、融和的な態度をとっている点は注目される。

　それではこれら非例官署が具体的にはどのような活動を行っていたのか、『詔令善政』刑属に所収の永寿2年（1659）の「申明訟理令」により見ると、

　　一、所該及び該徴監守[41]などの各員衙は、季税やその他の礼銭を徴収するのみを許し、もめ事を起こして訴訟を審理し、良民に罪を着せて脅迫したり捕縛したりしてはならない。また、該県・巡県・議察・巡察・該総・該社及びその社の官員や兵士と結託して、役所を設立し、訴訟を審理し民の財産を脅し取ってはならない[42]。

とあり、徴税官吏が勝手な訴訟処理により専横を働くことを禁止すると共に、併せて官員や兵士と並んで該県、該総、該社などの非例官署と結託することも併せて禁止している。次章以降で後論する黎鄭政権の財政機構、徴税制度を考慮すると、ここで所該や該徴監守といった徴税官吏と結託することが警戒されている官員と兵士は、具体的には当該村落を禄社として受給した有力官僚や部隊を指していると考えられる。つまり禄社の徴税を担当する所該が、禄社受給者と結託して不法を働くのを警戒しているのである。恐らくは非例

41）所該とは黎鄭政権の官吏の俸給として設定された禄社からの徴税を担当する者を言う。一方、税収が国のものとなる人々は内囲子とよばれるが、「該徴監守」は恐らくこれからの徴税を担当する人々と思われる。これら黎鄭政権の徴税機構については第4章第1節で後論する。

42）各所該及該徴監守各員衙、止許奉徴収季税并各礼、不得生事勾勘諸詞訟、嫁媧脅捉良民。与該県・巡県・議察・巡察・該総・該社并本社官員另兵、亦不得設立衙門、勘問訟事、脅捉民銭。

官署についても徴税官吏が管轄する地域と何らかの形で関係しているものと推測されるが、彼らの出自や階層などは判然としない。さらに『詔令善政』刑属所収の同じく永寿2年（1659）に出された「禁設立衙門勾問詞訟陥捉良民令」を見ると、

　　一、各地の官員、京師や地方駐屯の另兵及び該県、該総、該社、巡捕、譏察、官員や色目で出仕せずに家にある者が、私的に役所を設立して訴訟を審理してはならない。並びに集会を開いて人を罪に陥れて良民を捕らえ、一族まで連座させて田土を売却してはならない[43]。

とあり、官員や兵士と並んで非例官署が勝手に役所を設立し、裁判を行うことを禁止している。ここでも同様に非例官署が訴訟処理を通じて、財産や田土を不法に没収するということが問題視されている。また前引の史料と同様に役所の私設に関わる人々として、非例官署とならんで官員と兵士が挙げられている点は注意すべきである。これら2つの史料を勘案すると、徴税官吏が不法な収奪、あるいは徴税を巡る紛争の解決を求めて有力者に寄託し、これがしばしば史料中で述べられているような不正な訴訟処理に結びついていた可能性が高い。その中でも非例官署は有力な寄託先であったことがわかる。

　それではこれらの非例官署の実体はいかなるものであったのだろうか。前述のように非例官署の名称は必ずしも一定しないが、大きく2つに分類することができよう。ひとつが該県、該総、該社などに代表されるものであり、史料中では不正に訴訟を受理しているとされているもの、ひとつは巡司や巡察など代表されるものであり、交通の要衝などに設けられて勝手に通行税を徴収しているものである。ここでは特に前者について検討する。

　まず非例官署を設置していた主体について見ると、『詔令善政』兵属に所収の萬慶元年（1662）の「改元大赦詔」に、

---

43) 一、各処県社官員另兵在京在留屯及該県・該総・該社・巡捕・譏察・官員色目在家、並不得私設立衙門、勾問詞訟。并不得聚会陥人于罪、而捉良民、連及本族、指売田土。

一、各処府県社村庄峒冊[44]の県社の另兵は、官員を自称し、衆を集めて徒党を組み、役所を私設して良民の財産をかすめ取ってはなはらない。違反者には、管轄の官衙に告発することを認め、捕縛して処罰する[45]。

とあり、兵士が官員を自称して徒党を組んで役所を設置することを禁止している。先述のように非例官署に関する禁令で兵士が並んで挙げられていることと符合しており、不法な訴訟処理を行っているうちに、その中の有力な武人が自称するようになったものが非例官署であったと考えられる。さらに『詔令善政』兵属所収の正和5年（1684）の「禁蔵貯私銃令」を見ると、民間の銃所有を禁止する中で、非例官署の活動についても言及している。

　　天下の官や民にとって銃は重要な兵器であるにも関わらず、民衆の中には私的に銃器を保有し、互いに土地を争い、ほしいままに強盗し、密かに反乱分子を助ける者がおり、社の官員には自分の銃器を郷家に貯え、所該には官物の銃器により民衆を助け攻撃して紛争を助長する者がおり、該県・該総・譏察・巡捕には銃器を数多く保有して無法をほしいままにする者がいる。[46]

ここでは、自力で銃器を購入する官員や、官物を勝手に使用する所該などと並んで、非例官署が銃を数多く保有していたことが述べられており、彼らの中には武人や兵士などが多く混入していたことを窺わせる。さらに『詔令善政』吏属に所収の陽徳三年（1674）の「訓戒各職司」では鎮守の職掌において「擅に非例の職名を置きて民擾を為すを得ず（不得擅置非例職名、為民擾）」とある。これは非例官署に単に武人や兵士によるものが多かっただけで

44）庄は有力者の手になる田庄、峒・冊は山地民の集落単位に対する呼称である。
45）一、各処府県社村庄峒冊另兵、不得自称官員聚衆結党、私立衙門抑脅良民銭財。違者、許投告該衙門、捉来治罪。
46）天下官民等係銃乃軍器重用、其間有人民私貯、相争地分、恣為盗劫、潜助偽党、有本社官員、以己物貯於郷家、有所該、以官物而資民攻撃、有該県・該総・譏察・巡捕、多貯肆行不法。

なく、その設立に地方の鎮守が関与していたことを示している[47]。

　鎮守は黎鄭政権では形骸化していた都指揮使に替わって、地方の軍政、治安維持のために各処ごとに置かれたものであり、制度的には鄭王府に帰属している（第3章にて後論）。非例官署が鎮守の主導で設けられ、黎朝系地方行政組織である府県の職掌を圧迫していたとするならば、なぜこれを鄭王は禁止する必要があったのであろうか。先に述べたように軍隊、特に鄭王との間に私的紐帯を持つ清乂優兵は鄭王の直衛軍である侍候部隊の中核をなし、鄭王の権力基盤となっている。しかし彼らが決して唯々諾々と鄭王に服従する集団であったわけではない。それを窺わせるのが『丞相范公年譜』の陽徳3年（1674）の記事である。

　　　陽徳三年。国家の恢復の後、湯沐の地である三府の兵士は、廩給を厚く加えられた。ここに至ってやや減額されると、連日陳情に訪れたが、廷議は全く取り合わなかった。遂に彼らは憤って、先を争い夜間に公（范公著）の居宅に放火したので、書籍や調度品の類は跡形もなく焼けてしまった。公は闇に乗じて後門から脱出し、綺羅地方に難を避けた[48]。

「三府の兵士」とは主に清化の兵士が主に3つの府[49]から徴兵されたことから来る呼称であり、清化出身の兵士と見てよい。これに加えて乂安の12県[50]か

---

47) 村々において建碑された碑文では「非例」であることに対する意識は希薄であったようで、『拓本集』中には、非例官署の肩書きを堂々と刻んだものが多数収録されている。特に著しい事例としては N.4146（建碑1671年）、N.5409-5410（建碑1682年）などがあり、禁令にも関わらず、完全には根絶できていなかったことを示している。また「原該社」など嘗ては非例官署を名乗っていたが、取り下げたと考えられる事例としては N.6244-6245（建碑1692年）などがある。さらに N.8023（建碑1711年）では非例官署に就任していた人々が村落の文廟で「武職」に分類されて祀られている。

48) 三年甲辰、承国家恢復之後、優待湯沐三府兵士、廩給加厚。至是稍為裁損、日常来訴、廷議頗遏之。遂至含憤、相率至夜焚公居宅、書器用、蕩無寸遺。公乗闇後門而出、避綺羅地方。

49) 清化の紹天府・河中府・靖嘉府（『類誌』巻39、兵制誌、設置之額）。

50) 乂安の徳光府・演州府・鄈都府・河華府に属す12県（『類誌』巻39、兵制誌、設置之額）。

ら徴兵された兵士が清乂優兵であり、彼らにとって「廩給」が重要な既得権益となっていたことがわかる。これに対して范公著は17世紀後半に次第に台頭する紅河デルタ出身の科挙官僚を代表する人物であり、従来の広南阮氏政権を征服することによって聖宗期の版図を再現することを目指す武力解放路線を転換させ、代わって儒教的規範に基づいた制度面での内政充実を目指した人物とされる［Taylor 1987］。このような范公著の政治路線は当然、既得権を持つ清乂優兵と対立したであろう。これが范公著の居宅を焼き討ちすることに繋がったと考えられる。

この焼き討ちの原因となった清乂優兵への「廩給」とは『類誌』巻40、兵制誌、養恤之典に記載されている「稟禄」を指すものと思われる。稟禄とは兵士への俸給の一種であるが、その支給について以下のように定められている。

> 中興後、清乂優兵と四鎮一兵で隊伍に属す者には、口分民を支給して収銭することを許し、食料は支給しなかった。侍候の内仍隊・轎一船[51]は、毎年口分人15貫400、添給600、部隊長には20貫。…〈中略〉…外兵の歩兵については左中堅以下の営奇隊、外兵の水兵の各営奇隊は、7貫・添給600。[52]

後述するように部隊全体の俸給として禄社の一種である制禄が存在するので、ここで定められているのは制禄社からの税収の部隊内での分配額であろう。実際には部隊の総支給額及び部隊長の俸給に相当する村落が制禄として設定されて部隊に支給されたと考えられる[53]。このような制禄や稟禄といった軍隊

---

51)『類誌』巻39、兵制誌、設置之額、中興後兵籍総数によれば「内仍隊」は清乂優兵40人、「轎一船」は兵種不明だが86人の兵士で構成される。
52) 中興後、清乂優兵与四鎮一兵隷隊伍者、給口分民、並許収銭、不給粟子。侍候内仍隊・轎一船、歳口分人十五貫四百、添六百、内隊長人二十貫。……外歩兵自左中堅至各営奇隊外水兵各営奇隊船人、七貫添六百。
53) 清乂優兵がいかに優遇されていたにせよ、兵士1人当たりの口分が合計16貫と解釈すると、あまりに多すぎる。これは部隊の一般兵士全体の給与と考えるべきであろう。

への支出は既得権益化し、鄭王府も容易には手を出せない状態になっていた。この焼き討ち事件は『全書』には記載されていないが、黎鄭政権末期には鄭王の廃立すらも左右して「驕兵」と称される清乂優兵の危険性は、既に17世紀の段階から端緒は存在している[54]。つまり清乂優兵は鄭王の軍事的基盤であると同時に、時には鄭王の存立を脅かす可能性のある両刃の剣であったのである。恐らく鄭王としてはこのような権利主張の激しい集団に完全に地方行政を委ねることには危機感を持たざるを得なかったであろう。これが17世紀後半に頻繁に非例官署に関する禁令が出される理由の1つと考えられる。

さらに17世紀後半から鄭王府中央の組織が次第に充実し、組織を拡大していることがより重要な理由として挙げられる。次章で詳論するように、鄭王府系の官僚は肩書きに「侍内書写」、もしくはそれに類する語句が付属する場合が多いが、『拓本集』から、鄭王府に六番が設置される1718年以前の鄭王府系の下級官僚を抜き出したものが【図表1-2】である。これを見る限り、17世紀前半では「侍内書写」の語句の前後には「王府」とあるだけで固有の番名は付属していないが、1649年の黄樸の「水師書写」が現れて以降、次第に三番の名称が現れるようになる。鄭王府の組織が制度上、三番に分かれた時期は特定できないが、少なくとも17世紀中頃には制度としてはっきり確立したと思われる。また備考の部分を見るとわかるようにこれら鄭王府系下級官僚には書算科の出身者が多いことも特徴である。この書算科とは書法、算法、唐律詩を試験とする黎鄭政権期の下級官僚の登用試験であるが、その実施状況について『見聞小録』巻2、体例によれば、

> 中興以降の慶徳4年（1652）・永寿4年（1661）・徳元2年（1675）・正和5年（1686）については、特に書算科の定期的開催の規則はなかった。…〈中略〉…10年に一回であったり、15年に一回であったり、一定の基準はない。正和19年（1698）議論して12年に一回と定めた。永盛7年（1711）に試験を行った。[55]

---

54) 黎鄭政権末期の政情については［藤原 1967］で詳述されている。
55) 中興以来盛徳壬辰・永寿辛丑・徳元乙卯・正和丙寅、並開書算科例。……或十年一試、

第1章　17世紀黎鄭政権の国家機構

【図表1-2】鄭王府系下級官僚（六番設置以前）

年号	西暦	姓名	肩書き	出身	拓本No.
徳隆4年	1632	武洪	侍内該合兵部軍務司郎中文鑑子		12211-12212
徳隆4年	1632	武洪	侍内該合書写特進金□□□大夫□軍務司□□□文鑑子		13555-13556
福泰2年	1644	黎椒	戊辰科首選書写王府該合侍内書写賛治功臣少卿穎川子	書算	4646-4647
福泰7年	1649	黃樸	水師書写副断事		9986-9987
慶徳元年	1649	黎	戊辰科試中書算優一中項侍内首合書写工部郎中瑞嶺子	書算	3930
慶徳2年	1650	陳文実	戊辰科書算王府侍内首合書写特進金紫栄禄大夫兵部郎中安強子	書算	4648-4651
慶徳2年	1650	陳文実	戊辰科書算王府侍内首合書写特進金紫栄禄大夫兵部郎中安強子	書算	4652-4653
慶徳2年	1650	阮文渼	侍内該合書写京北処参議文洽伯	書算	4652-4653
盛徳4年	1656	范黃球	戊寅科試中書算華文正王府侍内書写賛治功臣特進金紫栄禄大夫大理寺少卿文書子	書算	3924-3925; 8573-8576
盛徳5年	1657	□	壬辰科試中書算奉侍内書写南策青林曼泊寺丞添栄男	書算	2355-2356
盛徳5年	1657	黎廷紳	戊辰科試中書算奉入侍内首合書写工部郎中仁嶺子	書算	5529-5530
永治元年	1658	范	賜辛丑科中書算侍内書写県丞演派男	書算	10098
永寿2年	1659	阮	侍内書写少卿文東子		3608-3609
景治3年	1665	武	水師侍内書写少卿順良子		6826-6827
陽徳元年	1672	陶得名	本県衛門前任官侍内文職知県		11623
陽徳元年	1672	武廷試	本県衛門前任官侍内文職知県		11623
徳元2年	1675	阮登高	侍内書写魁武男		9843-9846
永治元年	1676	阮眷	侍内歩兵書写令史知簿鄧禄男		2434-2435
永治2年	1677	鄧禎弘	奉差壬辰科書算優分第二名該合内書写兵番少卿茂林子	書算	1200
永治2年	1677	杜登相	乙卯科試中書算預優中応為侍内書写水兵番海潮男	書算	4894-4897
永治2年	1677	陳家	首合侍内書写儒卯男		5368-5369
永治2年	1677	陳勝	侍内書写兵番春沢男		12190-12192
永治4年	1679	黎公正	光進慎禄大夫該合侍内書写兵部郎中香寿男		161a-d
永治4年	1679		侍内書写知簿詔揚男		4333-4334
永治4年	1679	鐘日安	副該合侍内書写兵番副使瑢禄子		447-448
永治5年	1680	阮世栄	侍内仍書写儒才男		1886-1887
永治5年	1680	高第	由乙卯科試中書算奉填充侍内司礼衙門権各監司都吏瑞祥男	書算	3995-3998
正和年間		張伯功	侍内書写兵番済生堂桂堂男		362-365
正和年間		范	癸丑科士望奉侍内文職先明県知県	士望	9913-9914
正和3年	1682	申公才	奉差諒山処鎮守官兼侍内書写北軍都督府都督僉事漢郡公	武人？	9972-9977
正和3年	1682	裴万勝	侍内仍書写		13567-13568
正和4年	1683	武貴徳	侍内書写		913-914
正和5年	1684		侍内書写恵義男		1085-1088
正和7年	1686	張鋑	侍内仍書写兵曹曹寿男		1085-1088

第Ⅰ部　黎鄭政権の統治機構

年号	西暦	姓名	肩書き	出身	拓本No.
正和7年	1686	鄧禎	壬辰科試中書算第二名該合侍内書写堅二隊奉守安場寺丞茂林男		1896-1899
正和7年	1686	范	侍内仍書写文碧男		2516-2517
正和7年	1686	阮三傑	乙卯科試中書算侍内書写戸番進功庶郎□都屯田所所使銓沢男	書算	714-717
正和7年	1686	陳明剛	乙卯科試中書算侍内書写戸番優中進功庶郎大通前蚕桑所所使裔基男	書算	714-717
正和7年	1686	阮登仕	中書監華文学生奉考入侍仍又奉侍内書写戸番書堂		10583-10586
正和8年	1687	阮公権	辛丑科試中書算書写県丞	書算	193
正和8年	1687	黄燕	丙寅科試中書算内書写		193
正和9年	1688	陳明剛	乙卯科試中書算侍内書写戸番優中擢進所使裔基男	書算	1982-1985
正和9年	1688	武進榜	奉侍内書写		12875
正和10年	1689	陳明剛	乙卯科試中書算侍内書写戸番優中擢進所使裔基男	書算	1710-1713
正和10年	1689	范	侍内仍書写碧玉男		2509-2512
正和10年	1689	譚	侍内選侍内書写水兵番所使		5370-5371
正和11年	1690	馮俊才	侍内書写戸番		1706-1709
正和11年	1690	范	侍内仍書写洪豪白知簿碧玉男		5907-5910
正和12年	1691	阮登春	乙卯科試中書算侍内書写兵番侍内仍知簿	書算	1702-1705
正和12年	1691	阮公派	侍内文職知県		12727-12730
正和12年	1691	范	侍内乃書写知簿碧玉男		12727-12730
正和13年	1692	阮富多	侍内書写水兵番都事俊秀男		3755-3756
正和13年	1692	阮日盛	乙卯科試中奉勅旨乂安道都吏丙寅年奉禀封子内書写歩兵番□～□	書算	5339
正和14年	1693	陳	丁卯年奉考中書算内書写兵番	書算	6390-6393
正和14年	1693	陳瑛	内書写戸番		12312-12315
正和15年	1694	鄭得旺	侍内書写兵番嘉林県臨賀勲名男		9257-9260
正和16年	1695	黎時佺	侍選内書写戸番所使儒林男		1557-1560
正和16年	1695	鄭得旺	侍内書写兵番勲名男		6459-6462
正和16年	1695	鄭	侍内文職知府		6459-6462
正和16年	1695	黎	乙卯科試□優中侍内乃書写戸番県丞	書算	10022-10023
正和17年	1696	黎	於乙卯科試中書算優分奉令諭填充侍内書写戸番該合儒渓子	書算	3986-3989
正和17年	1696	鄭通	奉侍歩兵令史副使		972-973
正和17年	1696	張伯功	侍内書写兵番兼済生堂桂技男		7858-7859
正和17年	1696	馮俊才	侍内書写戸番		10686-10689
正和17年	1696	陳栄	侍内書写将臣吏張禄男		12589-12592
正和17年	1696	阮	辛未科士望内文職奉教道兵部員外郎	士望	13862-13865
正和17年	1696	阮得仁	丙寅科試中書算□番書写	書算	13862-13865
正和17年	1696	阮	奉侍内□文職刑部司務廳司務		14303-14306
正和18年	1697	阮俊徳	侍内書写水兵番		6044-6047
正和18年	1697	范公権	侍内書写兵番		6350-6353
正和18年	1697	高朝	優中侍内書写兵番	書算	8565-8568; 8569-8572
正和18年	1697	阮	辛未科中士望内文職一番唱率内書写戸番清華処憲副	士望	12673-12676

第1章　17世紀黎鄭政権の国家機構

年号	西暦	姓名	肩書き	出身	拓本No.
正和18年	1697	阮□	乙卯科試中書算奉勅旨提吏陞首合令史兵番炳安男	書算	12673-12676
正和19年	1698	杜機	侍内書寫㻛廷男		2525-2526
正和20年	1699	范	侍内書寫水兵番県丞		2523-2524
正和20年	1699	阮仕濯	戊寅科試中侍内書寫戸番	書算	3594-3597
正和20年	1699	高登朝	優中侍内書寫兵番	書算	3653-3654
正和20年	1699	武佐治	侍選首合侍内書寫水兵番鴻臚寺少卿允忠男		5210-5213
正和20年	1699	武	侍内書寫水兵番		5210-5213
正和20年	1699	武	侍選首合侍内書寫水兵番鴻臚寺少卿允寿男		5288-5291
正和20年	1699	杜進禄	侍内書寫水兵番		5288-5291
正和20年	1699	范璿	侍内書寫戸番優中		5944-5946, 6159
正和20年	1699	阮公寀	書寫水兵番		5944-5946, 6159
正和20年	1699	鄭千年	戊寅科試中侍内書寫令史兵番	書算	6333-6334
正和21年	1700	褚廷璿	侍選副該合侍内書寫戸番		1225
正和21年	1700	陳春宇	侍内文職監生		1225
正和21年	1700	黎時佺	侍選侍内書寫户番所使		1225; 8187-8189
正和21年	1700	高登朝	優中侍内書寫兵番		7032-7035; 8585-8588
正和21年	1700	阮璘	奉侍文職監生		11246-11247
正和21年	1700	阮	奉侍文職監生		11246-11247
正和21年	1700	范登倍	侍内書寫水兵番		11360-11363
正和23年	1702	陶廷甲	丙寅科首科侍内書寫水兵番所使	書算	3197-3198
正和23年	1702	楊公任	内書寫戸番		7307-7308
正和23年	1702		奉侍内文職進功庶郎詹事院典吏		14325-14328
正和24年	1703	阮登偵	王府侍選副該司舎人県丞海淵男		3521-3524
正和24年	1703	陶	丙寅科書算首科侍内書寫水兵番所使	書算	3521-3524
正和24年	1703	呉登第	内書寫令史水番		3521-3524
正和24年	1703	阮□□	侍内文職謹事佐郎		5533-5534
正和24年	1703	杜進禄	侍内書寫水兵番		6156-6157
正和24年	1703	范	侍内書寫水兵番県丞碧玉男		6561, 6586, 6595-6596
正和24年	1703	呉尊達	首合書寫工番		896-897
正和24年	1703	陳春仕	王府副首合歩兵令史進功庶郎禄平州同知州下制韶堂男		9646-9649
正和24年	1703	陶廷相	丙寅科首科侍内書寫水兵番所使濱堂男	書算	9646-9649
正和25年	1704	范廷恩	丙寅科試中侍内書寫水兵番副使	書算	2625
正和25年	1704	朱名相	侍内文職嘉林県知県		6263-6266
正和25年	1704	杜光済	癸丑科士望侍内文職顕恭大夫丞海陽等処賛治承政使司参議	士望	7760-7761
正和26年	1705	鄧	侍内書寫戸番県丞		5517-5520
正和26年	1705	范璿	優中侍内書寫戸番所使佳堂男	書算	5517-5520
正和26年	1705	陳瑾	書寫所使		12595-12596
永盛元年	1705	鄧有選	侍内書寫戸番県丞仁忠男		5511-5514
永盛元年	1705	阮有禄	侍内書寫戸番所使全義男		5511-5514
永盛2年	1706	阮俊輝	侍内書寫兵番		2083-2086

第Ⅰ部　黎鄭政権の統治機構

年号	西暦	姓名	肩書き	出身	拓本No.
永盛2年	1706	阮有信	本村侍内書写戸番択進進功庶郎山明県県丞		4228
永盛2年	1706	黎延晛	侍選侍内書写兵番県丞添恩男		6439-6442
永盛2年	1706	范	優中侍内書写戸番所使佳堂男	書算	9691-9692
永盛3年	1707	阮	副首合書写戸番進功庶郎奉天府治		1109-1110
永盛3年	1707	劉有璜	内書写		1109-1110
永盛3年	1707	梁有科	内書写		1109-1110
永盛3年	1707	阮金鐘	侍内書写按吏		6545-6548
永盛3年	1707	范	侍内書写水兵番寺丞碧玉男		8802-8805
永盛4年	1708	范有道	国子監監生奉侍文職		11229-11230
永盛4年	1708	儀	外府奉侍将臣吏番儀廷男		11289-11290
永盛4年	1708	阮	侍内兵番		12643
永盛5年	1709	阮	侍内書写		3798-3801
永盛5年	1709	阮公栾	侍内書写水兵番優中	書算	5939-5942
永盛5年	1709	阮文銃	副首合県丞		6178-6181
永盛5年	1709	范保	侍内書写水兵番		12563-12566
永盛5年	1709	阮	侍内書写		12633-12634
永盛6年	1710	杜世宙	戊寅科書算優分第一名内選侍内書写水兵番副所使	書算	1199
永盛6年	1710	阮有信	侍内書写戸番択進県丞		3427-3428
永盛6年	1710	阮	丙寅書試中書算該合侍内書写戸番芳春子	書算	675, 734, 2222-2223
永盛7年	1711	汝	奉侍内文職海陽処承司主事		1244
永盛7年	1711	武	侍内書写番進功庶郎所使		5576-5579
永盛7年	1711	杜公廉	優中侍内書写番県丞	書算	11364-11365
永盛9年	1713	黄公濬	戊寅科試中書算侍内書写歩兵番所使潤芳男	書算	1462-1465
永盛9年	1713	黄公濬	戊寅科試中書算侍内書写歩兵番所使潤芳男	書算	1466-1469
永盛9年	1713		侍内書写歩兵番奉侍仍一県丞	書算	8565-8568; 8569-8572
永盛10年	1714	杜登相	侍内□首合侍内書写戸番同知府海朝男		156-159
永盛10年	1714	阮徳全	侍内書写戸番県丞		156-159
永盛10年	1714	阮廷桓	侍内選侍内書写戸番所使		156-159
永盛10年	1714	武徳禄	侍内選侍内書写戸番所使		156-159
永盛10年	1714	阮有儒	内二跡首合県丞		156-159
永盛10年	1714	阮登朝	侍内選侍内書写番副所使		156-159
永盛10年	1714	黎公璣	侍内選侍内書写番副所使		156-159
永盛10年	1714	阮公愷	侍内選侍内書写歩兵番		156-159
永盛10年	1714	鄧公魁	侍内書写水兵番		156-159
永盛10年	1714	阮廷桓	侍内選侍内書写番進功庶郎所使		160
永盛10年	1714	呉宝	侍内書写水兵番将仕郎亀蒙所副所使		162-163
永盛11年	1715	黎廷禅	侍内書写歩兵番所使		5855-5858
永盛12年	1716	鄭世科	戊寅科試中書算優第一名侍内書写攻文番	書算	1197, 1219
永盛12年	1716	阮世済	侍内書写水兵所使		2752-2755
永盛12年	1716	鄭	奉侍内文職進功庶郎吏部司務廰司務		14472-14473
永盛13年	1717	范	侍内書写戸番進功庶郎県丞		2618-2619
永盛13年	1717	阮公旺	侍内書写所使		11436-11438

出所：『拓本集』vol.1-15

とあり、さらに1724年以降の試験では毎回千人以上の書算科合格者を出すに至る[56]。17世紀の書算科については合格者の人数は不明であるが、少なくとも数百名単位の合格者がいたと推測される。書算科が本格的に開始された時期も非例官署への禁令が出される17世紀後半と符合している。このように非例官署の禁止と鄭王府組織の充実が並行して行われていたとすれば、本節冒頭で引用した「禁非例職令」において、非例官署を禁止すると同時に京師に赴けば登用するという、融和的な態度をとっていた理由も容易に説明できる。恐らくは鎮守の影響下にあった非例官署を禁止し、その人材を中央の鄭王府へと吸収することにより、武人の影響力の強い間接的な地方統治から、中央の鄭王府による直接的な地方統治へと転換が図られたのであろう。

第5節　鄭棡の即位とその治世

このように16世紀末に鄭松により開設された鄭王府は、当初は黎朝朝廷から一部の人材を政策ブレーンとして参従・掌府事など形で吸収し、政策決定の議政機関として機能しているに過ぎず、地方は鎮守をはじめとする武人に委ねられていたと考えられる。しかし17世紀中頃、すなわち鄭梉（位1623～57）の治世後半頃よりインフォーマルな人材登用のみならず、書算科などを通じて下級官僚として紅河デルタ文人層を大量に吸収することにより、次第に組織を充実させていった。テイラー［Taylor 1987］が論じた17世紀後半における紅河デルタ文人官僚の政治的台頭はこの延長線上に位置づけることができ、それが単なる上層部における権力闘争の結果ではなく、組織拡充がもたらした鄭王府の人員構成上の質的変化が背景あったことを窺わせる。そして18世紀初頭に六番が設けられることにより、それまでなし崩し的に拡大されてきた組織が整序され、一応の安定を見るに至る。しかしテイラーに

或十五年一試、無有定準。正和十九年戊寅、議準以十二年一科。永盛七年辛卯考試。
56)【図表1−2】を見る限り、1652年より以前に戊辰科（1628）が行われているはずであるが『見聞小録』には記載がない。

よる論述は残念ながら17世紀で終わっており、その後の六番設置に至るまでの政治史を整理したものを見出せない。若干蛇足ではあるが、1718年に六番が設置されるに至る背景を理解するうえで必要な前提知識であり、また従来の鄭氏政権に対する「武人政権」「軍閥」というイメージを払拭する意味もあり、本節では鄭棡が即位に至る政治的経緯と彼の治世について整理しておく。

前述の様に鄭柤の治世において開始された紅河デルタ文人層の大量採用の結果として、テイラー［Taylor 1987：2］が指摘するように鄭根（位1682〜1709）期の地方行政はそれ以前と比較して遥かに安定したものになっている。これに続く鄭棡（位1709〜1729）期の制度改革を支えた阮貴徳・鄧廷相・阮公沆・黎英俊・阮公基といった科挙官僚たちはいずれも鄭根期の科挙登第者であり、鄭棡の政策ブレーンとして重要な役割を果たしている。ここではまず、彼らの鄭王府における活動を見ることにより、当時の政治的状況を明らかにしていきたい。

このうち黎英俊に関しては漢喃研究院に『黎族家譜』として家譜が残されており、その中に黎英俊に対して下された辞令類が収録されていることから詳細がわかる。これらの制度面からの考察は第4章において後述するので、ここでは簡略に任官履歴のみを整理しておく。これによると彼は1694年に科挙登第後、まもなく翰林院に配属され、その後1702〜1707年より外鎮の憲察使、1707年以降は六科・六寺・六部の黎朝系官職を歴任している。しかしながら、これらの黎朝系官職のほとんどは彼の実際の職務を反映したものではない。彼の実際の職務は科挙登第後まもなく、1695年京北処督同として派遣されて京北鎮守のもとで地方勤務したのち、1707年に鄭王府へ呼び戻されて六番にて勤務し、その後陪従へと抜擢、さらに1720年から鄭王府内での昇進を重ねて鄭棡の政策ブレーンとして活躍するに至る。つまり彼の場合、黎朝系官職はほとんど実態を反映しておらず、官僚としてのランクを示す程度の役割しか果たしていない。実際にはほぼ一貫して鄭王府の幕僚として勤務しており、鄭王府系統治機構の中で昇進を重ねるなかで、それに連動して黎朝系官職も上昇しているに過ぎない。第3章で見るように、このように形骸化した黎朝系官職を帯びたまま鄭王府系組織で勤務するのはここで取り上げた

黎英俊に限ったものではなく、ほとんどの鄭王府系の官僚に見られる現象であり、『拓本集』には黎朝系と鄭氏系の双方の肩書を持つ官僚が数多く現れる。これは鄭王府系組織の拡大により職掌を吸収されて形骸化が進む一方で、それらの形骸化進んだ官職を帯びたまま、それらの科挙官僚を吸収することにより、鄭王府の機能強化が図られていたためである[57]。このようにして鄭王府へと吸収された科挙官僚は鄭棡期の制度改革に大きな役割を果たしている。

　後述する鄭棡の即位に大きく貢献した2人の科挙官僚、阮貴徳と鄧廷相も鄭王府幕下の官僚としてキャリアを積み重ねた人々である。『拓本集』収録の拓本（N.587-90）によると、彼は慈廉県大姥社に生まれ、1670年に23歳で鄭王府において勤務を始め、その後1676年に科挙登第して翰林院に配属されている。このように彼は科挙登第以前から既に鄭王府で勤務しており、そのような事情があったためか科挙登第後も鄭根の幕僚としての色彩が強い。1680年に彼は莫氏残党討滅後の高平に督同として派遣され、京師に帰還した後、1698年に暴動を鎮圧するために海陽処へと派遣されている。これにより鄭根の信任を得て、鄭王府における議政に参加することになる。科挙登第後に鎮守幕下の文官として地方へと派遣され、その後呼び戻されて鄭王府での昇進を重ねている点は前述の黎英俊と同様である。さらに『全書』によると1703年、鄭根は後継者の選定について阮貴徳に相談している。鄭根は前代の鄭柞が1682年に77歳という高齢で死去したこともあり、王位継承時点で既に50歳であった。これは当時の平均年齢を考えると決して若いとは言えない年齢である。このため1684年には後継者の選定が行われており、次男の鄭柏が継承者に選定された[58]。通常であれば長男の鄭梸が継承者となるところであったが、彼が既に死亡していたためである。しかし鄭柏がその僅か3年後の1687年に死亡したため、これに代わって今度は長男鄭梸の子、つまり鄭根の嫡孫

---

57) このように黎朝系官職を帯びたまま鄭王府系の役職に就任する場合、法制度的には黎朝朝廷からの「差遣」（現代で言うところの出向に近い）という形式をとっているが、ここでは詳論しない。詳細は第3章を参照。
58) 『全書』正和5年、冬10月〜12月条。

にあたる鄭柄が継承者とされた[59]。ところが、今度は嫡孫の鄭柄までもが1702年に死亡してしまう[60]。『全書』正和24年（1703）、春正月条によると、相次ぐ後継者の死亡により誰を後継者に選定するべきか鄭王府における議論は紛糾し、さすがに鄭根自身も判断に迷っていたようである。そこで阮貴徳と鄧廷相に意見を問うたところ、2人とも嫡流により継承すべきとの意見であったため、これにより鄭柄の子、すなわち鄭根の嫡曽孫である鄭棡が後継者に選定されることになった（【図表1-3】参照）。

このように阮貴徳と鄧廷相の意見により一応は決着するものの、鄭棡の後継者として地位は当初から議論百出する不安定なものであり、誰からも正当なものとして認められるものではなかった。これは後継者として選定された人物が相次いで早世した挙句、曾孫が後継者に選ばれるという特殊な経緯を辿ったため、血統的に王位の継承を主張しうる大叔父・叔父世代の人物が多数存在することが原因であった。さらに彼らが京師を取り巻く軍営に駐屯して一軍を率いていることが状況を一層深刻にした。『全書』正和25年（1704）3月条によれば、

> 太保恒郡公鄭槍・挺郡公鄭枚が提督の陶光涯・黎時棠・阮光輔と共に謀反を謀り誅殺された。鄭柄が死亡した際に鄭柏の子である鄭槍・鄭枚は密かに身分不相応の望みを持った。鄭棡が後継者となるに及んで彼らは密かに徒党を組み反逆を謀ったが、翰林院校討の阮公基がそれを探知して摘発した。これにより阮公基は工部右侍郎に抜擢された。[61]

とあり、鄭棡が後継者とされた1年後には鄭槍・鄭枚が提督の陶光涯・黎時棠・阮光輔らと共に誅殺されている。鄭槍・鄭枚が不満を抱いた理由は【図

---

59)『全書』正和8年、春正月条；正和9年2月条。
60)『全書』正和23年、冬12月条。
61) 太保恒郡公鄭槍、挺郡公鄭枚与提督夢郡公陶光涯、槙禄侯黎時棠、昕寿侯阮光輔等謀反、伏誅。（中略）迨晉國公薨、槍・枚自以掌宰公之子、陰図非望。至是王以曾孫属世嫡、進封節制。槍等乃陰結親党、潛謀不軌。校討阮公基廉得其状、以聞、下吏治、具伏抵法。擢公基為工部為工部右侍郎。

第 1 章　17 世紀黎鄭政権の国家機構

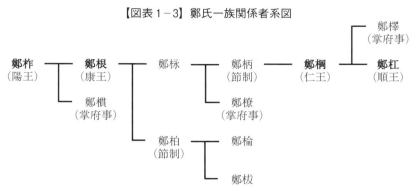

【図表1−3】鄭氏一族関係者系図

『鄭族世譜』『鄭王譜記』『鄭氏世譜』をもとに作成

表1−3】を見れば明らかであり、鄭楲・鄭枝らは父親の鄭柏が死去した後、王位継承者の地位が鄭栐の血統へと移動してしまったことが不満だったのであろう。もちろん阮公基の告発が鄭棡の意を受けた「でっち上げ」の可能性はあるが、いずれにせよ鄭棡が自身の地位を脅かす存在として彼らを警戒していたことは確実である。ここで重要なのは鄭楲・鄭枝と共に殺害された陶光涯・黎時棠・阮光輔という人物である。阮光輔については『全書』ではこの記事に現れるのみで、現在のところ筆者には他によるべき史料がなく、その人物は不明とするしかない。しかし陶光涯・黎時棠については『全書』の記事からある程度の推測が出来る。陶光涯は恐らく、姓名からして恐らく陶光饒の関係者、恐らくは彼の子供ではないかと思われる[62]。陶光饒は対広南阮氏戦において鄭根の下で活躍した有力な武人であり、1761年に乂安鎮守に任命されている[63]。また黎時棠の父である黎時憲も鄭柞期に対広南阮氏戦で活躍した有力な武人である。彼は陶光饒の後任として1672年に乂安鎮守となり、さらに広南阮氏との境界である布政州の守備も任されている[64]。これらの事か

---

62)『全書』景治8年6月条に、陶光饒の子である鄭棋という人物が黎時棠と共に現れる。鄭棋は鄭王の姓を下賜されたためこのような名前となったという。元の名は不明であるが、彼が陶光涯と同一人物の可能性が高い。上記引用では謀反に関する記事であるために鄭姓を出すことを憚ったのではあるまいか。
63)『全書』永寿4年、春正月条。
64)『全書』陽徳元年、冬12月〜末条。

ら恐らく陶光涯・黎時棠らは、鄭檜・鄭枚を補佐させるために、鄭根が配下の有力武将達の子弟を付けたものであると推測される。彼らの父親の経歴を見る限り、乂安に駐屯して広南阮氏と対峙する前線部隊との結びつきが強く、恐らく鄭檜・鄭枚の支持母体は清乂優兵を指揮する武人達であったと考えられる。

　これに対し鄭棡はそれまでの歴代の鄭王とは異なり軍事的経験に乏しく、清乂優兵に支持基盤を構築できていない。彼の母親は京北処の如琼張族の女性[65]であり、清化集団との血統的つながりも薄い。このような鄭棡を軍事面で支えたのが鄧廷相である。鄧氏は 16 世紀に鄧訓という人物が莫氏から帰附して以来、鄭氏に重用されており、山南を地盤とする一族である。鄧訓の娘が鄭松に嫁ぎ、子供の鄭梍が王位に就いて以降、互いに婚姻を繰り返し、鄭氏とは強い縁戚関係にあった。鄧廷相自身は 1670 年の科挙登第者であるが、彼の一族は元来、武人を輩出していたためか、その履歴を見ると科挙官僚としての経歴と武人としての経歴を併せ持っているのが特徴である。『鄧家譜系纂正実録』によると鄭棡の即位以前の彼の経歴は以下は、1675 年京北督同、1676 年山西憲察使、1682 年工科給事中、1688 年知水師番、1694 年陪従、1697 年清への歳貢使、1700 年工部左侍郎・前中水隊（300 人）隊長、1702 年戸部左侍郎・左中水奇（530 人）隊長、同時に鄭棡の師傅に任命されている。さらに 1704 年吏部左侍郎・陪従、1705 年武官に改め中軍右都督・山南鎮守となっている。『鄧家譜系纂正実録』では黎朝系官職と鄭王府系役職を区別せずに列挙されているが、前述の黎英俊や阮貴徳の履歴から推察するに、勤務実態は科挙登第後に京北処鎮守に督同として派遣された後、鄭王府に呼び戻されて鄭王府の知水師番となり、さらに昇進して陪従に至ったと捉えるべきであろう。注意すべきは鄭檜・鄭枚を誅殺したわずか 1 年後の 1705 年に、それまで制度上は文官であった鄧廷相が突然、武官に改めて山南処の鎮守として転出している点である。これは鄧廷相の出自である鄧氏が山南処を地盤とする武人の一族であったことが関わっていると考えられる。実際に鄧廷相は鄭

---

65) 如琼張族については第 6 章第 4 節にて後述。

楠の王位継承に際して、兵士の動員を行っている。『鄧家譜系纂正実録』永盛5年（1709）に以下のような記事が見られる。

> 鄭根が病となり、鄭楠は山南鎮守の鄧廷相へ密かに命令して、船を整えて防衛の準備をさせた。この時、鄧廷相は管轄の36県から有力者を1人ずつ選んで36人とし、それぞれに各県の兵卒合計9000人余を統率することを許した。武器・兵糧・船舶を整え、鎮の兵船十五隻に随伴させ、それぞれに大砲を置き、3つの「号」に分けた。県の兵士も3つの「号」に分けてこれに随わせた。合わせると各号は一百隻ほどとなり、「先号」は翠靄、「中号」は錦機、「後号」は沛江に待機した。五月十日に鄭根が死去すると、鄭楠の密命により同仁津まで兵を進め、後中軍営の副都将である鄭樏の屋敷の門外で待機した。鄭樏は恐れて諦めたので、鄭楠は王位に就き、内外の平穏は保たれ、事無く済んだので、山南鎮へと兵を退いた。[66]

これによると鄭根の病が重くなると、鄭楠は密かに山南鎮守の鄧廷相へ命令して軍備を整えさせ、鄭根が死去すると同時に兵を進めて、鄭楠の叔父にあたる鄭樏を威圧したという。これにより鄭樏は諦めたので、無事に鄭楠は王位に就いたという。このように鄭楠は鄧氏が地盤としていた山南の軍事力により、彼以外の王位継承候補を威圧することによって王位の継承に成功したことがわかる。『全書』には、鄭楠の即位時にこのような軍事的緊張があったことは記されておらず、あたかも平穏のうちに即位したかのような印象を受けるが、鄭楠の教育係であった譚公俷の一族の家譜『譚氏家稽』にも鄭根の

---

66) 定王（鄭根）病、節制（鄭楠）密差山南鎮守応郡公（鄧廷相）、整将船隻、以備保衛。時公択本鎮三十六県毎県豪目一員、得三十六員、許為管率各率本県兵丁共九千余人。整備器械・粮食・船隻、随本鎮兵船十五隻、各置巨門銃、分為号。各県兵丁、亦置部回属随三号。毎号船一百隻、先号駐翠靄、中号駐錦機、後号沛江。五月初十日、大元帥総国政上聖父師盛功仁明威徳定王上賓。王嗣孫節制府太尉安国公（鄭楠）密旨応郡公、直進三号兵、就同仁津、在後中軍営副都将渭郡公（鄭樏）門外。公胆当已、正色立朝、内外寧静、晏然無事、再罷兵回本鎮。

死後、譚公俶が京城の守備に当たり、その功労を賞せられたとの記事が見える。実際には鄭棡が鄭根死亡時にこのような状況が発生することを予期して先手を打っていたことが功を奏して、かろうじて一族の年長者を抑え込んでいたのであり、軍事衝突にまでは至らなかったものの、紙一重の王位継承であったといえるだろう。このように山南の有力者の支持により即位した鄭棡にとって、清乂優兵を中心とした軍が京師周辺に駐屯し、それが大叔父・叔父といった鄭氏一族の年長者や清化集団の武人により率いられている状況は、自身の王位に対する潜在的脅威と映ったであろう。これが鄭棡期の清乂優兵依存から脱却するための軍制改革、それと連動する形での税制改革といった一連の施策に結びつくのである。

　鄭棡期の改革については、財政面で1722年に施行された租庸調制と呼ばれる税制改革により私田への課税が開始されたことが、公田制の弛緩を示すものとして研究者の注意を集める傾向にある。しかしこの税制改革と並行して、清乂からの徴兵緩和と四鎮からの徴兵強化、王親の兵権解除と外戚を指揮官とする六営の設置といった大規模な軍制改革が行われていることが見過ごされがちである[67]。鄭棡は1721年に清乂からの徴兵を緩和する一方で、四鎮からも徴兵を行うことを宣言しており[68]、これを受けて翌1722年には清化・乂安からの徴兵を3丁に1人から5丁に1人へと緩和する一方で、四鎮からの新兵を閲兵したうえで、これらの兵士を「六営」へと編成した。そして、これとほぼ同時に王親の兵権を解除している[69]。この記事について『綱目』の註を見ると「諸々の鄭氏が兵士を率いおり、鄭棡はそれが大きな勢力を持つのを嫌い、変事が起こるの恐れた（諸鄭多典兵、棡嫌其太重、恐生他変）」とあり、鄭氏一族が軍の要職にあって京師の周辺に宿衛として駐屯している状況を鄭棡が恐れていたためとされている。『綱目』の註は厳密には阮朝期の歴史

---

67) 例えば［Đỗ Đức Hưng 1995］［Trương Hữu Quýnh 2009：373-383］など。政治史的な流れを押さえないまま税制のみを分析しているため、鄭棡期の改革の意味を捉えそこなっている。
68) 『全書』保泰2年12月条。
69) 『全書』保泰3年春正月条〜3月条；3月条〜秋7月条；冬10月条〜末条。

家によるものであるが、妥当な解釈であろう。このことは新設の六営の指揮官に外戚の鄧廷潾（鄧廷相と同族）や張仍（鄭棡の母方の如琼張族）といった人々を充てていることにも現れている。

　この軍制改革のために鄭棡は数年前から入念に準備を進めている。紅河デルタにおいて徴兵を行うためには、永盛均田例においても規定されているように公田から口分田を支給する必要があるため、徴兵人数を決定するためには前提条件として各集落における公田面積を詳細に把握しておく必要がある。このため1719年に鄭棡は約50年ぶりとなる検地の実施を命じ、さらに1721年に再度、各処の「二司」に検地の実施を命じている[70]。これらにより鄭王府は四鎮からどれ位の徴兵が可能であるのか、口分田の支給により、公田からの税収がどの程度減少するかを把握していたはずである。恐らく租庸調制における私田の課税開始は、徴兵にともなう四鎮からの税収減少を補填するためのものであろう。

　つまり鄭棡期の一連の税制改革や軍制改革は、鄭棡がそれまでの戦闘経験の豊富な歴代の鄭王とは異なり、清化集団や清乂優兵に有力な支持母体を構築できていなかったことに端を発している。加えて曽祖父から王位を継承するという特殊な事情がからんで鄭氏一族の年長者が彼の地位を窺っている状態であった。これが鄭棡即位後の清乂優兵依存から脱却するための四鎮からの徴兵、税制改革などにつながっている[71]。次章で検討する六番は、このように政治的に鄭王府が清乂地方の武力に依存した支配体制から、紅河デルタを中心とした四鎮へと重点を移しつつあった中で、1718年に設置されたものであり、同時に17世紀中頃に始まる紅河デルタ文人層の吸収による新たな統治機構の創出の1つの到達点であるといえる。

70）『全書』永盛15年、冬11月条；保泰2年、夏5月～秋閏7月条。「二司」が鎮司（鎮守）と承司（承政使）を指すのか、承司と憲司（憲察使）を指すのかは判然としない。ただ法令類では承政使司と憲察使司が「承憲二司」とまとめて呼称される場合が多いので、恐らくは後者であろう。
71）これ以外にも鄭棡期には鎮守の監督強化の傾向が顕著であり、武挙を実施するなどして武人貴族の政治的勢力を削ごうとしていることが窺われる。『全書』永盛8年、春3月～夏5月条；永盛15年、春3月～秋7月条；保泰4年、冬10月～末条などを参照。

小結

　本章では17世紀を中心に黎鄭政権の国家機構、特に鄭王府系組織に焦点を当てながら検討した。黎鄭政権では鄭王により政治的実権が掌握され、黎朝朝廷とは別個に鄭王府が設けられた結果、黎朝朝廷の官職を帯びたまま、参従や陪従といった鄭王府の肩書きを兼帯し、そこで議政に参画することになった。この結果、政事決定の場は鄭王府へと移り、黎朝朝廷への参内は儀礼的なものとなり、朝廷の空洞化が進んでいた。また、このように政治的中枢が鄭王府へと移っただけでなく、鄭王府は三番を通じて黎朝朝廷に残されていた行政実務的な職務をも吸収している。

　黎鄭政権の軍事機構は黎朝前期の衛所制を基礎とする軍事機構とは全く異なるものであり、鄭王と私的紐帯で結ばれた清乂優兵を中心に構成され、鄭王の私兵としての性格が強い。これらの兵員管理については黎朝朝廷の兵部は関与することができず、鄭王府の兵番・水師番の手に委ねられている。また財政機構においても黎朝の制度上は中央では戸部、地方では県官が監督することになっているものの、実態は清乂の地方政権時代から継承されたと推測される禄社制が行われており、徴税は所該などの徴税官吏が鄭王府により設置された徴収号に納入されていたと思われる。紅河デルタ奪取してしばらくの間はこのような黎朝制度体系とは異質な制度が行われたことにより、黎朝系組織と鄭王府組織が衝突し混乱が見られたが、最終的には鄭王府系組織が主導権を握り、結果として中央のみならず地方においても府県などの地方行政機構は弱体化が進むことになった。

　しかし、この事は鄭王府が武人に地方における野放図な専権を許したということではない。鄭氏の権力掌握は黎朝制度体系の枠外に鄭王府を中心とした組織を構築することにより行われていた点に特徴があるが、17世紀前半の該総や該社などに代表される非正規官衙群の乱立には武人の強い影響下にあると推測されるものが多い。これらは紅河デルタ奪取後に地方軍政を担当する鎮守が府県とは別個に地方行政組織の構築を図った結果であったと考えら

れるが、鄭王府権力の強大さを示すものというよりは、鄭王府中央の組織的未成熟に乗じた地方武人の暴走という側面が強い。しかし当初、紅河デルタという新たな「占領地」によるべき組織のない鄭王府にとってはそれでも一定の有効性を持っていたのであろう。しかし17世紀中頃より書算科を通じて大量の紅河デルタ文人層が鄭王府に吸収されるようになると該総・該社に代表される非例官署は一転して禁止されるようになる。恐らくこの頃より鄭王府は武人の影響力の強い非例官署群への依存から、鄭王府を頂点とする新たな地方組織の構築へと転換を図っていたと推測される。ここに至り、該総や該社などの非正規官衙群の存在はむしろ鄭王府の中央集権を阻むものとして疎外されることになった[72]。

その後、1709年に鄭棡が即位したことを契機として、軍事力を極端に清乂優兵に依存する体制からの脱却が図られることになる。これは直接的には鄭棡が清乂の武人や兵士を支持母体することができず、紅河デルタとりわけ山南処の軍事力により即位したことによるが、中長期的に見た場合、ある意味では歴史的必然であったと言える。1672年以降広南阮氏との戦闘は休戦状態となっており、また1677年には高平に割拠した莫氏残党も鎮圧され、これ以降、大規模な戦闘行動は発生していない。さらに17世紀中頃より鄭王府は紅河デルタ文人層を大量に統治機構内に吸収している。軍事経験の乏しさから清乂の武人・兵士と十分なつながりを構築することができず、紅河デルタよりの支持母体を構築せざるを得ない人物が王位に就くことになるのは、時間の問題に過ぎなかったのである。むしろ前々代の鄭柞、前代の鄭根といった軍務経験の豊富な鄭主の長命が、統治機構の大規模な転換を遅らせた側面がある。この間、なし崩し的に拡充されていたと推測される鄭王府の統治機構は、鄭棡の即位により整理統合が進められることになり、一応の安定を見ることになる。

---

72) ただし註47で若干述べたように、17世紀後半の禁令により完全に非例官署が消滅したわけではない。『拓本集』を見る限り、数的には多くないものの18世紀に至っても存在し続けている。

第 2 章

鄭王府の財政機構
── 18 世紀の六番を中心に ──

はじめに

　前章で見たように、黎鄭政権では黎朝系制度の枠外に鄭王府を中心とした組織を拡充することによって鄭王は次第に権力基盤を固めていた。黎鄭政権については主にベトナムにおける研究を中心として、しばしば政治的実権を掌握していた鄭氏の武人政権的ないし軍閥政権的な性格が指摘されている[1]。これらはいずれも鄭王府において武人の政治力が強かったこと、また紅河デルタ奪取後も清乂優兵を主力として維持し続けていたことを主要な論拠としており、黎鄭政権において鄭王を中心とした鄭王府系組織がいかなる組織を構築し、地方統治を行っていたのかはほとんど具体的な研究がなされてこなかった[2]。桜井由躬雄［1987］が紅河デルタの村落史研究において、国家と村落の間で実際に村落支配を担っていた人々について「中間権力」という曖昧

---

[1] 代表的なものとして、この時代についての専著としては［Lê Kim Ngân 1974］や［Trương Hữu Quýnh 1983］など。［Trần Thị Vinh 2004］も『綱目』や『類誌』によりつつ鄭王府の組織を検討しているが、史料的限界から内容的には［Lê Kim Ngân 1974］の研究の焼き直しに近い。また六番についての専論としては［Nguyễn Đức Nhuệ 1997］があり鄭王府の「番」の拡大を鄭王の権力強化と結びつけて論じているが、六部と「番」の関係が分析の中心であり、六番自体の機構、組織については考察に乏しい。財政面についての専論として［Đỗ Đức Hùng 1995］や［Trần Thị Vinh 1998］があるものの、専ら税額のみが問題とされて六番については言及がない。

[2] この点について［Trần Thị Vinh 2004］は黎鄭政権の地方統治は黎朝前期と同様の組織に拠ったとしている。しかし黎朝前期の都総兵使と黎鄭政権期の鎮守を同一物として理解し、徴税官吏である所該の存在を完全に無視するなど問題が多い。

な概念を用いざるを得なかった原因もここにある。一方で政治面については日本において和田正彦［1978］が黎鄭政権において宦官が軍隊指揮官、財務官僚として活躍していることを指摘し、さらに蓮田隆志［2005］は日本との朱印船貿易において、宦官が黎鄭政権側の窓口となっていることを指摘するなど、いずれも宦官の役割を強調している点は重要である。しかしこれらの研究は宦官の活動を個別事例的に挙げるにとどまり、宦官重用の背景を十分に明らかに出来ていない。これを考察するためにはまず黎鄭政権の支配体制内における宦官の位置を明らかにしなくてはならないにもかかわらず、そのために必要な制度や組織についての研究が不足してきたのが原因である。ここでも黎鄭政権の制度研究の不足がそれ以上の考察を阻んでいると言えよう。

　このように従来、黎鄭政権の制度研究が不足してきた最も大きな要因は史料の不足にある。しかし近年、ベトナム史を取り巻く史料状況は大きく変わっている。特に17世紀後半から18世紀に関してはハノイの漢喃研究院に所蔵される碑文拓本が『拓本集』として刊行され利用が容易になったことは大きい。黎鄭政権の官僚機構は黎朝から継承された黎朝系の官職体系と、鄭王府を中心とした鄭王府系の役職体系の大きく2つに大別され、多くの官僚が双方を兼任しているのが特徴である。特に中央においては鄭王が政治的実権を掌握した結果、黎朝朝廷の官職はかなりの部分が形骸化して実態を伴っておらず、職務を伴わない官品を示すためだけの官職となっているケースが多い。一方で実職である鄭王府系役職については鄭王府の制度や組織にあまりに未解明な部分が多いために、その人物が具体的にどのような職務を行っていたのか不明である場合が多かった。しかし『拓本集』中には鄭氏系役職を帯びた人物が数多く現れ、これらと従来の史料を組み合わせることによってある程度鄭王府の構造を明らかに出来る。そこで本章ではこれら新史料を加味しつつ鄭王府を中心とした黎鄭政権の財政機構を明らかにすることを試みる。

第1節　禄社制の再整理

鄭王府の財政機構を検討するに先だって、まず黎鄭政権の財政基盤を示しておかなくてはならない。黎鄭政権については財政の規模や構成を示す具体的な数値史料は現存していないが、『綱目』永盛9年（1713）7月条の註には当時戸籍に登録されていた人丁数についての記述があり、ある程度の推測は可能である。それによれば1713年時点の人丁数について内囲子各社64,267人半（31％）、恩禄・寓禄各社が合計20,038人半（10％）、制禄各社86,851人（42％）、皂隷各社8892人（4％）、祀事各社26,262人（13％）とされている[3]。これは黎鄭政権期の官僚の俸給制度である禄社制に基づく人丁の分類であり、理解するためにはまず禄社制について説明しなくてはならない。幸い桜井［1987：183-189］が禄社制について簡潔に整理しており、以下これに基づいて概要を示す。

禄社制とは官僚や部隊に対し、俸給として主に社を単位として支給し、そこでの税収を受給者の俸給とするものである。このように俸給として設定された社を禄社と呼ぶ。禄社はさらに受給者の違いなどによって恩禄、寓禄、制禄、皂隷、祀事などに分類される。これら禄社に属さない人丁は内囲子と呼ばれ、彼らに課せられる税は官員の俸給としては消費されずに国庫に入る。各禄社について説明すると、恩禄は致仕した官員に対し官品に応じて支給される一種の退職手当である。寓禄については、桜井［1987：220］は註において「鄭王府の出現によって生じた品位と職務の不一致を補うためにつくられた新たな俸給体系」とするのみでその受給者については明言を避けている。制禄については、武官の俸給とするグエン・タイン・ニャー［Nguyễn Thanh Nhà 1970：66］の見解を桜井は否定し、黎朝の官品に応じて与えられる俸給、

3）各項ごとに丁税の額は異なり、黄丁・老項の丁税は民項の半額とされている。彼らを0.5人分として換算したために小数点以下の端数が出たのであろう。また丁税の他に保有する田土の収穫に対して課せられる田税があり、これらを合わせたものが禄社受給者の俸給となる。

つまり品秩としている。皁隷は殿廟や寺院などの施設に対して支給されるもの、祀事は功臣などを輩出した一族に対し、その祭祀を維持するため一族に与えられるものである。

　しかし桜井による禄社分類は、黎鄭政権では黎朝系と鄭王府系という2つの組織体系が存在しているということを加味した上での再整理が必要である。まず寓禄の支給規定について『類誌』巻18、官職誌、仕例恩恤之典、俸禄例の記述を見ると、支給対象は何れも黎朝系官職である点で共通しており、鄭王府系の役職は含まれていない。これだけを見る限り、寓禄は黎朝系官職に応じて与えられる職務手当、つまり職秩と見るのが妥当である。ただし都指揮使や指揮使など黎朝系の武官職に対する寓禄の規定が全く見られない。しかし鄭王府系役職にも寓禄を支給したことを示す史料も若干存在している。例えば『綱目』景興38年（1777）註では参従に2社、陪従に1社の寓禄を支給したという記載があり、桜井もこれを根拠として既述のような寓禄定義をしている。しかし前章の第1節で見たように17世紀の段階で参従が黎朝系の官職として主に六部尚書を兼帯し、陪従が左右侍郎の官職を兼帯することが既に一般化しており、この記述を即座に参従、陪従といった鄭王府系役職それ自体への寓禄支給と解するのは危険である。このような黎朝系官職の兼帯という現象は参従、陪従に限るものではなく、後述するように鄭王府で勤務する人々の大半は黎朝系の官職を兼帯している。また1718年の六番の設置以降、六部の形骸化、六部系官職の散官化はさらに加速している。その結果として、ある人物を参従や陪従に抜擢するに際して形式上黎朝系官職を兼帯させ、その職秩を俸給とするということはあったであろう。『綱目』の記述は18世紀後半にはそのような状況が常態化していた結果であろう。しかしそれは黎朝系官職を兼任することによって初めて支給されるものであって、法制度的にはあくまで黎朝系官職の職秩であると解したほうが良い。

　次に制禄について見ると、『類誌』巻40、兵制誌、養恤之典、稟禄や『黎朝会典』戸属にある「管兵制禄」がこれに該当すると考えられる。これを見ると部隊に応じて16社から1社の制禄を支給することが定められている。さ

らに『拓本集』所収の N.2987-2990 を見ると、鄭徳潤[4]という人物の制禄受給について以下のように記されている。

> 甲戌年（1694）の冬、命を奉じて翰林院侍読となり、さらに差遣されて清化参鎮[5]の官員となり、委ねられるに左捷奇を以てせられ、加えに制禄を以てせられた。さらに安場における軍士や民の租税の管理を兼任することを命ぜられ、全てを掌握した。[6]

これによれば1694年、鄭徳潤は清化参鎮の官員として差遣され、そこで左捷奇の指揮官となり、それに伴って制禄が与えられている。左捷奇は『類誌』巻39、兵制誌、設置之額によれば定員400人の部隊であり、さらに前記の『類誌』及び『黎朝会典』を見ると左捷奇の制禄を共に8社としているのが確認できる。上記の記述は鄭徳潤に制禄として8社を支給したものと考えて良い。これら史料中の記述を考え合わすと、制禄とは統率する部隊に応じて部隊長が支給される一種の職務手当とするべきであろう[7]。前述のように寓禄に黎朝系武官職への支給規定が見られないのは、制禄という別個の俸給体系が武人のために存在していたためと考えられる。

それではなぜ武人に対しては黎朝系官職に基づいた職秩を支給しなかった

---

4) 京北処東岸県出身の科挙官僚。1676年、24歳で科挙に登第し、1713年に陪従礼部右侍郎で死去。碑文には引用箇所以外にも履歴が精細に記されている。これによれば黎朝系官職を兼帯しつつ、実際は差遣されて鎮守の属官として軍政を担当した人物であったようである。黎鄭政権では実体に乏しい黎朝系官職を帯びつつ、実職として鄭氏系の官職に就任する場合が多いが、鄭徳潤もこの一例である。この際、法制度上は差遣の形式を取る。黎鄭政権の官僚制度の特徴として差遣が広範囲で行われ、差遣概念も内容に応じて「欽差」「奉差」「添差」「内差」などに細分化している事が挙げられるが、詳細は第3章で後論する。

5) 清化参鎮は清化鎮守留守の前身。1711年に「鎮守留守」に改称している（『全書』永祚7年（1711）3月条）。

6) 甲戌冬、恭奉旨准翰林院侍読職、仍差為清華処参鎮官、給以左捷官兵、加以制禄民社。尋命兼知安場軍民租賦、総皆開掌。

7) 第1章で見た一般兵士への「稟給」も制禄の中に含まれる。より正確には部隊長と一般兵士を合わせた部隊全体への給与が制禄であろう。

のであろうか。この疑問に答えるためには、15世紀に成立した黎朝の軍制と、17〜18世紀の黎鄭政権の軍制が全く異なっていることを理解する必要がある。元来の黎朝の軍制は明朝初期の五軍都督府制を模倣したものであり、その軍事力は各地に設置された衛所によっている。しかし16世紀の戦乱を経た黎鄭政権では衛所は完全に消滅しており、このため衛所制に付随する都指揮使、指揮使などの官職も空名化している。これに代わって軍事力の中核を担ったのが清乂優兵と呼ばれる清化・乂安出身の兵士によって構成される軍隊であったことは前章で見たとおりである。ここで問題となるのは、この黎鄭政権期の軍隊は「該奇官」「該隊」「正隊長」「隊長」などの呼称を持つ部隊長によって率いられるものの、法制度的にはこれらの部隊長職は黎朝制度の枠外に設けられたものであって、「黎朝」という枠組みの中では無位無冠の者に過ぎないと言うことである。当然ながら彼らに対する黎朝系の職秩、品秩の規定は存在しない。このような状況の中で1671年11月に各部隊長に対して黎朝系武官職を兼帯させる措置をとっており、その規定が『詔令善政』吏属の「旨准該隊・正隊長・隊長・優另随次銓授例」として以下のように記載されている。

> 該隊、副該隊、正隊長、副隊長で未だ職のない者は、それぞれに応じて以下のように昇格させ官職を授ける。該隊には正四品の指揮使などの職。副該隊に従四品の指揮僉事などの職。正隊長には正五品の管領などの職、副正隊長には従五品の副管領などの職、隊長には正六品の正武尉などの職。副隊長には従六品の武尉などの職。優另には正七品の副武尉などの職。[8]

ここで述べられている「該隊」「副該隊」「正隊長」「副隊長」は何れも黎鄭政権期の部隊長の呼称である。部隊長職にありながら「未だ職のない者（未有

---

[8] 一、該隊・副該隊・正隊長・副隊長未有職者、応許陛次銓授有差。該隊、正匹品指揮等職。副該隊、従四品指揮僉等職。正隊長、正五品管領等職。副正隊長、従五品副管領等職。隊長、正六品正武尉等職。副隊長、従六品武尉等職。優另、正七品副武尉等職。

職者)」に対して官職を授ける、という記述は一見矛盾するが、黎鄭政権では2つの組織体系が存在することを念頭に置けば、黎朝系官職を保有していない部隊長クラスの武人を指すものと理解できる。この様な人々に対し、該隊は正四品、副該隊は従四品というように、正七品までの黎朝系武官職を兼帯させている。この様な措置をとられたのは、黎鄭政権の軍制が既に15世紀に成立した軍制から既にかけ離れたものとなっていたにもかかわらず、黎朝皇帝を推戴する鄭王としては例え形式的ではあっても黎朝系武官職を兼任させることによって黎朝の制度を継承しているということを示す必要があったためであろう。しかし『全書』などの史料からはこの時期に15世紀の軍制への復帰を試みるような改革は全く確認できず、『拓本集』中には、これ以降も依然として「該隊」「隊長」などの部隊長職は頻出する。しかもこの規定においては、部隊長職のランクに応じて機械的に黎朝系武官職を割り振っている。この措置の背景には、この時点で既に元来の黎朝軍制への復帰が不可能である(あるいは復帰したくない)という状況があり、そのため実体を伴わない黎朝系武官職を各部隊長にばらまいたと見るべきである。この様に理念上の黎朝軍制と実際の軍制がかけ離れてしまった状況の中で、黎朝系武官職に基づいて俸給を支給することは不可能であったろう。この様な黎朝俸給体系と実際の軍事機構の乖離を埋めるため、黎鄭政権では武人や兵士については黎朝系制度に基づいて俸給や手当を支給するということは行わず、別個に武人や兵士のための俸給体系として制禄が生み出されたと考えられる。この様に考えると桜井が寓禄に想定した概念は、法制度的にはむしろ制禄に当てはめるべきであろう。したがって桜井が否定したグエン・タイン・ニャー [Nguyễn Thanh Nhà 1970:66] の見解が正しい[9]。

---

9) このように寓禄を黎朝系文官職の職秩、制禄を武人の職秩とした場合、禄社制の中から黎朝系の品秩に相当する禄社が失われる。参考に『類誌』巻18、官職誌、仕例恩恤之典、俸禄例により黎朝前期の品秩規定を見ると、官品に応じて月毎に銭を支給している。しかし黎鄭政権では黎朝系の官職自体が文官、武官共に形骸化が激しく、散官化する傾向がある上、『拓本集』中には正一品を意味する「特進金紫栄禄大夫」「特進輔国上将軍」などの散官が頻出する。さらに同時代史料と思われる『黎朝会典』などにも品秩の規定が見られない。これらを考慮すると黎鄭政権では品秩は支給されなかった可能性が高い。

このように禄社制を再整理し、寓禄を黎朝系官職の職秩、制禄を武人・兵士の給与とした場合、黎鄭政権では武人や兵士への手当がかなりの割合を占めることとなり、鄭王府の武人政権的な性格を傍証している。しかしより重要なのは禄社制の検討を通じて浮かび上がる黎朝系制度体系と鄭氏系制度体系が併存する黎鄭政権の制度面での二重構造である。その中で鄭王府の財政機構がいかなる構造を持ち、それが軍事機構といかなる関連を持っていたのかを検討しなくてはこの時代の支配体制の性格を規定するには不十分であろう。以下では18世紀初頭に設けられた六番を中心として鄭王府の財政機構を検討していく。

第2節　六番の職掌と組織

　まず財政機構を検討するに当たって、鄭王府において財務を担当していた「番」の職掌、組織を明らかにしなくてはならない。鄭王府には17世紀中は戸番、兵番、水師番という3つの番が設けられており、さらに1718年に鄭棡により再編成されて吏番、戸番、礼番、兵番、刑番、工番という6つの番が設けられた。これがいわゆる六番である。六番の職掌や人員構成について『類誌』巻14、官職誌、官名沿革之別は以下のように述べている。

　　黎裕宗の永盛年間（1705～1720）に初めて六番を設置した。黎朝の復興以来の旧制度では、兵番、戸番、水師番という3つの番があるのみで、将臣吏100人あまりを充てていた。ここに至り吏番、戸番、礼番、兵番、刑番、工番を設けて六番とし、左中宮、右中宮、東宮、西宮、南宮、北宮を帰属させて六宮と称した。およそ宮中、清乂、四鎮、外鎮などの各鎮の財政、軍政、民政は全て六番の官衙に属し、文臣を知番に任じ、宦官と文属（鄭王の私臣）を副知番、僉知番に充て、各番に60人の吏を属

第Ⅰ部　黎鄭政権の統治機構

させた。その職務は多忙にして重要であった[10]。

　この記述からわかるのは六番が以前よりあった水師番、戸番、兵番を再編成したものであり、上級官僚として文官、宦官、鄭王の私臣が充てられ、これによって黎朝朝廷の六部の職掌が吸収されたということである。特に六番の設置以降、六部の職務は大半が鄭王府へと移管され、六部を中心とした黎朝朝廷の官衙の形骸化が加速したことについては桜井［1987：191］、レー・キム・ガン［Lê Kim Ngân 1974：274-291］の見解も一致している。しかし六番と同時に設けられたという六宮の理解については両氏の見解は大きく対立している。鄭王府の財政機構を検討するに当たってはまず両氏の見解を検討しなくてはならない。

　六宮とはそれぞれ15前後の徴収号を集めたものであるが、『黎朝会典』戸属、徴収号の記述に基づき各宮に属する徴収号をまとめたものが【図表2-1】である。各徴収号の役割について簡略に説明しておくと［桜井　1987：190-191］、各宮に設けられた甲徴号、乙徴号は内囲子からの税を管轄する徴収号であり、それぞれ地方に2つの収号を持つ。収号は四鎮に概ね府単位で置かれている。収銭号、発銭号は所該と呼ばれる徴税人が徴収した税を受領し、禄社受給者に支給するためのものである。その他に外鎮からの税を納める徴収号、特定の産物を納める徴収号、宗教施設からの税を納める徴収号、滞納された税を徴収するための刷号などが各宮に属している。つまり六宮とは様々な税に対して徴収号と呼ばれる受け入れ窓口を設け、これを大きく6分割したものである。

　桜井［1987：190-191］の見解は、鄭王府に設けられた六番を黎朝朝廷の六部に類似したものと見なし、したがって財政を司る戸部の職掌はそのまま戸番に継承され、徴税組織の集合体である六宮は戸番の管轄下に置かれたもの

10）黎裕宗永盛年間、始置六番官。中興旧制、惟兵戸水師三番、充補将臣吏百余人。至是並置吏戸礼兵刑工為六番、帰左中右東西南北又号六宮。凡宮中及清乂・四鎮・外番・諸鎮財賦兵民之政、並属番司、命文臣知番、内臣与文属充副僉、属吏各六十人。職司繁要、尽専六部之事。

第2章　鄭王府の財政機構

【図表2-1】六宮の徴収号

	左中宮（吏番属宮）	右中宮（戸番属宮）	東宮（礼番属宮）
徴収号	左甲徴号 （上福・御天収号） 左乙徴号 （南真・嘉定収号）	右甲徴号 （扶寧・太平収号） 右乙徴号 （青威・彰徳収号）	東甲徴号 （金城・先明収号） 東乙徴号 （上洪・嘉福収号）
銭号	左収銭号 左発銭号	右収銭号 右発銭号	東収銭号 東発銭号
土産	甲絲号・乙絲号 竹号・織類号 鎮安府・茶麟府	掘畳号・焰籠号 鄭皐州・帰合州	甲条号・乙撩号 甲堅号・乙葉号 茘枝号
外鎮	高平号	萬寧収号	宣光収号
清化・乂安	乂安処督収	清化処督収 清化処田庄	
儀礼関係	上進号	祀事発号	祀事収号
刷号	刷一号	刷二号	東刷号
知教坊	乂安知教坊	清化知教坊	海陽知教坊
宮廟・寺院		太廟殿・文廟殿 鎮武観	海陽処宮廟
その他	真平号・守璽跡 押作木匠舟鋸泥匠跡 押作小路跡 押作侍物	楽場号・四岐号 起事発号	
官庫	左霊官庫	右囲官庫	菩提官庫

	南宮（兵番属宮）	西宮（刑番属宮）	北宮（工番属宮）
徴収号	南甲徴号 （天長・天施収号） 南乙徴号 （建昌・義興収号）	西甲徴号 （福禄・広南収号） 西乙徴号 （当道・三農収号）	北甲徴号 （武江・洽和収号） 北乙徴号 （文江・保禄収号）
銭号	南収銭号 南発銭号	西収銭号 西発銭号	北収銭号 北発銭号
土産	甲漆号・乙漆号 甲錦号・乙錦号	鋳作号 紅銅号	甲鰄号・乙鰄号 赤密号・白塩号 花魚号・鮮魚号
外鎮	太原収号	興化収号	諒山収号
清化・乂安			
儀礼関係	恭進号		
刷号	南刷号	西刷号	北刷号
知教坊	山南知教坊	山西知教坊	京北知教坊
宮廟・寺院	山南処宮廟・南郊殿 歓光寺・神光寺	山西処宮廟	京北処宮廟
その他		内贖罰号・外贖罰号	官方号 外国呉艚 和香寧稽移等艚
官庫	南囲官庫	楝櫓官庫	刀鶏官庫

出所：『黎朝会典』戸属、徴収号

と見なす。この見解に立つ場合、六宮は戸番の下部組織ということになる。これに対してレー・キム・ガン［1974：295-296］の見解は、徴税については吏番が左中宮、戸番が右中宮、礼番が東宮、兵番が南宮、刑番が西宮、工番が北宮をそれぞれ統括し、支出については各番が戸番の許可を得て行うものとする。この見解に立つ場合、六番は六部の職掌を行いつつ、さらに属宮の徴税をも監督するという複合的な性格を持つ官衙ということになる。

　両者の見解を検討するに当たってまず参照すべきは1751年時点での各官衙の職掌を記した『百司庶務』に見られる六部と六番の職掌である。一例として工部と工番の職掌を見ると、工部の職掌については、

> （判決を不服として）控訴された工番の訴訟の審理、及び製作や下賜などの諸事務の際には、規定を遵守して執り行うこと[11]。

とあり、工部は工番の控訴審としての役割と、朝廷における下賜などの諸事務を担当するのみであるのに対し、工番の職掌については、

> 属宮（北宮）の租庸簿の管理については、もし勅命や公議（鄭王府での会議）により人丁数や田土面積に増減や免税措置が有れば、並びに（税額変更の）理由を書き記し、工番の印を押印して公店（六番の官衙）に納めよ。審査の結果明らかであれば改正を認め、これによって租庸簿の誤謬を防ぐ。それ以外に官廠、官船、車板、木板、机などの調度品、渡り廊下、欄柱などについては使用年数、材木の状態などを参照し、もし修理や使用に耐えなければ、規定に従い別に新造せよ。その他に工事、製作があれば全て準備して待機し、修理や補修があれば速やかに行い、それぞれ堅固かつ精巧たらしむこと。北宮に属する官田や餉夫の支給、訴訟の処理などの事務については規定を遵守して執り行うこと[12]。

11）査勘翻覆工番諸訟併製造頒賜諸事務、並照遵条例奉行。
12）奉守属宮租庸例簿、如有経奉増減与除免丁田旧額或由奉旨或由公議、並応備計事因、用本番印納在公店。査比端的方得改正、以防舛謬。其余官廠官船及車板木板具棹樸棹与

とあり、工番が北宮の租庸簿、つまり徴税台帳を管理することが定められている。それ以外にも工番は官船や官物の製作や保守管理を行い、北宮の管轄する官田の支給[13]や訴訟処理などの職務も行うこととされている。これを見る限り工部の実務の大部分が工番に吸収され、工部が監察機関的な役割に止まっている。しかし工番の職掌は単に工部を代替したのみではなく、並行して徴税台帳の管理など財務的な職務も行っていることがわかる。このように六番が六部の事務を継承しつつ、同時に財務的な職務を担当する点は他の六番についても同様である。

さらに実際の制度の運用について見ると『全書』保泰6年（1725）11月条には、

> 工部左侍郎の蘇世輝を降格して工部右侍郎とし、范公容を翰林院承旨とした。これより以前、各徴収号の徴税に、多くの税糧の着服があった。王（鄭㭎）は工番に監査を命じてその状況を尽く把握し、これによって（監査した者を）昇進させ恩賞を与えた。その後、着服した者が強弁し、蘇世輝らは工部の覆査においてその主張を容認した。ここに至り、再び張公楷らに公正な審査を行うことを命じた。そのため蘇世輝と范公容は共に「苟容失出（権に媚びて不当に罪を軽くすること）」の罪によって職を降格させられた[14]。

とあり、鄭㭎は徴収号における不正の監査を工番に命じている。しかし覆査を行った工部が不公正な判断を下したため、再び張公楷などに命じて審査し

蓬架欄柱等項、応審照年数之久近・木質之堅朽、如不堪修理・不堪棹習者、應照例別造各次船隻・各次棹把。其他凡開工作等物件、並応一一準備、待有修理結作、即刻立弁、各得堅緻。其奉給本宮各小官田餞夫与勘問詞訟諸事務、並照遵条例奉行。

13) 恐らく北宮の管轄地域内ある内囲子各社における官田の支給を指すのであろう。『拓本集』には実際に官吏が派遣されて官田の支給に関与したことを窺わせる記述も見られるが、(N.4335-4338)、事例が少ないため現時点では詳細は不明である。

14) 貶工部左侍郎蘇世輝為工部右侍郎、范公容為翰林承旨。先是、各号徴收、多侵隠税糧。王命工番会計、尽得其状、以挙職蒙賞。其後侵隠者強弁。世輝等以工部覆査宥之。至是再命張公楷等審正。世輝公容並以苟容失出貶職。

て正させた。この結果、覆査を行った工部左侍郎の蘇世輝と范公容らが降格させられている[15]。これを見るに、桜井の見解にしたがって六宮を完全に戸番の下部組織とした場合、工番に徴収号の会計監査を命じることは明らかに不可解である。やはり『百司庶務』の記述のように工番が徴税台帳の管理を行っていたため監査を命じたと見るのが適切であろう。その後、工部が控訴審としての役割を果たしている点も『百司庶務』の記述と一致する。さらに『拓本集』所収のN.3616-3617の拓本を見ると、芳蘭社の楊氏従なる女性が社に私財を寄付するに至った経緯について、

> 一昨年（1783）、工番に文瀾社の地分にある官田3畝余を本村の官田として誤って登録されてしまった。日々、上申し訴えた結果、これを受けて府僚官は、この地分を文瀾社の官田とすることを決定し、工番に（決定を）送付して簿籍を書き改めさせ、また戸番官に送付して通知せしめた。（損害が）頗る嵩んでしまい未だに分担して補うことが出来ずにいた[16]。

とあり、恐らくは官田の誤登録により余分に支払った税や、陳情に要したであろう費用を、通常ならば社の構成員で分担するところを楊氏従が古銭180貫を寄付し、また田土1畝余を提供して香火田としている。この記述を見る限り、問題となっている3畝余の官田がどの社に属するかを最初に決定しているのは工番であって戸番ではない。また府僚官による簿籍是正の指示も、工番に対して出されており、戸番には通知して周知させているのみである。また、工番の支出について『黎朝会典』工属、船艘、公掉例を見ると、

> 支給された官物の櫂は、侍候の軽船以下の場合、船ごとの棹数に照らし

---

15) ［片倉1987：160-161］を見る限り、「貶」は爵位などを下降させる名誉刑の一種としているが、ここでは職位が降格されている。黎鄭政権では黎朝系官職は実体を伴う場合と、散官的な場合があるので複雑だが、これ以外にも『全書』には「貶」として降格人事を行うケースが散見する。

16) 於上上年被工番謬計官田参畝余在文瀾社地分。為本村官田、日者啓鳴、承府僚官奉諭這田帰文瀾社官田、送工番改註簿籍、送戸番官知照。頗有所損未及分補。

て、一棹ごとに一櫂とする。しばしば破損するので、2年に一回まとめて調査し、10本ごとにまとめて一回発給する。工番は分類して上啓するとともに、戸番に伝達し、中堅号[17]に送って支給する。（中堅号に在庫がなく）櫂が不足した場合は銭で支給することを認め、一次（10本の場合）は櫂一本につき古銭330文、二次（20本の場合）は櫂一本につき古銭300文、三次（30本の場合）は櫂一本につき古銭230文。工番は北宮の支出を担当して支給する。破損した櫂は官庫に回収する[18]。

とあり、軍船に必要な櫂の支給について、工番は必要経費を北宮から支出することが定められており、戸番にはその旨が伝達されているのみである。六部から移管された職務を遂行するための必要経費の支出に関しては各番が基本的に決定権を持っており、財政状況全般を把握しておくべき立場にある戸番にはそれを周知させるだけである。このため各番は財務担当の部門としての属宮を持っており、これによって吏戸礼兵刑工という部門ごとの独立採算制に近い体制を取っていたと考えられる[19]。しかし一方で、支出に関してさらに『類誌』巻32、経用之費、戸番照発を見ると、

　　駐屯地における二月・八月の兵粮支給は、戸番が兵番に課して、官銭を領収し支給する。侍候各部隊への添給は、戸番が兵番に課して、官銭を領収して支出する[20]。

---

17) 工番には徴収号以外に職務遂行上に必要な生産部門が付属していたと思われ、「中堅号」はその1つと考えられるが、詳細不明。
18) 奉攽官把、自侍候軽船以下、並照毎船掉柱若干、奉攽毎柱一把。間或毀折、二年一期照併、毎十把奉発一。工番類啓、逼在戸番、送中堅号照発。若欠把准発銭、一次毎把古銭三百三十文、二次毎把古銭三百、三次毎把古銭二百三十文。工番領北宮用度銭照発。其折掉収貯官庫。
19) これ以外に、特別の事情（例えば軍事活動や天災など）により特定の宮の支出が激増、あるいは収入が激減してしまった場合、戸番により各宮の資金の調整が図られていた可能性はある。しかし具体的な史料はなくこれ以上は不明とするしかない。
20) 屯鎮二八月粮、戸番奉派兵番、領官銭照発。添給侍候営寄隊船、戸番奉派兵番、領官銭照発。

とあり、兵員への給与支給などの特に支給額の大きいものに関しては、各番が独断で行うことはなく、兵番の資金を戸番が替わって支給していたようである。これ以外にも財務に関して戸番の権限が他の番に優越している部分が見られ、同史料の他箇所では「歳貢の金銀什物、戸番 工番に奉派し、官銭を領めて発買す。」[21]とする部分もある。一応は各番の支出はそれぞれの属宮から賄うという原則は維持しながら、実際には各番から資金を融通して戸番が職務を代行すると言うことが、しばしば行われていたようである。少なくとも支出に関しては財政全体を統轄するべき立場にある戸番が他の番に優越的な権限を持っていたように思われる。

　これらを見る限り、桜井が主張するように六宮が一元的に戸番に統括されていたとは考えにくい。むしろ各番と各宮が対になっているとするレー・キム・ガンの見解に近いように思われる。しかしさらに六宮の人員構成を見ていくと、そもそも「番」と「宮」を組織的に別個のものとする考え方自体が問題を孕んでいる。例えば『黎朝会典』工属には北宮の主要な徴収号の統括者が記されており、文江収号は知工番2人、武江収号は副知工番2人、洽和収号が僉知工番2人、北甲徴号と北乙徴号が内差官1人、勾稽1人ずつによって統括される[22]。また北発銭号が知工番、北収銭号が副知工番によって担当される。このように北宮の主要な徴収号が工番の官僚によって統括されている状況を見ると、組織上の工番と北宮の境界は判然としない。むしろ人員構成上は一体のものと捉えた方が適切である。これは次節で検討する六番の人員構成を見るとさらに明瞭であり、六宮において勤務する人々は全て六番の役職を帯びており、六番とは別個に六宮固有の役職名は存在しない。

　以上のことから鄭王府の六番、六宮について整理すると、六番とは支配地域を大きく6つの地域に分割して徴税を分担させ、それぞれの税収に吏戸礼兵刑工という支出目的を定めたものと理解できる[23]。六宮とは六番の中で特に

---

21) 歳貢金銀什物、戸番奉派工番、領官銭発買。
22) ただし【図表2-1】を見るとわかるように北宮にはもう1つ保禄収号が存在するはずであるが、記述を欠いている。
23) 地域分担について［Lê Kim Ngân 1974: 295-296］及び［Nguyễn Đức Nhuệ 1997: 49］

収入・支出を司る財務部門に対して付された呼称であって、人員構成上は六番の中に含まれるものと考えてよい。したがって六番とは六部の職務を行いつつ、その経費を賄うための徴税地域をそれぞれが受け持つという複合的な性格を併せ持つ官衙であったと言える。ただし黎朝朝廷の六部の職掌を全て六番が継承したわけではない点は注意すべきである。特に前章で述べたように六部尚書、左右侍郎などが持つ政策決定への関与の権限は、鄭王府内の参従、陪従を兼任させられることによって既に17世紀の段階で鄭王府へと吸収されている。1718年に六番が成立する段階で黎朝朝廷の六部に残っていたのは実務的な職務にすぎない。その行政実務的な職務についても17世紀後半の段階で既に三番が成立しており、財政と軍事に関する職務は相当部分が鄭王府へと吸収されている。六番はそれ以外に六部に残されていた行政実務的な職掌が鄭王府に移管されたものにすぎない。したがって六番をそのまま黎朝朝廷における六部に相当するような官衙と見るべきではなく、むしろ極めて実務的性格の強い官衙と見なすべきである。

第3節　三番・六番における宦官の任用

　前節では六番の職掌について見た。ここではその人員構成を検討する。前述のように和田［1978］、蓮田［2005］の研究によって黎鄭政権では宦官が重要な役割を果たしていたことが指摘されているが、それらの宦官が鄭王府の財政機構の中で具体的にどのような地位を占めていたのかは十分に明らかにされているとはいえない。まず検討に先だって番を構成する主な官職について説明を加えておく。第2節の冒頭での引用を見るとわかるように番に属す

は共に左中宮が父安、右中宮が清化を管轄したとする。これは徴収号の中に含まれる父安処督収、清化処督収を重視したためであろう。しかし「督収」とは鎮守に属する役職名と考えられ厳密には徴収号ではない。第1節で引用したN.2987-2990を見る限り、清父では鎮守が財政に関しても強い権限を持っており四鎮とは若干性格が異なる。むしろ鎮守を通じた間接的な関与に止まった可能性が高い。収号の配置を見る限り六宮の重点はむしろ四鎮からの税収確保に重点が置かれていると見るべきである。

る役職としては「知番」「副知番」「僉知番」などがあり、これらの役職には文臣、宦官、文属などが充てられたという。しかしこれらの役職名はいずれも略称であって、正式な呼称は「知侍内書写～番」「副知侍内書写～番」「僉知侍内書写～番」となる。これらを一見するとわかるように番の役職は基本的に「侍内書写」の語句を含むのが特徴であり、「侍内書写」の語の前に「知」「副知」「僉知」「内差」「勾稽」「該合」「首合」など番内でのランクを示す語句が冠され、「侍内書写」の後ろに所属する番の名称が付属する。これら「侍内書写」系官僚、つまり番に属する官僚群の人員構成は、この時代についての基礎史料である『全書』などで記述に乏しいため不明な点が多いが、本稿では『拓本集』より番に在職する人物を抜粋して検討の材料とする。

まず、前述の『黎朝会典』工属で主だった徴収号を担当していた知番、副知番、僉知番、内差、勾稽など六番の上級官職に在職する人物を抜粋したものが【図表2-2、2-3、2-4】である。これらには科挙登第者や宦官など官僚としての出身が明らかな人物については「出身」の項に記載している[24]。科挙登第者についてはその登第年も記載した。まず知番の官職を帯びた人物を抜粋した【図表2-2】より、前節との関連で六番と六宮の関係について確認しておくと、1718年の六番設置以降、知番の官職名と共に「侍南宮」など六宮での勤務を明示する者が複数含まれている。これに基づき六番と六宮の関係を見ると、各番と属宮の対応関係は一致している。この点については【図表2-3】でもほぼ同様である[25]。これは前節で述べた六番と六宮の関係を裏付けるものといえよう。

次に【図表2-2】から知番の人員構成を検討すると、基本的に科挙官僚と

---

24) データの混乱を避けるため、建碑年に在職していることが明瞭な人物のみ抜粋している。これ以外に死亡後に建てられた後仏碑や職務履歴を詳細に刻んだ碑文にもなどにも六番の役職を持つ人物は現れるが、これらの多くは在職年が不明であるため図表からは除外した。また宦官ついては肩書きに「内監」「司礼監」の肩書きを持つ人物を「宦官」としている。ただし『拓本集』を見る限り妻帯している宦官が多数存在しており、これらの人々が正真の宦官であったのかについては若干疑問が残る。また黎鄭政権では司礼監以外の「監」はほとんど確認できない。
25)【図表2-3】の甲阮科（1744年）のみは番と属宮の関係が一致しない。「左中宮」は「右中宮」の誤刻の可能性が高い。

【図表２-２】知番就任者リスト

建碑年	西暦	姓名	肩書き	出身	拓本No.
福泰7年	1649	武	山南処鎮守官内水軍営兼**知水師**中軍都督府左都督副将瀧郡公	武人？	9986-9987
景治元年	1663	阮登科	大臣奉差清華処鎮守官該**知歩兵番**令史衛門兼知安場府司礼監総太監各監司事中軍都督府左都督寿郡公	宦官	3703-3704
徳元2年	1675	申公才	奉差京北太原諒山等処留守官該官**知侍内書**□□写提督漢郡公	武人？	9843-9846
永治4年	1679	黎	賜進士第侍内賛**知兵番**陪従刑科給事中	科挙	6068
正和3年	1682		王府侍□（候）右**知侍内書写番**総太監該官署衛門譲郡公	宦官	4161-4162
正和7年	1686	呉	**知侍内書写番**司礼監総太監提督譲郡公	宦官	9954-9957
正和10年	1689	鄧廷相	賜庚戌科進士**知水師**吏科都給事中	科挙(1670)	1710-1713; 2605-2606
正和10年	1689	阮公燦	賜庚申科第二甲進士出身**知侍内書写兵番**刑科給事中	科挙(1680)	5568-5571
正和11年	1690	呉公朝	特進輔国上将軍神武四衛軍務事司礼監総太監**知戸番**侍内書写勇郡公	宦官	714-717
正和12年	1691	鄧廷相	賜甲戌科同進士出身**知水師**吏科都給事中	科挙(1670)	12727-12730
正和13年	1692	武仲程	賜乙丑科第一甲進士及第**知侍内書写戸番**翰林院待制	科挙(1685)	7098-7101
正和14年	1693	鄧廷相	賜庚戌科同進士出身弘信大夫**知水師**太僕寺卿	科挙(1670)	6390-6393
正和16年	1695	鄧廷相	賜庚戌科同進士出身**知水師**陪従太僕寺卿	科挙(1670)	6459-6462
正和16年	1695	楊公度	賜癸亥科第三甲同進士出身奉差清華処督同官内賛**知戸番**刑科給事中	科挙(1683)	8196-8199
正和16年	1695	武晟	賜乙丑科進士及第**知戸番**陪従礼科都給事中	科挙(1685)	10022-10023
正和17年	1696	阮	司礼監僉太監管金護衛**知侍内書写番**実義侯	宦官	3986-3989
正和17年	1696	鄧廷相	賜庚戌科第三甲同進士出身弘信大夫陪従太僕寺卿**知水師**署中書監	科挙(1670)	3986-3989
正和17年	1696	武晟	賜乙丑科第一甲進士及第**知侍内書写番**陪従礼科都給事中	科挙(1685)	6315-6317
正和18年	1697	何宗穆	賜戊辰科進士癸酉辞命第二名弘信大夫陪従奉天府尹内賛**知水師**	科挙(1688)	6350-6353
正和19年	1698	何宗穆	賜戊辰科第三甲同進士出身進士辞命第二名弘信大夫陪従鴻臚寺卿**知水師**	科挙(1688)	275-276, 289-290
正和19年	1698	武仲程	賜乙丑科進士及第弘信大夫陪従**知侍内書写戸番**鴻臚寺卿	科挙(1685)	7174-7177
正和20年	1699	鄧廷相	賜庚戌科同進士出身弘信大夫陪従太僕寺卿**知水師**署中書監	科挙(1670)	5210-5213
正和21年	1700	鄧廷相	光進慎禄大夫陪従工部左侍郎**知水師**署中書監応川男	科挙(1670)	1225-1228; 7152-7155
正和21年	1700	鄧□堅	奉侍内殿効力司**知侍内書写戸番**司礼監僉太監儀侯	宦官	5118-5119; 12810-12811
正和21年	1700	阮公童	賜乙丑科進士**知侍内書写兵番**陪従戸科給事中	科挙(1685)	7032-7035
正和21年	1700	阮公童	賜乙丑科進士**知侍内書写兵番**陪従戸科都給事中	科挙(1685)	8569-8572; 8585-8588
正和22年	1701	鄧廷相	陪従工部左侍郎**知水師**署中書監応川男	科挙(1670)	8187-8189
正和23年	1702	鄧廷相	賜庚戌科同進士出身陪従工部左侍郎**知水師**署中書監応川男	科挙(1670)	3197-3198

第Ⅰ部　黎鄭政権の統治機構

建碑年	西暦	姓名	肩書き	出身	拓本No.
正和23年	1702	阮公董	賜乙丑科進士**知侍内書写兵番**陪従戸科都給事中	科挙(1685)	5109-5112
正和23年	1702	阮珩	賜戊辰科第三甲同進士出身陪従吏科都給事中**知侍内書写戸番**	科挙(1688)	6435-6438
正和23年	1702	陶国顕	賜辛未科第三甲同進士出身陪従刑科給事中**知侍内書写戸番**	科挙(1691)	6435-6438
正和23年	1702	阮	賜乙丑科進士**知侍内書写兵番**陪従戸科都給事中	科挙(1685)	14633
正和24年	1703	郭佳	賜癸亥科探花及第陪従吏科給事中**知侍内書写兵番**	科挙(1683)	3413-3414
正和24年	1703	何宗穆	賜戊辰科第三甲同進士出身辞命二名弘信大夫陪従鴻臚寺卿**知水師**	科挙(1688)	13533-13536
正和25年	1704	阮	内講**知侍内書写兵番**山南道監察御史		2319-2322
正和25年	1704	陶黄実	賜進士第清化道監察御史内賛**知水師**	科挙(1697)	4199-4200
正和26年	1705		賜丁丑科進士山南道監察御史内賛**知兵番**□□□	科挙(1697)	13775-13777
永盛2年	1706	張	賜乙丑科進士陪従鴻臚寺卿**知侍内書写戸番**	科挙(1685)	6439-6442
永盛2年	1706	張樸	奉賜乙丑科進士第陪従鴻臚寺卿**知侍内書写戸番**	科挙(1685)	9691-9692
永盛3年	1707	阮廷延	王府侍内監奉命入侍内殿管侍内司**知侍内書写兵番**司礼監総太監該官提督澄海侯	宦官	9797-9798
永盛7年	1711	黎英俊	賜戊戌科第三甲同進士出身弘信大夫陪従太僕寺卿**知侍内書写戸番**	科挙(1694)	5576-5579
永盛9年	1713	阮	賜戊辰科進士第陪従奉天府尹**知侍内書写歩兵番**	科挙(1688)	1462-1465; 1466-1469
永盛11年	1715	阮	陪従鴻臚寺卿**知侍内書写戸番**		5855-5858
永盛12年	1716	阮徼	陪従鴻臚寺卿**知侍内書写戸番**	科挙(1700)	2752-2755
永盛14年	1718	范公珍	知公象左象奇**南宮該官知侍内書写兵番**侍内監司礼監総太監署衛事稷郡公	宦官	452-455
永盛14年	1718	阮世儒	**知侍内書写吏番**知公象前象奇副該官侍内監司礼監総太監署衛事貫郡公	宦官	5370-5371
保泰2年	1721	徐伯機	賜壬辰科同進士出身顕恭大夫国子監司業行吏科都給事中**知侍内書写工番**	科挙(1712)	7764-7767
保泰6年	1725	陳廷玉	西宮左象奇**知侍内書写刑番**侍内監司礼監総太監油郡公	宦官	9195-9198
保泰7年	1726	裴仁有	西宮侍候鋭中隊副首号兼**知刑番**司礼監僉太監情艶侯	宦官	6488-6489
保泰8年	1727	阮泰賞	**知侍内書写戸番**侍内監達栄侯	宦官	2344-2353
永慶4年	1732	阮	賜乙未科進士茂林郎東閣学士**知侍内書写兵番**	科挙(1715)	7480-7483
龍徳3年	1734	白奮鷹	賜甲辰科第三甲同進士出身翰林院待制**知刑番**	科挙(1724)	4209-4210
龍徳3年	1734	阮廷楡	九仙左宮**知侍内書写戸番**光禄寺卿		1471-1474
永佑2年	1736	阮卓倫	翰林院待制**知侍内書写刑番**	科挙(1721)	4553-4555
永佑2年	1736	阮暐	提刑監察御史**知侍内書写兵番**	科挙(1727)	4553-4555
永佑3年	1737	陳	賜癸丑科進士**知侍内書写刑番**昭文館司訓	科挙(1733)	824-827
永佑3年	1737	阮廷楡	奉管九仙左宮**知侍内書写戸番**光禄寺卿		867-870; 3274-3275
永佑3年	1737	阮卓倫	辛丑科進士翰林院待制**知侍内書写刑番**	科挙(1721)	3423-3424

第 2 章　鄭王府の財政機構

建碑年	西暦	姓名	肩書き	出身	拓本№
永佑3年	1737	阮成珠	侍西宮知侍内書写刑番副首号副該官知公象左象奇侍内監司礼監総太監参督撥郡公	宦官	3518-3520；3529-3532；3535-3536
景興5年	1744	杜阮瑞	侍北宮知侍内書写工番正首号侍候衛左水奇該奇官侍内監司礼監総太監都督府都督同知基郡公	宦官	2453-2454
景興12年	1751		賜辛亥科進士特進金紫栄禄大夫入侍陪従右司講知侍内書吏番翰林院承旨兼国子監司業道派伯	科挙(1731)	7389-7392
景興22年	1761	武綿	賜戊辰科進士入侍添差知侍内書礼番山西道監察御史	科挙(1748)	6342
景興24年	1763		謹事郎翰林院校討添差知侍内書写兵番		952-953
景興26年	1765	甲阮科	当朝侍右中宮推忠宣力功臣中捷軍営長営官知侍内書写戸番少保奎郡公	宦官	8381-8384
景興28年	1767	武綿	賜戊辰科進士入侍添差知侍内書写礼番行兵部右侍郎入侍陪従兼国子監司業翰林院侍書	科挙	3148-3149
景興28年	1767	陶輝典	賜丁□科第三甲同進士出身添差知侍内書写刑番翰林院待制	科挙(1757)	14535
景興29年	1768	阮賞	甲戌科進士第添差知侍内書写戸番翰林院侍講生慶□伯	科挙(1754)	4220-4223
景興32年	1771	范輝錠	推忠宣力功臣奉差遙領太原処鎮守兼提領四城軍務事正首号中勝前翊等奇該奇官添管侍候中候左船奉差官厨内水等隊知侍内書写户番兼内差五府府僚司礼監特進輔国上将軍都督府左都督太傅詔郡公		1000-1003
景興32年	1771	潘仲藩	賜丁丑科第三甲同進士出身少篤特進金紫栄禄大夫入侍添差府僚知侍内書写戸番東閣大学士兼国子監司業国史纂修泗川伯	科挙(1757)	1000-1003；1052-1053；1054-1055
景興33年	1772	范輝錠	特進輔国上将軍推忠宣力壮烈功臣奉差遙領太原処鎮守兼提領四城軍務事中勝前翊等営長営官添管侍候侍厨内水中候左択優前等隊船内差五府府僚知侍内書写戸番司礼監中軍都督府左都督太宰詔郡公	宦官	3269-3271
景興34年	1773	阮廷訓	特進金紫栄禄大夫奉差輔佐正提領四城軍務事正首号後巨奇該奇官知侍内書写吏番昭毅将軍少保訓忠侯	宦官	2502、2504；2503、2505
景興34年	1773	阮廷訓	奉差輔佐正提領四城軍務事兼山西処鎮守正首号後巨奇添管侍候中候右勁艦等奇隊船知侍内書写戸番左納言少傅訓忠侯柱国上階	宦官	2875
景興34年	1773	段登旦	侍北宮副首号侍候左雄并繕左等奇副該官知侍内書写工番侍近侍内監司礼監総太監的指揮使司都指揮使旦忠公	宦官	7015-7016
景興36年	1775	阮廷訓	特進輔国上将軍侍右中宮奉差内殿輔佐正提領四城軍務事兼遙領山西処鎮守中雄軍営長営官添管前翊中威後威中候匡右等奇隊船知侍内書写番署府事西軍都督太宰訓郡公上柱国上秩	宦官	2499-2500、2513
景興36年	1775	段登旦	侍北宮副首号前雄奇副該官添管繕左右震等奇知侍内書写工番侍近侍内監司礼監総太監約校点司左校点旦忠侯	宦官	7030-7031；7089；9934-9935
景興38年	1777	段登旦	奉差輔佐侍北宮副首号前雄奇副該官并添管繕左右震等奇知侍内書写工番侍近侍内監司礼監総太監都督府左都督太保致仕復旦忠侯	宦官	7093-7094；10245-10246
景興41年	1780	陳春輝	侍右中宮奉差保養王子正首号中雄奇該奇官奉差官厨内水等隊知侍内書写戸番奉差該輔知宝璽号恭進等号侍内監司礼監総太監都督府左都督太傅披抜郡公	宦官	2805
景興44年	1783	范阮攸	賜巳亥科第二甲進士出身入侍添差知工番東閣校書	科挙(1779)	684-687
景興44年	1783	段登旦	侍北宮侍候厳左隊添管繕右奇知侍内書写工番都督府左都督太保致仕起復	宦官	7019-7020
景興44年	1783	段登旦	尊長官奉差監督侍北宮侍候厳左隊添管繕右奇知侍内書写工番都督府左都督太保致仕起復		9928-9929

出所：『拓本集』vol.1-15

【図表2-3】副知番、僉知番、内差就任者リスト

年号	西暦	姓名	肩書き	出身	拓本No.
盛徳4年	1657	呉公義	特進金紫栄禄大夫僉知侍内書写衛門該官挺郡公	宦官	3924-3925
正和2年	1681	阮進財	特進金紫栄禄大夫侍内監司礼監副知水師□楊侯柱国上聯	宦官	4459-4462
正和7年	1686	范有算	王府副知水師司礼監同知監事正隊長溢海侯	宦官	2516-2517
正和10年	1689	范有算	王府副知水師司礼監僉太監溢海侯	宦官	2509-2512
正和11年	1690	裴	特進金紫栄禄大夫副知侍内書写侯仍内騎左僉太監員祥侯	宦官	5907-5910
正和12年	1691	呉攀鱗	特進金紫栄禄大夫侍内書写侯択仍内騎左堅義牽馬左等隊船副知水師侍内監司礼監都太監賞忠侯	宦官	3999-4000
正和15年	1694	阮致忠	副知歩兵書写令史侍内監司礼監僉太監城禄侯	宦官	5602-5603
正和15年	1694	阮景溶	副知侍内書写戸番侍内監司礼監達智侯	宦官	5602-5603
正和18年	1697	呉公桂	特進金紫栄禄大夫副知侍内書写兵番司礼監都太監枋禄侯	宦官	8565-8568
正和18年	1697	范廷僚	特進金紫栄禄大夫副知侍内書写兵番侍内監司礼監総太監寛海侯	宦官	8798-8801
正和19年	1698	阮世儒	□□□□侍侯□□□□牽馬□隊船副知水師司礼監僉太監貫□侯	宦官	13557-13561
正和21年	1700	阮有僚	僉知侍内書写兵番司礼監右提点儒祥侯	宦官	1225
正和21年	1700	黎(旧姓)	副知水師諒山等処清刑憲察使同憲察副使盤山子		4459-4462
正和21年	1700		顕官特進金紫栄禄大夫副知侍内書写兵番司礼監都太監枋禄侯		7032-7035
正和21年	1700	阮世儒	王府侍候内騎左優右牽馬左等隊船副知水師司礼監僉太監貫堂侯		7152-7155
正和21年	1700	呉公桂	貴台特進金紫栄禄大夫副知侍内書写兵番司礼監都太監枋禄侯		8569-8572;8585-8588
正和22年	1701	阮有僚	王府中右□僉知侍内書写兵番司礼監□提点儒祥侯	宦官	9697-9700
正和23年	1702	范	王府侍候優前并行三等船僉知侍内書写戸番司礼監丞彬祥侯	宦官	6435-6438
正和25年	1704	范算処	侍候内一轎左右車并行一等隊船副知水師司礼監太監溢海侯	宦官	2625
永盛2年	1706	阮克明	特進金紫栄禄大夫僉知水師司礼監右提点鄧祥侯	宦官	3970-3972
永盛2年	1706	范登貴	王府僉知侍内書写戸番侍内監司礼監左少監彬祥侯	宦官	6439-6442
永盛2年	1706	阮有僚	王府僉知侍内書写戸番奉管侍候優後船司礼監左提点儒祥侯	宦官	9691-9692
永盛8年	1712	阮徳潤	王府侍候騎二牽馬二守糟二等隊僉知歩兵書写令史司礼監左監丞準堂侯	宦官	7349-7350
永盛12年	1716	黎丕培	僉知歩兵書写令史番工部員外郎鶴寿男	宦官	2752-2755
永盛13年	1717	阮公論	侍候内善中侯左并牽馬等隊船権公馬僉知侍内書写戸番侍内監司礼監同知監事禄侯	宦官	10557-10560
永盛15年	1719		南宮権公馬侍候択左中侯右牽馬銃炮等隊船僉知侍内書写兵番侍近侍内監司礼監太監寧寿侯	宦官	2335-2336;2455-2456
永盛16年	1720	阮徳潤	王府権公侍候侍騎二牽馬一守槽二前二力士等隊右中宮副知侍内書写番侍近侍内監司礼監都太監侍近隼義侯	宦官	7297-7298
保泰5年	1724	甲登鑰	侍右中宮僉知侍内書写戸番侍右水号侍候侯選隊選一選左行一行左等船侍近侍礼監同知監事立義侯	宦官	7042-7044
保泰6年	1725	厳□濱	特進金紫栄禄大夫北宮侍候小侯左并内麓等船内差侍内書写工番侍近司礼監左監丞寿祥侯	宦官	12026-12027
保泰8年	1727		侍右中宮侍候騎後并牽馬西技等隊内差侍内書写戸番侍近司礼監監丞算祥侯	宦官	2343-2344;2471-2472
永慶元年	1729		特進金紫栄禄大夫北宮侍候騎右并牽馬右技等隊署副知侍内書写□番侍近司礼監同知監事宴忠侯	宦官	8597-8600
龍徳元年	1732		特進金紫栄禄大夫侍北宮権公馬侍候侍騎并牽馬左枝等隊僉知侍内書写工番侍近司礼監太監宴忠侯	宦官	8812-8815

第 2 章　鄭王府の財政機構

年号	西暦	姓名	肩書き	出身	拓本No.
龍徳元年	1732	鄧	副知侍内書写礼番光進慎禄大夫右中允		8812-8815
龍徳3年	1734	阮廷楡	侍内文職奉管九仙左宮副侍内書写刑番通政使司通政副		461-464
龍徳3年	1734	陳俊旺	侍北宮中右象隊内差侍内書写工番侍近侍内監司礼監都太監弁忠侯	宦官	2308
龍徳3年	1734	杜阮瑞	侍北宮奉差侍厨隊副首号侍候優一優左并行等船福該官副知侍内書写工番侍近侍内監司礼監総太監都指揮使司都指揮使郊郡公	宦官	6753-6756
龍徳3年	1734		侍北宮副首号副該官侍候内鋭中并北枝等隊僉知侍内書写工番侍近侍内監司礼監総太監宴忠侯	宦官	8806-8809
龍徳3年	1734	黎廷甲	侍左中宮副首号侍候優一優左并行等船該官僉知侍内書写吏番侍近侍内監司礼監都太監甲寿侯		13623-13625
永佑2年	1736	武徳旺	侍近侍内監司礼監都太監僉知侍内書写戸番延忠侯	宦官	4553-4555
永佑2年	1736	阮廷珪	侍近侍内監司礼監右少監内差侍内書写工番隴寿侯	宦官	4553-4555
永佑3年	1737	杜阮瑞	侍北宮奉差侍厨知公象隊副首号前象奇副該官副侍内書写工番侍近侍内監司礼監総太監都校点右右校点基郡公	宦官	2497-2498
永佑3年	1737	陳□衡	侍北宮侍候選れ并援石左等隊船内差侍内書写工番侍近司礼監右少監龍蟠侯	宦官	3423-3424;3274-3275
永佑3年	1737	阮名蓮	僉知侍内書写兵番吏部郎中		3274-3275
永佑4年	1738	阮廷珪	特進金紫栄禄大夫副首号侍候内匡中并援石左技等隊副該官僉知侍内書写工番侍近侍内監司礼監総太監都指揮使司都指揮使坦寿侯	宦官	3404;3405
永佑4年	1738	陳俊旺	侍北宮中右象隊内差侍内書写工番侍近侍内監司礼監都太監弁忠侯	宦官	2235;2255
永佑4年	1738	阮廷堅	本社貴近官侍東宮権公馬侍候騎一并牽馬等隊僉知侍内書写礼番奉差戸跡侍近侍内監司礼監僉太監淶寿侯阮廷堅	宦官	7156-7159
永佑4年	1738		尊長官侍西宮侍候優後船僉知侍内書写刑番侍近侍内監司礼監	宦官	8792-8795
永佑5年	1739	杜阮瑞	侍北宮奉差侍厨隊知公象副首号前象奇副該官副侍内書写工番侍近侍内監司礼監総太監都校点右右校点基郡公	宦官	6739-6742;6749-6752
永佑5年	1739	阮	官員侍西宮侍候騎二騎内左選奉中奉右等隊船随差令史一番内差侍写吏刑工等番奉差按鎮山西処兼扈駕親征東南等道特進金紫栄禄大夫侍近侍内監司礼監総太監参督左校点伊寿侯	宦官	7810-7813
永佑5年	1739	黄公輔	侍南宮知公象右象奇副首号副該官副知侍内書写兵番侍近侍内監司礼監参督洽郡公	宦官	8612-8614
景興元年	1740	厳	侍東宮侍候馬并牽馬等隊僉知侍行内書写礼番侍近侍内礼監都太監寿祥侯	宦官	7970-7971
景興2年	1741		侍南宮副首号侍候選一選左并行丁等船副該官僉知侍内書写兵番侍近侍内監司礼監総太監識寿侯	宦官	2493-2496
景興3年	1742	阮廷珪	侍左中宮後□僉知侍内書写吏番侍近侍内監司礼監太監都指揮使司都指揮使隆寿侯	宦官	3421-3422
景興5年	1744	陶璟諭	僉知礼番員外郎		2453-2454
景興5年	1744	蔡肇樸	奉差官僉知侍内書写戸番侍近侍内監司礼監総太監樾寿侯	宦官	3737-3738
景興5年	1744	范輝枆	武勲将軍侍右中宮副首号侍候内匡中添管侍厨奉差侍厨内水等隊船副該官僉知侍内書写兵番侍近侍内監司礼監総太監神武四衛軍務事参督□朝□	宦官	8205-8206
景興10年	1749	甲阮科	侍左中宮宣力功臣副首号侍候厳一厳左優右等隊副該官副侍内書写戸番侍近侍内監司礼監総太監右校点奎朗侯	宦官	5403-5406
景興10年	1749	鄭	侍東宮副知番		950-951

年号	西暦	姓名	肩書き	出身	拓本No.
景興11年	1750	段仲琨	宣力功臣特進金紫栄禄大夫首号侍候左雄奇該奇官**侍東宮副知侍内書写礼番**侍近侍内監司礼監総太監左校点魁寿侯	宦官	11333
景興12年	1751	黄廷善	侍左中宮中後軄**内差侍内書写吏番**侍近侍内監司礼監同知監事善忠侯	宦官	8322-8323
景興13年	1752		特進金紫栄禄大夫侍**西宮**侍候騎右并牽馬等隊**僉知侍内書写刑番**侍近侍内監司礼監総太監都校点司左校点□朝侯	宦官	3050, 3052
景興17年	1756	裴	僉知侍内書写工番清化処太僕寺卿		3266
景興18年	1757	張熤	弘信大夫**僉知侍内書写戸番**随講内跡戸部郎中燁忠子		1925-1928
景興20年	1759	阮	王府**侍左中宮**侍候内超船**内差侍内書写吏番**侍近侍内監司礼監左少監恭寿侯	宦官	7170-7171
景興21年	1760	黄林坦	王府侍左中宮侍候騎後并牽馬等隊**内差侍内書写刑番**随差令史二番侍近侍内監司礼監左少監㫤忠侯	宦官	9790
景興22年	1761		貴官侍東宮宣力功臣副首号侍候左雄奇該奇官副**知侍内書写礼番**侍近侍内監司礼監総太監都督府左都督致仕魁寿侯	宦官	8348
景興24年	1763	楊名捷	侍左中宮侍候内匡軄**内差侍内書写吏番**侍近侍内監司礼監右監丞蘊忠侯	宦官	1062-1063
景興27年	1766	阮泰来	本該官員内侯内馬右并牽馬等隊**僉知侍内書写兵番**奉管内仍一跡侍内監司礼監同知監事銓忠侯	宦官	9815-9818
景興27年	1766		侍右中宮副首号侍候優一優左奉差侍厨内水并行□等隊船副該官**僉知侍内書写戸番**侍近侍内監司礼監左少監彦忠侯		10730-10733
景興27年	1766	裴	僉知侍内書写工番清華処太僕寺卿		10920
景興28年	1767	阮登擢	**侍左中宮**侍候優後船**内差侍内書写吏番**侍近侍内監同知監事史忠侯	宦官	3148-3149
景興28年	1767	阮	**侍右中宮**侍候内優内一船**内差侍内書写戸番**侍近侍内監司礼監都太監捷忠侯	宦官	3976-3977
景興30年	1769	申阮条	侍候侍馬并牽馬等隊**僉知侍内書写吏番**侍近侍内監司礼監総太監爛忠侯	宦官	6782-6783
景興31年	1770	武廷演	王府**侍北宮**□□□□左東甲号□奉差侍候赶左赶繕左等奇隊**僉知侍内書写工番**侍近侍内監司礼監総太監給寿侯	宦官	6918-6919
景興32年	1771	陳春暉	侍右中宮首号侍候衛左水奇該官添管侍候小候右船**副知侍内書写戸番**特進昭毅将軍侍内監司礼監総太監都校点司都校点樅忠侯		1000-1003
景興32年	1771	黎永鑠	貴官侍東宮権公馬侍候隊二并牽馬等隊**僉知侍内書写礼番**侍近侍内監司礼監太監鑠寿侯	宦官	8761-8764; 8810-8811
景興36年	1775	関徳治	**侍北宮副知侍内書写工番**奉守張兼内一令史等番前勇艘隊侍内監司礼監総太監順朝侯	宦官	2762
景興41年	1780	高□理	弘信大夫**僉知工番**吏部員外郎		469, 475
景興41年	1780	阮□榜	侍候後車隊**内差侍内書写礼番**侍近侍内監司礼監総太監□義侯	宦官	7312-7315
景興41年	1780	武廷演	侍左中宮署公象侍候侍□左捍善左等奇隊**僉知侍内書写吏番**侍近侍内監司礼監総太監汲礼侯	宦官	7312-7315
景興43年	1782	陳阮𨖅	元国子御策第一中格文選奉侍侍内文職**侍南宮僉知侍内書写兵番**勤事佐郎邁亭子		299-300; 301, 308; 302, 305-307
景興44年	1783	阮亨通	**侍左中宮副知吏番**侍候厳一号副該官特進輔国上将軍司礼監大司空栢忠侯	宦官	9701-9702
景興46年	1785	阮貴昱	王府**侍北宮副知侍内書写工番**		5758-5759

出所:『拓本集』vol.1-15

【図表 2-4】 勾稽就任者リスト

年号	西暦	姓名	肩書き	出身	拓本No.
陽和7年	1641	阮世福	書写勾稽文礼男校生	校生	7703-7704
福泰3年	1645	黄茂俊	勾稽太常寺少卿文派子		9823-9824
正和3年	1682	杜日康	前十里侯兼勾稽再長会知中亭社		13170-13171
永盛2年	1706	劉廷僚	内勁軍営勾稽体堂男		10009-1012
保泰7年	1726	武廷宝	中堅勾稽侍内書写兵番耀禄男		6488-6489
永慶元年	1729	阮登朝	行右船副勾稽侍内書写工番同知府瑾寿男		6380-6383
永慶元年	1729	柳公権	中書監華文学生勾稽司農県県丞		8597-8600
龍徳3年	1734	黎阮軒	奉金吾衛勾稽右番按吏県丞詠忠子		461-464
龍徳3年	1734	武名暁	勾稽侍内書写工番□巨隊左船同知府暁義子		461-464
永佑4年	1738	鄭廷果	侍内選勾稽侍内書写刑番奉守密事特進金紫栄禄大夫諒山処賛治承政使司参政瑛忠子		2935-2937
永佑4年	1738	阮克鏗	勾稽刑番侍仍		3990-3991
永佑4年	1738	阮日旺	勾稽令史番鴻臚寺少卿曜亭男		5572-5575
永佑4年	1738	黎致雲	勾稽令史番殿前司司獄洵義男		5572-5575
永佑4年	1738	阮日春	勾稽内一番殿前司典獄煨義男		5572-5575
景興2年	1741	阮	一跡文職勾稽侍内書写吏番典翰		2333-2334
景興3年	1742	裴	戸番勾稽刑部欽刑清吏司員外郎		221、248
景興5年	1744	范登伝	辛卯科試中中書監書勾稽吏番	書算	2185
景興10年	1749	黎惟時	内一番勾稽殿前		5535-5536
景興11年	1750	武三多	生徒勾稽恵芳子	生徒	456
景興11年	1750	阮預遼	勾稽左番按吏蘭芳子		456
景興13年	1752	潘卓超	奉守密事勾稽侍内書写兵番管侍候清禁司左諭徳超忠伯		1049-1050
景興16年	1755	朱□琦	壬午書算科第一奉管侍候左把門隊奉守密勾稽戸番宣光処参政琦忠伯	書算	1247
景興20年	1759		奉守密事勾稽侍内書写刑番太僕寺卿紀寿伯		1102-1103
景興25年	1764	阮胡遵	光進慎禄大夫勾稽侍内選侍内書写戸番通政使司通政使奨忠子		11402-11403
景興25年	1764	朱名応	光進慎禄大夫勾稽侍内書写礼番詹事院詹事任忠伯		11402-11403
景興25年	1764	高潘	光進慎禄大夫勾稽侍内選侍内書写吏番左春坊左中允□忠子		11402-11403
景興32年	1771	□廷治	奉管□右船奉守密事勾稽侍内書写工番右庶子増忠伯		1000-1003
景興32年	1771	潘卓超	嘉大夫奉守密事勾稽侍内書写兵番宣光処賛治承政使司承政使超忠子		1052-1053;1054-1055
景興33年	1772	鄧惟珩	特進金紫栄禄大夫奉管□左船勾稽侍内書写戸番左庶子派亭伯		3269-3271
景興37年	1776	鄧廷義	侍仍勾稽侍内書写番指揮司指揮同知理亭伯		930-931
景興38年	1777		謹事佐郎試中書算侍内書写兵番預勾稽長慶府同知府科忠子	書算	10187
景興41年	1780	阮登連	嘉大夫宣光等処賛治承政使司承政使勾稽侍内書写兵番連忠子		469、475
景興42年	1781	黎世鎌	勾稽工番堤忠子		469、476
景興42年	1781	陳廷鎌	勾稽忠須県県丞		9191-9194
景興46年	1785	武湍忠	奉侍王府勾稽侍内書写兵番詹事院詹事■忠子		12213-12214

出所:『拓本集』vol.1-15

宦官を併用していたように思われる。ただし六番が設置された1718年以前と以後に分けて検討すると、科挙官僚と宦官の任用の仕方に若干の違いが見られる。1718年以前の番は戸番、兵番、水師番の3つであるが、【図表2-2】を見ると、宦官の知番への任用は特に戸番に集中する傾向が強い。それに対し兵番（歩兵番）では宦官の知番は2人のみ、水師番では宦官の知番は確認できない。さらに戸番においても1700年の鄧なる人物以降、宦官の知戸番への任用は確認できず、科挙官僚の任用が中心となっているように見受けられる。特に1702年には阮珩と陶国顕という2人の科挙官僚が知戸番に在職している。このような傾向が単にデータの不足によるものなのか、あるいは18世紀初頭に鄭王府における科挙官僚の任用が拡大したためであるのか現時点では判断できない[26]。これに対して1718年の六番設置以降の科挙官僚と宦官の知番への任用を見ると、全ての番で科挙官僚と宦官が併用されていたと推測される。例えば1737年を見ると科挙登第者である阮卓倫と宦官の阮成珠が同時に知刑番に在職しており、また1771年を見ると科挙登第者である潘仲藩と宦官の范輝錠が同時に知戸番に在職している。

しかし詳細に見ると科挙官僚の知番と宦官の知番には肩書きに大きな違いがある。宦官の場合、大半の者が軍の部隊長、特に侍候の部隊長を兼任しており、六番の設置以降は特にこの傾向が強い。また兼帯する司礼監系の官職もかなり官品の高い者が多い[27]。これに対して科挙官僚の知番には部隊長を兼任している者は皆無である。碑文によって肩書きの記載の仕方には粗密があるが、これを考慮しても基本的に科挙官僚の知番が部隊長を兼任することはなかったと考えたほうが適切であろう。また科挙官僚の場合、兼帯する黎朝系官職も概して官品は低めであり[28]、科挙に登第してから10年以下の者も複数含まれる。科挙登第者については、特に貶黜や病死などの事情がない限り、

---

26) Taylor［1987］が17世紀後半に范公著などを中心として紅河デルタの文人が科挙を通じて政治的に台頭し、儒教を柱とした政策が推進されていることを指摘している点は考慮する必要がある。
27) 司礼監系官職の品階については蓮田［2005：22］による整理を参照。
28) 各官職の官品については【図表0-3】参照。

第 2 章　鄭王府の財政機構

通常は任官履歴の中途で就任するポストであったと考えられる。

　次に【図表 2－3】から副知番、僉知番、内差の人員構成を見ると、大部分が宦官で占められ、科挙官僚の任用が見られないことがわかる。またこれら宦官が軍隊の部隊長を兼任している点は、宦官の知番と同様である。「内差」は本来内廷から差遣する際に用いられる差遣概念の一種であるので宦官であるのは当然としても、副知番、僉知番に宦官と並んで鄭王の私臣である文属を任用したという史料の記述とは若干食い違う。しかし各種の史料には文属と呼ばれる人々の実態を窺わせるものがある。例えば『譚氏家稽』によれば譚公伋が 1698 年に副知戸番となっているが、彼は 1673 年に郷試三場、1684 年に青威県知県、その後、上洪府知府、下洪府知府を歴任して 1694 年に鄭棡の教育係となっている。また別例を挙げると、『楊族家譜』によれば一族の楊廷奎が僉知戸番に任命されている。彼の経歴を見ると 1699 年に郷試三場に達し、その後 1715 年に鄭棡の娘の瓊瑛公主・太長公主の養育を委ねられるのに伴い、該合や勾稽を歴任して僉知戸番に就任している。この間、彼は九仙右宮兵、小襄左船、力二隊などの各部隊長も並行して歴任している。さらに彼の正室は「公主正乳」であったことが『楊族家譜』には記されている。妻が公主の乳母であったことが養育を任された理由であろう[29]。さらに『全書』によれば 1767 年に鄭楹が死亡して鄭森が王位を継承し、これにともなって阮嘉鎔なる人物が僉知刑番に抜擢されているが、これは彼の妻が鄭森の乳母であったことが理由として記されている[30]。これらの例を見る限り宦官以外で副知番、僉知番に登用される人々は、鄭氏一族の養育係、教育係などいずれも文人官僚の中でも宦官と同様、特に鄭王の生活面に接近していた人々であったと考えられる。

　さらに【図表 2－4】で勾稽の人員構成を見ると、【図表 2－2、2－3】とは一転して、科挙官僚、宦官の任用は皆無といってよい。これに代わって現れるのが「試中書算」、つまり書算科の合格者や科挙予備軍である生徒などの

---

29)　『楊族家譜』によれば楊廷奎の三男である楊廷洵という人物も僉知吏番となっている。
30)　『全書』景興 28 年（1767）5 月－6 月条。

人々である。前章第4節で述べたように書算科とは黎鄭政権期の下級官僚の登用試験であり、勾稽には仕途として科挙登第には至らない士人層の任用が常例化していたと考えられる。六番に文属を充てたというのは実際には主に勾稽以下の役職であり、その中から特に鄭氏一族に近侍する機会を得た限られた者たちのみが副知番や僉知番に抜擢されたと考えるべきであろう。勾稽についてもおよそ半数が部隊長を兼任しており、財務官僚と同時に武人としての性格を帯びる傾向が強い点は宦官と同様である。

このように見ると和田［1978］や蓮田［2005］が指摘するように鄭王府の財政機構では宦官が重要な位置を占めていたと言ってよかろう。例えば前節で見た工番の場合、主収入となる4つの収号の内、少なくとも2つの収号が宦官の副知、僉知によって担当された可能性は高い。さらに収号の徴税を監督する北甲徴号、北乙徴号の担当は内差1人、勾稽1人の構成であり、ここでも宦官が枢要な位置を占めている。鄭王府の主収入である内囲子からの税収はかなりの部分が宦官によって管理されていたことになる。

しかし以上の検討では宦官が知番、副知番、僉知番に至るまでに、いかなる経過を経たのか明瞭でない。これは黎鄭政権における宦官の活動範囲を知る上でも重要である。幸い『拓本集』には宦官の職務履歴を精細に記したものが幾つか含まれている。ここではその中から特に『范公家譜碑記』（『拓本集』所収 N.1456-1459 及び N.1466-1469）を選び宦官の任用についてさらに詳細に検討する。この碑文には稷忠侯と珥禄侯という2人の宦官の履歴が記されているが、これをまとめたものが【図表2-5、2-6】である。

これらから黎鄭政権の宦官の任用を見ると、司礼監系官職は実際の職務とはほとんど連携しておらず、宦官としての等階を示すものでしかない。専ら推恩や金銭を納めることによって上昇しており、実体を失って散官化していると言えよう。これに対して実質的な職務を示すのが「侍内」、「奉該」、「奉管」などの語句が冠されたものである。「侍内」は鄭王府内で鄭王に近侍するなど元来の宦官としての職務、もしくは鄭王府の番における勤務を示す。「奉該」は特定の地域、あるいは場所における徴税を委ねられたことを示し、鄭王府系の財務官僚としての勤務を表すものと考えてよい。「奉該」については

第2章　鄭王府の財政機構

【図表2-5】稷忠侯范公の履歴

西暦	年齢	「侍内」系	「奉該」系	「奉管」系	司礼監	その他
1634	1					二男一女の次男。母姓に改める。
1647	14					鄭栐に奉侍
1652	19					鄭根に奉侍
1660	27				左提点	考課で優等
1671	38			奉管勝左隊兵	左監丞	左監丞職は推恩による
1674	41			奉管侍候内赶隊兵		
1674				奉管帰合州		
1675	42		奉該可留巡			
1676	43		奉該外国艚	奉添管内左象隊兵		
1677	44		奉該同姥巡			
1677		侍内監奉侍				
1678	45	僉知侍内書写歩兵番				哀牢国使
1679	46		奉該三岐巡			
1684	51	副知侍内書写歩兵番	奉該鎮安府盆忙州	僉知公象	僉太監	考課優等により僉太監職
1685	52					再び鄭根に奉侍
1685				知公象・奉管侍候翊中隊兵并中左象隊		
1685		侍内監奉侍			都太監	都太監職は推恩による
1686	53		奉該嘉興・安西等府州十州			
1689	56	侍一奉侍		副該官管後象奇兵	総太監	総太監職は入粟による
1713	70					建碑

出所:『拓本集』N.1465-1469

【図表2-6】珥禄侯范公の履歴

西暦	年齢	「侍内」系	「奉該」系	「奉管」系	司礼監	その他
1694	1					四男二女の次男。母姓に改める。
1713頃	20前後					宦官として王府で奉侍
1726	33					奉差奉侍尊徳王母太妃
1726~1730				管内厨小水等隊		
1730	37	随差令史一番		奉管侍候内力士隊	右提点	右提点職は推恩による
1731	38				左少監	恭進銭鈔による
1731~1734		知令史一番侍内監			同知監事	侯爵。同知監事職は推恩による。
1734	41	知令史一二番		管侍候一并行等隊船		建碑。以下後年の追刻部分による。
1734~1740		僉知侍内書写刑番			僉太監→都太監→総太監	司礼監職は恭進銭鈔による
1740	47	副知侍内書写戸番		管侍候衛右水奇并義勇号・奉差督領海陽京北道		郡公爵・参督
1740~1742				奉差掌督山西処		右校点
1742	49					都督詹事（恭進銭鈔）
1743	50					都校点
1743				管侍候優一優左優右并行等船		少保
1744	51	知侍内書写刑番		管右象奇・署副提領四城軍務事・管左象前雄等奇・奉差督領東北道統督安山道		
1745	52			奉差鎮守山西処		少傅

出所:『拓本集』N.1456-1459

【図表2-5】では多数見られるが、六番成立後の【図表2-6】では全く見られなくなる。しかしこれは鄭王府の財政機構が縮小した結果と見なすべきではない。【図表2-1】で六番成立後の徴収号を見る限り、17世紀中に「奉該」として行われていた職務が、六番成立後は各種の徴収号に吸収されているからである。むしろその都度「奉該」を任命していたのを改め、より恒久的な機関として徴収号に格上げしたために「奉該」という形式では現れなくなったと見るべきである。「奉管」とは特定部隊の「管兵」、つまり部隊長であることを示すが、【図表2-6】の珥禄侯は武人としてかなりの地位に至っており、部隊と言うよりは一軍を率いる程になっている。これは厳密には「奉管」の範疇を越えているが、便宜上、軍事関連のものは「奉管」に含めた。

　これを見る限り知番、副知番、僉知番といった役職に任用された宦官は、鄭王府において財務官僚や部隊長としての経歴を積み重ねた上で最終的に知番などの官職に任用されていたと考えられる。つまり鄭王に近侍するなどの限られた機会によって、鄭王の個人的信任を得ることのできた宦官のみが落下傘降下的に番の高官に任命されていたわけではなく、鄭王府は財務官僚、部隊長としてかなり幅広く宦官を任用しており、その中から実績や経験を積んだ者が知番などに任命されていたことを伺わせる。蓮田［2005：16］が指摘するように宦官は官僚群としてかなり重層的な厚みを持った存在であり、鄭杠による監班設置の動きはこのように官僚としての宦官に鄭王府が大きく依存していたことが背景にあると言えよう[31]。

　以上のことから鄭王府の財政機構では宦官にかなり幅広く活動していたことが判明した。その上で問題となるのはこれら宦官を中心とした鄭王府の財務官僚の多数が部隊長を兼任している点である。【図表2-5、2-6】を見るとわかるように、鄭王府の宦官は財務官僚としての職務を経ながら、並行して様々な部隊の部隊長を兼任しつつ地位を上昇させている。次節ではこれの持つ意味を検討しなくてはならない。

---

31) なお【図表2-4、2-6】では永佑年間（1735〜1740）を中心として「令史番」なる番が集中的に現れ、景興年間にはほとんど消滅する。これは鄭杠の監班設置の動きと関連しているように思われるが詳細は不明である。

第4節　地方における財政機構

　前節では六番における上級官僚の人員構成を検討し、知番、副知番、僉知番を中心として宦官が多数を占めていること、さらにそれらの多くが部隊長を兼任していることを指摘した。これは鄭王府の財政機構が軍事機構と密接に結びついている可能性を想起させる。この節では該合、首合などの六番の下級官僚を見ることによって、これを検討する。

　まず六番の下級官僚が黎鄭政権の官僚機構の中でどの様な肩書きを持つ人々であったのかを検討しなくてはならない。まず『拓本集』所収のN.452-455の碑文を見ると、「構作石橋碑記」として永盛14年（1718）に石橋を建設した際に、寄進を行った人物が列挙されており、特に六番系の官吏、及びその妻による寄進が多数見られる。【図表2-7】はこの碑文に見られる六番系官吏を抜粋したものである。時期的にこれは六番が設置された直後のものであるが、宦官の知兵番である范公珍は別格として、それ以外は概ね寺丞（正七品）、県丞（従八品）、所使（従八品）などの黎朝系官職を兼任していることがわかる。これ以外にも『拓本集』中には六番系の下級官僚と見られる人物が現れるが極めて多数に達する上、下級官僚の肩書きは極めて簡略に記述される場合が多いため、全てを列挙することはあまり生産的でない。しかし僅かながら黎朝系官職についても比較的詳細に記している六番系下級官僚も散見する。これを抜粋したものが【図表2-8】である[32]。これを見ても該合・首合などの六番系の下級官僚は、六寺少卿（正六品）、寺丞（正七品）、同知府、（正七品）、県丞（従八品）、所使（従八品）など概ね正六品以下の黎朝系官職を兼任する傾向が強いことがわかる[33]。また書算科の出身者が多いことから、基本的に【図表2-4】の勾稽と同質の官僚群であると考えられる。恐らく六番内での彼らの最終的到達点が勾稽であろう。問題はこれらの六番系下

---

32) 六番成立以前の下級官僚については【図表1-2】を参照されたい。
33) 【図表0-3】参照。

【図表2-7】「構作石橋碑記」における六番系官吏

姓名	肩書き
范公珍	知公象左象奇南宮該官**知侍内書写兵番**侍内監司礼監総太監署衛事稷郡公
范廷桂	副該合知州純用男
阮徳椿	侍内書写兵番県丞
武登名	侍内書写兵番県丞
丁世華	侍内選首合侍内書写兵番寺丞
武位□	首合侍内書写兵番寺丞
杜日称	侍内選首合侍内書写戸番県丞
黎世秉	侍内選首合侍内書写兵番県丞
黎公璣	侍内選首合侍内書写戸番寺丞
鄧惟明	該合侍内書写戸番寺丞全忠男
阮登科	侍内書写兵番所使
鄧賞	侍内選侍内書写兵番県丞
阮忠琪	侍内選侍内書写兵番県丞
張伯名	侍内選侍内書写戸番所使
阮世暄	侍内選侍内書写兵番県丞
范璿	侍内書写戸番県丞
黎有時	侍内選侍内書写兵番県丞
黎日明	侍内書写戸番右虞
黎惟賢	侍内書写兵番県丞
杜維和	侍内書写兵番県丞
黎有兼	侍内書写戸番県丞
范公運	侍内書写戸番知簿
呉徳霑	侍内書写戸番所使
陳徳業	侍内書写戸番所使
陳瑛	侍内書写兵番所使
黎維賢	首合侍内書写工番
范公瓊	侍内書写戸番
陳時竜	侍内書写兵番
阮登造	侍内書写兵番
阮公榜	侍内書写戸番
陳昆	首合侍内書写兵番琨忠男
武廷瑢	侍内書写刑番

出所:『拓本集』N.452-455

第2章　鄭王府の財政機構

【図表2-8】六番系の下級官吏（該合以下）

年号	西暦	姓名	肩書き	出身	拓本№
永盛15年	1719	阮登春	乙卯科試中書算首科侍内仍書写吏番進功庶郎符蘺県県丞歴任儒堂男	書算	1047-1048
永盛15年	1719	阮公愷	侍内選侍内書写兵番所使		2335-2336
永盛15年	1719	阮公愷	侍内選侍内書写兵番所使		2335-2336
永盛16年	1720	阮	侍内書写戸番進功庶郎四岐県県丞		13376-13379
永盛16年	1720	武廷佳	侍内書写工番知簿		13675-13678
保泰2年	1721	杜世禄	侍内選侍内書写礼番		9111-9114
保泰3年	1722	武	戊寅科試中書算侍内書写刑番九品之正	書算	14180-14183
保泰3年	1722	金□	副該合侍内書写刑番県丞		14180-14183
保泰4年	1723	阮桂	壬子科試中書算奉填尚宝衛門都吏応務再□（削？）補御史台衛門都吏応務奉陞侍内書写工番応務祇受忠順県県丞職	書算	2156-2159; 7112-7115
保泰5年	1724	丁延年	侍内書写兵番辛卯科京北処守獄所獄丞	書算	6372-6375
保泰5年	1724	呉□	辛卯科試中書算侍内書写戸番侍内選所使	書算	7042-7044
保泰5年	1724	練公廉	首合同知府練瑞殿司獄丞堂忠男		10012
保泰7年	1726	阮公迪	左中宮侍候威右隊副該隊正武尉義朝侯	武人？	8224-8227
保泰7年	1726	□仲萬	副首号侍内書写吏番所使		8224-8227
保泰7年	1726	朱廷仕	侍内選侍内書写礼番功使臣同府		8666-8667
保泰9年	1728	劉公□	副該合令史番康禄県県丞		7193-7194
永慶元年	1729	杜公瑾	該合内書写戸番所使		7887-7890
永慶元年	1729	阮	侍内書写戸番所使		9686-9689
保泰11年	1730？	阮	行右船侍内選該合内書写兵番殿前司典所獄丞		5538-5541
龍徳元年	1732	范公営	侍内書写礼番所使		10169-10172
龍徳3年	1734	鄧春暄	侍内選該合侍内書写兵番殿前司典獄所獄丞		461-464
龍徳3年	1734	朱国輪	内選侍内書写工番殿前司獄丞		11389-11390
龍徳3年	1734	朱廷侍	侍内選該合侍内書写兵番殿前司獄丞		11389-11390
永佑元年	1735	阮寿彭	副首合礼番祈山県県丞		2718, 2721-2722
永佑2年	1736	黎世勲	侍内選該合侍内書写兵番殿前司獄丞		4553-4555
永佑3年	1737	潘仕熙	首合侍内書写戸番除隣府同知府		2627
永佑4年	1738	呉	該合令史一番歴受殿前司典獄所獄丞		812-813
永佑4年	1738	陶賞	乙巳科試中書算侍内選該合内書写兵番進功庶郎会寧県県丞	書算	7040-7041
永佑4年	1738	范国浄	侍内書写刑番所使		8792-8795
永佑5年	1739	武阮潼	首合侍内書写礼番古法殿少卿		5643-5646
永佑5年	1739	黎世勲	侍内選該合侍内書写兵番同知府		8612-8614

第Ⅰ部　黎鄭政権の統治機構

年号	西暦	姓名	肩書き	出身	拓本No.
永佑5年	1739		侍内書写吏番所使		10540-10543
景興5年	1744	范登伝	辛卯科試中中書監典書勾稽吏番	書算	2185
景興6年	1745	周登倫	工番副該合永康県県丞		65
景興10年	1749	高得璠	奉守密事該合侍内書写兵番広徳県通判		5403-5406
景興11年	1750	阮仕□	左番按吏該合永康県県丞睦義子		456
景興11年	1750	陶	侍内選該合侍内書写戸番同知府		11331；11332；11333
景興11年	1750	武	首合侍内書写礼番殿前司典獄所司獄		11334
景興12年	1751	高潘	壬子科優中一名侍内選副該合侍内書写吏番中書監典書	書算	7848-7849
景興14年	1753	黎廷豪	首合侍内書写兵番通政使司通政		3129-3130
景興16年	1755		該合内一番同知府増寿男		10101-10102
景興18年	1757	阮	侍内書写刑番県丞		12644-12645
景興25年	1764	呉陶坦	特進金紫栄禄大夫侍内選侍仍該合兵番承政使相忠伯		11402-11403
景興25年	1764	朱名桂	顕恭大夫該合侍内書写吏番断事司断事		11402-11403
景興25年	1764	阮□	弘信大夫首□侍内書写戸番詹事院詹事		11402-11403
景興25年	1764	朱廷佳	進功郎首合侍内書写礼番殿前司獄丞		11402-11403
景興33年	1772	阮嘉実	侍内書写戸番岐山県県丞演派男		3444-3445
景興34年	1773	潘仲儆	侍内書写工番所使		7015-7016
景興36年	1775	武金瓊	丁卯科第二中格首合侍内書写戸番朝列大夫通政使司通政使璏忠子	書算	2499-2500, 2513
景興37年	1776	何珍	旧任嘉定県兼理良才県知県下致顕述県尹侍内書写工番県丞		3610-3611
景興41年	1780	高得寿	謹事郎首合首戸番先興府同知府		469, 475
景興41年	1780	朱廷□	首合侍内書写戸番同知府		7312-7315
景興44年	1783	鄭	辛酉科侍左中宮太医院首番嘉行大夫宣光等処賛治承政使司丞正使軫寿男	書算	1865-1866
景興46年	1785	陳名燦	旧侍内選吏番歴受福安県県丞		12196-12197；12198-12199
景興46年	1785	陳名琢	旧侍内選次子旧書写		12198-12199
昭統元年	1787	楊碇	侍右中宮太医院侍膠外首番		12806-12807

出所：『拓本集』vol.1-15

第2章　鄭王府の財政機構

級官僚が兼任する黎朝系官職に実態があったのか否かである。黎朝系の中央官職については次章で述べるように大半の官職が形骸化しており散官的性格が強いと見るべきであるが、特に問題となるのは同知府、県丞、所使など地方官職を兼任している場合である。これについては2つの可能性が考えられる。1つは元々、同知府、県丞などの地方官である人々に、さらに六番の役職を付与して鄭王府の財政機構の一部として組み込んだ可能性であり、この場合、鄭王府の財政機構の末端を担ったのは府県など黎朝系の地方官衙と見るべきであろう[34]。もう1つは鄭王府が府県とは別個に徴税組織を持ち、その構成員に便宜上黎朝系官職を与えただけである可能性である。この場合、府や県に代わる財政機構末端の担い手を問題とせねばならない。

これを検討するためには六番系下級官僚の勤務実態を見るのが適切であろう。そこで『詔令善政』吏属に所収の景治2年(1664)11月の「有功応除任品次例」を見ると、鄭氏系下級官僚への官品授与について以下のような記述が見られる。

　一、勾稽文職、副勾稽文職の各員で勤務すること久しく功績があるにもかかわらず官職、官品がない場合、七品に叙任する。
　一、該司、該合の各員で勤務すること久しく功績があるにもかかわらず官職、官品がない場合、八品に叙任する。
　一、首合の者で勤務すること久しく功績があるにもかかわらず官職、官品がない場合、従八品に叙任する。
　　　　　……（中略）……
　一、「王親長営」の勾稽文職・副勾稽・該合・首合で勤務すること久しく功績があるにもかかわらず官職、官品がない場合、従九品に叙任する[35]。

---

34) Trần Thị Vinh [2004] は鄭王府系組織が中央のみに止まり、地方組織は持たなかったとしている。したがって前者の見解を取っている。
35) 一、勾稽文職・副勾稽文職各員名、奉侍日久有功未有職品、応除任七品。
　一、該司・該合各員名、奉侍日久有功未有職品、応除任八品。
　一、首合員人、奉侍日久有功未有職品、応除任従八品。
　　　　　……（中略）……

これによれば当時の番を構成する人々に勤務実績になどに応じて勾稽と副勾稽を七品、該司と該合を八品、首合を従八品、「王親長営」の勾稽文職、副勾稽、該合、首合を九品に叙任していることがわかる。恐らくこれは17世紀後半の鄭王府組織の拡大に伴う措置と推測されるが、既述ように番の官僚の大部分が黎朝系官職を兼任していることを考えれば、ここで述べられている官品の授与は、それぞれの官品に相当する黎朝系官職に叙任するという意味であり、武人に対して散官的な武官職を授与したのと同様の措置であると考えてよい。【図表2-7、2-8】に見られるような黎朝官職の兼任はこの結果であろう。さらに重要なのは「王親長営」で勤務する人々を従九品に叙任している点である。「営」とは軍事単位である軍営を指し、17世紀中は各軍営の長には主に鄭氏一族が任じられている。したがってこの記述は勾稽、該合、首合などの財務官僚が鄭王府内のみならず軍の駐屯地内で勤務していたことを示す。さらに『黎朝会典』兵属、屯鎮兵粮の記述を見ると駐屯地の清乂優兵、四鎮一兵などへの支給額（年2回）が記されているが、その中に「各番の侍内書写併びに提吏、各々古銭三百三十文」とあり六番の官僚への支給額も記されている。これらの史料による限り、地方における六番系下級官僚の勤務地は軍の駐屯地であり、そこで部隊長を兼任する六番系高級官僚の下で勤務していたとするのが妥当である。先に見た徴収号の中で、鄭王府の主収入となる内囲子の税が納入される収号は概ね府単位で置かれているが、恐らくこれらが軍の駐屯地内に置かれていたために、このような形で六番系官吏の給与規定が現れることになったと考えられる。したがって六番系下級官僚が持つ黎朝系地方官職は散官的な意味合いが強く、実体を伴うものではない。彼らの勤務地実態を考慮すると、府県が地方において鄭王府の財政機構の末端としての役割を果たしていたのは、各地に散在する軍の駐屯地であると見るべきである。

　このように鄭王府の財政機構が地方において軍事機構と表裏一体となっていたとするならば、府や県といった地方官衙といかなる関係にあったかが問

　　一、諸王親長営勾稽文職・副勾稽・該合・首合、応務日久有功未有職品、応除任九品。

題となる。そこで『百司庶務』により「県官職掌」の条を見ると以下のような記述が見られる 。

> 内外の各官衙は、所該による季税の徴収、「奉差」による租庸調の徴収、鎮守による盗賊の取り締まりを除き、もし（それ以外の）問題があって所轄の人々が到来したならば、布告を出し、貼り出して知らしめよ。[36]

既述のように所該は禄社からの徴税を担当する人々であり、これは収銭号、発銭号に納入されて禄社受給者の手に渡る。また「奉差」とは次章で述べるように厳密には主に鎮守などに官僚が派遣される際に用いられる差遣概念の１つであるが、ここでは奉差された官員、つまり鎮守系の地方官僚全般を指す。前述のように各収号を管轄する人々は多くが部隊長を兼任し、六番系の地方官僚も軍の駐屯地で勤務しており、概念的には奉差官の範疇に含まれる人々である。彼らが担当するのは内囲子からの徴税であり、各地に散在する収号に納入していたと見るべきであろう。つまりこの記述は地方における徴税全般が全く府県官の関与しないところで行われており、例え管轄地域内で彼らが納税者との間で紛争が起きたとしても県官は手を出せなかったことを意味している。前章で述べたように17世紀の段階で既に実態としては鄭王府系組織による徴税が一般的であるが、18世紀中頃に至ると、このように規定の上でも明文上はっきりと黎朝系地方官衙は徴税から完全に排除されてしまっている。もう１つ考慮しなくてはならないのは、ここで県官の職掌から外された徴税に関連する紛争をいずれの官衙が管轄したかということであるが、『黎朝会典』刑属、内勘訟日期例によれば、

> 保泰三年（1722）に定める。所該が社を糾弾したり、社が不当な徴税を訴えたりした場合、番官は三日以内に事態を把握し、十日以内に調査し

---

36) 其内外諸官司、除員該照収季税、奉差徴収租調（租庸調？）、鎮守留守拿捉盗劫外、凡有某事到本轄民、応出呈奉付及示帖。

て判決を下すこと。判決に服さず控訴する場合、さらに十日以内であれば許可する。これ以外の訴訟は受理しない。[37]

とあり、1722年に所該と社の間での徴税を巡る紛争は番の官吏が受理することが定められている。このような措置がとられたのは17世紀中、戸部や府によって行われていた徴税台帳の管理が六番へと移管されたためであろう[38]。『百司庶務』が述べる六番が受理する訴訟とはこれら徴税関連の訴訟であり、上引の『黎朝会典』の記述と整合している。この措置によって六番は徴税を管轄するのみでなく徴税に関する訴訟全般についても管轄権を持ったことになる。このように黎鄭政権では、地方においても黎朝系の官衙は財政機構から排除され、軍の駐屯地が財政機構の末端としての役割を代替した結果、財政機構と軍事機構が一体化していた。

小結

制度面から見た場合、黎鄭政権では15世紀に成立した黎朝系の組織体系を継承しつつ、鄭王府系の組織体系が別個に形成されていたのが特徴である。この様に2つの組織体系が併存する中で鄭王府がどのような財政機構を構築していたのか、18世紀初頭に設けられた六番を中心に本章では検討した。その結果、鄭王府の財政機構の特徴の幾つかが明らかになった。

まず六番は名称の上では六部の吏戸礼兵刑工と対応した呼称を持つものの、

---

37) 保泰三年准定、所該糾民社、及社民鳴苛濫、番官洞達許三日以裡、査論許十日以裡。其未服而覆鳴者、亦許十日内。外此応停。
38) ただし『黎朝旧典』所収の「伸定勘訟条例」(景興11年(1750)8月2日)では「公店(鄭王府の官衙群)」による訴訟の管轄を再び改めており、「従賊」と「俸求」、つまり反乱への関与の有無による処罰、及び功臣子孫や官僚への免税の申請以外の受理を禁止している。しかし一方で、第2節で引用した『拓本集』N.3616-3617で明らかなように徴税台帳は依然として六番が管理したままであり、結局は陳情などを受け付ける形で六番が徴税に関する紛争を処理する形になったと思われる。

各番が六部の実務を継承しつつ、それぞれが別個に徴税機構、徴税地域を持ち、財政機構としての性格を併せ持っている点で、六部とはかなり性格を異にする官衙である。さらにそこで勤務する官僚群は上級官僚を中心として多くが軍隊指揮官を兼任しており、また宦官がかなりの割合を占めているのが特徴である。特に鄭王府の主収入である内囲子からの税収は過半が宦官によって管理されており、なおかつ彼らは同時に鄭王の直衛軍である侍候部隊の指揮官を兼任している例が目立つ。六番の上級官僚はこのように財務官僚と同時に武人としての性格を強く帯びている。また下級官僚についても地方においては軍の駐屯地で上級官僚の下で勤務していたと見られる。これらのことから地方における徴税機構の末端の役割を果たしていたのは黎朝系の府や県ではなく、軍の駐屯地であったと考えられる。

　この原因は、当時既に形骸化していた黎朝系の五軍都督府や衛所制に代わり、鄭王により新たに編成されていた軍事機構を利用しつつ、鄭王府の財政機構が構築されたためと考えられる。そのため鄭王府の組織は地方においては財政機構と軍事機構が一体化することとなり、軍の駐屯地が治安維持の拠点としてだけでなく、徴税機構の末端としての役割も帯びることになった。さらに六番それ自体が支配地域を6分割して徴税を分担する仕組みを取っていることを考え合わせれば、鄭王府の財政機構は一種の軍管区制に近い体制を取っていたと言えよう。和田［1978］が指摘する宦官の軍事面、財政面での活動も、そもそも鄭王府の軍事機構、財政機構が一体化しており、そこで活動する宦官が双方の職務を並行して行っていたとすれば容易に説明できる。例えば黎鄭政権末期の代表的宦官の1人である黄五福も『全書』景興4年（1743）2月条によれば刑番で勤務していたのを抜擢されて一軍の指揮を委ねられている。

　問題はなぜ財政機構、軍事機構の中でかくも広範に宦官が用いられたのかという点である。活動内容の面から言えば、確かに蓮田が指摘するように明朝における宦官の活動と類似する部分は大きい［蓮田　2005：15］［野田　1993：50］。しかし制度面から見た場合、鄭王府にはそもそも「内廷」「外朝」の区別が見受けられないという点で明朝と大きく異なる。これについては官僚集

団としての宦官の主たる活動の場となった鄭王府の財政機構にせよ軍事機構にせよ、元来は黎朝制度体系の枠外に設けられたものであって、法制度的に言えば鄭王の私的な組織に過ぎなかった点を考慮する必要があろう。鄭王には黎朝皇帝を推戴している立場上、黎朝朝廷とは別個に「外朝」に相当する公的な官衙を設けることに制約がある。そのような状況の中で組織拡充、機能充実が図られたため、鄭王府は「内廷」「外朝」の区別がないまま組織を拡大していくこととなり、結果として宦官の活動領域を拡大していくことにつながったと考えられる。

　このように鄭王府は独自色の強い組織を黎朝系行政機構とは別個に組織しており、その中には武人のみならず、多くの科挙官僚や宦官が吸収されていた。建前上は「黎朝」でありながら、実際には２つの組織体系が併存している中で、鄭王府はどのようにして法制度的な問題をクリアし、また建前上は「黎朝皇帝の臣下」である当時の官僚達はどのように勤務していたのであろうか。次章では、この問題について検討する。

第3章

黎鄭政権の官僚機構
―― 18 世紀の鄭王府と差遣 ――

はじめに

　前章では『拓本集』中の見られる黎鄭政権期の官僚の肩書の検討を通じて、鄭王府に設けられた財政機構である「六番」を考察した。その結果、黎鄭政権では黎朝制度体系の枠外に財政機構と軍事機構が一体化した鄭王府系組織が構築されており、これが黎朝朝廷の形骸化、府や県などの地方官衙の権限縮小をもたらしていたことを述べた。しかしこのように鄭王府の機能が強化される一方で、鄭王は黎朝皇帝を奉戴するという建前上、鄭王府に「外朝」に相当する正規の官衙を設けることが出来なかった。そのため鄭王府は「内廷」「外朝」の区別がないまま組織を拡充することになり、これを宦官の活動範囲を拡げることに繋がった可能性を指摘した。これを裏付けるためには、黎鄭政権の国家機構内における鄭王府の法制度上の位置付けを解明することが必要だが、前章ではそこまで論ずるには至らなかった。

　この問題を検討するにあたって踏まえておくべきは、鄭氏が政治的実権を掌握してはいても形式上は黎朝皇帝が推戴されており、黎鄭政権は建前としてはあくまで「黎朝」であったことである。鄭王といえども黎朝皇帝から王爵を授与されている臣下であり、黎朝系官職を帯びている官僚達もまた黎朝皇帝の臣下に他ならない。しかし一方で、ここまで見てきたように、黎鄭政権では官僚が黎朝の官職を帯びたまま、鄭王府の役職を兼任する例が数多く見られる。例えば黎鄭政権期の宰相、副宰相に相当する参従・陪従は通常、黎朝朝廷の六部尚書、左右侍郎などの官職を帯びたまま鄭王府における議政

に参画し、鄭王府の実務機関である「番」で勤務する官僚の大部分も、何らかの黎朝系官職を帯びたまま鄭王府で勤務している。後述するようにこれらは制度上、黎朝朝廷から鄭王府へ「差遣」するという形式を取るが、先行研究はわずかにレー・キム・ガン［Lê Kim Ngân 1974：315］がこれらの官僚が鄭王府の役職と黎朝朝廷の官職を兼任していたことに言及しているのみで、その実態についての研究は皆無と言ってよい。そこで本章では黎鄭政権で頻繁に行われた官僚の「差遣」を手掛かりに官僚任用の実態を解明し、鄭王府の法制度上の性格、ひいては鄭王権力の性格を明らかにすることを試みる。

第1節　黎鄭政権における差遣概念

　ここまで見てきたように、鄭王の権力掌握の特徴は、それが単に黎朝朝廷の場で行われたのではなく、黎朝朝廷を形骸化させつつ、別個に王府を開いて政治決定の場をそこへと移し、さらに付随する様々な官衙を朝廷とは別個に組織することにより権力基盤を構築していた点にある。この現象は中央のみにとどまらず、地方の軍事・財政機構の末端にまで及んでいる。この様な権力基盤を持っていたことが鄭氏を単なる一時の権臣にとどめずに長期間にわたる政治権力の掌握を可能にした一因である。

　一方でこの結果、黎鄭政権では広範囲にわたって、弱体化する黎朝系組織とその職掌を吸収する鄭王府系組織という2つの組織体系が併存することになる。つまり建前上は「黎朝」でありながら、実際の国家運営のかなりの部分が鄭王府系組織によってなされるという状況が常態化し、理念上の黎朝系組織と実際に運用されている組織の間に大きな乖離が生まれた。特に1718年に鄭王府に六番が設けられて以降、黎朝朝廷は六部を中心として大半の官衙が行政的機能を奪われている。また軍事機構についても黎朝前期に成立した五軍都督府や衛所制は完全に崩壊し、五軍都督や都指揮使など武官の職名のみが残存している状況である。実際の軍隊は統領、都将、該奇官、該隊などの呼称を持つ武人により率いられ、地方軍政は鎮守が担当している。この様

な状況は官僚の任用にも影響しており、当時の官僚の多くが実態の乏しい黎朝系官職を帯びたまま、実際には鄭王府系組織内で勤務するという状況がしばしば生まれることになる。そのような状況を端的に示しているのが『全書』永佑4年（1738）3月条の記事である。

> 三月、始めて五府六番の印を鋳造した。当初、五府や六番には官印が支給されなかったため、人々は多く場合「公差」を仮に称し、書面上の署名と一致していなかった。ここに至って官印を鋳造して配布した[1]。

ここで注目すべきは鄭王府の五府や六番で勤務する官僚達が法制上は「公差」、つまり差遣されているという体裁をとっていることである。これは理念上の組織と実際に運用されている組織の相違を、黎朝系組織から鄭王府系組織へのいわば「出向」扱いにすることによって解決していたことを伺わせる。王府が開かれてから既に1世紀以上が経過しても法制度上は鄭王府系の各役職は制度外に設けられた臨時的なものであり、黎朝系官職のような正規のものではないという建前は維持されていたのである。この結果、形骸化した黎朝系官職を残しつつ、鄭王府系役職への官僚の任用が行われたため、黎鄭政権では広範囲で官僚の差遣が行われていた。

上記の事情から黎鄭政権では差遣の内容も多岐に渡り、差遣概念もその内容に応じて「欽差」「添差」「奉差」「内差」[2]などに細分化しているが、『全書』などの正史では通常、複数の官職、役職に就任していても全てを記さないため、官僚の差遣状況についてまとまった情報を得ることが難しい。しかし黎鄭政権期には高級官僚が致仕する際に主立った官僚達から漢詩を贈られ、これらを記した賀帖を作成する習慣があり、それが家譜などに収録されて残る場合がある。これには漢詩を贈った人物の肩書きが比較的詳細に記載される

---

1) 三月、始鋳五府六番印。初五府六番、未給官印、人多仮称公差、無従誌験。至是鋳印頒行。
2) 「内差」は宦官を六番に差遣する場合の差遣概念であるが、宦官については前章において詳述したので本章では論じない。

ケースが多く、特定時点での官僚の差遣状況についてまとまった情報が得られる。本章ではこれらの中から特に『譚氏家稽』収録の永盛16年（1720）に譚公伆の致仕する際の賀帖【図表3-1】、『正和進士題名碑記』収録の景興25年（1764）に阮伯璘が致仕する際の賀帖【図表3-2】を取り上げる。

【図表3-1、3-2】から当時の官僚の多くが黎朝系、鄭王府系双方の肩書きを帯びていることがわかるが、そこで使用されている「添差」「奉差」の語句の意義を明らかにする必要がある。まず「添差」の語句が冠された役職名を見ると最も多いのが「添差知侍内書写戸番」のように鄭王府の六番の役職に対して「添差」の語句を冠するものである[3]。「添差」の成立経緯について『全書』正和17年（1696）9月～12月条を見ると、

> 文武の官を派遣し、訴訟の再審を行った。これ以前、各訴訟は御史台で控訴された場合に、臨時に官を派遣して再審させ、事が済んだらその職務を解いていた。ここに至り、訴状が日増しに増加していたため、議論の上これらを3つに分けて、文武の官を派遣して審理させた。〈その後五府の府僚の中に「添差官」があるのは、これが始まりである。〉[4]

とあり、「添差」の起こりは訴訟案件の増大に伴い、元来は御史台から控訴された場合に、その都度、担当官を任命して審理に当たらせていたのを改めて常設化したことにある。これが後に王府内に「添差官」と呼ばれる官僚群を形成するに至る。【図表3-1、3-2】において「添差」が主に六番で勤務する科挙官僚に用いられていることを見ると、鄭王府の六番の成立に伴い行政官僚の充実が求められ、「添差」の概念を用いて鄭王府への人材吸収が図られ

---

3) これに若干、当てはまらないのが【図表3-1】鄧廷沫の「添差五府・前勇水奇該官」と【図表3-2】阮輝僅の「入侍添差・翰林院承旨」の2つである。鄧廷沫の場合、「五府」とは掌府事、署府事、権府事の総称であり、恐らく彼はこれらの有力武人の属官として鄭王府で勤務した者であろう。また阮輝僅の「入侍添差」は、「入侍添差府僚」の省略形と見るべきである。

4) 分差文武官、覆勘詞訟。先是、諸訟自御史台翻鳴、臨時差官覆勘、事訖而罷。至是、以訟牒日繁、始議分三跡、差文武官差勘。〈其後五府之府僚、有添差官自此始〉

第 3 章　黎鄭政権の官僚機構

【図表 3-1】譚公伮の致仕（永盛 16 年（1720）6 月 22 日）

姓名	肩書き	備考
鄭槇	後和軍営・中軍都督府左都督・掌府事・副都将・大司空・宣郡公	王親
鄭溎（鄧廷溎）	山南処鎮守・中勇軍営・輔□軍営・北軍都督府左都督・署府事・少傅・嘉郡公	外戚
張公偕	陪従・御史台都御史・署中書監・錦小男	科挙（1685）
阮公基	陪従・吏部左侍郎・兼東閣大学士・入侍経筵・果忠伯	科挙（1697）
黎英俊	陪従・戸部左侍郎・入侍経筵・甸城男	科挙（1694）
阮邁	山西処鎮守・陪従・礼部左侍郎・前匡奇・京嶺男	科挙（1691）
阮当湖	陪従・兵部左侍郎・福嶺男	科挙（1683）
阮公沆	陪従・兵部左侍郎・朔嶺子	科挙（1700）
阮伮	陪従・刑部右侍郎・□吏部事	科挙（1700）
胡丕績	陪従・御史台僉都御史	科挙（1700）
鄧廷沫	添差・五府前勇水奇該官・指揮使・薫郡公	外戚
阮廷完	乂安処督視・大理寺卿	科挙（1688）
郭佳	太常寺卿	科挙（1683）
蘇世輝	太常寺卿	科挙（1697）
范謙益	鴻臚寺卿・知侍内書写戸番	科挙（1710）
杜令名	陪従・吏科都給事中	科挙（1710）
范明	戸科給事中	科挙（1703）
阮登蓮	礼科都給事中・知侍内書写兵番	科挙（1706）
阮廷峻	兵科都給事中	科挙（1688）
徐伯機	提刑監察御史・知侍内書写吏番	科挙（1712）
武公宰	知侍内書写刑番・翰林院待制	科挙（1718）
洪灝	奉差山西督同・戸科給事中	科挙（1710）
劉城	奉差乂安視・礼科給事中	科挙（1712）
阮公賜	奉差京北道督同・兵科給事中	
武廷恩	奉差山南処督同・兵科給事中	科挙（1712）
阮冠階	参従提領・刑科給事中	科挙（1712）
楊厲	奉差清化処督同・刑科給事中	科挙（1712）
范廷鏡	奉差高平督鎮・工科給事中	科挙（1710）
阮仲常	奉差諒山處督同・工科給事中	科挙（1712）

出所：『譚氏家譜』

【図表3-2】阮伯璘の致仕（景興25年（1764）12月16日）

姓名	肩書き	備考
鄭楡（阮茂楡）	中捷軍営・兼奮中隊長営官・東軍都督・大司徒・国老・掌府事・致仕起復・奉侍五老・輪忠公・賜国姓	外戚
武必慎	推忠翊運功臣・奉侍五老・参従・中匡軍営・奉差管領侍仍一二等跡・宗人府右宗正・署府事・都督府左都督・大司徒・炳忠公	外戚
黄五福	推忠賛治宣力功臣・中勇右匡等営奇長営官・掌府事・参預朝政・都督府左都督・大司徒・曄郡公	宦官
陳庭綿	輔国功臣・署府事・太傅・致仕起復・綿郡公	
阮貴憼	右司講・推忠翊運功臣・参従・戸部尚書・知中書監・国老・参預朝政・太子太傅・致仕起復・特加奉侍五老・鏡郡公	
阮廷桓	宣力竭節功臣・奉侍五老・権府事・都督府左都督・太傅・致仕起復・煥郡公	
張涯	奉差京北処鎮守・効順宣力功臣・同参従・中鋭軍営・添管前勇艘隊・署府事・都督府都督同知・濵郡公	外戚
阮曄	陪従・少保・工部尚書・兼国子監祭酒・入侍経筵・義芳侯	
陳輝泌	入侍陪従・奉知国子監・刑部尚書・行御史台都御史・沛川侯	
阮儼	入侍陪従・工部尚書・左執法・兼国子監祭酒・春沢侯	科挙（1731）
鄧廷瓊	権府事・兼教授武学・致仕起復・参督・顕忠侯	
汝公瓚	権府事・同預政務・校点司左校点・忠派侯	科挙（1736）
陳名寧	陪従・礼部左侍郎・宝輝侯	科挙（1731）
陳名㝢	入侍陪従右侍郎・岫嶺侯	科挙（1731）
黎仲庶	入侍左言・致仕起復・戸部右侍郎・延芳伯	
陶春蘭	御史台僉都御史	科挙（1736）
武陳紹	山南等処賛治承政使・泰亭伯	科挙（1739）
阮輝偝	入侍添差・翰林院承旨	科挙（1748）
黎貴惇	翰林院承旨・兼秘書閣学士・奉差京北処督同・顕城伯	科挙（1752）
阮俒	入侍添差右司講・東閣大学士・行奉天府尹	科挙（1743）
阮廷埼	山西等処賛治承政使司参政	
黎完浩	翰林侍講	科挙（1727）
阮茂述	入侍添差知侍内書写戸番・鴻臚寺卿・嶺子	
阮其任	東閣学士	科挙（1733）
黎允偭	東閣学士	科挙（1743）
張廷瑄	山西処清刑憲察使司憲察使	科挙（1739）
陳文燀	京北等処清刑憲察使司憲察使	科挙（1743）
鄭檹	奉差太原処督同・憲使	
武廷権	翰林院待制	科挙（1736）
段阮俶	奉差乂安副督視・翰林院待制	
黎允彪	翰林院待制	

第3章　黎鄭政権の官僚機構

姓名	肩書き	備考
裴廷誉	乂安等処清刑憲察使司署憲察・翰林院校理	科挙（1757）
陳名標	提刑監察御史	科挙（1733）
阮輝胤	山南道監察御史	科挙（1748）
陳璀	清化等処賛治承政使司署参政・山南道監察御史	科挙（1748）
黎仲信	山南道監察御史	科挙（1748）
武槲	入侍添差知礼番・兼国子監司業・山南道監察御史	科挙（1748）
阮春暄	奉差高平署督鎮・京北道監察御史	科挙（1752）
潘鋭	海陽等処清刑憲察使司署憲察使・監察御史	科挙（1748）
黎允伸	清化等処清刑憲察使司署憲察使・海陽道監察御史	科挙（1748）
厳武璔	京北等処賛治承政使司署参政・吏科給事中	科挙（1754）
阮賞	山南等処清刑憲察使司署憲察使・刑科都給事中	科挙（1754）
武輝珽	奉差清化処同・工科都給事中	科挙（1754）
阮茂穎	奉差山南処同・工科都給事中	
阮宗程	山南等処清刑憲察使司署憲察使・翰林院校討	科挙（1754）
楊史	乂安等処賛治承政使司署参政・翰林院校討	科挙（1754）
潘輝湟	翰林院校討	科挙（1754）
阮伯玗	奉差宣光処督同・翰林院校討	科挙（1754）
范輝基	翰林院校討	科挙（1757）
潘維藩	入侍添差知侍内書写吏番・乂安道監察御史・翰林院校討	科挙（1754）
阮伨	奉差山西処督同・翰林院校討	
阮貴恕	奉差参同提領・署乂安道監察御史・翰林院校討	
陶輝典	添差知侍内書写刑番・翰林院校討	科挙（1757）
阮茂珽	添差知侍内書写兵番・翰林院校討	
范嘉恵	添差知侍内書写工番・翰林院校討	
范揚鷹	署監察御史・翰林院校討	科挙（1763）
范阮達	署清化道監察御史・吏科給事中	
呉陳槙	奉差諒山処督鎮・吏科給事中	科挙（1760）
武堪	吏科給事中・山南道監察御史	科挙（1763）
阮琪	戸科給事中	科挙（1748）
阮惟式	署海陽監察御史・礼科給事中	科挙（1763）
陶惟允	奉差海陽道督同・刑科都給事中	科挙（1760）
華貴欽	京北道監察御史・刑科給事中	科挙（1763）
呉時任	署山西道監察御史・工科給事中	科挙（1766）
阮令賓	署太原監察御史・工科給事中	科挙（1763）

出所：『正和進士題名碑記』

たと考えられる。

　このように「添差」を鄭王府への差遣とした場合、同じく鄭王府で勤務する参従や陪従も同様に添差官ではないかという疑問が湧くが、諸史料中では陪従に関しては文章中で「陪従に添差す」という記述は散見するが[5]、肩書きとして「添差陪従」とする例は見られず、むしろ【図表3-1、3-2】のように「入侍参従」「入侍陪従」という記述方法が通常的である。法制度的に「添差」という概念が成立するのは17世紀末であるが、第1章で見たように、一部の官僚は参従、陪従として既に17世紀初頭から鄭王府で議政に参画している。恐らく17世紀初頭段階では鄭王府への差遣という概念が未成立であったため、鄭王府に「入侍」するというやや婉曲な表現をとり、これが「添差」の概念が成立した18世紀以降も肩書きについては継承されたのであろう。つまり成立して間もない17世紀初頭の段階では、法制度的には鄭王府は鄭王の私的邸宅に過ぎず、差遣先としての法人格すら付与されていなかったのが、「添差」の成立とともに差遣先としての法人格が付与され、国家機構に準ずるものと見なされるようになったと考えられる。

　次に「奉差」の語句が冠されている鎮守・督同・督視などの地方の軍政系役職についてみる。まず督同と督視について、『類誌』巻14、官職誌、官名沿革之別を見ると次のようにある。

　　督同・督視は中興の初めに設けられ、各鎮に督同を置いて訴訟を審理した。乂安には督視を設け、辺境域の職務を担当した。督同には四〜五品より下の者を用い、督視には三〜四品の官を用いたが、通常は時に応じて人物を選び、官品には拘らなかった[6]。

とあり、督同と督視は鎮守の下で訴訟などを担当し、鎮守を補佐する役職であるが、この記述を見てもわかるように官職そのものに官品が付随する正規

---

5) 例えば『全書』永盛7年（1707）夏4月条、永盛11年（1715）冬12月〜末条など。
6) 督同・督視之設始于中興初、諸鎮置督同、勘問詞訟。乂安設督視、参理辺任。其督同用四五品下、督視用三四品官、或臨時択人、不拘官品。

第3章　黎鄭政権の官僚機構

のものではなく、差遣により任命される職事官である。このことは【図表3－1、3－2】において督同の帯びている黎朝系官職からも首肯できる。さらに鎮守について『類誌』巻14、官職誌、官名沿革之別で鎮司の項を見ると、

> 聖宗の光順年間（1460～1469）にそれまでのものを改めて12の承宣都司を置き、総兵使・副総兵使などの職を設けた。すなわち鎮守の任に相当する。中興以後、都司の職を取りやめ、また鎮守を置いた[7]。

とあり、黎朝前期の聖宗期に衛所制の導入により都指揮使が設けられたものの、黎鄭政権では鎮守によって代替されたことを述べている。黎鄭政権期の地方軍政が鎮守によって担当されていることは各種史料の記述からも確認できるが、ここで重要なのは黎鄭政権では既に五軍、衛所といった軍事機構自体は消滅していたにもかかわらず、【図表3－2】の鄭槰が「中軍都督府左都督」、あるいは鄧廷沫が「指揮使」の肩書きを帯びていることからもわかるように、五軍都督府制、衛所制に由来する官職体系は依然として存続していたことである[8]。つまり黎鄭政権は「黎朝」であるという体裁を取っている以上、正規の武官職は黎朝に由来する官職体系であったのである。したがって制度上の鎮守系組織の位置づけは職事官となり、「奉差」の語句が冠される。このため鎮守系役職には官品は付随しない[9]。

次に「欽差」について検討するが、皇帝の特命により差遣されることを意

---

7) 聖宗光順改置十二承宣都司、有総兵・副総兵等職。即鎮守之任也。中興以後、罷都司職、復置鎮守。
8) チャン・ティ・ヴィン［Trần Thị Vinh 2004］はこの事実を完全に見落としており、あたかも都指揮使が鎮守に名称変更したかのように考えている。確かに鎮守は地方における軍政全般を担当するので、職掌においては衛所制の都指揮使と類似する部分はあるが、制度的には別物である。
9) 黎鄭政権期の各官職の官品については【図表0－3】参照。また【図表3－2】の武必慎は奉差官の中では唯一、鎮守系の役職を帯びず「奉差管領侍仍一二等跡」となっている。六番系の下級官僚には「侍内仍書写」とする肩書きもあるので、地方勤務の侍内書写系下級官僚が幾つかのグループに分けられ、そのうちの2グループを統轄する立場にあることを示す肩書きとも考えられるが、判然としない。

味する「欽差」は【図表3-1、3-2】では皆無である。各種の史料においても「欽差」の用例は少なく、肩書きが比較的詳細に刻まれるケースが多い碑文などでも、『拓本集』を見る限り「欽差」を含む肩書きの使用例は限られる。まず「欽差」の用例で最も目につくのは節制（正称は「欽差節制各処水歩諸営」）に対する使用例である。黎鄭政権では節制は通常、鄭氏一族内の実力者、あるいは王世子が就任する地位であるが、正確には黎鄭政権以前から存在している。例えば黎聖宗が洪徳10年（1479）に西方のラーンサーン王国へ遠征した際に遠征軍司令官として設けられており、この時期までの節制とは国家の非常時、もしくは大規模な軍事行動などの際に臨時的に設けて軍の全権を委ねるものである[10]。しかしその後に節制に任ぜられた鄭惟憻や莫登庸の例はこれとは性格が異なり、皇帝権力が弱体化する中、軍の全権を強奪したというのが実態である[11]。黎鄭政権の場合、黎朝皇帝は莫登庸の簒奪後に地方軍閥により推戴されたという経緯もあり、比較的早い段階で黎朝皇帝は政治的実権を失っている［蓮田　2017b］。鄭検も元和13年（1545）に節制の地位に就任しており、これ以降鄭氏一族内で節制の地位が継承され、鄭松の王位就任後は次第に王世子の意味合いを持つようになる。この結果、黎鄭政権では節制はほぼ常設化されている。

　ここで注目すべきは、前述のラーンサーン王国遠征後の戦後処置として現地に一時的ではあるが鎮守が置かれている点である[12]。これは明らかに黎聖宗期の制度の枠外に設けられたものである。恐らくは反復常のない辺境域を掌握するために現地に駐留軍を残して一時的に軍政を敷いたものであり、征服

10）『全書』洪徳10年（1479）秋7月22日条。
11）『全書』光紹元年（1516）秋8月-9月13日条、光紹5年（1520）春正月条。この時期の政治的混乱については［八尾　2009：終章］で詳細に述べられており、黎憲宗の早逝後、継承者の資格のあやふやさが「正統」にこだわる文官と軍事力をもつ武人の離合集散を生み政局が混乱したとしている。この政局混乱の中で台頭する軍事勢力には、聖宗期に成立する五軍都督府制、衛所制といった軍事制度の枠外に位置し、黎鄭政権期の武人に類する肩書きを帯びている例が散見し、軍事制度にも何らかの変貌があったように見受けられる。この点について八尾は五軍が地方に駐留した結果、明の鎮守制に類似してきたとするのみで、詳細は明らかにしていない。
12）『全書』洪徳10年（1479）12月28日-末条。

間もないために地方組織が整備されていなかったための選択であろう。黎聖宗期の節制は一時的なものゆえ、これが節制の権限で置かれたものかどうか判然としないが、少なくともその後の鄭惟憻や莫登庸といった強臣が節制に就任しているのは、節制という地位が単に軍の指揮権を掌握するのみではなく、軍事・行政・監察という権力の分立を趣旨とする黎朝制度体系の枠外で、軍の活動域において臨時的に全権を委任されているものと観念されていたためと推測される。黎鄭政権期にはほぼ全ての支配域に置かれた鎮守は、節制の地位を独占する鄭氏一族が長期にわたり権力を握る中で、このような先例を拡大解釈していった結果であろう。

　節制以外の「欽差」の使用例は、閲選や科挙の実施などに伴い臨時に官僚を派遣する際に見られる。例えば『全書』徳隆2年（1630）冬10月17日－冬11月条には「官を差し閲選す。時に欽差の武将等、多く親勲を恃み、詔令に遵ず…」とあり、閲選のために派遣された武人を「欽差の武将」と呼称している。また科挙実施の際には提調、知貢挙、監試などの試験監督官が臨時に任命されるが、後述する『黎族家譜』によれば永盛13年（1717）に黎英俊が「欽差山南処郷試場提調」となっている【図表3－3】。しかし、これらはいずれも閲選や科挙といった一時的な職務に対して派遣されたものであって、添差官や奉差官のように常設的なものではない。各種史料に「欽差」を冠した肩書きが節制以外にはほとんど見られないのも、これらの職務が添差や奉差と異なり純粋に臨時的なものであったため、ことさらに記載されなかったのも一因であろう。これらを見ると【図表3－1、3－2】で頻出する「添差」「奉差」が付加される対象はいずれも黎鄭政権期に鄭王府の出現により新たに設けられたか、常設化したものである。一方、皇帝による差遣を意味する「欽差」は鄭氏一族により独占されている節制の例を除くと、常設的なものへと発展する現象は観察されない。

第2節　差遣元の黎朝系官職の検討

　次に【図表3-1、3-2】において差遣元となっている黎朝系官職について検討する。まず主に鄭王府の参従や陪従が帯びている六部系の官職、また主に知番などの添差官や督同・督視などの奉差官が帯びている六寺・六科の官職については『綱目』景興12年（1751）6月の記事に次のような記述が見られる。これによれば、

> （1740年代の）反乱の勃発以降、法規は弛緩し、多くの官衙が廃れていた。ここに至り以前の制度を再び明らかにし、内外を引き締め、人々に職務を遵守させようとした。しかし参従・陪従は鄭王府の私人と化し、六部の尚書や侍郎は朝廷の名ばかりの地位となっていた。六番は六部の職掌を引き受けてしまい、六科には封駁の責務がない。六寺・通政使・諭徳・庶子などは全て散官となり、職掌がなかった[13]。

とあり、六番の成立以降、朝廷の六部の職掌が鄭王府の六番へと吸収された結果、六部のみならず、六部への封駁を職務とする六科や、六部の下で実務を行う六寺までもが既に形骸化していた。それ以外にも通政使や、諭徳・庶子といった東宮関連の官職も散官化している。

　次に差遣元の官職で多くみられるのが、都御史、監察御史などの台官、及び詔勅を起草する翰林院系官職である。黎朝制度では監察機関として中央に都御史、副都御史、僉都御史が属する御史台があり、時に応じて各地方に監察御史が派遣される体制を取っている。その職務は主に2つあり、第一に百司の弾劾、第二に各機関の訴訟処理における最終審としての役割である。しかし黎鄭政権では鄭王府系組織の存在により御史台の重要性は低下している。

---

13) 兵興以後、法紀稍寬、百司率多廃弛。至是、皆申明旧制、俾内外凛然、咸遵職守。然参従陪従為王府私人、尚書侍郎為朝廷虚位。六番収六部之政、六科無封駁之責。六寺通政諭徳庶子皆為散官、無所職掌。

第 3 章　黎鄭政権の官僚機構

　第一に弾劾の場であるはずの黎朝朝廷は政治権力の場ではなくなっており、第二に前述のように 17 世紀末に添差官が常設され、さらに 18 世紀に六番が設けられたことにより、訴訟の経路が変更されたためである。当時の訴訟は内容に応じて①盗劫訟（強盗）、②人命訟（殺人）などの刑事事件、③戸婚訟（戸籍・相続関連）、④田土訟（土地紛争）などの民事事件、⑤抑脅訟（有力者による不正）、⑥苛濫訟（徴税関連）などの不正に関する事件に大きく分類される。黎鄭政権期の司法制度は時期による多少の変遷があるが[14]、『詔令善政』刑属所収の盛徳元年（1653）「申戒勘訟令」によれば①については基本的に治安維持を担当する鎮守により処理され、②についても府県、承政使、憲察使などを経て鎮守が最終審となっており、御史台は刑事事件については関与しない。また③④⑤について府県、承政使、憲察使などを経て御史台に至る。しかし黎鄭政権では 17 世紀末以降、御史台が最終審ではなく、さらに控訴して鄭王府に訴訟を持ち込むことが可能であり、これが添差官の成立をもたらしたことは先に見た通りである[15]。この結果、御史台の重要性は相対的に低下している。⑥に関しては徴税台帳の管理が鄭王府に移って以降、税額決定や徴税は完全に六番が掌握しているため、徴税に関する紛争の多くは鄭王府により処理されていたと考えられる[16]。このような御史台の役割の低下は、御史台まで至った訴訟のため地方に赴いて現場検証を行う監察御史の役割をも低下させており、他の官職・役職の兼任に繋がったと考えられる。

　このように御史台の役割が低下する一方、重要性を増しているのが奉差官である。例えば『黎朝名臣章疏奏啓』の中の「論征西諸将行軍無紀疏」では、黎仲庶が文廷胤により率いられた西征軍による掠奪を弾劾している。この際の彼の肩書きは「陪従・知侍内書写戸番・東閣校書兼右正言」であるが、上奏の冒頭は「茲に臣、奉差されて山西道を訪察し…」となっている。つまり

---

14) 黎鄭政権期の司法制度については［Yu Insun 1980］により概略がまとめられている。
15) 第 5 章の鉢場社の訴訟では鄭王府から「奉差官」が派遣されている。恐らく添差官が創設される前は「奉差」により官僚が派遣されていたと考えられる。
16) この様に訴訟内容に応じて管轄が定められてはいたものの、『全書』正和 19 年（1698）12 月条に見られるように、実際には宦官が紛争解決を寄託されるなどして、正規の手続きを踏まない鄭王府の訴訟受理が頻繁に行われていたようである。

彼は通常は王府へ「陪従・知戸番」として差遣されていたところを、さらに別命により山西処の視察のために奉差されたことになる。鄭王府は監察御史の役割を、その都度府僚を派遣することにより代替していたと考えられる。

次に翰林院について見る。【図表3-1】と【図表3-2】を比較すると、前者では翰林院が差遣元となっているのは武公宰の一例のみであるのに対し、後者では大幅に増加している。この様に翰林院を差遣元となるケースが増加したのは、恐らく差遣件数の増加が原因と考えられる。黎朝の官制について記した『黎朝官制』では差遣元となっている六科給事中や監察御史についてはそれぞれ定員があるが、翰林院についてみると史官修撰・編録を1名ずつ置くことを定めているのみで、それ以外の翰林院系官職には定員の定めがない。恐らく官僚の差遣が増加したために、定員のある六科や監察御史のみでは差遣人員が不足し、定員のない翰林院系官職を黎朝系官職として任命して差遣を行うようになったのであろう。

ここまで見てきたように、黎鄭政権の差遣において、差遣元となった黎朝系官職を見ると大半は鄭王府系組織の出現により職掌を失うなどして形骸化の進んだ官職である。前節で見たように差遣先が鄭王府の出現により新設・拡充されたものであることを考慮すると、黎鄭政権の差遣制度は、形骸化の進む黎朝系官職を残したまま鄭王府系組織へと官僚を任用するための橋渡し的な役割を果たしており、実権を掌握する鄭王が自己組織に人材を吸収するための方便として使われていたと考えられる。次節では差遣を巡る人事権の所在を検討し、この点を明らかにする。

第3節　黎鄭政権における人事権の所在

ここでは差遣の手続きを『黎族家譜』[17]に含まれる辞令類から検討する。『黎

---

17) 史料中の黎英俊の辞令類は原本を筆写したものと思われるが、その際に明らかな数字の誤写をしており、【図表3-3】では備考欄にその旨を記して修正している。なお黎英俊は鄭棡の信任を得て、阮公沆などと共に六番の設置、税制改革、徴兵制度の改革など

第 3 章　黎鄭政権の官僚機構

　族家譜』には 17 世紀末から 18 世紀前半にかけての科挙官僚である黎英俊に対して下された「勅」や「令旨」などが多数収録されている[18]。『黎族家譜』の特徴は黎英俊に下されたこれらの辞令類を、大きく「内外各職」「内外職掌」の 2 つに大別し、前者には主に黎朝皇帝からの勅、後者には主に鄭王府からの令旨、令諭を収録している点である。これに基づいて黎英俊の履歴をまとめたものが【図表 3－3】である。一見してわかるように「内外各職」に収録されたものは主に黎朝系官職の昇進に関連する勅を収録しており、その文書形式はほぼ共通している。一例として 1702 年に黎英俊が翰林院校討から諒山憲察使に昇進した際の勅を挙げる。

　　勅。謹事佐郎翰林院校討下班の黎英俊は、心がけ良く職務において有能であるために行う。欽差節制各処水歩諸営兼掌政権太尉晋国公鄭柄を奉り、大元帥統国政上聖父師盛功仁明威徳定王（鄭根）の旨准を恭しく奉り、これを朝臣に審理させた。ただちに憲察使職に任官し、茂林郎諒山等処清刑憲察使司憲察使下秩となるべし。ゆえに勅命を以て命じる[19]。
　　　　正和二十三年九月十二日

このように黎鄭政権期の勅は通常、節制及び鄭王の意を受けて、朝廷の審議を経て勅が下される、という体裁を取る[20]。さらに『類誌』巻 18、官職誌、仕

　　を推進した人物であるが、次代の鄭杠には疎まれて 1732 年に諒山督鎮に左遷、1734 年に自殺させられている。また黎英俊の村落における事績については［Dương Minh 1978］により紹介されている。
18) 黎鄭政権では辞令類の発行主体が複数存在する。通常、勅は朝廷より発せられる辞令、令旨は鄭王府より発せられる辞令である。その他、節制により発せられる嘉旨などがある。詳細は［Lê Kim Ngân 1974：160-165］参照。
19) 勅。謹事佐郎翰林院校討下班黎英俊、為有心術能幹事。奉欽差節制各処水歩諸営兼掌政権太尉晋国公鄭柄、恭奉大元帥統国政上聖父師盛功仁明威徳定王旨准、有朝臣簽議。応任憲察使職、可為茂林郎諒山等処清刑憲察使司憲察使下秩。故勅。
20) 黎鄭政権では、鄭松が王爵を受けて以降、通常は節制には鄭王の後継者が就任するが、これが不在の場合もある。その場合の勅には節制の名はなく、鄭王のみである。実際に黎英俊が永盛 11 年に刑部右侍郎に昇進する際の勅には節制の名は記されていない。法制度的には鄭王が持つ「大元帥総国政」の肩書きのみでこのような行為をなす権限は整っ

【図表3-3】黎英俊の履歴

西暦	年号	月日	年齢	文書形式	内外各職	内外職掌	備考
1671	景治9年	5月11日	1				生誕
1694	正和15年	12月25日	24	吏部発給	甲戌科第三甲同進士出身		
1695	正和16年	10月5日	25	勅	翰林院校討		
-	-	-	-	令旨		京北処督同	
1702	正和23年	9月12日	32	勅	諒山等処清刑憲察使司憲察使		
		10月7日		令諭		北使の迎接	
1707	永盛3年	2月30日	37	嘉旨？		知兵番	
		4月9日		令諭	吏科給事中？	知侍内書写戸番	
		4月12日		勅	吏科給事中		
		5月24日		吏部発給		陪従	原史料では「永盛13年」
1709	永盛5年	12月7日	39	勅	太僕寺卿		
		12月8日		令旨		知侍内書写戸番	原史料では「永盛15年」
1715	永盛11年	12月8日	45	勅	刑部右侍郎		推恩
1716	永盛12年	12月8日	46	勅	刑部左侍郎匂城男		
1717	永盛13年	10月20日	47	勅	戸部左侍郎匂城男		
		11月1日		吏部発給		欽差山南処郷試提調	
1718	永盛14年	5月11日	48	勅	戸部左侍郎入侍経筵匂城男		
1720	永盛16年	6月22日	50	制	刑部尚書行兵部事匂郡公	参従？	推恩
		6月22日		吏部発給		参従行戸部事	
1721	保泰2年	10月17日	51	吏部発給		参従行兵部事	
1722	保泰3年	10月24日	52	勅	兵部尚書匂郡公		
1726	保泰7年	4月2日	56	勅	兵部尚書少保匂郡公		
1727	保泰8年	5月15日	57	勅	兵部尚書兼東閣大学士少保匂郡公		
		12月19日		勅	兵部尚書兼東閣大学士少傅匂郡公		推恩
1730	永慶2年	4月8日	60	吏部発給			服喪が明けて復職
		6月27日		勅	戸部尚書兼東閣大学士太子太保匂郡公		推恩
1732	龍徳元年	9月25日	62	勅	戸部尚書兼東閣大学士太子太傅匂郡公		
1741	景興2年	12月19日		勅	戸部尚書兼東閣大学士太保匂郡公		死後の名誉回復

出所：『黎族家譜』

例恩恤之典、陛授例を見ると職爵授与の手続きについて以下のように記されている。

> 黎朝復興以後の制度では、官員を特恩・推恩により職爵を陛進させる場合、府僚官が指示を朝廷に伝達し、吏科が転写し、(黎朝皇帝に) 上奏して御旨を得た後、吏部の担当官に送る。郡公爵に陛進する場合は翰林院に送って制文を起草し、東閣が潤色し、中書監に清書・保管させる。あらかじめ公布の日を鴻臚寺に文書で示し、掲示に備えさせる。当日(受領者は)端門の外に赴いて「欽頒礼」を行い、その後(鄭王府の)府堂に赴いて指示を待ち、「奉頒礼」を行う[21]。

これを黎英俊の勅文と対照した場合、勅文中に見られる節制や鄭王を「奉る」と言う文言は、具体的には鄭王府から府僚官により朝廷へと伝達される指示を受けて、という事であろう。これを受けて黎朝皇帝の御旨が出されるという手続きが踏まれるが、黎英俊の勅文を見る限り、これは多分に形式的なものであり、実質的には人事は鄭王の指示の段階で決定されていたと考えるのが妥当である。職爵を授与された人々が黎朝皇帝に対し「欽頒礼」を行った後、鄭王に対しても「奉頒礼」を行っていることも実質的に鄭王府で人事が決定されていた事を裏付けている。少なくとも17世紀末には実質的な人事決定の場は鄭王府へ移っており、鄭王府の決定を黎朝皇帝は承認するのみであるという体制が成立していたと考えて良い[22]。

ており、節制の名は必要不可欠のものではない。
21) 中興以後定制、凡官員奉特恩推恩陛授職爵者、府僚官奉送御旨朝堂。吏科写本、奏聞候御旨、即送吏部。該部官照某員陛郡公爵者、送翰林院撰擬制文。東閣潤色、付中書監写進。預以欽頒日箚示鴻臚寺并備榜。至日就端門外、行欽頒礼、再詣府堂候侍令、行奉頒礼。
22) 一方で『丞相范公年譜』によれば景治3年(1665)に当時の文官首班であった范公著の次男、范公兼を鄭柞が山南処参政に抜擢しようとした所、吏部官が勅を写さないという形で抵抗したことが記されている。この事は朝臣が鄭王の人事に逆らう場合、朝廷の朝議が形骸化していたために、手続きを遅滞させるしか抵抗の手段がなかったことを示している。

第Ⅰ部　黎鄭政権の統治機構

　次に『黎族家譜』中の「内外職掌」についてみる。ここに【図表3－3】を見るとわかるように鄭王の令諭、令旨及び具体的職務について吏部から発せられたものが収録されている。やや難解であるため、まず1707年に陪従に任ぜられた際に吏部から発せられた文書の原文を以下に示す。

　　　　計
　　大元帥統国政上聖父師盛功仁明威徳定王（鄭根）、令旨翰林院校討黎英
　　俊。茲専委欽差節制各処水歩諸営兼掌政権太尉晋国公（鄭棡）、裁吏事
　　機、撫安中外。係京北処乃朝廷赤子之民、所当綏撫、已差左威奇該奇官
　　中軍都督府右都督瑞郡公鄭公銓、為鎮守官、拎制盗劫、保安方民、等因。
　　応為督同官、公同奉行事務、勘詞訟。遵如㞢?。監察御史阮名誉・吏科給事
　　中黎英俊等、奉旨准添差陪従内事務、等因。備因除勅旨。奉勅旨是欽。叙
　　此。理応備抄送。添差陪従吏科給事中黎英俊照如、欽奉内事理、欽遵奉
　　行。
　　　　永盛十三年五月二十四　　　光進慎禄大夫陪従吏部左侍郎庶堂
　　　　　　　　　　　　　マ マ
　　　　男阮貴徳
　　　　　　　　　　　　　　　　茂林佐郎吏部銓考清吏司員外郎黄
　　　　　　　　　　　　　　　　公宝奉校

　　　　　　　　　　　　　　　　茂林郎吏部司務阮茂逢奉校

　まず冒頭の「大元帥……勘詞訟」の部分は鄭根が黎英俊に京北処督同となることを命じた令旨の引用である。引用文中の黎英俊の肩書きは「翰林院校討」であるから令旨の発給時期は1695年から1702年の間である。さらに令旨の文中では「茲専委欽差節制各処水歩諸営兼掌政権太尉晋国公、裁吏事機、撫安中外」とあり、節制の鄭棡に委ねて、政事を裁決させ、内外を安寧たらしめていることを述べているから、それ以下の「係京北処……保安方民、等因。」は鄭公銓を京北鎮守に任命した鄭棡の嘉旨の引用である。つまり鄭根の令旨は、節制の鄭棡が鄭公銓を京北鎮守に任命したので、それを補佐するために黎英俊は京北処督同として赴任せよ、という趣旨である。令旨に続く「遵如」

134

第 3 章　黎鄭政権の官僚機構

(「遵此」の誤写か？)は黎英俊がこれに従い赴任(奉差)した、の意であろう。その後、さらに鄭王の旨准により阮名誉と黎英俊が陪従へと添差され、王府内で勤務することになったため(「内事務」)、これを受けて朝廷側では「備因除勅旨(備因して勅旨に除す)」とある。恐らくは鄭王の旨准が朝廷における形式的な承認を経て皇帝の「勅旨」とされ[23]、これを受けて吏部が陪従として勤務するべきことを黎英俊へと伝達している。

　ここでまず問題なのは、鄭公銓の京北処鎮守への任命と、京北処督同への任命が節制及び鄭王により行われており[24]、差遣概念的には「奉差」とされるものが鄭王府により行われている点である。これに対し五軍都督など正規の武官職の任命に関しては、例えば次節でみる黎時海の場合、「恭奉旨准して、西軍都督府都督僉事職に陞る」[25](『拓本集』N.1197, 1219)とある。「恭奉旨准」は先の黎英俊の勅にもあるように勅文で通常含まれる「恭奉(鄭王)旨准」という語句の省略語と見るべきあろうから、黎時海は勅によって都督僉事に任ぜられたことになる。つまり朝廷側から出される「勅」による任命を基本とする正規の武官職に対し、職事官に関しては黎朝朝廷を介さずに鄭王が「令旨」により直接的に任免することが認められていたと考えられる[26]。また黎英俊が陪従へと差遣される際に就任していた吏科給事中は、17世紀の段階で既に六部の職掌は鄭王府によりかなり浸食されているため、それに対応して六科の職掌も形骸化していた可能性が大きい。黎朝朝廷の人事権は既に形骸化していたにもかかわらず、形式上とはいえこの様な体裁を踏む必要性

---

23) 前引の黎英俊に下された勅文でもわかるように、黎鄭政権期の勅は鄭王の「旨准」を受けて皇帝が「勅旨」を下すという形式を取る。
24) 第 5 章で用いる『阮氏家譜実録』にも末尾に族人に下された辞令類の目録が収録されているが、黎朝系官職は「勅」であるのに対し、鎮守の任命は「令」によってなされている。「令」は「令旨」もしくは「令諭」の略であろうから、やはり鄭王府の出す辞令により任免されていたと考えられる。
25) 恭奉旨准陞西軍都督府都督僉事職。
26) 先に引用した『類誌』巻 18、官職誌、仕例恩恤之典、陞授例においても皇帝に対する感謝の礼が「欽頒礼」、鄭王に対する感謝の礼が「奉頒礼」とあるように、黎鄭政権では「奉」の字は鄭王に対して敬意を示す語句に使用される場合が多いことも考慮すべきである。

があったことは注目される。恐らくは黎英俊を奉差する際にも類似の手続きが踏まれていたと考えられるが、『黎族家譜』には収録されていない。

この様にして黎英俊は添差され、鄭王府の府僚の一員として昇進を重ねるが、その際の辞令の例として1709年に知戸番に就任した際の令旨を見ると、

> 大元帥総国政安都王（鄭棡）、陪従太僕寺卿黎英俊に令旨する。民は国の根本であり、知侍内書写戸番として王府に勤務することを許す。精勤せよ。もし職務に謹直でなければ、国法をもって罰する。ここに命ず。
> 　永盛十五年十二月初八日
> 　　　令旨[27]

となり、黎英俊の差遣先を陪従から知戸番に変更するに当たり朝廷がこれに介在している形跡は見られない。黎朝官職の変更を伴わない鄭王府内での職務変更には鄭王府が独立した人事権を持っていたと見て良い。後述のように鄭王府内での地位上昇などに伴い差遣元の黎朝系官職と不釣り合いが起きた場合、あるいは褒賞の一種として黎朝系官職を昇進させる場合などに、黎朝朝廷を経由して新たな官職が授与されたと考えられる。

これらの事例から差遣先である鎮守、督同などの地方軍政組織や知番などの鄭王府内の役職の任免については基本的に鄭王の令旨により行われていたことがわかる。同時に必要に応じて黎朝朝廷ではこれに合わせて差遣元である黎朝系官職の勤務免除の措置をとり、差遣としての体裁を整える。黎鄭政権では黎朝系、鄭王府系という組織の二重構造を、後者を職事官とすることにより解決し、職事官の人事権を鄭王が直接掌握することにより官僚機構を構築していた。

27）大元帥総国政安都王、令旨陪従太僕寺卿黎英俊。係民者国之本、応許知侍内書写戸番侍王府。応務。若職守不勤、有国法在。茲令。
　　永盛十五年十二月初八日
　　　　令旨

第4節　差遣官僚の活動の実態

　ここでは前述のような手続きを経て差遣され鄭王府系組織で勤務していた官僚達の活動を、『拓本集』収録の碑文拓本を通じて検討する。最初に『拓本集』所収の碑文拓本（N.1197, N.1219）から黎時海の例を取り上げる。黎時海は特に高平に割拠する莫氏残党の討伐に功績があり、17世紀後半から18世紀初頭にかけて各地の鎮守を歴任し、最終的に署府事にまで至る有力な武人である。上記の拓本に基づき、彼の職務履歴をまとめたものが【図表3-4】である。

　これを見るに、生前の黎時海の最終的な黎朝系官職は南軍都督府左都督少傅であるが、これらは専ら「推恩」により上昇していることがわかる。推恩とは黎朝皇帝や鄭王の即位、改元などの祝事の際に、官僚に対して一律的に官職を昇進させる儀礼的なものである。例えば彼の場合、6回にわたり推恩を受けているが、『全書』を参照すると、1674年は陽徳から徳元への改元、1683年は鄭根の即位、1705年は黎裕宗の即位、1709年は鄭棡の即位、1714年は鄭棡が「安都王」から「安王」へと進封されたのに、それぞれ伴うものである[28]。いずれの場合も黎朝系武官職が上昇しているが、これらは官品が上昇するという以上の意味はなく、職務変更を伴うものではない。例えば1686年に黎時海は西軍都督府都督僉事へと昇進しているが、既述のように黎鄭政権期の軍制に五軍や衛所は存在しない。それに対し実際に統率している部隊は1672年に「侍中右奇」、1687年に「十五奇隊船官兵」と見られるように奇隊、奇、隊などの部隊である。実際の黎時海の軍歴は、30代まで父親の下で部隊長として勤務した後、高平に拠る莫氏残党との戦闘に従事しつつ、主として高平、太原、宣光など外鎮の鎮守を歴任した後、京北鎮守を経て署府事となり、1716年に死去する。

　次に科挙官僚の場合についてみる。『拓本集』所収の碑文拓本（N.4214-

---

28)『全書』から1695年の推恩も確認できるが、実施の理由は不明である。

【図表3-4】 黎時海の履歴

西暦	年号	月日	年齢	黎朝系官爵	鄭王府系役職	備考
1639	陽和5年		1			生誕
1656	盛徳4年		18			父親に従い順広に出征。
1661	永寿4年		23			父親の推薦により王府に奉侍。
1667	景治5年		29		首号	高平に出征。
1668	景治6年		30			父親に属し山西処の州老社に駐屯。
1670	景治8年		32		宣光鎮守	失地を回復し、銀子三百笏を賞せられる。
1671	景治9年		33			郡主鄭氏玉琢と婚姻
1672	陽徳元年	6月10日	34		首号	各奇隊を統率して対広南阮氏戦に参加。
		12月18日			管侍中右奇	
1673	陽徳2年		35			椽営に駐屯。
1674	陽徳3年	6月23日	36	郡公爵		
	徳元元年	10月29日		署衛事、仍爵		推恩
1679	永治4年		41			京師に戻り王府に奉侍。
1680	永治5年	2月12日	42		高平鎮守	
		3月10日			高平兼太原鎮守	
		4月15日				令旨により外鎮の官兵を訓練。
1682	正和3年	10月14日	44			奉差により「大鎮安」を討ち、精銀子十九笏及び古銭二千四百貫を奉賞される。
1683	正和4年	1月26日	45	参督		推恩
		8月				高平より京師に戻り王府に奉侍。
1684	正和5年	2月26日	46	提督		
1685	正和6年	4月5日	47		太原処鎮守	
1686	正和7年		48			
		7月29日		西軍都督府都督僉事		
1687	正和8年	1月15日	49		督率官	督率官として「十五奇隊船官兵」を率いて宣光処へ赴き賊徒に勝利。銀子十笏を賞せられる。
1688	正和9年	2月20日	50			恩蔭により母と正妻が郡夫人、長男黎時渼が朝列大夫、黎時澹、黎時浮が弘信大夫となる。
1694	正和15年		56			嘉遠県多稼上社に派遣され悪民を成敗
1695	正和16年	10月18日	57	都督同知		推恩
1701	正和22年	4月11日	63		京北処鎮守	
1705	正和26年	3月18日	67	右都督		推恩
1709	永盛5年	12月9日	71	南軍都督府左都督少保		推恩
1711	永盛7年	9月8日	73		署府事	
1714	永盛10年	10月26日	76	少傅		推恩
1716	永盛12年	3月3日	78	太傅		死去。死後、太傅を封贈される。

出所:『拓本集』N.1197、N.1219。

N.4217）により科挙官僚の陳名寧の履歴をまとめたものが【図表3-5】である。これによれば陳名寧は1731年に登第して間もなく翰林院校理に任ぜられて以降、1767年に礼部尚書に昇進して致仕するまで、翰林院、六部を中心として様々な黎朝系官職に就任しているが、実際の官僚としての活動内容が、それとほとんど連携していないことがわかる。彼の場合、実際には登第後間もなく奉差されて山西処督同として地方勤務に就き、間もなく知工番に添差されて王府で勤務する。それ以降の彼の活動は、自身で部隊を率いて戦うなど武人と見まごうかのような経歴であり、幾度も軍功によって昇進を重ねている。そして彼の黎朝系官職は多くの場合、これらの勲功により鄭王府内での地位が上昇するのに伴い、同時に黎朝系官職も上昇していったものである。例えば1734年の知工番への添差、1736年の知礼番への添差、1740年の陪従への入侍、1743年の陪従への再入侍の際には、全て黎朝系官職の上昇が伴っている。陳名寧の場合、1738年に黎維禧の反乱を端緒として反乱が続発する時期に重なり、特に軍務に関与する傾向が顕著であるが、他の科挙官僚についても前節で取り上げた黎英俊、あるいは第1章で取り上げた阮貴徳のように初期に督同として地方軍政を担当した後、添差官→陪従→参従というような王府内での地位上昇と並行する形で黎朝系官職をも急速に上昇させるというのが科挙官僚の1つの栄達パターンである。

　このように武官、文官の職務履歴を見ると、いずれも共通するのは実体に乏しい黎朝系官職に就任しつつ、実際には鄭王や節制の直接的管轄下にある軍隊、鎮守の配下の軍務官僚、あるいは皇帝権力の及ばない鄭王府など、いずれの場合も鄭王府系組織で勤務していることがわかる。この様に差遣官僚は理念上、黎朝皇帝の臣下であるという体裁を取りつつも、一貫して鄭王府系の組織で勤務しているという実態があり、前引の史料中において参従・陪従は「王府の私人」と言わしめる状況になっていたのである。

　しかし、このように黎鄭政権の差遣官僚が実態としては鄭王府幕下の官僚としての性格を強める一方で、黎朝系の諸制度、ひいては黎朝皇帝をあくまで尊重する言動が儒教的教養を身に付けている科挙官僚を中心として根強いのも事実である。例えば『仙懐阮族譜』には阮登道について以下のような逸

【図表3-5】陳名寧の履歴

西暦	年号	年齢	黎朝系職爵	鄭王府系役職	備考
1703	正和24年	1			生誕。十男七女の三男。
1723	保泰4年	21			郷試。試中四場
1731	永慶3年	27	翰林院校理		科挙登第。第二甲同進士
1734	龍徳3年	30		奉差山西督同	
			翰林院待制	添差府僚知工番	
1736	永佑2年	32	海陽憲察使		
			東閣校書	添差府僚知礼番	
1738	永佑4年	34	翰林院侍書		
1740	景興元年	36	翰林院侍講		「番僚」として勤務するも、青池に賊が現れたのを夜襲により撃退。功績により昇進。
			奉天府尹	入侍陪従	王府で勤務しつつ、奉天府尹を兼任。
					鄭楹の南征に従い、水軍の進軍を監督。
1741	景興2年	37			奉差により中堅奇、勝中奇を率いて嘉定県、良州県に駐屯。
1742	景興3年	38	伯爵		京北処で「内地差目」を排除した功績による。
1743	景興4年	39	国子監祭酒		国子監祭酒に昇進した後、今までの軍功を評価され、さらに東閣大学士に昇進。
			東閣大学士		
				賛理攻討	賛理攻討として出撃するも戦果無し。
				入侍陪従	
			翰林院承旨		部下を潜入させて、反徒を捉えた功績による。
1745	景興6年	41	行戸部右侍郎、海陽承政使	遙領京北諒山高平等処監督	（筆者註）この時期の四鎮は争乱状態であり、地方官については実体に乏しい。
			御史台僉都御史		軍功による。
1746	景興7年	42	工部右侍郎		
1747	景興8年	43	行吏部右侍郎、侯爵		
			吏部右侍郎		
				賛理攻討	奉差により賛理として出撃して戦果を挙げる。
			御史台都御史		上記の軍功による。
1750	景興11年	46	工部左侍郎		鄭楹の西征に従った功績による。
			貶一次	陪従を罷免	腆武侯の讒言による。
1758	景興19年	54	工部右侍郎		推恩
			刑部左侍郎行礼部左侍郎	陪従	鄭楹の命により旧職に復帰。
			礼部左侍郎		軍功による。
1766	景興27年	64			致仕を申請。
1767	景興28年	65	礼部尚書		致仕時に加贈。
			少保		3月27日に死去。死後に封贈。

出所：『拓本集』N.4214-4217

話が記されている。

> 時に鄭王は官僚達を「大朝衣・大朝冠」（黎朝朝廷の衣冠）により鄭王府へ入朝させていた。彼（阮登道）が「平訒帽・□□衣」を着用して鄭王府に赴いた際、衣冠を身につけた人々が彼を弾劾すると、彼は次のように答えた「大朝衣・大朝冠は天子に拝謁するためのものである。今現在も鄭王は臣下である。官僚達に天子に拝謁するための衣冠により拝謁させようとするのは、はなはだ礼に反する」。鄭王は驚いて陳謝し、さらに黄金を下賜して、その公正さを表彰した[29]。

この記述では、鄭王が朝廷の衣冠を着用して鄭王府に出仕させることを黎朝皇帝の尊厳を冒すものとして非難している。この阮登道は参従にまで至った大物の科挙官僚であり、鄭王府の中枢を担っている人物からしてこういった思想を堅持していたことは注意を要する。彼は鄭王が政治的実権を掌握し、自身が鄭王府で政務を執ることまでは否定していないが、しかし鄭王にとって、ひとつ間違えば体制批判に直結する可能性のある言動であることは間違いない。さらに『全書』永慶3年（1731）6月～10月条によれば裴仕暹が黎裕宗を退位させて皇太子の黎維祊を帝位につけたことについて、鄭杠に以下のような趣旨の上奏をして官職を剥奪されている。

> 漏れ聞くところでは、先帝（黎裕宗）が御在位の時、憤懣や不平をつのらせており、それが言葉や文字となってあらわれたものを、天下の臣民の耳目から隠蔽することなどできようもない。そのため己酉年（1729）の4月以来、天災や地震が頻発し、河川は涸れてしまい、その厳しさは民の日常にまで及んでいる[30]。

---

29) 時鄭元帥令百官大朝衣大朝冠入朝王府。公只用平訒帽□□衣詣府、冕官劾公。公曰、大朝衣大朝冠、此以朝天子也。今元帥臣也。欲令百官以朝天子之衣冠朝之、甚非礼也。鄭主驚謝、加賜黄金、以旌其直。
30) 窃聞、先帝在御時、憤鬱之辞、不平之語、其発於言語文字之間者、天下臣民之耳目、

ここにある黎裕宗の不満というのは 1724 年に黎裕宗の足疾を口実に鄭棡が自ら郊祀を行い、また 1727 年に新たに先農壇を造り、やはり鄭棡が自ら祭祀を行なったことによるものであろう[31]。裴仕暹は天災の原因を、皇帝がこれらに不満を募らせていたことに求めている。この様に儒教的教養を身に付けた科挙官僚を中心として、天地を祀るという行為は天命を受けた皇帝のみがなし得るものであり、臣下である鄭王がそれを行うのは不遜である、という思念が存在している。これらの言動を見ると、究極的には正統な支配者は黎朝皇帝であり、国政を委任されているにすぎない鄭王がその尊厳を冒すことは許されない、という観念が彼らの意識の底流にあるように思われる。恐らくはこのような意識が形骸化を伴いつつも、黎朝系組織を頑なに維持させることに繋がったのであろう。

小結

黎鄭政権では黎朝前期から継承された組織的枠組みを形式上維持しながら、実際には鄭王により黎朝制度体系の枠外に王府系組織が構築され、次第に黎朝系組織を形骸化させてゆく傾向がある。その結果、理念上の黎朝系組織と実際に運用されている組織との間に大きな差が生まれ、その差を埋めるべく利用されたのが差遣である。差遣の運用を見ると形骸化した黎朝系官職を帯びつつ、黎鄭政権成立後に形骸化した都指揮使に代わり常設化される鎮司、あるいは黎朝朝廷の職掌を吸収し実質的に政策決定の場となる鄭王府などへ差遣される例が大半である。そこで勤務する官僚群は鄭王の私臣としての性格が強く、彼らの保有する黎朝系官職は散官的なものである。一方で支配の正統性を黎朝皇帝に求める観念も科挙官僚を中心として根強く、鄭王がこれに取って代わるほどの権威を持ち得ていなかったのも事実である。最終的に

豈容終掩。故自己酉初夏以来、天災屢見、地変頻仍、川竭河乾、霜恒水火。
31)『全書』保泰 5 年（1724）正月条、保泰 8 年（1727）2 月〜3 月条。

差遣の活用に至る原因もここに求めるべきあろう。

このように黎鄭政権では黎朝系、鄭王府系という組織面での二重構造を、後者を職事官扱いとすることにより法制度的には解決していた。従来の研究は黎鄭政権において黎朝皇帝が存続した原因を中国との冊封関係という対外的な要因に求めてきた［大沢 1975］［鈴木 1975］。確かにベトナムの歴代王朝が中国からの侵攻を受けていることを鑑みれば、中国王朝と外交的に安定した関係を築くことが安全保障上の重要課題であったことは間違いない。しかし対外的な要因にのみ原因を求めるのであれば、極言すれば黎朝皇帝のみを存続させればよく、本章で見たように必ずしも黎朝系組織全般を執拗に維持する必要はない。中国から受容した儒教的イデオロギーが黎鄭政権においても支配の正統性を説明する原理として機能していたことは考慮する必要がある[32]。

以上のように黎朝系組織が維持された原因を内在的な要因に求めた場合、参考となるのは日本の天皇制、幕府に関する議論である。水林彪によれば、天皇制が権力を持たず「支配の正当性（正統性）」のみを付与する権威的存在となった原因を、「人的身分制的統合秩序」の社会に、唐という「制度的領域国家」の律令制を導入した点に求めている。その結果、外形的には律令制を取りながらも、その背後には膨大な「人的身分制的統合秩序」が残存したままであった。氏は幕府の成立を、外形的「制度的領域国家」の背後に残された「人的身分制的統合秩序」の発展により、外形的な律令制を残したまま権力のみを奪ったものとする［水林 2006］。仮に幕府の定義を、水林にしたがって「武威を以て権力を掌握して律令制外に統治機構を構築し、律令制上の最高権力者から「支配の正当性（正統性）」を引き出すもの」とするなら

---

[32] 黎朝では政治体制を支える思想的中核として儒教が取り入れていたのは確かではあるが、それ自体が思想研究の対象となるほどには深化しておらず［和田 1988］、また黎鄭政権期には儒教受容が知識人層に限定されものであった可能性も指摘されている［Yu Insun 1990］。しかし一方で、17～18世紀の儒教受容については嶋尾［2006；2007；2008；2009；2010］により検討が進められており、儒教的儀礼マニュアルと言うべき家礼書の普及が17世紀後半にまで遡る可能性が示されている。庶民レベルへの儒教の普及については第2部において詳論する。

ば、この議論は鄭王府にも符合するように思える(ただし黎鄭政権の場合、律令制の残存する部分は大きい)。しかし水林のように「幕府」の出現を、中国的律令制度がそれとは異なる土壌の社会に移植されたことによる機能不全、その結果としての律令制度外における新たな統治機構の出現というように捉えるならば、果たしてその「不適合」を引き起こしたものは何であったのか、そして鄭王府系組織がいかなる社会的基盤の上に成立していたのかを明らかにしなくてはならない。次章以下では、これを考慮しつつ鄭王府の末端の組織について検討を進めていく。

第 4 章

黎鄭政権における徴税と村落

はじめに

　ベトナム史においては紅河デルタにおける自律性、自治性の強い伝統的村落群の歴史的形成過程の解明が重要な課題とされてきた。それを受けてなされたのが、15世紀以降のベトナムの平野部において最も普遍的な末端行政単位である「社」についての研究であり、竹田龍児［1969］は、17〜18世紀の紅河デルタでは階層分化が進んだ結果、社官が次第に郷職化して在地有力者に占められ、社を媒介として有力者層を中心とした村落共同体の強化に繋がったことを指摘している。またベトナム本国においてもチュオン・ヒウ・クイン［Trương Hữu Quýnh 1983：479-480］は、黎鄭政権による一定の抑制は認めつつも、やはり公田管理の弛緩と私的土地所有の発展を背景とした地主層の台頭と集落内での彼らの専横が貧困層の流散を招いたとしている。このように黎鄭政権期における貧富格差の拡大と富農層による村落内での専権を強調する点では共通している。これらベトナム村落の研究をさらに進め、農学的分析手法も用いて当該期の紅河デルタにおける村落内、村落間の階層分化を検証しつつ、国家機構と村落の関係について考察を行ったのが桜井由躬雄である。桜井によれば、社が自律的社会集団へと変質としていった要因として大きく 2 つを挙げている。第一は農業開発上の問題であり、大規模な耕地拡大が望めなくなった17〜18世紀には当時の技術的限界を超えた耕地の拡大が行われ、このため紅河デルタでは低湿地の夏稲栽培を中心に著しく農業生産が不安定化したとする。これが頻繁な農民の流散と富農層による土地兼併

を惹起することになった［桜井　1987：288、356-357］。第二に黎鄭政権における徴税官吏などの「中間権力」の存在であり、彼らの収奪を抑止できない中央権力が、これを抑制するために村落の自律を容認することにより対抗させたとしている。これは格差の拡大していた集落内における富農層の指導的地位を容認することにもつながり、この結果、貧農層を切り捨てつつ富農層を中心とした「自律的村落」が成立するとする［桜井　1987：212-213］。

　これらを見るに17～18世紀をベトナム村落史上の一画期とし、当時の村落において階層分化が進んでいたとする点については大方の一致を見ている。しかし桃木の書評論文［桃木　1991：86］において既に疑義が呈されているように、少なくとも農業災害の発生件数からみれば、清化の場合を除くと[1]、紅河デルタにおける夏稲の栽培が農民の流散発生の主因といえるのか疑わしい。そもそも『全書』の記述は時期によってかなり粗密があり、特に17世紀後半～18世紀初頭にかけては記述が薄い。これにより天災の発生件数を統計的に処理することには無理があると言わざるを得ない。また国家と村落の関係についても概して抽象的なレベルに止まり、実証的な解明がなされていないまま「搾取」が強調されている観があるのは否めない。この点について最も踏み込んだ言及を行っている桜井の研究においても、なお「中間権力」定義の曖昧さなど課題が残されている。確かに徴税官吏については法令関連史料中に不法を取り締まる規定が数多く含まれ、当時彼らによる財政基盤の破壊が問題となっていたことが窺えるが、桜井が「中間権力」の例として挙げる禄社受給者・徴税官吏といった人々と村落の関係については氏の研究以降、史料上の制約から具体的な検討はなされてこなかった。しかし近年、『拓本集』の刊行により17～18世紀については参照可能な村落史料が飛躍的に増加している。本章ではこれらを加味しつつ黎鄭政権期における国家機構と村落

---

1) 清化に関しては『全書』では17世紀後半から18世紀初頭にかけて洪水被害やそれに伴う飢饉を記した記事が多く（1657年、1667年、1679年、1695年、1702年、1713年）、実際に1695年と1702年には飢民の賑救も兼ねた築堤工事が実施されている。これは桜井［1987：275-276］が指摘しているように大河川が集中する狭小な平野部においてリスクの高い秋稲の作付けが拡大していたためと考えられる。

第4章　黎鄭政権における徴税と村落

の関係を再検討する。

第1節　徴税における村請け制の成立

　黎鄭政権期の徴税を検討するに先立ち、まず当時の税法について概要を述べておく。黎鄭政権期の税法は基本的に黎聖宗期（1460～1497）に確立したものを継承しており、各人丁に対して課される一種の人頭税である丁税、土地に対して課される田税の2つを柱としている。丁税は人丁を閲選により各項（男兵、軍項、民項、黄丁、老項など）に分類し、それぞれに応じて税を課すもの、田税は各人丁の耕作面積や耕地の種別（公田や私田、二期作や一期作）に応じて税を課すものである[2]。この丁税と田税を合わせたものは黎鄭政権期には通常「季税（季銭）」[3]と呼称され、年2回の徴税が行われる。このように黎鄭政権の税制は少なくとも理念上は人丁個々の税法上の身分や、耕作条件に応じて個別に税額を決定するものであり、そのためには戸籍や地簿の作成が不可欠である。そのため黎聖宗期の洪徳均田例では3年に1回の小造、6年に1回の大造をなすべき事が定められている。

　しかし『全書』を見る限り、黎鄭政権が紅河デルタを支配下に置いて以降、閲選による戸籍の攢造を示す記事は6年ごとの大造には程遠い。『全書』によれば、全国的な閲選や戸籍の改訂が行われたのは1598年、1630年、1647年、

---

2) 前掲第1章註13参照。またベトナムにおける丁税の成立については［藤原 1968］で詳論されている。公田への課税については時期による変遷があるが、概ね収穫高に応じて2～3段階に分類され、面積当たりの課税額が定められている。私田は1722年までは無税であるが、租庸調制の施行以後、課税対象となっている。既に個々の税額の変遷などについては［Đỗ Đức Hùng 1995］［Trương Hữu Quýnh 2009：402-407］などにおいて詳論されているので、ここでは論じない。
3) 黎鄭政権では1722年に税制改革により、租庸調制と呼ばれる税制が導入される。これ以降、内囲子への課税に関しては季税ではなく「租庸」と呼称される場合もあるが、「租」は田税、「庸」は丁税を継承したものであり、それぞれ土地・人丁への課税という基本的な性格に変更はない。ただし課税範囲は私田や客戸にまで広がり、かなり重税化したようである。

1660年、1667年（平例簿）、1722年、1773年のみであり[4]、特に1667年に平例簿が作成されて以降、約50年ごとに改訂を行っているのみである。その間の人口の増減などを考慮すれば、当然ながら各人丁の実態に則した課税額を算定することはおよそ不可能と言わざるを得ない。この問題の解決方法を知る上で重要なのは1669年に范公著の主導で行われた平例法と呼ばれる施策である。『全書』景治7年（1669）10月～11月条によれば、

> 平補四鎮季税例（平例法）が完成した。当初、国家の再興後、（統治を）始めるに、賦税は旧規を遵守する事に拘り、税負担が均等でなかった。王（鄭柞）は官に命じて天下に派遣し、民の貧富や土地の肥瘠に照らして、それぞれに応じて季税の額を「平補」した。[5]

とある。これは黎鄭政権の紅河デルタ奪回後に存在していた季税負担の不均等を解決するために2年前の1667年から行われていた人丁数の調査の結果に基づいて行われた施策であるが、それまで季税負担に軽重があったのを「平補」することにより解決したことが知れる。問題は「平補」の具体的内容であるが、『類誌』巻29、国用誌、丁戸之籍、景治6年（1668）の記事には次のようにある。

> 奉差官が各県の簿を上呈した。上（黎玄宗）は人丁の登録に軽重があることを憂慮し、この簿に基づいて総数を設定して、各処に配布し、税負担が重くなっている社村には、戸部へと申し立てさせ、その上で監督に委ねた。平例官は実情を調査して減額し、県内の別社に分担させた。漂

---

4) これ以外に『全書』景治9年（1671）2月条に翌年の広南阮氏征討に備えて、臨時的に「四鎮另兵」の閲選を行って、部隊に補充したとする記事がある。しかし第5章で見るように、1680年の段階で依然として裁判の参照資料として平例簿が使用されている。これは1667年の平例簿に基づいて四鎮からの徴兵を行ったのみで、戸籍の改訂を伴うものではないと考えた方が良い。

5) 平補四鎮季税例成。初国家恢復伊始、賦税因循惟旧、軽重未均。乃者王命官分行天下、照随民産厚薄、田壌肥磽、平補季税例額有差。

失した社村の人々の季税は、その県内で互いに分けあって負担し、県簿に記載の丁税額を充足させる。簿が完成した後に、民が漂失した場合も、その県で分担することにより、税負担を均等にする。[6]

これによれば、実際の「平補」とは必ずしも人丁個々に実態に即した適切な課税を行うという意味ではない。まず提出された戸籍に基づき県ごとの人丁数を固定する。しかる後に相対的に税負担の重くなっている村落から、税負担の軽い県内の他集落へと税額を転嫁することにより、県内での税負担の均等が図られる。平例簿の完成後に人口の減少が発生した場合も同様である。これを見る限り平例法とは、集落間での税の不均等を解決するための施策であり、集落内での税分担を問題とするものではない。このような手法は、当時の徴税が既に人丁個々への税額決定を前提としておらず、社単位で税額を固定し、社の内部での税分担については慣行に委ねていたことを窺わせる。さらに『丞相范公年譜』景治7年（1669）10月条で平例法についての記述を見ると、

この制度が施行されるに及んで、生まれた者を（戸籍に）計上せず、死亡した者も抹消せず、これを「平例」と呼んだ。民は準拠する所を得たので、徴税はほしいままに税額を増減することが出来なくなった。民は皆これを便利であるとして称えた。[7]

とあり、平例法の眼目が平例簿を基準に集落単位で丁税を定額化し、恣意的徴税を防止する点にあったことを示している。これらを見る限り、恐らく平例法以前から徴税は集落単位で定額化されつつあったが、それでも人丁の増

---

6) 諸奉差官、上各県簿。上慮補丁卒、或有軽重、乃命拠此簿為総数、頒下各処、令諸社村有被重例者、啓納戸部付監606。平例官責実量減删、分与県内社。其漂失社村人卒季銭、付本県相分替受、足依奉頒之数。簿成之後、或有漂民、亦許本県分替、以均賦役。
7) 及見令例既成、生不計死不除、号為平例。民得遵拠、凡所徴収、不得擅為軽重、民皆称便之。

加などを口実に規定以上の税を徴収して着服することが日常的に行われていたのであろう。平例法の目的は丁税の定額化を明瞭に制度化し、このような行為を防止することにあったと考えられる。

　もう1つの柱である田税はその性格上、集落単位で見た場合、耕地面積が大きく変動することは少ない。通告田・占射田[8]などの新規の開拓、あるいは公田面積に大きな変動があった場合にのみ逐次、税額の改訂がされていたと考えられる。基本的には平例法が施行された段階で、丁税と田税の合計である季税は集落単位で固定されていたと考えられる。『全書』によれば1719～1720年にかけて全国的な測量がなされているが[9]、これ以前に黎鄭政権が紅河デルタで各集落の耕地面積がどの程度、把握されていたのかは詳細がわからない。また『全書』正和15年（1694）7月－10月条で「須知簿」の編纂が命じられており、これには社の境界などが記されていたようであり地簿に近いものであったと考えられるが、個人レベルでの耕作面積までが記されていたのかは実物が現存していないためわからない。しかし第5章で見るように1655年の裁判で戸科に保管されている須知簿を裁判資料として利用している事例があり、1694年の須知簿の編纂は、正確にはそれ以前からあった須知簿の改訂であったと考えられる。『全書』では大規模な田土測量を示す記事が17世紀には見られないことから、16世紀に紅河デルタを支配していた莫氏が作成していた地簿、もしくは黎朝前期の地簿を小規模な改訂を繰り返しながら使用していたように思われる。しかし実際には須知簿に記載されていない耕作地がかなり存在していたようであり、それらの税法上の取り扱いについて、『詔令善政』戸属所収の「旨伝禁訴告漏田」として1688年に以下のような布告が出されている。

　　天下の各社民の季税については既に成例がある。時に某社に漏田があっても、まだ課税に及んでいない場合、全て免税とする。以後、民は漏田

---

8)　第1章、註29参照。
9)　『全書』永盛15年（1719）11月条、永盛16年（1720）3月条。

について訴えることを認めず、司法官は受理してはならず、所該は隠匿を口実に別に徴収してはならない。[10]

ここで「季税については既に成例がある」と述べられているのは、恐らく1669年の平例法により既に丁税・田税が社単位で定額化されていたことを指している。しかし依然として平例簿に未記載の耕地があることを指摘して、それ以上の税を徴収しようとする徴税官吏がおり、そのためこの様な布告が出されたと考えられる。恣意的徴税を防止するために税を定額化したい中央政権側としては漏田の告発は歓迎せざる所であり、この布告には平例法と同様の意図があったと考えられる[11]。したがって黎鄭政権期の税額規定は、実態としてはこれらの規定により個々人の税負担を決定するためのものというより、戸籍や地簿の改訂があった際に、集落全体の税額を算定する基準として用いられたにすぎない。

このように黎鄭政権では実質的に集落単位で税額が固定されたことから、自然、納税に関しては集落単位で連帯責任を負うことになる。これを端的に表しているのが、『拓本集』中に収録されている後神碑の記述である。一例として杏市村の後神碑（『拓本集』N.11112-11113。海陽処荊門府安老県、建碑1713年）を挙げると、

> 荊門府安老県杏市村の郷老陳得忠…〈中略〉…范滂以下全村の人々は、癸巳年（1713）の夏務について、5月に本村の季銭を欠納し、7月に欠納分を徴収されることになった。本村には納税の銭がなく、議論の末、亭の中に後神を置き、銭を得て納税することにした。同日、これを告げるに、武有容とその妻の阮氏隻が応じて、この善行を遂げんとした。齢を重ね徳も高いことから、人々は感服し、夫妻を後神として祀ることを約束した。（夫妻は）「伺銭」として使銭80貫・瑪抅南高の2か所にある合計5

---

10) 一、係天下各社民季税、已有成例。間有某社有漏田、未及入例者、一皆寛赦。茲後民人不得訴告、勘官不得受勘、所該不得托以隠漏別捉。
11) 桜井［1987：209］も同史料を引用しているが、布告の理由は不明としている。

高を提供し、その銭により季銭を納め、その田を耕作に供した。[12]

とあり、1713年に杏市村では納税が出来なかったため、後神、つまり亭において功労者として祀ることを見返りとして資金を募った。これに応えて武有容と阮氏隻の夫妻が使銭80貫・田5高[13]を拠出している。「伺銭」の意味は判然としないが、恐らくは財産を亭に寄進する際に用いられる呼称であろうか。いずれにせよ拠出された「伺銭」のうち使銭が納税に充てられ、田土が後神の祭祀費用の捻出のために供せられたと考えられる。また芙蕾社市村の後神碑（『拓本集』N.1981。京北処慈山府東岸県、建碑1787年）を見ると、

　　本村は飢饉のために冬期の季税を納める物資がなかったので、本村の良心ある婦人朱氏炫に頼ったところ、古銭120貫ほどを施して季税を代納してくださり、民はこれによって安らぐことができた。その恩情と人徳は、報いることが出来ないほどである。そこで本村は皆で朱氏炫を選び、その夫の該合朱文偉（号寛容、既に死去）と朱氏炫に約束して、彼女の死後、共に亭の祀廟において永く後神として祀ることにした。[14]

とあり、芙蕾社の市村が飢饉により納税が困難となった際、村内の朱氏炫な

---

12) 荊門府安老県杏市村郷老陳得忠……范湧全村上下等、因為於癸巳年夏務、五月本村欠季銭、至七月日□□差刷収取季銭、其本村無銭投納、共論亭中置後神、得銭投納。此日照各得武有容妻阮氏隻等、果是善永。年高徳邵、人匕共服。応保夫妻為後神、指出伺銭使銭八十貫田五篙在塢拘南高二所、得銭納季、有田耕種。

13) 良質な銅銭である古銭に対し、日常的に使用される粗悪な銅銭を「使銭」と呼称していたようである。『詔令善政』戸属所収の永祚7年（1625）「平治規模令」では古銭100を使銭200に換算しており、概ね古銭と使銭の比価は1：2であったと考えられる。また18世紀に入ると「鉛銭」と呼ばれるさらに粗悪な亜鉛銭が相当に流通していたようである。銀については『類誌』巻30、国用誌、銭幣之用によれば景興元年（1740）に銀1両につき古銭2貫と定めており、当時ある程度流通していたのは確実であるが、具体的な流通の仕方については不明とするしかない。土地面積については一般的に1畝（3600㎡）＝10高（篙）とされている。

14) 本村経被饑荒、冬務季銭無従輸納、頼有本村婦人朱氏炫良心、矢発給許古銭壹百貳拾貫、代納季銭、民頼以寧。此心此徳、無以酬之。因此本村共叶保朱氏炫、前親夫該合朱公字文偉号寛容与朱氏炫、百歳之後、同為后位祠址。

る女性が古銭120貫の私財を拠出して納税に充て、その見返りとして彼女の死後、夫妻を後神することを誓約している。このように『拓本集』では納税が困難な場合に、集落内の個人が私財を拠出して不足を補い、見返りに功労者として祠るという事例がしばしば見られる。この様な私財の拠出を行っていた人々が集落内でどれほどの経済的な地位を持っていたかは判然としないが、当時の1社の納税額が通常1年に古銭100貫程度であるから、いずれもかなりの高額の支出であることは間違いない。少なくとも一部の集落では有力者が資金を拠出して後神されるなどして集落での発言力を拡大しようとする動きがあったのは確かであろう。

第2節　禄社制と村落

　前節で述べたように黎鄭政権の徴税は集落単位で固定された税額を徴収することを基本とする。これを担当していたのが「所該」あるいは「該民」などと呼称される人々である。これら徴税官吏の活動については桜井により、彼らの収奪的徴税が、村落の自律性強化の契機になったとされているが［桜井　1987：189-199］、法令関連史料に依拠しているため徴税官吏と村落の関係について個々の実例には乏しい。ここでは黎鄭政権期の官吏俸給制度である禄社制の検討を通じて村落支配の実態を見る。

　第2章で述べたように、禄社制とは官僚の俸給として特定の社を支給し、そこでの税収を受禄者の俸給とするものである。黎鄭政権では税収が政府の直接の費用に供される内囲子は全体の約3割に過ぎない。それ以外に俸給として設定された禄社が人丁数にして全体の5割以上にのぼっている。禄社はさらに受禄者の違いによって恩禄・寓禄・制禄などに細分化し、その他に皂隷、祀事、守隷などの特定の目的に供される役隷が存在する[15]。史料中では内

---

15) 第2章、第1節参照。

囲子からの徴税を担当する人々が「該民」[16]、禄社からの徴税を担当する人々が「所該（員該）」と呼称される場合が多い。まず黎鄭政権において彼らが惹起していた問題を、『黎朝名臣章疏奏啓』収録の范廷重の上奏文（恐らく1750年代前半）により確認する[17]。これには当時の社会問題やその解決策が「当革之弊」として10条、「当行之事」として10条、合計20条にわたり述べられている。まず「当革之弊」七条目を見ると「該民者」について以下のように記している。

> 第七。該民者の濫収を懲らしめるべきである。賦税には不変の法があり、贓外（付加税）にも定規がある。最近の該民に任ぜられた者について、記して文章とする。近きは仍轎の親軍より、遠きは侍候の各部隊に至るまで、驕慢にして貪欲であり、際限なく民を徴発している。籾には常に多くの外銭を付加して増額しており、一年に四回も徴税され、また九割方の人々が漂失していようとも、人々は甘受するしかなく、訴えるべき所もない。兵により民を支配することは以前より善政ではないこと明らかであり、それを行って問題をここにまで至らしめたことについては、言うべき言葉もない。[18]

---

16) 桜井［1987：191］が内囲子の徴税官吏として挙げる「徴収官」は鄭王府の財政機構では比較的上層に位置する監督官的なものである。直接的に自ら徴税を行う人々の呼称としては「該民」の方が適切に思われる。

17) 上奏文中には日付がないが、文中での范廷重の肩書は「奉差乂安処鎮守兼布政州・督卒寧鎮軍営・揚武宣力功臣・兵部尚書・太子太保・海郡公」となっている。一方『全書』で范廷重の経歴を見ると、1749年（6月条）に「海陽徴収官」となり、1751年（春正月－2月条）に反乱軍首領の阮有求を乂安で捕らえている。さらに1753年（冬10月－11月条）に「乂安督率」として現れ、1754年（春正月－夏6月条）に「乂安督率兵部尚書太保」で死去する。このような活動履歴を考慮すると、上記の范廷重の肩書は1751年頃～1754年の間と見なすのが妥当である。

18) 七日、懲該民者之濫収。賦税有常経、贓外有定例、邇来奉該民者視為具文。内自仍轎親軍、次及侍候各隊、驕貪自恣取民、無有限度。粟多多附外銭、毎々増加、惟一年四務之差収、雖十室九室之不足、民甘控受、無処可鳴。夫以兵而管民既非善政、管之而擾至此、又独謂之何哉。

ここで「仍轎の親軍」とあるのは侍候歩兵の仍一隊、内仍隊、四仍等隊、及び侍候水兵の轎一船、内轎船、四轎等船などの各部隊を指し、これらの部隊は鄭王の直衛軍である侍候のなかでも特に鄭王に近い部隊と考えられる[19]。つまりここで非難されている該民者とは具体的にはこれら侍候部隊の部隊長を指しており、范廷重は収奪が行われる原因を、徴税を府や県といった地方行政機構が担当せずに、このような軍隊に管轄されている点に求めている。ここで問題とされているのは、このような財政機構の中で軍による直轄的な支配下に置かれていた内囲子への徴税と考えられ、彼らからの徴税は直接的には各部隊に属す一種の軍属である該合、首合などの六番系下級官僚によって担当されていたと考えられる。第2章で述べたような軍事・財政機構が一体化した統治機構に対しては、既に同時代から一定の批判があったことを示している。

しかしこの様に軍により直轄された内囲子は全体の約3割ほどである。そこで禄社からの徴税を担当していた所該についての記述を求めると、「当革之弊」十条目で「知戸官」について以下のように述べている。

> 第十。知戸の貪官を退けるべきである。知戸官は全くの小人である。ひたすら財貨を求め、利益を量っているだけである。ある部隊が巧みに気脈を通ずれば、その部隊の民（制禄の人々）は稠密となり、稠密となれば、その部隊の口分には余剰が出る。ある員該が人情に背けば、制禄社は疲弊し、疲弊すれば、その制禄は一文の値打ちも無くなる。[20]

ここで問題とされている「知戸官」という用語は他史料であまり類例を見ないが、文中では禄社の内、8割以上を占める制禄の徴税を担当しており、後段では「員該」と記されている。この員該は所該と同義語であり、ここでの

19）『類誌』巻39、兵制誌、中興後兵籍総数。
20）十曰、黜知戸之貪官。知戸官真小人也。惟貨是求、惟利是比。某奇隊而巧通開節、則彼民稠密、此民稠密、口分毎務之有余。某員該而不作人情、則彼社彫残、此社彫残、制禄一文之不値。

【図表4-1】 黎鄭政権期の徴税機構 (1718〜1753年)

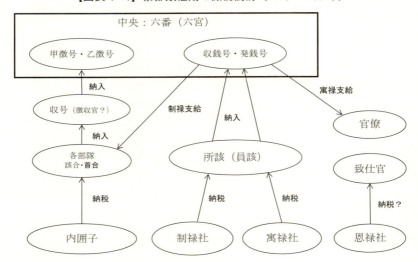

知戸官は所該全般を指していると考えて良かろう。このことから禄社では受禄者が直接徴税するわけではなく、所該を通じて間接的に徴税を行っており、受禄者の意図が必ずしも忠実に反映されるわけではなかったことがわかる。これら内囲子、禄社への徴税をまとめると【図表4-1】のようになる。

　前節で見たように恣意的徴税を防止するため集落ごとの税額を固定した後も侍候部隊や所該によりしばしば税が過徴され、また流散の発生後も季税の均等化措置が行われずに定額を徴収するなどの専横が行われている。したがって徴税される集落側にとって自らの徴税が誰によってなされるかが重要となり、特定の人物に担当されることを忌避する場合が出てくる。例えば上亭村の後神碑(『拓本集』N.467-468。山南処常信府青池県、建碑1725年?)を見ると高海平なる人物について、

　　本村が別の員該に支給されてより、壬寅年(1662)から己巳年(1689)に及ぶ三十年程の間、村では小役が頻繁に課され、その負担に耐えかねていた。公(高海平)は民と憂いを共にし、自らの要請を押し通して、

負担を軽減し、さらに同社を制禄にした。庚午年（1690）より壬辰年（1712）の20年間、厚く施し税を軽くし、居所を□（判読不能につき文意不明）。公は民と好むところを共にし、苛政を行うことなく、人々は平安な生活を送ることができた。[21]

と記し、上亭村ではそれ以前に担当した員該を忌避して、高海平の制禄の一部となっている。恐らく負担に堪えかねた上亭村側が働きかけた結果であろう。つまり自らの集落担当の所該を変更するために、高官の有力者に働きかけて自身の禄社に編入して貰い、その庇護下に入っているのである。これが行われるには、受禄者が自身の禄社の選定や所該の選任にある程度、影響力を行使しうることが前提となるが、これについては祥麟村の碑文（山南処常信府富川県、建碑1682年、N.7814-7815）に同村が山南憲察使司の守隷[22]となった際の令旨の原文が刻まれており、その一端が窺える。

大元帥統国政太上師父清王（鄭梲）令旨。山南処憲察使司の上奏によれば、常信府富川県祥麟村の将臣や社村長の朱文安…〈中略〉…趙慶筵など全村の人々が、証拠書類を備えて申し立てるには、祖父の代に先王（鄭松）の令旨により、本村は山南処憲察使司に支給されて守隷とされ、（本村は）その務めに応じた。しかし甲子年（1624）、思いがけず当時の尚書登郡公に支給され、本処の青威県□陽社と憲察使司の守隷が交換されてしまい、（登郡公の）義姪である慶寿侯が本村を管轄し、苛政を敷いて民を患わせた。願わくは（山南憲察使が）請願を転送して（本村を）守隷とすることにより所該交替の脅威から免れさせて頂きたい、とのこと。審理の結果、件の祥麟村の兵士、民丁、黄丁を山南憲察使司に支給して

---

21) 自本村別給員該、壬寅而已巳垂三十年、村小役繁、難堪所受。公則憂民之憂者、冒陳洞達、獲□寛省之恩。曁全村帰為制禄、庚午而壬辰経二十載、厚施薄斂、□厥攸居。公則好民之好者、不事煩苛、咸被撫寧之沢。
22) 守隷とは各地方の官衙などに付属し、その維持管理にあたる人々を言う。『黎朝会典』吏属、守隷によれば各憲察使司に1社の守隷が定められている。

守隷となし、以前の支給のごとく務めに応ずることとする。毎年の兵粮・季税及び堤防工事・捜差などの労役は免除することを許す。前任の所該や別の人が騒擾してはならない。違反者は処罰する。ここに命ず。

福泰二年（1644）二月初二日

　令旨[23]

これによれば、もともと祥麟村は山南憲察使司の守隷であったが、1624年に登郡公の禄社となり、それにともなって縁者である慶寿侯なる人物が祥麟村の所該となった。しかし同村は彼の苛政に堪えかねて、1644年に願い出て再び山南憲察使司の守隷となっている。この事例では有力者が半ば強引に守隷であった祥麟村を自己の禄社としており、さらにそこでの徴税担当者が受禄者の血縁により落下傘降下的に選任されている点が注目される。前引の史料で受禄者を変更したのとは異なり、祥麟村の場合は憲察使司の守隷になるという選択を行っているが、その目的は同様である。当時、守隷・皀隷・祀事[24]などの役隷は見返りとして税や労役が免除されるため全般的に負担が軽かったようであり、集落側にとって一種の権益となっているように見受けられる。

　これらから、黎鄭政権では税額が集落単位で定額化された結果として、好条件を求めて集落が能動的に動いていることがわかる。黎鄭政権では多くの場合、集落ごとに内囲子、禄社、役隷などの設定を行われるが、これは永続的なものではなく、その時々の状況に応じて可変的なものである。これを利

---

23) 大元帥統国政太上師父清王令旨。山南処憲司衙門等官所啓、係常信府富川県祥麟村将臣社村長朱文安……趙慶筵全村巨小等、備謂、□祖父奉先主成祖哲王令旨、准給本村随本処憲司衙門所為守隷。応務。於甲子年仍奉令給、不期被前尚書登郡公、以内該青威県□陽社各項交換憲司守隷民、致義姪慶寿侯該管本村、苛酷擾民。乞転啓、得便守隷、以免替該搊派、等因。已経論仍給前項県祥麟村兵民各項并小十八等、随本処憲司衙門為守隷、応務如旧令給。係遞年粮季銭培築立堤路并捜差各役、並准除。其前該及別員人不得攪擾。違者処□。茲令。

　　福泰二年（1644）二月初二日
　　　令旨

24) 皀隷は各宗教施設に付属し維持管理にあたるもの（『会典』吏属、皀隷）、祀事は功臣などの祭祀を維持するために設定されるものである［桜井　1987：185］。何れも通常の納税が免除される。

用して集落側では税負担を軽減すべく、あるいは有力者の庇護下に入り、あるいは役隷になるなど様々な働きかけを行っていた。しかし、この方法は必ずしも確実なものでない。変更された受禄者・徴税官吏が以前より負担を軽減するという保証はないからである。結局、負担軽減をより確実にするためには、受禄者や徴税官吏といかなる関係を築くかがより重要となる。次節ではこれについて検討する。

第3節　受禄者・徴税官吏と村落

　ここでは黎鄭政権期の禄社受給者・徴税官吏と村落の関係を中心に検討する。桜井も指摘するように、確かに当該期の法令関連史料においては徴税官吏などの専横を禁ずる規定が多い。前節で述べたような禄社制を利用した村落側の運動も、当時の徴税官吏が時として村落の存立を脅かす存在であったことを示している。しかし『拓本集』中に現れる受禄者や徴税官吏の活動を追うと、必ずしも収奪一方という訳でもなく、税の代納や減税などの措置を取り顕彰される事例も散見する。

　例えば該民による軽減措置の一例として錦袍社の事例（『拓本集』N.8802-8805。京北処北河府治和県、建碑1707年）を見ると、寛徳侯范なる宦官について以下のような記述が見られる。

　　特進金紫栄禄大夫知公象右象奇侍内監司礼監総太監該官提督神武四衛軍務事の寛徳侯は、乙酉年（1645）の生まれであり、北河府治和県錦袍社の人である。…〈中略〉…（彼が）社民を管轄して以来とても安らかであり、中正の道を重んじて、紙礼銭や貫示餞を一切免除することを許したので、郷里では酒宴が絶えることなく、村々は宴楽を楽しんだ。[25]

25）茲維特進金紫栄禄大夫知公象右象奇侍内監司礼監総太監該官提督神武四衛軍務事寛徳侯、貫造乙酉、北河治和錦袍人也。……自該管社民以来、頗大有得泰。尚中行紙礼尽皆蠲、貫示餞一切准饒舒、州里有酒酬、瑯邑日娯宴楽。

これによれば、錦袍社を受領した寛徳侯が紙礼銭、貫示餞などの免除を行っている。『詔令善政』戸属の景治8年（1670）「准定季税」を見る限り、紙礼銭は臓外として季税以外に様々に付加される税の一種と思われる。また徴税に際し集落側が徴税官吏に支払う手間賃を「餞」と称しており、貫示餞は恐らくこれに該当する。軽減措置としてはそれほど大きいものではないが、彼は立場上、季税として定められた正規の税額は徴収するものの、それ以外に必要以上の徴税をしない人物であったように思われ、この点が「中正の道（中行）」として社民に称賛されているように思われる。注目すべきは、彼が自身の出身地において徴税を担当している点であり、徴税官吏については出身地を回避するという流官的任用はなされていなかったことを示している。

さらに禄社の受禄者について見ると、鶴林社の後神碑（京北処北河府洽和県、建碑1766年、N.9815-9818）によれば阮泰来なる宦官について、

> 本社は一昨年（1764）に前任の所該により頗る濫収され、要求が多いため、人々の財力は辛苦に耐えられない所まで来ていたが、その時本社官員の銓忠侯阮泰来は、近隣との親睦を重んじ、下々に対する思いやりを施した。自身は□□（鄭王府？）に有りながらも、心は民を安んじることを心がけ、慎重に事を進めて、本社を交換して取得し、自身の恵禄民とした。[26]

とあり、この結果、彼は1766年に両親が亭に後神されている。既述のように有力官僚の場合、ある程度禄社を選択することが可能であり、阮泰来の場合これを利用して鶴林社を交換によって自身の禄社としたのであろう。彼の場合も「本社官員」とされていることから鶴林社の出身者であったと考えられる。さらに同碑によれば阮泰来の叔父の阮如璘なる宦官も亭の祭神として祀られている。

26）日者本社於上上年所被前本該官、頗行擾濫、要索多端、民力幾至不勝其苦辛、而其時仰本社官員銓忠侯阮泰来、敦睦隣之義、垂為下之仁。身密陪於□□、心本在於鳩泯、言聴計行、替取本社、為内随恵禄之民。

本社は以前より人数が非常に少ないにもかかわらず、戸籍上は40名あったため、賦役の負担が重く、人々は堪えかねていた。幸いこの時、本社官員の阮如璘にこれを言うと、彼は心を動かし、決然として問題の解決に努め、ついに本社の社村長に上啓文を書かせて上呈させ、黎帝は受け取って下された。幸いにも慈悲により裁可するところとなり、鄭王府の議政は官を派遣して検分させることにし、その結果、実数の15名を戸籍に登録することが許された。[27]

これによれば鶴林社では人丁数が減少していたにもかかわらず、調整が行われていなかったようである。このため賦役が過重となっているのを阮如璘に訴えたところ、彼の協力によって戸籍上の人丁数が15人に減らされた。同碑の後段では、彼の死後、議論の末、甥の阮泰来に亭の祭神とすることを請うている。したがって阮泰来の一族は叔父の代から鶴林社の亭に後神されたことになる。また叔父や父母を後神されるに際して、阮泰来は1畝ずつの祭田を提供しており、鶴林社内にある程度の田土を蓄積していたと見られる。彼の一族は黎鄭政権における宦官重用に乗じ、複数の宦官を輩出して鶴林社で在地有力者化していたと推測される。このように受禄者や所該は禄社や徴税地域に何らかの地縁を有している場合が多い。

さらに『拓本集』中では集落外の人物による徴税を忌避して、集落内の富裕者が自集落の徴税権を購入する場合も見られる。界際社の神道碑（『拓本集』N.3888-3891。京北処慈山府安豊県、建碑1683年）では張曰貴なる人物について、

皇朝特進輔国上将軍該官調郡公張曰貴は、我が郷里の人である。……昔、我が郷里は外部者の支配に苦しんでいた。公（張曰貴）はこれを非常に憐れみ、私銀により徴税権を購入して善政を敷いた。これ以降、民が農

---

27) 由本社従前以来人数頗少、而著於戸籍肆拾名卒、以至賦役繁重、人力難堪。幸於此時仰得本社官員侍内監轎前紀寿阮如璘字如璘号法広言之有感、寧用慇然、卒使本社村長等人修写啓詞仰達上聴。幸而淵衷允契、公議付行差官往勘、准許実卒拾伍名人。

作業に楽しみ、安眠できるのは全て公のお陰である。わが村はその玉の如き徳に対して豊かな公田を供して報いんとしたが、公はそれを受け取らず、その契約を焼却して田を返還したのみならず、銀銭を遺して広く衣食を提供した。またその数年後、辛酉年（1681）には大旱魃により、餓死者が道路に満ちたが、公は家財を投じて賑救し、おかげで我が郷里の人々は一命を取り留めた。[28]

とあり、外部の人間の徴税に苦しんでいることを憂い、張曰貴が自社の徴税権を購入している。これは前節の祥麟村の事例において、受禄者との血縁に依拠して所該が選任され、集落側から忌避されたのとは対照的である。黎鄭政権の徴税機構では原貫地回避の制度がないために、全体的趨勢として集落側は地縁者による禄社受給、徴税を選好する傾向があり、また同時に受禄者や徴税官側も自身の原貫地などなんらかの所縁がある集落を選好していたように思われる。

　さらに張曰貴の場合、旱魃時に賑給を行っている点が注目される。これ以外にも『拓本集』中では困窮時における有力者の賑給、賑貸措置を記した碑文が散見するが、必ずしも純粋に恩恵としてなされるとは限らず、特に賑貸の場合は別の側面がある。例えば中瑞社の后仏碑（『拓本集』N.2273-2274。山西処国威府丹鳳県、建碑1694年）では清乂出身の武人である禎郡公鄭なる人物が同社を禄社とし、「貸賦・許租の恩」を施している。これは季税の納税が困難な場合に納税を猶予し、不足分は次回以降の納税までの禄社への貸借として処理したものと考えられる。既述のように黎鄭政権期の徴税は集落ごとの定額制であり、収穫量の多寡に応じて一定の割合を納税するという仕組みにはなっていない。これは受禄社や徴税官による過徴を防止するという点では一定の抑止効果があったのは確かであり、平例法の眼目もそこにある。

---

28) 茲皇朝特進輔国上将軍該官調郡公張尊公諱曰貴、乃我郷人也。……昔我郷為他牧所苦。公切憫之、乃以私銀為求管牧而撫字之。自是民得楽於耕耘、安於衽席、全頼公之賜也。我郷徳之瓊匡、為報供爾公田、公不肯納、即焚其契而還其田焉。至若継遺銀銭、広推衣食。又不知其幾、迫辛酉歳、適逢亢旱、餓莩載途、公又出家貲賑救、以活我一郷之命。

しかし天災などにより収穫が激減した場合には、この仕組みは集落側に不利に働くことになる。この結果、滞納分が次回以降の納税に繰り延べられ、度重なるとしばしば返済困難な状態に陥ることになる。例えば春瓢社の後神碑（『拓本集』N.8810-8811。京北処北河府沿和県、建碑1771年）では、

> 北河府沿和県春瓢社の官員・郷老・色目・社村長の阮有功…〈中略〉…呉文獣以下同社の人々は、租庸調を課せられたが、毎年欠納があるため、ますます「他徭」せざるを得ず、多額の負債・利息を抱え、これら正税以外の負債の元本・利息を合計すると古銭424貫608文にのぼった。既に八方手を尽くしたが、弁済することが出来ず、4～5年の歳月を経たものの、公私の督促や役人への外銭など、人々はその出費に堪えかねた。債務が一日有れば、民は一日苦しみを受ける。どうして農作業に勤めて心を安んじ、共に生業を楽しむことができようか。[29]

とあり、春瓢社は多額の債務を負い、利息すら返済困難な状態に陥っている。債務が重なり「他徭」をせざるを得ないという状況は、恐らくは田植えや収穫の手伝いなど近隣の集落へ賃稼ぎに行かざるを得ない状況を述べていると思われる。この後、春瓢社の場合は黎永鎮なる宦官が負債を肩代わりすることで事なきを得るが、先述したような集落内で亭での後神を見返りに納税資金を募るという行為がしばしば行われているのは、このように集落全体が借金まみれになるのを未然に防ぐためと理解できる。

このように債務が累積する事例は必ずしも春瓢社に限った特殊事例ではなく、徴税の際の会計処理として頻繁に行われていたようである。『綱目』景興2年（1741）秋7月～8月条によれば、

---

29) 茲北河府沿和県春瓢社官員郷老色目社村長阮有功…〈中略〉…呉文獣全社上下等、為有加租庸調、累年積欠、益以他徭、領ების生息頗多、其贓外本息、算至古銭肆百貳拾肆貫陸百捌文。雖已百計捜求、不能取弁、居諸経四五年間、公私徴督、餞送外銭、民間不勝其耗費矣。即債存一日則民受一日之苦、又安得出作入息、以共楽於職業哉。

中興後、鄭王府は六番を置き、尽く六部の職掌を収めた。戸番は財賦を専掌したが、会計の期を10年、50年単位で行い、猾吏が因縁を付けて悪事を働くこと久しかった。[30]

とあり、このため鄭楹は戸部に再び財政を担当させようとしたが、既に部外者には実態把握が不可能な状況になっていたために間もなく諦められたという。ここで述べられている10年、50年単位の「会計の期」とは恐らく滞納分を債務として長期間にわたり返済させ続けていた状況を指すと考えられる。六番内でこの会計を担当していたのが、各番の「刷号」であろう[31]。このように黎鄭政権の徴税制度は構造上、不作の場合には納税者側に不利に作用することは否めず、村落側にしばしば債務が累積することになった。したがって集落構成員の生存確保上、困窮時の救済措置がより重要な意味を持つことになる。これが有力者による税代納・賑給・賑貸、それに対する亭での神格化や祀廟における顕彰に結びついていたと考えられる。

しかし当時の村落が必ずしも集落内の富裕者や集落出身の有力官僚などの善意のみで地縁的共同体として凝集力を強めていた訳ではない。この点についてはそもそも亭や祀廟が少数の有力者の出資により建設される例が『拓本集』では確認できることからもある程度推測できる。例えば頼安社の事例（山西処国威府丹鳳県、建碑1734年、N.1452-1455）を見ると、有力宦官2人を輩出した范氏の祀廟が建設されているが[32]、その神道碑には以下のように記されている。

癸丑年（1733）本社の（祀廟の）建設を援助した。前の堂館は五間構成で 全て鉄林・鉄樺を用いた。両頭（屋根飾り）・碧塼・礼廟・労賃の銭

---

30) 中興後、鄭府置為六番、尽収六部之権、戸番専掌財賦、会計之期、或十年或五十年、日久猾吏因縁為姦。
31) 第2章【図表2-1】参照。
32) この祀廟は第2章の【図表2-5、2-6】で取り上げた2人の宦官を祀ったものである。併せて参照されたい。

米として、合計古銭246貫を支出した。辛亥年（1731）官困銭として古銭96貫を納めることを許した。癸丑年（1733）再び租庸として古銭205貫、石堤銭として古銭82貫、買亭門仝銭として古銭75貫を支出し、祭田20畝5高を寄進した。本社の全ての人々は、日頃から彼の情け深さに感じ入っていたが、この日新たに恩恵を受けたので、人々は口を揃えて彼を後神・後仏とすることを請うた。[33]

とあり、稷忠侯范なる宦官が1731年と1733年に巨額の私財を拠出していることがわかる。特に1733年の場合、范氏一族の祀廟の建設のために、古銭226貫を支出すると同時に、社に対して課された租庸、石堤銭、買亭門仝銭[34]など合計古銭362貫を支出し、さらに祀廟付属の祭田として約20畝を提供している。拠出している金額、土地面積は相当に大きい部類に属し、黎鄭政権において財務官僚として重要な役割を果たしていた宦官の経済力を物語っているが、注目すべきは祀廟を建設した同じ年に代納を行っている点であり、祀廟建設の労働力を確保するため、見返りとして納税を肩代わりしているように思われる。

また、前述の「他牧」に苦しむ村人を憐れんで自社の徴税権を購入したとされる張曰貴の界際社[35]を筆者が訪問したところ、同集落には集落の亭とは別個に、かつてはかなり規模の大きい張族の祠堂が存在していたことが確認できた。第二次大戦前まで張曰貴の忌日には、張族のみならず集落の住民すべてが参加する大規模な祭礼があったとのことである[36]。一方で現在の界際集

33）癸丑年、助本社修造。前堂館五間、全用鉄林鉄欅。両頭碧塼并礼廟傭功銭米、共准古銭貳百肆拾陸貫。辛亥年、又許納官困銭古銭九拾陸貫、癸丑年、再許租庸古銭貳百五貫、及石堤銭古銭捌拾貳貫、并買亭門仝銭古銭柒拾五貫、許祭田貳拾畝陸高。全社旄倪、平日既感貴侯之恵心、今日又承貴侯之恵貺、衆口一辞、共請貴侯為本社後神後仏。
34）『拓本集』中には「買亭門」などの売買契約を刻んだ碑文が散見する［嶋尾 2011、2014］。これらを見る限り、「買亭門仝銭」は新たに亭や祀廟を建設する際、その祭祀挙行権を教坊司から購入するもののように思われる。第6章において詳述。
35）現住所はバクニン省ティエンズー県フーラム社ゾイテー村（thôn Giới Tế, xã Phu Lam, huyện Tiên Du, tỉnh Bắc Ninh)。
36）現在は界際集落の東側に碑文などが跡地である野原に碑文が立っているのみで、祀廟

落の亭には黎聖宗が祭神として祀られている。しかし黎鄭政権期に前期黎朝の黎聖宗を亭に城隍として祀るような行為が許されたとは思えず、何かしら「取って付けた」感が漂うのは否めない。これを見るに現在の亭は少なくとも阮朝期、すなわち19世紀以降に建造された比較的新しいものと推測される。だとすると亭が建造される前の17世紀末〜18世紀の界際社では、張日貴を祀る祠廟が実質的に「亭」としての役割を果たしていたと考えるのが妥当であり、上述のように張日貴の忌日に「張族のみ」ではなく「集落全体」で祭礼が行われたという証言も首肯できる。これも黎鄭政権期の有力者が原貫地における「私的支配」を行っていたことの1つの傍証であると言えよう。

　このように有力者が出身村落において私的支配を拡大させていたことを窺わせる事例があることを鑑みると、上述のような税の軽減や代納措置は、一転して純粋に無償の行為であったのか疑わしくなる。実際には税の減免や代納の見返りとして、亭や祠廟の建設といった労働に駆り出されていた可能性もある。例えば『詔令善政』戸属の永祚7年（1625）「平治規模令」によれば以下のように所該や該民による民の使役を禁ずる規定が見られる。

　　一、内外の所該・該民は、以後 社民を私役に充ててはならない。（使役が必要な）重大事が有れば、上啓をして必要性を明らかにし、許可を得て行うこと。もし某該が好き勝手に私役に充て、民を騒がせて、住民に告発されたならば、国法により裁く。[37]

　などの建造物は現存していないが、遺構を見る限り参道なども備えたかなり広壮なものであったと考えられる。また上引の界際社の碑文（『拓本集』N.3888-3891）は集落の南東の墓地に現存している。なお集落内には張日貴の末裔とされる人々も残っているがゾンホの規模自体は小さく、家譜などの史料も抗仏戦期の戦災により焼失して現存していない。界際張族の族長によると、現在の祭礼は張族のみで行われているとのことである。またかつて張族の人物が数百畝の田土を公田として提供したとする伝承も伝わっているが、これが張日貴を指すのかは不明である。ただ『拓本集』N.3888-3891には公田を提供しようとしたものの、張日貴がその契文を焼いて辞退したという記述があり、何らかの関係性は疑われる。

37) 一、内外所該該民、茲後不得使社民私充家役、或有重大事務、啓稟明白、奉准応行、若某該私行専意、設計擾民、致社民鳴告、以国法論。

このように所該・該民が管轄地で社民を私役に充てることを禁止し、また違反して住民に告発された場合は処罰することが定められている。しかし実際に使役された人々が告発するには多くの困難が伴う。『詔令善政』刑属の盛徳元年（1653）「申戒勘訟令」によれば、

> 文武の大臣・所該・権貴の親近者・王府の宮嬪・宦官が、職掌でないにもかかわらず、奸人の訴えを受理し、良民の財産を脅かすのは、厳しく戒めるべきところである。…〈中略〉…（彼らは）労役を忌避して季税の官銭に執着し、命令であると偽って、人々を捕らえ、良民を殺害し、刑罰をもって威圧する。さらには道路を塞いで告発者を捕らえ、牢に入れて撲殺し、告発を免れている。またその子分は武器を所持して、司法機関に押し掛けて、裁判中に告発者を打擲し、被告や双方の監守を解放してしまうなどの問題が起こっている。[38]

とあり、官衙に告発するにしても実際には様々な妨害があり、時には裁判にまで押しかけて無法が行われても、地方官は座視しているしかないような状況であった。このような状況の中、徴税される村落側、徴税する受禄者・徴税官側が地縁を媒介として結びつく傾向があり、これを通じて特定集落の「囲い込み」による有力者の影響力拡大をもたらしていたと考えられる。

これらを見るに、収穫の多寡にかかわらず定額を徴収するという硬直的な税制度が、不作の際には村落側を窮地に追い込んでおり、これに対応して地元の有力者が税の代納、賑給、賑貸などの救済措置をとっていたことが、亭での後神による集落内での発言力強化へと結びついていたと考えられる。有力者による祀廟の建設なども、飢饉時に貧窮者を労働力として雇用することによる一種の救済措置であった可能性もあり、一概にその全てが住民を「私

---

38) 其大臣文武及所該権貴親近内宮嬪侍内監、無有衙門職掌、妄受奸人投告、抑脅良民銭財、所当厳戒。……為逃避官役、固執季税官銭、反誣為随偽勅令、拿捉卒衆、刺殺良民、以刑為威。及邀截道路、取捉原告人、陥監打死、以免所告。并差人操持器械、押到該勘衙門、当勘時打原告人、及解脱被告両伴監人等弊。

役」に駆り出す無法であったとは言い切れない部分もある。実際、『全書』正和23年（1702）春正月条や景興34年（1773）夏4月～9月条のように貧民を労働力として雇用して堤防を建設するなど、水利の安定と流民の吸収の双方を目的とした政策も行われており[39]、村落において類似の事業が祠廟建設などの形で有力者により行われていたとしても不思議ではない。一方で嶋尾［2000a：222-223］が検討した百穀（バックコック）社や次章で検討する鉢場（バッチャン）社などのように高級官僚を輩出しつつも、亭における彼らの後神に対して強い反発を示している集落があるのも確かである。また数的には大多数を占めるであろう、そもそも有力官僚を輩出していない集落においても同様の状況が出現していたのかという点には疑問を持たざるを得ない。ここまで見てきたように受禄者・徴税官と村落の紐帯は地縁による部分が大きく、逆に地縁によらない支配は「他牧」であるとして忌避される傾向が強い。したがって有力者が自身の出身集落において、あるいはさらに拡大して近隣集落に及ぶ「専権」「専横」を行い得たとしても、それ以上の面的拡大が可能であったとは考えにくい。またチュオン・ヒウ・クイン［Trương Hữu Quýnh 1983：471］も認めているように、紅河デルタでは「大土地所有」とはいっても土地集積はおおむね一集落内に留まる小規模なものであり、複数集落に及ぶ一円的な大土地所有はほとんど見られない。これは受禄者・徴税官などによる「囲い込み」が行われた範囲は、地理的にはせいぜい複数集落程度のごく小規模なものであったことを示唆している。

第4節　流散の発生と税制度

ここまで見たように黎鄭政権期の硬直的な税制度は、天災時に被徴税者側

---

39) これに関連して西村昌也［2007］［2008］は、17～18世紀に紅河デルタの堤防網が下流部が排水のために開放されている馬蹄形輪中から閉鎖型輪中へと変遷した結果、輪中内における新集落の成立をもたらす一方、これが遊水域の減少と河床の上昇による紅河の天井川化をもたらしたとする議論を展開している。

第 4 章　黎鄭政権における徴税と村落

を窮地に追い込むことになり、これを契機として受禄者や徴税官による地縁を媒介とした特定集落の「囲い込み」が行われていた。しかし、これは特定集落との地縁に依拠している性格上、地理的には小規模なものである。また、これらは時として彼らによる「専権」「専横」をもたらした側面はあるものの、平時には徴税者側の円滑な徴税、天災時には納税者側の生存保障という双務的なものであり、黎鄭政権期の硬直的な税制度に対して徴税者・納税者の双方が適応する中で自然と現れてきたものと考えられる。しかし徴税者側とこのような特別な関係を構築することができずに「他牧」に甘んじざるを得ない大多数の村落では、天災時には余力のない小規模農家を中心に流散せざるを得ない状況が生まれたと考える。これは残った農民の負担増を生むことになり、それが新たな流散を生むという悪循環に陥ることになる。

　当然ながら鄭王府側もこのような状況は認識しており様々な施策をとっている。主要な施策は第一に流民を招集して定着化を図るものであり、黎鄭政権の場合、一定期間の納税猶予期間（通常は 3 年）を設けて原貫地への復帰を促したり、荒廃した田土を開墾させるといったことが行われている。しかし 1730 年の流民招集では入植地が「五百二十七郷」にも及んだとあり[40]、広範な流散発生に対して官による招集が追い付いていなかった状況が窺われる。これ以外の黎鄭政権期の飢饉への対応策は大きく 4 つ挙げることができる。第一は季税、つまり田税や丁税の減免である。鄭棡期に田税は租、丁税は庸と名称を変えるが基本的には変わりはない。これらは夏務、秋務という年 2 回の納税が基本であり、夏稲に被害が出れば夏務、秋稲に被害が出れば秋務に対して減免措置が取られる場合が多い。第二に賑給、つまり飢民に対する食糧の給付である。この 2 つは飢饉の発生に伴って頻繁に取られているが、特に賑給に関しては 1740 年代の農民反乱時では重要な意味を持っている。『全書』景興 13 年（1748）秋 6 月条〜冬 10 月条では農民反乱の有力な指導者であった阮有求について以下のように記されている。

---

40)『全書』永慶 2 年（1730）6 月壬辰〜癸丑条。

是より先の庚申年（1740）辛酉年（1741）、連年飢饉であり、海陽が特に甚だしかった。阮有求は軽舟により商船を襲い、獲得した食料を分け与えて、多くの衆を養い、悪知恵により利用し、暴力により駆使した。[41]

このように阮有求は飢饉時に食糧を略奪してそれを分配することによって多くの配下を養っていたとされる。17世紀末頃よりしばしば飢饉の度に「盗賊」「草寇」などの大小様々な流賊が群起するが[42]、1840年代の一連の反乱で大きな勢力を誇った阮名芳、阮有求は、これら小さな流賊を糾合して大勢力になったものであることは容易に推測できる。このためか18世紀に入ると賑給の記事が増えているが、これは恐らく飢民に食料を確保することが彼らの勢力を削ぐことにもなるとの考えによるものであろう。しかし結果としては1740年代の農民反乱発生以降は戦災により海陽を中心に大規模な流散が発生したこともあり[43]、財源を確保できずに「入粟授職」、つまり食料納入の見返りとして官職を授与するという売官を頻繁に行うことになった[44]。これが官吏の質低下を招いたことは想像に難くない[45]。第三に、商税の免除や巡司の撤去などにより食糧を不足地域に流入しやすくする流通面での施策である。17世紀段階から巡司の削減や撤去は度々実施されているが、これが飢饉対策として行わ

---

41) 先是、庚申（1740）辛酉（1741）、連年饑荒、海陽為甚。求以軽舟劫商船、所得粟米分賑之、全活甚衆、済以狡譎、駆以威力。
42) 例えば『全書』正和2年（1681）春2月～末条、正和4年（1683）夏6月～秋9月条、景興18年（1757）3月条～夏6月条、景興28年（1767）正月～三月条など。
43) 特に農民反乱の主戦場となった海陽の荒廃はすさまじいものであったようで、海陽鎮守を補任することすらできずに空任とされている（『全書』景興2年（1741）8月条、景興5年（1744）8月～9月条）。その後、1749年にようやく徴収官を置かれて僅かながら徴税が開始されているが、1753年に至っても徴収号を1つしか置けないほどに税収は激減している（『全書』景興10年（1749）6月条、景興14年（1753年）夏4月～6月条）。
44) 例えば『全書』永盛9年（1713）春正月条、景興2年（1741）春正月～夏4月条、景興29年（1768）3月～6月条など。また「入銭授職」による堤防整備と流民吸収の事例としては『全書』景興34年（1773）夏4月～9月条。
45) 通常の売官は第2章の【図表2-6、2-7】を見るとわかるように実体をともなわない黎朝系官職を授与して官品のみが上昇するものであるが、『全書』永佑2年（1736）6月～末条では、実任の府県官職まで授与されている。

れるのは 18 世紀に入ってからの新機軸である[46]。

　第四は「積欠諸税」の免除、つまり滞納された税の免除である。その実施状況について『全書』を見ると、黎鄭政権が紅河デルタを奪取して間もない 1598 年に「経年賦税」の免除、1599 年に「饒施欠賦」の免除が行われているが[47]、それ以降 17 世紀中には紅河デルタにおける滞納免除を窺わせる記事は見当たらない。しかし 18 世紀以降、『全書』において確認できるもののみでも、1709 年、1712 年、1725 年、1727 年、1730 年、1737 年、1755 年、1758 年、1767 年、1776 年と頻繁に実施されていることが確認できる[48]。このように 18 世紀以降に滞納免除記事が頻繁に現れるのは、恐らく 1669 年の平例法の施行と関連しており、「他牧」に甘んじざるを得ない大多数の集落では、天災発生時には定額を納税することができずに、それが債務として累積するという状況をしばしば生んでいたことを示唆している。『全書』永慶 2 年（1730）6 月壬辰〜癸丑条によると、鄭杠の親政開始にともなう府僚の上奏には、

　　貧民が漂流し、疲弊が実に甚だしい。積年の滞納は、減額したうえで追徴するべきである。また実戸も生活が苦しく支えることが出来ない状態であるのに、僑寓者の家宅は綺麗に葺かれており、「逃避」であるという理由で免税されている。あるいは流民の人丁は最貧であるのに、「雑流者」の財産は富裕であり、金品で官職を買って免税されている。請うらくは客戸・実戸を問わず、人数に応じて庸（人丁税）を納めさせ、「雑流」2 人につき、庸 1 人を課税することとし、人々が原貫地に復帰するのを待って、旧例により納税免除をされんことを。[49]

46）例えば『全書』永盛 8 年（1712）秋 9 月条、龍徳 2 年（1733）3 月条、景興 4 年（1743）2 月〜夏 8 月条、景興 19 年（1758）秋 8 月〜冬 10 月条など。

47）『全書』光興 21 年（1598）正月 16 日条、光興 22 年（1599）8 月 24 日〜25 日条。

48）『全書』永盛 5 年（1709）冬 10 月条、永盛 8 年（1712）秋 9 月条、保泰 6 年（1725）6 月条、永佑 3 年（1737）6 月〜秋 9 月条、景興 16 年（1755）夏 4 月条、景興 19 年（1758）秋 8 月〜冬 10 月条、景興 28 年（1767）5 月〜6 月条、景興 38 年（1776）12 月条。

49）貧民漸漂、困瘁実甚。積年逋欠、宜量減追徴。又実戸困頓不支、而僑寓家宅完葺、以逃避幸免。流民丁率最少、而雑流者財産豊足、以捐納饒饒。請不問客戸実戸、照率補庸。雑流二名、受一庸率、待民丁回集、依舊饒免。

とあり、一概に流民とはいっても文字通り定着せずに漂流している人々があり、これが原貫地に残った人々の税負担の増加をもたらしている一方で、流民の一部には他集落に定着して以降も、制度上は流民扱いされることにより納税義務を負わずに富裕化するという社会矛盾を生み出していたことが窺われる。このような状況を生んでいるにもかかわらず、政権側が流民の原貫地への復帰に拘ったのは、原貫地の税負担を軽減せねばそれが新たな流民を生むことになるためと考えられる。しかし当然ながら実際には流民が原貫地に復帰せずに他集落に定着する場合も多々あり、上引のように「僑寓者」が新たな定住先で富裕化する事例があったことを鑑みると、実際には課税の「原貫地主義」を盾に取って、定住先での納税負担を拒否するケースが多発していたことを示している。つまりいわゆる「流散」の中には、経済的困窮により流民化した人々以外にも、このようにあえて寓居民化することによって納税忌避をする人々が含まれていたことを示唆している。つまり社単位の定額制という税制度に対して、あえて流動化することによって対抗していたわけであり、これが流散の長期化と、黎鄭政権の財政基盤である「実戸」の縮小を招いていたと考えられる。

　また鄭棡期の清乂依存から脱却を図った兵制・税制改革が結果として四鎮の負担強化を招いたのも事実である。四鎮からの徴兵に関しては1722年から本格的に開始されたものの、逃亡があまりに多く、1733年には逃亡兵の赦免と四鎮の兵額を削減がなされている[50]。さらに1733年には四鎮の兵士を対象とした揀法の新たな運用も停止されているが、これは口分田を支給できない村落から徴兵されたものに訓練を施したうえで帰農させるものであり、四鎮からの徴兵により増加したと考えられる。さらに、その3年後には残った兵士の中から軍務経験のある熟練兵のみを各鎮に帰属させたうえで、残りの半農の兵士は帰農させてしまっている[51]。その後、1740年代には反乱の発生に伴い、清乂からの徴兵が再び5丁1人から3丁1人に強化され、結局は鄭棡

---

50)『全書』龍徳2年（1733）2月～3月。
51)『全書』永佑2年（1736）6月～末条。

期以前と兵士の構成は大差ない状態へと復した[52]。また税制面でも1722年に租庸調制が施行されて、僅か2年後の1724年には早くも清乂の公田租と私田租が減額され[53]、1728年には田租の課税基準の改訂[54]、1730年には紅河デルタにおける私田租を減額するといった恒久的な減税措置が取られており、既に同時代から阮公沆の主導した税制改革が農民に過重な負担を招き、農民の流散を招いているとの認識があったことを示している[55]。このように清乂と四鎮という地域差を解消しようとする鄭棡期の諸政策は、四鎮における負担増と流民の大発生という結果を招き、1740年代の大規模な農民反乱につながるのである。

ただし鄭棡期の諸改革がその後、結局は以前の状態へとほぼ復すことをもって、清化対紅河デルタという政治史的文脈の中で捉えて「清化集団の反撃」と解釈することには筆者は反対である。第1章の第5節で見たように鄭棡期の改革には明らかに政治的背景があり、この時期までは「清化対紅河デルタ」という地域対立的な構図の中で捉えることは、ある程度可能である。しかし、これ以降の「揺り戻し」は鄭棡期の改革の結果として生じた（あるいは肥大化した）社会矛盾を修正しようとする社会政策として行われているのであって、清化や紅河デルタといった地域的政治集団の権力闘争の結果として捉えることが適切なようには見えない。1740年代の清乂優兵依存への復帰も紅河デルタにおいて大規模な反乱が発生しているという状態である以上、他に手段がないというに過ぎない。むしろ政治史的に言えば、藤原利一郎［1967］の研究にみられるように、鄭棡期以降は清化出自の武人のみならず外戚（例えば鄧氏や如琼張氏）、宦官（例えば黄五服）、多数の科挙官僚など様々な出自の官僚が第一線で活動している。貴族化した清化出自の武人が既得権益を持っていたのは事実であるにしても、政治的影響力という点では大きく後退しており、結果として鄭棡期の改革は清化対紅河デルタという政治的対立の

---

52)『全書』永佑6年（1740）春正月～2月条。
53)『全書』保泰5年（1724）2月～3月条。
54)『全書』保泰9年（1728）夏4月～冬10月条。
55)『全書』永慶2年（1730）2月～夏4月条。

解消という点では一定の成果を収めていたように見える。しかしその背景にある社会そのものの地域差、社会構造の改革には至らず、様々な社会矛盾を噴出させることになったと言えるだろう。

小結

　本章では黎鄭政権期の税制度とそれに関連して受禄者・徴税官吏、流散の発生を中心に検討した。黎鄭政権期には村落ごとに税額を固定することにより実質的には村請け制が確立する。制度上、はっきりと確認されるのは平例法によるが、これ以前にも実際の納税は集落ごとに集約して行うのが通常であり、平例法はこまめな戸籍や地簿の改訂による税額変更を放棄したに過ぎない。この結果、集落は地縁的凝集力を強め、集落単位でより良い課税条件を求めて能動的に動くことになる。この際に行われたのが禄社制を利用した受禄者や徴税官吏の変更である。黎鄭政権期の禄社受給者や徴税官吏が自身の出身地を受け持つなど、対象地域と地縁を有することは否定されておらず、これに乗じて有力者が一部の集落を囲い込むことによって私的支配を伸張させていたように思われる。しかし一方で、彼らは特定地域の支配を世襲的に継承することが制度的に保証されていたわけでもない。村落側の抵抗にあえば、中央政権による罷免や配置転換の可能性は常にある。村落側が裁判に訴えることを暴力的手段に訴えてでも阻止しようとしている点は、有力者が私的支配を伸張させていたこと示すと同時に、禄社の変更などによって容易にその特権的地位を消失してしまう存在であるがゆえの必死さの現れでもあり、いわゆる「封建領主」には程遠い。むしろ平時における円滑な徴税と天災時の生存保障という、徴税側と村落側の双方が硬直的な税制に適応した結果と捉える方が実態に即している。時として徴税者側が私利を貪るということはあったにせよ、巨視的に見れば集落ごとの定額制という硬直的な税制度と天候により収穫が増減せざるを得ない農業の間で彼らが緩衝材として機能していた側面もあるであろう。

第 4 章　黎鄭政権における徴税と村落

　しかし、このように徴税側と特別な関係を構築しえたのは一部の集落であって、それ以外の大多数の集落は、収穫の多寡にかかわらず定額を徴収するという硬直的な税制の下で旱魃・洪水といった天災の脅威に直接晒されることになる。これは確かに桜井が主張するように特に夏稲栽培などの不安定な農業経営を強いられている人々を中心に流散させることになったと考えられる。しかし流散の大規模な発生を考える上でそれ以上に重要なのは、飢饉それ自体による流散の発生よりも、流散した民が飢饉の終息後も原貫地に復帰しなくなってしまったことが大きいと考えられる。黎鄭政権の税制度では集落単位で税額が固定される以上、人丁が流動的に移動するという社会状況はそもそも前提とされていない。流散が発生して集落人口が減少した場合、これは残った人々の負担増加に直結するため、行政側としては、流民は原貫地へ復帰し、そこで再び課税を受けるという「原貫地主義」を原則とせざるを得ない。しかし実際には、この「原貫地主義」が他集落に漂着して寓居民化した人々の徴税忌避の手段となってしまっており、これが流民発生とその長期化を招いていた。その結果、天災発生のたびに課税対象となる「実戸」の減少と税負担の増加をもたらし、それがさらなる流散の発生につながるという悪循環をもたらしていたと考えられる。この悪循環を断つためには、課税を「在地主義」に変更した上で、農民の流動化を前提とした定期的な現状把握、つまり戸籍の改訂を繰り返すことが求められる。しかし平例法の眼目がそれらを口実とした恣意的徴税の排除にあったことが示すように、財政機構と軍事機構が一体化した鄭王府の統治機構においては、これは非常に危険な施策であり、17世紀前半の状況へと逆戻りすることを意味する。このようなジレンマに陥ったまま、鄭棡期の改革によりもたらされた四鎮の負担増加は悪循環を一気に加速させることになり、1740年代の大規模農民反乱の発生に繋がったと考えられる。このように黎鄭政権の税制度は天災の発生と社会の流動化に対応できないという構造的弱点を抱えていた。

第Ⅱ部
近世ベトナム社会の諸相

　第Ⅱ部では17〜18世紀を中心に、「伝統社会」の形成を念頭に置きつつ郷村社会の実態面を検討する。この際、避けて通れないのが既に多くの先行研究により指摘され、議論されてきた、紅河デルタにおいて典型的に見られる「自律的」あるいは「自治的」とされる村落群、あるいはベトナム語でゾンホ（dòng họ）と呼ばれる父系親族集団といった、固定的かつ閉鎖的なメンバーシップを持つ社会集団が、この時代に広範に出現する点である。序章でも触れた史料の質的変化と爆発的増加も、これらの社会現象によるところが大きい。第Ⅱ部では、これらの新たな出現した史料群を活用しつつ、近世社会の成立を明らかにしていきたい。まず第5章では、まず第Ⅰ部における黎鄭政権の統治機構の検討を踏まえつつ、ハノイ近郊の鉢場社を事例として実際にどのような地方統治が行われていたのかを明らかにする。続く第6章〜第7章では、ハノイ中心部により南西20キロほどに位置する紫沆社を事例として亭を中心とした地縁集団の成立、及び家族形態を検討する。さらに第8章〜第9章では目を転じてベトナム中部フエ近郊の清福社を事例として、地縁集団・血縁集団の成立を儒教の普及なども踏まえつつ明らかにする。

第5章

黎鄭政権の地方統治
―― 17～18世紀鉢場社の事例 ――

はじめに

　現在、ベトナムの首都ハノイの中心部から南東へ10kmほどの紅河東岸に、伝統的窯業集落として著名なバッチャン社（xã Bát Tràng、漢字に直すと鉢場社）[1]が位置している【図表5-1】[2]。バッチャンの窯業集落としての歴史は古く、考古学的には9世紀ごろから既に生産が始まっていたようである[3]。黎鄭政権期においても鉢場社は窯業を中心とした手工業村落として繁栄しており[4]、陶磁器の一大消費地である京師への供給地の1つに数えられる。現在においても窯業は盛んに行われているが、首都ハノイ近郊の伝統的手工業村の1つとして訪れる観光客も多く、観光業も重要な産業となっている。この現在のバッチャン社はバッチャン（Bát Tràng）とザンカオ（Giang Cao、江皋）という2つのラン（làng）にわかれている。現在のベトナムでは最小の行政単位は「社（xã）」であり、ランは厳密には行政上の単位ではないが、祭礼な

---

1) ハノイ特別市ザーラム県バッチャン社（xã Bát Tràng, huyện Gia Lâm, tp Hà Nội）
2) 後述するように、現在のバッチャン社と黎鄭政権期の鉢場社は、行政区分などが大きく異なる。以下、これを区別するため現在の地名についてはカタカナ表記とし古地名については漢字・字喃により表記する。
3) ただし16世紀以前についての鉢場社については不明な点も多い。詳細は［Phan Huy Lê 1995］や［Ueda & Nishino 2017：125-128］を参照。
4) 『全書』永慶4年（1732）末条には、鉢場において火災があり1ヵ月近く燃え続けたという記述があり、恐らく焼成のために集積されていた燃料に引火して大火災になったと考えられる。多分に誇張が含まれている印象も受けるが、当時の盛んな陶器生産が窺われる。ただし後述する鉢場阮氏の家譜では、この火災に関する記述は見当たらない。

どの伝統的行事は多くがラン単位で行われ、バッチャン社の場合、それぞれのランがその中核的施設である亭（đình）を持っている。後述するように現在ザンカオと呼ばれる区域は嘗て「東皐社」として鉢場社とは別個の社であったと考えられる[5]。バッチャン社の北にはドンズー社（xã Đông Dư、東裕社）のドンズーハ村（thôn Đông Dư Hạ、東裕下村）と境界を接し、南には20世紀中に建設された運河（Sông Bắc Hưng Hải）を隔ててスアンクアン社（xã Xuân Quan、春関社）及びキムラン社（xã Kim Lan、金蘭社）が位置している。

現在の紅河東岸の堤防は【図表5-1】A-A'の線上にあり、堤防上は路線バスなども行き交う舗装道路となっている。つまりバッチャン社の居住区は全体が堤防外の紅河河川敷上に位置していることになる。このように堤防と河川の間に位置する土地は「洲土（châu thổ）」と呼ばれ、河川の流路変動による土地の生成、消滅が激しいために土地紛争が起こりやすい場所である。鉢場社の場合、東隣の東皐社と17世紀後半に20年以上に渡り訴訟を行っており、その判決が碑文拓本の形で残されている。さらに鉢場社はその経済力を背景に黎鄭政権期に多くの官僚を輩出しているため、17～18世紀について比較的詳細な記述を持つ家譜が現存している。いずれも正史類や法令関連史料では窺うことの難しい社会の実相を物語る史料であり、これら双方が揃った鉢場社は希有な例と言える。本章ではここまで述べてきた国家機構の考察を踏まえつつ、鉢場社を事例として黎鄭政権期の地方統治の実態を検討する。

---

5) 古老からの聞き取りによれば阮朝の明命17年（1836）に鉢場社と東皐社は合併され、その際、東皐（Đông Cao）から江皐（Giang Cao）に改称したとのことである。なお、前近代であるとはいえ土地紛争、族形成の問題は、ベトナムにおいては現在の生活にまで影響を及ぼす問題であり、本稿の記述がインフォーマントに迷惑を及ぼす可能性も皆無とは言いきれない。よって姓名などについては伏せさせて頂く。

第5章　黎鄭政権の地方統治

【図表5-1】現在のバッチャン社周辺域

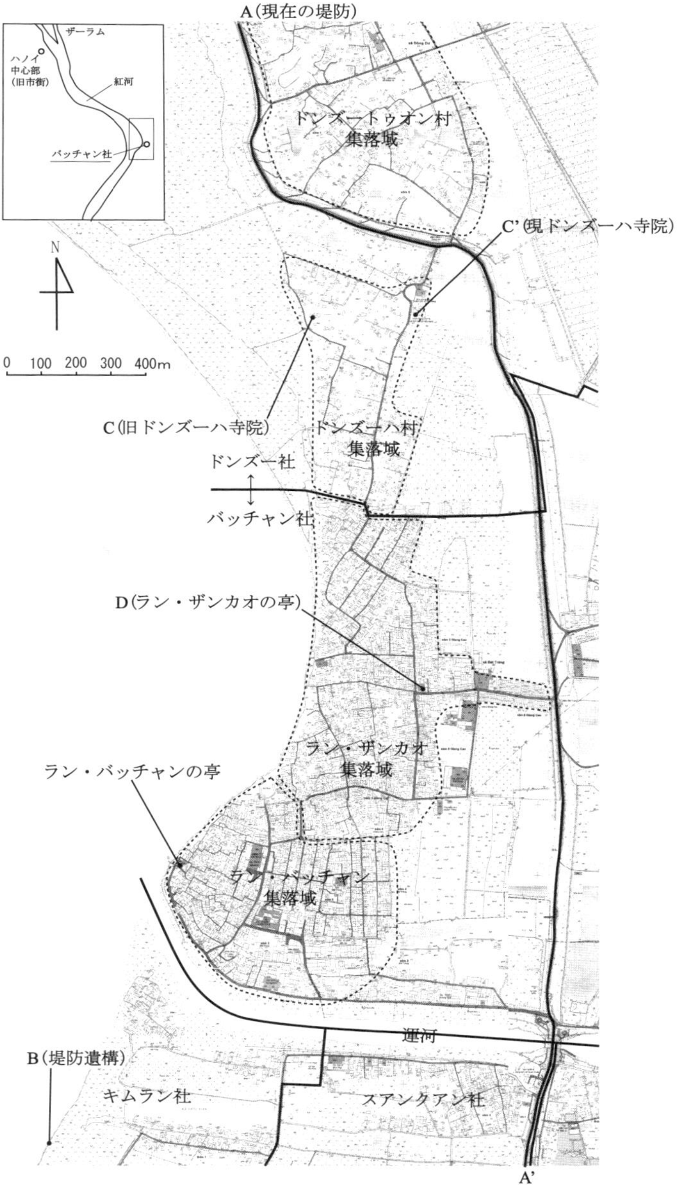

Trun tam Tu lieu Do dac va Ban do, 1/2000 地図を元に作成

第1節　訴訟碑文を通じて見る黎鄭政権期の紅河デルタ社会

　17～18世紀の碑文拓本を数多く収録している『拓本集』を見ると、訴訟に関する記述を伴う碑文が散見し、当時の紅河デルタ社会が相当な訴訟社会であったことを窺わせる。それらの中には判決文、公文書を石に刻み後世への証拠として残されたものもある。鉢場社もその一例であり、『拓本集』所収のN.3525-3528には鉢場社が隣接する東皐社との間の土地紛争に関連して17世紀後半に下された判決などが碑文に刻まれている[6]。碑文の形態は拓本から判断する限り、高さ約1m、横幅約45cmの直方体の四面碑文であり、各面に嘉林県の判決（1654年）、順安府の判決（1655年）、京北承政使の判決（1656年）、御史台の判決（1659年）、奉差官の判決（1680年）、鄭王の令諭（1681年）が刻まれている。建碑年は刻まれていないが、黎朝の避諱が見られる。建碑年については1681年～1789年というアバウトな推論しかできないが、しかし内容は鉢場社に下された判決文をそのまま忠実に石に刻んだものであり、史料としての信憑性は高いと判断できる。黎鄭政権期の訴訟史料については個人間の貸借を巡る事例が八尾［1998］により紹介されているが、本件では2つの社間の土地紛争であるため、行政訴訟的性格を帯びており、若干性格を異にしている。黎鄭政権期の訴訟判決については紹介事例も少ないため、以下にまず原文および現代語による試訳を示す。擡頭などについては原文を尊重して改行しているが、通常の改行については紙幅の都合により鈎括弧「」により改行位置を示す。

---

[6] 2008年10月～11月に行った現地調査では、バッチャン社でこの碑文を見出すことは出来なかった。かつて碑文が有ったはずのバッチャンのディンは、現在は紅河水際に立地するが、後述するようにバッチャン社周辺域では紅河により河岸を削られている。特に1969年から1971年の洪水では大量の地片を消失しており、この際に碑文も失われた可能性が高い。

第 5 章　黎鄭政権の地方統治

①嘉林県の判決（1654 年、『拓本集』N.3527）
【原文】

　嘉林県衙門等官、為理断刺人訟事。於本年拾月貳拾捌日、拠属内鉢場社官員社村長武秉軸・阮瑾・武令誉・阮有臨・阮擢・黎有倫」・阮瓉・范千歳・阮文通等有告。状謂、被別総東皐社、恃其該県[7]貯養奸人持尖鎗、当日中押到鉢場社界碣[8]、刺人不法事。拠此、仍勾[9]」東皐社。其東皐社阮時克・陳文偕・梁森・阮知詩・阮文鑑・鄧金生・陶文包・陶文命・阮有象・陶益・阮如隣・阮文玳上下等有状交勘[10]、等」詞。再勾証人本総金蘭・春蘭・東畲等社、并調抄口、略験各幅、共就衙門勘問。再往此処、拘集本総等社、共就門下、査被跡人所在」・被処堤下等、調得此参詳。其訟、係是堤路者所以防水通行、廟神者所以捍災禦患。其鉢場社祠廟在上堤路処、已経年久、有駆」瘟事、近於直理。其東皐社先下手刺人重跡、已有本総略験為憑、渉於非理。応断鉢場社為直伴。東皐社果是曲伴、当償此跡依」如律内。若違強断者、即経呈上官糾挙。茲断。」

盛徳貳年拾貳月貳拾参日、該吏阮文欽」
　　県〈花字花押〉」

【現代語訳】

　嘉林県の官、傷害事件について判決を下す。本年 10 月 28 日、本県内鉢場社の官員、社村長の武秉軸・阮瑾・武令誉・阮有臨・阮擢・黎有倫・阮瓉・范千歳・阮文通などが控訴した。訴状によれば、別総の東皐社により、該県が悪人を養い武器を所持しているのを恃みにして、その日鉢場社の界碣を押し倒そうとし、負傷させるなどの不法を行われた、とのこと。これを受け、東皐社より事情聴取を行った。東皐社の阮時克・

---

7)「該県」は黎鄭政権の非例官署の 1 つ（第 1 章、第 4 節参照）。武人もしくは鎮守の影響下にあったと思われるが、鉢場社周辺域の碑文には他に現れないので実体は不明。
8)「界碣」は境界の目印として設置される石碑の呼称。
9)「勾」とは告発を受けて官吏が現地に赴き、被告側から供述を取ることをいう。その際、被告側は「勾銭」として一種の裁判手数料を支払う。「勾」「勾銭」の規定は『黎朝会典』刑属、行勾事例、または『各衙門勾差』を参照。
10) 当時の一般的な民事訴訟手続きでは提訴がなされた後、「勾」された被告側より反駁の書状が提出される。この被告側が反訴状を出す行為を、当時「交勘」を呼称していたようである。

陳文偕・梁森・阮知詩・阮文鑑・鄧金生・陶文包・陶文命・阮有象・陶益・阮如隣・阮文玟などは書状により反論した、とのこと。また証人として本総の金蘭社・春蘭社・東皐社からも事情聴取を行い、証言を取り、関連文書を検証し、みな役所の取り調べに赴いた。また再びこの地に赴き、本総の社を集合させ、皆で訴状の現場に赴き、被害者の所在、被害現場である堤防の下を調べた。調査の結果これらの詳細を得た。この訴訟については、そもそも堤防は水防、通行の要であり、廟神は天災を防ぐ要である。鉢場社の祀廟は堤路上にあって既に長い年月を経ており、疫病を駆逐してきた事は、真実であるように思われる。東皐社が先んじて傷害という重罪を犯したことは、既に本総での検証が調書となっており、道義に反する。判決を下すに鉢場社を勝訴とする。東皐社を敗訴とし、被害を律の規定に基づき賠償すること。判決に違反すれば、上官に報告し検挙する。ここに判決を下す。

盛徳2年（1654）12月23日、該吏阮文欽

　　県〈花字花押〉

②順安府の判決（1655年、『拓本集』N.3527）
【原文】
　順安府衙門等官、為理断相争洲土[11]訟事。」
盛徳参年肆月拾捌日。拠属内嘉林県東皐社阮時克・陳文偕・梁森・阮知詩・阮文鑑・鄧金生・陶文命・阮徳沢・阮有象全社等告。状謂」、被本県別総鉢場社、妄告在県官衙門、其県官衙門偏断、等詞。始勾来・査問、其鉢場社武秉軸・阮瑾・黎進徳・范千歳・武令誉・阮有臨」・阮擢・黎有倫・裴富・王廷籌・陳文科・阮瑾等、再有状。交謂、被東皐社在内田、意欲争土、各持器械、押到廟祠刺人。被跡已有告在本県」衙門、査実勘断、等因。拠此状詞、仍詳詰問両伴訟。其原告東皐社備言、原有外堤例有納税。然例税、民常控納。其被告鉢場社」又備言、原本社地分在沿江、上自東畬、下至金蘭。其市渡例額界碣、已有須知簿内。且承鎮守官沿江地分[12]、亦有店次。又

---

11)「洲土」は堤防と河川の間に存在する土地全般を指す。鉢場社の場合、社全体が堤防外に立地しており、全てが法制上は「洲土」に該当する。後述するように地勢上、稲作は不安定とならざるを得ないため税法上、通常の田土とは別扱いになっている。
12) 鉢場社の南には嘗て金関所という屯田所が設けられているが［八尾　2009：193］、15

乞行踏」勘。仍親行就相争此処、拘集両伴訟各社指引、踏査此彊彼界。又勾査傍近東甑金蘭各社証人、究問曲直、及調東甑旧跡理断」交約各憑。又拠各社証人所称、並就此処夾界、縄立標表、壇下歃誓[13]。又査東甑約内有東甑簿、東皐・鉢場等社定立界碣、見南辺」西辺夾大河、近鉢場社。仍此与鉢場社理断約内、合同如出一轍。其北与東皐社、並不自近、渉於顛倒。又差吏与両伴証人、並就」戸科衙門抄写須知簿[14]、見鉢場社内外堤柒百五拾篙、及有市渡。為此箚状詞、并供抄各幅収留案内、審得参詳。其訟係鉢場社」在外堤沿江、有浮沙帯挹[15]接連地分。又有東甑証人歃血盟誓而供称。与譬如木有根枝。若東皐社居在内田、又無証人称。与譬」如寄木無根托。以鉢場余地私壇耕種、自起妄争、奚啻寄木陵枝面。又顛倒理断、違内約交、則其曲直不待弁而自明。令将前項」相争洲土潭陶、合断還直伴、依如旧跡約交及須知簿。洲則耕居、潭則攻魚、各勤生業、以為永遠之基。若曲伴東皐社応保有旧」彊田内、不得越分強争。違者、聴呈来得憑、挙奏懲治。茲理断。」

盛徳参年筵月貳拾貳日、対同韱吏阮世科」

【現代語訳】

　順安府の官、洲土の係争について判決を下す。

　盛徳3年（1655）4月18日。管轄内の嘉林県東皐社の阮時克・陳文偕・梁森・阮知詩・阮文鑑・鄧金生・陶文命・阮徳沢・阮有象などの告訴に基づく。訴状によれば、本県別総の鉢場社に、不当に県へ訴えられ、県官に偏向した判決を下された、とのこ

　世紀末に洪水により移動したと推測されている［西村　2007：201］。ここでの「鎮守官沿江地分」とは具体的には17世紀後半に鉢場社南方に残存していた旧金関所の領域を指すと推測される。

13)「壇下歃誓」は会盟、つまり生贄として動物を殺し、その血を互いに啜って誓いとする行為を指す。後段の「歃血盟誓」なども同義であろう。ここでは証言内容に相違がないことを官に対して誓ったのであろう。ベトナムにおける血盟については［竹田　1967］参照。

14)『全書』正和15年（1694）秋9月～末条には、州県官に地界などを記した「須知簿」の編纂が命じられている。ただこの判決史料を見る限り、それ以前より「須知簿」が存在しており各社と中央に保管されていたように思われる。

15)「浮沙」は川の屈曲地点に土砂が堆積して出来る地形を言う［八尾　2009：336］。「帯挹 dái ấp」は字喃。恐らく帯状に分布する細長い集落を指す。

と。そこで事情聴取のために出頭させ、事情を問うに、鉢場社の武乗軸・阮瑾・黎進徳・范千歳・武令誉・阮有臨・阮擢・黎有倫・裴富・王廷籌・陳文科・阮瑾らが、再び書状を提出した。反訴状によれば、堤防内を耕作する東皐社が、土地を奪おうとし、各々武器を持って、祀廟に押しかけて我が社の人間が負傷させられた。被害については既に県官に告発し、調査の上で判決を下されている、とのこと。これらの書状に基づき両当事者を取り調べるに、原告の東皐社が主張するには、「そもそも外堤例（堤防外の土地に対する納税規定）があるからこそ納税するのである。納税額それ自体を規則としてしまっては人々が納税を控えてしまうであろう」。また被告の鉢場社が主張するには、「そもそも本社は、上は東畲から、下は金蘭の間の沿江の地分にある。その（領域内の）市渡の課税額や界碣については、既に須知簿に記載されている。また鎮守の管轄する沿江の地分を受け継いで見張り所を構えている。願わくは実地検分されんことを。」そこで自ら係争地に赴き、両社の人々を集合させ、境界など指差させて確認しつつ、あちこちの境界を踏査した。また付近の東畲社・金蘭社の証人から事情聴取を行って是非を問い正し、東畲の旧跡にある判決や交約（近隣村落との取り決め）といった書類を調査した。また各社の証人の証言に基づき、皆であちこちに赴き、測量して目印を立て、血盟した。また東畲の約定内を調べるに東畲の地簿が有り、それによれば東皐社と鉢場社が界碣を立てた位置は、南辺と西辺に大河があり、鉢場社と接している。そこでこれを鉢場社の判決や約定と照らし合わせると、全く同一である。その界碣の北側は東皐社と接しておらず、一致しない。また派遣した官吏と両社の証人が、共に戸科に赴き須知簿の写し取るに、鉢場社内の外堤 750 高及び市渡が有る。それゆえ書状を記し、また各証言を報告に収録して、調べて詳細を得た。この訴えにおいては、鉢場社は堤防外の沿江地分にあり、土砂の堆積地と帯状の集落が続いている。また東畲の証人が血盟した上で供述した。譬えるに（鉢場社は）地に根のはった木である。一方、東皐社の地分は堤防内に居住して耕作しており、証人が供述することはない。譬えるに根のない寄木である。たとえ鉢場社の余った土地を勝手に耕作し、不当に争いを起こそうとも、寄木が根を張ることが出来ようわけがない。また判決を覆し、村落同士の取り決めに違反するに至っては、是非は論じるまでもなく明らかである。係争の洲土と潭陶（陶器の材料を採取する池）は全て勝訴側（鉢場社）に返還し、旧跡の約定及び須知簿の記載の通りとする。洲土に耕居し、潭池では魚を捕り、各々生業に勤め、以て永遠の基となすべし。敗訴した東皐社は以前の境界内の田土を保有し、それを越えて不当に争いを起こしてはならない。違反者には、許可を得た上

で、懲罰を上奏することを認める。茲に判決を下す。
盛徳3年（1655）9月22日、対同提吏阮世科

③**承政使の判決**（1656年、『拓本集』N.3525）
【原文】
　京北処承司衙門等官、為理断洲土浮沙水孕[16]訟事」
　盛徳四年三月。拠見、属内嘉林県東皋社官員社村長阮時克・陳文偕・梁森・阮知詩・阮文鑑・鄧金生・陶文包」・陶文命・阮有象・陶益・陶如鄰・阮文玳全社上下等有状告、等詞。仍勾鉢場社官員社村長武秉軸・阮瑾幷」黎進徳・武令誉・阮有臨・阮擢・黎有倫・憑徳容・裴富・王廷籌・陳文科・阮瑾全社上下等、有状交、等詞。照査両」伴案内、仍分差往前項県二社相争洲土処、拘集傍近金蘭東畲等社所供、等言。有左虞官[17]親行踏勘、見」旧跡堤脚至大河、則有洲土高培広闊。上則東畲有神仏寺、下則鉢場有神廟祠、其形已著。且有傍近等」社証人供言、鉢場社原有沿江店次、防禦姦非、倘有客被盗劫、累累受償。其東皋社同田在内[18]、不有沿江」地分。供言抄口収留案裏拠、本司左虞官呈堂、得此参詳。其訟係鉢場社原有市渡例額、又有廟祠堤路」地分沿江、已経県府二衙門所断。若東皋社在内有界、不待其辞之畢。其為直為曲、分然両途、李牛之是」非決矣。其洲土浮沙水孕及辺江未満流水処、応断還直伴鉢場社、依如旧跡、以復祖宗土地、以遺子孫」基業。其東皋社在内田、不得強争過界。違者糾挙、案律奉行、懲其頑訟。茲断。
盛徳肆年五月貳拾壹日、対同阮廷靜
　　承司〈花字〉

---

16)「水孕 thủy rặng」は字喃。細長い沼沢地を指すと思われる。
17) 左虞官については『類誌』巻14、官職誌、官名沿革之別で承司の項を見ると「…尋いで宣政使を改め、承政使と為し、主事・推官をして左右虞と為さしむ」とある。また中国では明、清初に各府に裁判事案の下調べを専職する推官なるものがあったという［滋賀　1984：13］。したがって左虞は承政使の属官である推官の別称であろう。
18)「同田 đồng điền」は農地全般を意味する字喃。

【現代語訳】

京北処承政使司の官、洲土・浮沙・水孚の訴訟に判決を下す。

盛徳4年（1656）3月。報告を見るに、管轄内の嘉林県東皐社の官員・社村長の阮時克・陳文偕・梁森・阮知詩・阮文鑑・鄧金生・陶文包・陶文命・阮有象・陶益・阮如鄰・阮文玭などが書状により告発した、とのこと。よって鉢場社の官員・社村長の武秉軸・阮瑾并黎進徳・武令誉・阮有臨・阮擢・黎有倫・馮徳容・裴富・王廷籌・陳文科・阮瓘などから事情聴取するに、反訴状を提出した、とのこと。双方の書状を検分し、嘉林県の二社が争う洲土に官吏を派遣し、付近の金蘭社・東崮社を集めて証言を取った、とのこと。さらに左廡官が自ら実地検分し、旧跡・堤脚を検分して大河に至った。洲土は高く堆積して広々としており、上には東崮の神仏寺があり、下には鉢場の神廟祠があり、その形状は明瞭である。また付近の社の証人が証言するには、鉢場社にはもともと沿江に居住しており、犯罪を取り締まり、もし客が盗難に遇えば、きちんと賠償を受けている。東皐社の農地は堤防内にあり、沿江の地分は持っていない。証言を報告の裏に収録して証拠となし、本司の左廡官が提出し、以上の詳細を得た。鉢場社にはもともと市渡の税額があり、また廟祠や堤路付近の沿江地分については既に県と府の判決を得ている。また東皐社が堤防内にあることは、述べるまでもなく明らかである。その是非をはっきりと分かち、牛李の党争の如き果てしない論争に決着を付けようではないか。洲土の土砂堆積地、沼沢、および河岸の未だ流水が満ちていない部分は、勝訴側の鉢場社のものとし、以前の如く祖宗の土地を回復し、子孫の基業を遺すべし。東皐社は堤防内を耕作し、不当に争って境界を越えてはならない。違反者は検挙し、律に従い処置し、その頑訟を懲らしめる。ここに判決を下す。

盛徳4年（1656）5月21日、対同阮廷諍

承司〈花字〉

④御史台の付文（1659年、『拓本集』N.3528）

※付文の上辺に「副都御史豊禄子呉、批」「僉都御史東河子武〈花押〉」とある。

【原文】

〈鉢場社の交勘状〉

　順安府嘉林県鉢場社官員社村長武秉軸・阮瑾・黎進徳・武令誉・阮有臨・阮擢・黎有倫・馮徳容・裴富・王廷籌」・陳文科・阮瓘・阮得名巨小等」、申状鳴交勘。為被別総内同田頑民詭計、侵争洲土、已訟随次、経県府承司

第5章　黎鄭政権の地方統治

等衙門。各三理断同、并憲司所啓。」而彼社妄啓強鳴、奉府堂。旧官再批、付依等衙門所断、未及還民収留案、而彼社猶狃旧習、妄啓強鳴、雷同」頑慢事等詞。甚於不法焉。此備因来」、

申鳴交勘。乞望恩、勾調文案各幅審理、施行懲不法、塞強争、蘇民望。」
永寿貳年玖月初肆日、申状交勘。鉢場社社長阮得名記。」

〈御史台の付文〉
付。係嘉林県鉢場社与東皋社相争洲土、這訟已経県府承憲二司等衙門官勘断、但」彼東皋社強争、以致訟在本衙門。茲已勾差査勘。仍拠見、本総接近東畲則供謂、久有」洲土、上自土塊下至鉢場、其本処神祠見鉢場社奉事。春蘭則供謂、其外洲土、上自東」畲下至鉢場。金蘭又供謂、原祠廟辺江、見鉢場社奉事、等祠（ママ詞）。其等社、並已歃血盟誓、事」畢。得此公同併勘、仍査東皋社在本総内同田、并有神祠在内堤路。其鉢場社在本総」外沿江地分、再有神祠在外沿江堤路。這訟已有県府承司等官憑断、等因。仍使鉢場」社並就本洲土盟誓、事畢。其前項洲土浮沙水孕、応断還鉢場社地分、以明界限、息争」端。其東皋社本在内同田、総宜守在内地分如原前。有違者、許申来得憑、謹啓糾挙懲」治。茲付。」

【現代語訳】
〈鉢場社の交勘状〉
順安府嘉林県鉢場社の官員・社村長の武秉軸・阮瑾・黎進徳・武令誉・阮有臨・阮擢・黎有倫・馮徳容・裴富・王廷籌・陳文科・阮瓘・阮得名など、かさねて書状により反訴する。別総内農地の頑民の奸計により洲土を侵され、既に訴訟は順次にしたがって県・府・承政使司などの役所を経過している。判決は3つとも同じであり、憲察使司の上奏も同様の判断である。しかるに東皋社は不当に上訴、告発を繰り返し、鄭王府に訴え出た。前任官の意見によれば、今までの判決は未だに紛争を解決するには及ばず、東皋社は依然として旧習に固執して、不当な上訴・告発を繰り返して、頑固な主張に付和雷同している、とのこと。不法なことこの上ない。ここに今までの経緯を書き記し、重ねて交勘致します。願わくは事情聴取、調査の各書類を吟味の上、法に照らして不法を懲らしめ、強引に争いを引き起こすことを止めさせ、人々の希望を蘇らせんことを。

永寿2年（1659）9月4日、書状により重ねて交勘致します。鉢場社社長阮得名記す。

〈御史台の付文〉

付す。嘉林県の鉢場社と東皐社の洲土を巡る紛争については、既に県・府・承政使司・憲察使司の判断を経ているが、東皐社が強引に争い、本官衙にまで訴え出た。(これを受けて)既に事情聴取、現場検証は終了した。それらによれば、本総の(係争地と)境界を接する東畲社が証言するには、洲土は久しく有り、上は土塊より下は鉢場に至っている。係争地の神祠は鉢場社によって奉事されている。春蘭社が証言するには、堤防外の洲土は、上は東畲より下は鉢場に至っている。金蘭社が証言するには、もともと祠廟は河川の近くに位置し、鉢場社によって奉事されている、とのこと。これらの社は証言の上、血盟して終了した。これらの証言を得て協力して検分するに、調べると東皐社は本総内の農地にあり、堤防の内側に神祠がある。鉢場社は本総外の沿江地分にあり、神祠も沿江の堤路の外にある[19]。この訴訟は既に県・府・承司の判決がある、とのこと。よって鉢場社に本洲土に赴かせて血盟して終了した。件の洲土・土砂堆積地・沼沢は、鉢場社の地分に返還し、以て境界を明かにし、紛争を終わらせる。東皐社は内側において農地を耕作し、以前のごとく内側の地分を守らなくてはならない。違反者は、許可を得た上で鄭王府に糾弾・懲罰を上奏することを許す。ここに付す。

⑤奉差覆勘による判決 (1680年、『拓本集』N.3526)

【原文】

　奉差覆勘右鋭奇該奇官都督僉事錦郡公呉登仕・陪侍東閣校書春沢男阮進朝・東閣校書阮廷滾等　謹」

啓聞[20]。」

　計」

一、奉付勘一啓。嘉林県東皐社鄭千春・阮文可等鳴謂、被本県鉢場社妄争洲土地分、已経県府承司至御史等衙門、抑断未明、等詞。奉此、仍勾鉢場社陳徳禩・阮登進等有状。交謂、被別総東皐社居在内同、無有沿江地分、妄争訟与本社。已経県府承司至御史等衙門、並参断同、而彼社再妄啓姦告、

---

19) 鉢場社の交勘状では東皐社が「別総」となっているが、御史台判決では東皐社が「本総内」、鉢場社が「本総外」と逆転している。これは御史台の調査がそれまでの裁判と異なり、東皐社の領域を中心に行われたためであろう。
20) 黎鄭政権では「啓聞」や「啓」は通常、鄭王府への上奏に関して使われる。

第 5 章　黎鄭政権の地方統治

等詞。仍公同併勘、查見這訟。起争自甲午年、已経府官及承司至御史衙門、並断還鉢場社洲土。自此至茲、計得貳拾伍陸年余、再見東皐社違断、強争洲土。推究其始、則於御史官勘断之後、東皐社何不鳴告□、至茲年而始告乎迹。彼所行畢竟貪婪、無厭使之然耳。且查東皐社供謂、原本社地分内田外洲、自前祖父継耕、以来逓年、投納生糸税例。仍查見平例簿[21]、東皐社全年税贓古銭貳拾参貫柒陌五拾捌文、内有准納生絲税貳拾捌鎰、以此併之。則生糸税已准入[22]税贓之内非是。有桑洲土、始有生絲税例。執此兩端而論、則彼貪婪之心、益無厭明矣。得此奉論、以為係相争洲土、府官及承司、至御史等衙門、並断還鉢場社、已経久貳拾伍陸年余。這訟応休論。若東皐社強断起争、不計積年経久理、応論刖論罰依如供内。但訟已断休、応減古銭五拾貫。其刖応休論。至如鉢場社所損勾銭共古銭肆貫貳陌参拾文、応収在東皐社、付還彼社領取、以息争端。他如兩伴混相闘殴、這節未経随次。恭乞付随次勘行。茲謹」

啓聞。」

永治五年七月二十日」

【現代語訳】

奉差覆勘右鋭奇該奇官都督僉事錦郡公の呉登仕、陪侍東閣校書春沢男の阮進朝、東閣校書の阮廷濱等、謹んで上啓致します。

　計

一、審理一件を奉ります。嘉林県東皐社の鄭千春・阮文可などが提訴して言うには、本県の鉢場社に洲土地分を不当に争われ、既に県・府・承司を経て御史台に至り、判決を得るも未だに明らかでない、とのこと。これを受け、鉢場社の陳徳禩・阮登進を事情聴取するに書状を提出した。反訴して言うには、別総の東皐社は堤防内に位置し、沿江の地分を持たないにもかかわらず、不当に本社を訴えている。既に県・府・承司を経て御史台に至り、判決は3つとも同じであるのに、東皐社は再び不当な上奏、告発を繰り返している、とのこと。よって共同して検分し、この訴訟を調査した。粉争

---

21) 平例簿は1667年時点の各村落の税額を記したもの。詳細は第4章、第1節参照。
22) ここでの「准」は物品を金銭に換算することを言う［八尾　2009：342］。したがって「准入」は本来、銭に納入すべきものを一部、生糸により代納していることを述べている。

が甲午年（1654）に起きてより、既に府官及び承司を経て御史台に至り、全ての判断は鉢場社への洲土返還を命じている。これより今に至ること25、6年余り、再び東皐社は判決に違反して洲土を争っている。そのきっかけを推察するに、御史台の判決後、東皐社は何ら再提訴せず、今年になって始めて告発した。東皐社の所行は貪欲で、費用を厭うということがまるでない。また東皐社を調べるに証言して言うには、もともと東皐社の地分は堤防内の田土と堤防外の洲土であり、祖父の代より継耕しており、以来毎年、生糸税を納めている、とのことである。よって平例簿を調べるに、東皐社は毎年の税として古銭23貫758文を納め、その内には生糸28鎰による代納が含まれており、これにより税額を補完している。つまり（古銭を生糸で代納しているだけで）生糸税が税額の内に含まれているとするのは誤りである。桑洲土があって、始めて生糸税がある。ここで曖昧な結論を出せば、彼らの貪婪の心はますます増長するであろう、（とのこと）。これを得て論ずるに、思うに洲土の紛争は、府官より承政使司及び、さらに御史台にまで至るも、全てが鉢場社への返還を命じ、既に25、6年余りもの久しきに至っている。この訴訟は休廷とするべきである。東皐社が依然として争いを止めず、積年経久の理を考えないことは、まさに刖刑ならびに罰金刑を論ずるべきであることは既述のとおりである。しかしこの訴訟は休廷とするので、特に罰金古銭50貫に減じ、刖刑については論じない。鉢場社が蒙った勾銭合わせて古銭4貫230文は東皐社が納めるべきであり、彼の社からの領取として、以て紛争を終わりとする。その他に双方の乱闘については、いまだ手続きを経ておらず、順次にしたがって裁判に付すことを乞う。ここに謹んで上奏致します。

永治5年（1680）7月20日

⑥鄭王府の令諭（1681年、『拓本集』N.3526）
【原文】
　　　　辛酉年七月十六日、僉太監屯義伯・同知監事瀛泰伯、鉢場社有啓聞、
　　　　恭乞令諭息訟端。奉判寛泰伯伝、付府僚官論[23]。」寄待令、攻許啓。
　　　　断已下封子并令諭、鎮守官立界、息争端。茲奉付鉢場社、領取啓聞、
　　　　断下封子。茲付。」

---

23)「府僚官」は参従、陪従などを中心に構成される鄭王府の文人官僚集団を指す（第1章、第1節参照）。

大元帥掌国政尚師太父徳功仁威明聖西王令諭[24)]、奉差京北処鎮守官後威奇該
　官署衛事[晃]郡公陶[光]特・督同官乂安道監察御」史阮忠亮等。茲専[委]」
元帥典国政定南王[25)]、統摂官僚、裁決機務。従嘉林県鉢場社所啓聞謂、原訟与
　本県東皐社洲土地分事、由已経御史承司及府県」等衙門、並断還鉢場社。
　至覆勘官査見旧断、以為経久、謹啓聞休覆、恭乞差官立界、等因。応往前
　項県社、就相争処、拘集両伴認」引、仍照御史衙門断内、分立界碍、以明
　地分、息争端。若奉行不虔、有国法在。茲令諭。」
正和二年七月初二日」
　　令諭」

【現代語訳】
〈令諭の添え状〉
辛酉年（1681）7月16日、僉太監屯義伯・同知監事瀛泰伯・鉢場社より上啓があり、
令諭して訴訟を終息させることを乞うた。奉判寛泰伯が伝えて、府僚官の議論に付し
た。預けて令諭を待つに、結論は上啓を認めた。決定するに封子および令諭を下し、
鎮守官が界碍を立て、紛争を終息させる。ここに（令諭を）奉り鉢場社に付すに、上
啓を受理し、封子を下す。ここに付す。
〈令諭〉
大元帥掌国政尚師太父徳功仁威明聖西王（鄭柞）、奉差京北処鎮守官後威奇該奇官署衛
事晃郡公陶光特および督同官乂安道監察御史阮忠亮に令諭す。ここに（鄭柞は）専ら
元帥典国政定南王（鄭根）に委ねて、官僚を統制し、機務を裁決する。嘉林県鉢場社
より上奏して述べるに、訴訟は本県東皐社の洲土地分に関して、既に御史・承政使司・
府県などの衙門を経過し、全て鉢場社を勝訴させた。覆勘官に至って以前の判決を調
査するに、既に長期間に渡っており、休廷して判決を確定し、官を派遣して界碍を建
てることを乞うた、とのこと。前項の県の社に赴き、係争地において双方を集合させ
て境界を引き、御史台の判決に照らして界碍を立て、双方の地分を明らかにして紛争

---

24)「西王」は当時、鄭王の鄭柞。「令諭」は鄭王府から発給される文書形式の１つである
　（第４章、第３節及び［Lê Kim Ngân 1974：160〜165］参照）。管見の範囲では「令旨」
　は内容的には鄭王府の辞令、「令諭」は主に村落などに下される際の文書形式のように思
　われるが、未だ充分な事例数が収集できていないため、具体的な差異は判然としない。
25)「定南王」は当時、節制であった鄭根。また陶光特・阮忠亮の肩書きはいずれも黎朝系
　官職を保有したまま、鄭王府系組織へと差遣されていたことを示している（第３章参照）。

を終息させよ。公正に実行しなければ、国法により処罰する。ここに令諭する。
正和2年（1681）7月2日
　　令諭

　まず上記の鉢場社－東皐社間の訴訟を検討するに先だって黎鄭政権の司法機構の概略を述べておく[26]。本事例は第3章の第2節でのべた黎鄭政権期の訴訟分類的には田土訟となる。『詔令善政』刑属の盛徳元年（1653）「申戒勘訟令」に従えば、まず社長による紛争解決が求められ、それが不調に終われば、まず県が訴えを受理する。その後、紛争当事者が納得せずに控訴が繰り返される場合は県－府－承政使－憲察使－監察御史－御史台－鄭王府における公論、という順序を経る[27]。しかし社長による仲裁は基本的に社内の紛争を前提したものと思われ、鉢場社と東皐社という集落間の紛争の場合、社長による紛争解決の有効性は疑問である。両社の土地紛争が訴訟沙汰となった直接の契機は1654年に東皐社側が境界に置かれていた界碍に殺到し、鉢場社側に負傷者が出たことにあるが、東皐社側が何らの前触れもなくこのような挙に出たとは考えにくい。これ以前より係争地の帰属を巡って対立があったと見るのが自然である。恐らくその段階で双方の間で紛争の解決が図られたが、不調に終わったのであろう。このように在地社会における紛争解決に失敗した場合、県官が訴訟を受理し、上記の順序に従い控訴が繰り返されることになる。
　本案件の場合もほぼこれにしたがっており、①で負傷者を出した鉢場社が嘉林県に提訴した後、敗訴した東皐社側が②順安府、③京北承政使の順に控訴を繰り返している。これ以降行われる憲察使、監察御史、御史台といった監察系官僚による判断は、それ以前の判決の正当性を審査するものであり、④を見てもわかるように厳密には判決の形式を取ってはいないが、判決内容

---

26) 黎鄭政権の司法機構については［Yu Insun 1980］でも簡略に概説されているが、実際の運用についてはほとんど言及はない。
27) ただし⑤の奉差覆勘の判決では、訴訟の発端となった刃傷沙汰については、別に裁判に付すべき事に言及している。これが実際に実行に移されたどうかは史料がなく不明である。

を審査するためには結局、事情聴取や現地調査をせざるを得ず、実質的に裁判と同様のことを行っている。また⑤は鄭王府における「公論」に相当する。第3章で見たように、黎鄭政権では黎朝皇帝を推戴する鄭王が王府を開き、実質的に権力を掌握するという二重政権であり、このため官僚機構も黎朝皇帝の臣下を差遣により鄭王府系約職に任じて鄭王府系組織を運用するという特殊な官僚機構となっている。「公論」は元来、鄭王府における審議を指すが、訴訟案件の増大に伴って、それらの審理を専門に行う差遣官僚が17世紀後半から次第に鄭王府に常設化されている[28]。「奉差覆勘」とはこの様に鄭王府にまで至った訴訟を処理するために差遣された官僚の呼称であろう。⑤の場合、差遣官僚が結果を鄭王に上奏するという形式を取り、これを受けて⑥で鄭王により京北鎮守に界碍設置の命令が出されて判決が確定される[29]。このように黎鄭政権の司法は最終審である鄭王府に至るまで、いくたびもの控訴が可能となっている。東皐社による執拗なまでの司法闘争の背景には、このような黎鄭政権の司法機構が背景にある。

さらに、やや時代が下るが『綱目』景興7年（1746）3月条の細目によれば「時に官に在る者 常俸無く、訟を以て禄と為す。」とあり、黎朝系組織の弱体化の結果、当時の官僚の多くが定額の俸給はなく訴訟による手数料を収入としていたことが記されている。確かに『類誌』巻18、官職誌、仕例恩恤之典、俸禄例を見ても、承政使や憲察使など承宣単位の官には寓禄の定めがあるものの、知府や知県といった府以下の官に対する寓禄規定が見られない。さらに前章で引用した『黎朝名臣章疏奏啓』収録の范廷重の上奏文によれば当時の司法機構について次のように述べられている。

> 第八。裁判官が妄りに訴訟を受理するのを禁止すべきである。各官衙の裁判審理には詳細な規則があるものの、近来の状況を見るに付けては常態となってしまったのは、付和雷同して安易に受理し、強盗の類は鎮守

---

28) 第3章、第2節参照。
29) 本稿では便宜上、これら監察機関や鄭王府系差遣官僚により示された司法判断も「判決」として扱う。

に収監されるものの、憲察使が囚人を解放し、県官に提訴すべきあるのに監察御史が書状を受理するような状況である。承政使司が受理して審理するものの、一月余りも遅滞しながら、なおも調べるのは控訴されるのを防ぐためではなく、憲察使司が受理して再三に渡って事情聴取を行い、なおも調べるのは権貴が糾弾されるべき対象であるからではない[30]。受理すべきでない訴訟を受理し、行うべきでないことを行っているからである[31]。

　これによれば司法制度上、刑事事件を管轄する鎮守が収監した囚人を、不正に関する訴訟を担当する憲察使が解放し、県官が受理すべき訴訟を監察御史が受理するなど各官衙で勝手な訴訟処理がされており、また必要以上に裁判を引き延ばし、勾銭を徴収するため再三に渡り事情聴取を行うなど、当時の司法担当官が胥吏まがいの手数料稼ぎを行っていたことが窺われる。鄭王府系組織の勢力伸長により弱体化した黎朝系地方官衙にとって、訴訟は重要な収入源となっていたため、安易に訴訟を受理することになり、結果として訴訟件数の増大に拍車をかけていたと考えられる。

　しかし、このような黎鄭政権期の司法機構が抱える構造的な問題は、紛争が起こった際に容易に訴訟に走る理由とはなっても、紛争を起こす直接的な

---

30) これは地方における不正の監視を主な職掌とする憲察使が権貴に対して過大な監察権を行使していたという意味に受け取るべきではない。『百司庶務』憲司職掌には「その取り調べの規則については、原伴側が権貴の官職・姓名と被害の事実を明示したものに限り、訴状を受理すること。……妄りに訴状を受理して論駁をかりそめにしてはならない。(其勘例、應拠原伴顕指権貴官職姓名与被脅實事、方得受単。……不得泛受苟且論駁。)」とあり、告発対象の不明瞭な訴状を受理しないことと、安易に訴訟を受理しながら糾弾をなおざりにしてはならないことが定められている。これらを見る限り実際には憲察使は管轄外の訴訟をまでも受理することが多く、それがこのような職務規程となって現れたように思われる。したがってこの部分は憲察使が権貴にはほとんど関連のない訴訟を受理し、いたずらに訴訟を長引かせている状態を指しているのであろう。
31) 八日、禁勘訟官之泛受。諸衙門勘訟具有成規、邇来視為故常、雷同苟受、如盗劫被監於鎮守、而憲司放囚人、原告当訟於県官、而御史査收案跡与。夫承司官之受勘、則淹留旬日、仍査非次勘応休、憲司官之受鳴、則再三勾推、仍査非権貴応駁。是以不当受而受、不当為而為。

動機となるものではない。特に本事例のような土地紛争の場合、その背景にある社会経済的要因を考えねばならない。そもそも鉢場社は集落全体が紅河に面した堤防外の洲土に位置しており、紅河が増水する夏期においてはしばしば集落全体が水に浸かる。したがって⑤の判決でも言及されているように、四半世紀に渡り高額な訴訟費用を費やすほどに魅力的な土地であったかというと疑問が残る。

　これについては第一に、17世紀のこの周辺域では鉢場社の窯業と並んで、洲土に適した桑の栽培、養蚕が行われていたことを踏まえる必要がある。⑤によれば東皐社が洲土の所有権を主張する根拠として、毎年の納税の一部を生糸によって納めていることが挙げられている。そこで『類誌』巻29、国用誌、賦歛之法により洲土の税制を見ると、洪徳元年（1470）に「桑洲税」が定められ、黎鄭政権期にも継承されており、それまで銭納であったものが、保泰3年（1722）には租庸調制による税制改革の一環として桑の栽培者は生糸1鎰につき銭800に換算して税の半額を物納することが定められている。このような洲土税制が突然に行われれば、納税者側に混乱を引き起こすのは必定である。⑤も考慮すると、これ以前より桑洲土は税額の何割かを生糸により代納することが認められていたのであろう。田税は米もしくは銭納が基本であり、生糸による納税は洲土に対する例外的な税制である。東皐社はこれを根拠として、現に生糸を納税している以上、堤防外の洲土を所有していなければ理屈に合わないと主張しているのである。つまり②における東皐社側の「そもそも外堤例（堤防外の土地に対する納税規定）があるからこそ納税するのである。納税額それ自体を規則としてしまっては人々が納税を控えてしまうであろう」という主張は、実情を反映させないまま集落ごとに定額化してしまう税制度に対する強烈な批判である。この主張は、通常の納税を生糸で代納しているに過ぎないとする官側の強引な解釈によって退けられているが、少なくとも鉢場社周辺域の洲土では盛んに養蚕が行われていたことを窺わせる。

　第二に桜井の研究で指摘されているように17〜18世紀の紅河デルタでは堤防内で安定的な農業を営めるような土地が既にほぼ開発し尽くされており、

稲作を行う上では農業条件の劣悪な土地にまで開発が及んだ時期であることを考慮しなくてはならない［桜井　1987：第5章］。さらに八尾［2009：236］によれば洪徳堤により開村された集落において、16世紀初頭に開拓が洲土にまで及んだことによって耕地の拡大がほぼ終了することが述べられている。この一村落の事例をもって紅河デルタ全域に敷延することはできないが、地域により時間差はあっても稲作の条件に恵まれない堤防外の洲土の開発が後回しになっていたのは確かであろう。このような状況下で、黎鄭政権期には生糸の国際商品化などを契機として、桑の栽培に適した洲土の開発が進められていたように思われる[32]。以上の点を考慮しつつ、次節では鉢場社－東皐社間の係争地について19世紀初頭の地簿を利用して検討する。

第2節　黎鄭政権期の鉢場社と東皐社

　前節での裁判史料から、少なくとも鉢場社と東皐社の間には境界として堤防が存在しており、堤防内に位置する東皐社が堤防外の土地を耕作したために紛争となっていたことがわかる。しかし【図表5-1】を見る限り現在のバッチャン社周辺に東皐（Đông Cao）なる地名は存在しない。しかし嘉隆年間に編纂された阮朝の地簿には東皐社の地簿が存在している。この地簿の四至記述と現在の地図を照合すると、現在のバッチャン社内にあるザンカオ（Giang Cao、江皐）と呼ばれる区域が、おおむね旧東皐社の集落域に該当すると考えられる。またザンカオでの古老からの聞き取りによれば明命17年（1836）に鉢場社と東皐社が合併され、その際、東皐（Đông Cao）から江皐（Giang Cao）に改称したとのことである。同慶年間（1886～1888）成立の『同慶地輿志』に東皐社が記載されていないことからも、この証言は首肯できる。しかしこのようにザンカオが旧東皐社であるとすれば、前節の訴訟が行われ

---

[32] このような植桑が組み合わされた農業による洲土開発の可能性は西村も指摘している［西村　2007：207-208］。

た 17 世紀後半の段階では、鉢場社と東皐社の間に堤防が存在していたことが明らかであるから、18 世紀以降に現在の位置 A−A' へ堤防位置が 700m ほど東漸したことになる。両社の係争地を考えるに当たっては、まずこれを検証する必要に迫られる。そこで 19 世紀初頭の鉢場社およびその周辺域の地簿を見ると、現在の堤防位置に至るまでに数次に渡り、堤防の遺棄・建設が繰り返され、その度に数百 m 位置を変えていたと推測される。

　まず 17 世紀後半の堤防位置を探る上で重要なのは、西村昌也によりバッチャン社の南方に位置するキムラン社の河岸において、バッチャン社の東側へと延びる堤防の遺構が発掘されている点である（【図表 5 − 1】B 地点）。西村は考古学的見地からこの堤防の存在時期を 17 世紀末から 19 世紀の間と推定している［西村　2007：201］。この堤防遺構の延伸方向を考慮すると、これが 17 世紀後半に鉢場社と東皐社の境界を形成していた堤防である可能性が高い。さらに注目されるのは東皐社及び東畬社の地簿によれば、地簿が作成された 19 世紀初頭段階では、鉢場−東皐の境界となっている「公堤（官堤）」の他、その東側に「旧堤（残堤）」、つまり堤防の残骸があったことが記されている点である。例えば東畬社の居住域である圻巡処、圻舺処はその西側に官堤があり、東側に残堤があったことが記されている。聞き取りによれば圻巡処は現在のドンズートゥオン村の中心域を指す地名であり、筆者が現地で実見したところ確かに現在もこの集落の東側には堤防建設の際に土砂を採取した痕跡と思われる池が二筋、南北に列状に分布しており、その池の間が数メートルほど周辺より高くなっている。現在は居住地化しているが、この池の間に 19 世紀初頭の「旧堤」があったと思われる。また伝承によればドンズーハ村に有る寺院はかつて西へ 300m ほどの位置（【図表 5 − 1】C 地点）にあったが、紅河増水時の浸水が激しいために明命 2 年（1821）に現在の位置（【図表 5 − 1】C' 地点）へ移ったという。したがって前節③の判決によれば洲土にあったはずの「東畬神仏寺」は C 地点にあったと推測される。また東皐社地簿によれば同社北方に位置する潭堆と潭扁という 2 つの池の間に旧堤、さらに潭扁処は東側に旧堤、西側に公堤があり、東皐社の領域でも鉢場社との境界となっている公堤とは別に、放棄された堤防が存在していたことを示

している。またザンカオの古老によればザンカオの亭(【図表5-1】D地点)の西側を南北に延びる道路は幼少時まで、元々は堤防跡(高さ2〜3m程)であり、生活道路として利用されていたが、道路の舗装に伴って平坦化されたとのことである。

　もう1つ考慮すべきは、【図表5-1】を見るとわかるように鉢場社周辺では紅河が湾曲しているため、東岸は絶えず水勢にさらされ、次第に河岸が東漸する傾向にある点である。西村によればバッチャン社南方に位置するキムラン社では1969〜1971年の洪水により幅200m程に渡る地片が紅河により消失したという［西村　2007：199-200］。これはバッチャン社においても同様であり、古老によれば同じ洪水によってバッチャンの亭付近でも幅200〜300mほどの地片が消滅したことである。また次節で述べるように、少なくとも18世紀前半には紅河による地片消失の可能性が住民に認識されていたことも確認できる。したがって19世紀初頭に地簿が作成された段階では、河岸は現在より少なくとも200mは西に位置しており、訴訟が行われた17世紀後半にはさらに西に位置していた可能性が高い。

　これらを考慮しつつ、現地において古老から聞き取った古地名と地簿中の四至の記述を勘案して19世紀初頭の東裔社・東皐社・鉢場社の状況を復元したものが【図表5-2】である。まず旧堤防がドンズートゥオン村集落の東側、現在のドンズーハ村の寺院、ザンカオの亭西側を通過してキムラン社とスアンクアン社の境界へと至る線(【図表5-2】B-B')に存在していたと考えられる。さらにその西側にドンズートゥオン村集落の西側、ドンズーハ村の旧寺院跡、現在の紅河上、バッチャン社の陶器市場西側を通過し[33]、キムラン社

---

33) 陶器市場付近での公堤の詳細な位置比定は困難だが、現在の陶器市場の北側には池が存在する。これは19世紀初頭の官堤を建設する際に土砂を採取したためにできた池の跡と推測する。【図表5-1】を見てもわかるように、堤防を建設する際には両側から土砂を採取し、中央に盛土する方法がとられ、堤防の両側に沼沢が残る場合が多い。圲東処と公堤の間には圲西処という僅か5畝の細長い居住域があったと考えられるが、これはそのようにして出来た沼沢を後年埋め立てて居住地化したものと推測される。陶器市場北側の池はこれが部分的に残されたものであろう。

第5章　黎鄭政権の地方統治

【図表5-2】19世紀初頭の係争地周辺域

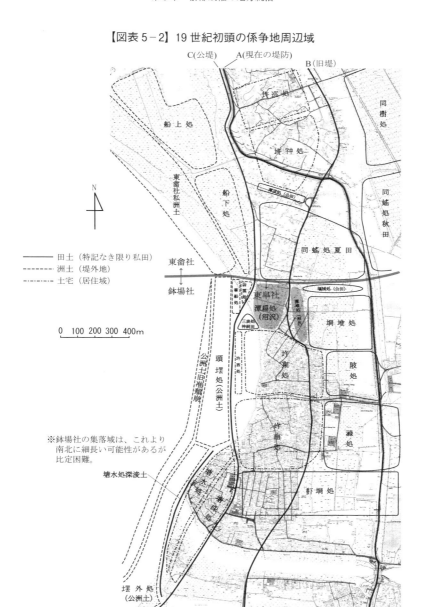

Trun tam Tu lieu Do dac va Ban do, 1/2000 地図を元に作成

の堤防遺構へと至る線（【図表5-2】C-C'）に公堤があったと考えられる[34]。

　これらの堤防位置を見ると19世紀初頭の公堤は東裔集落と東皋集落を堤防内に取り込んでいるのに対し、旧堤は共に堤防外としている。つまり旧堤が建設された時期には東裔社と東皋社は洲土に立地していたが、その後、新たに公堤が建設されることにより堤内地化したことを意味している。問題はこの旧堤から公堤へと堤防位置が移動した時期であるが、前節で見た鉢場社と東皋社の訴訟では、いずれの判決も鉢場社と堤外地の洲土、東皋社を堤防内に立地する村落として論じている。したがって17世紀後半の堤防位置は19世紀初頭の公堤と同じ、すなわちC-C'線上にあったと見て良かろう。さらに注目すべきは東皋社の地簿を見ると若干ではあるが同社は菵雲処（洲土成桑、1畝）と掌船処（洲土芋荳、2畝）という合計3畝の土地を公堤外に所有している。しかし、一方で鉢場社の地簿を見ると社の境界を東については「東皋に近く、本社の官堤を以て界と為す。」とあり、北についても「東皋社に近く、本社石碣の堤面を以て界と為す。又た東裔社の洲土に近く、畔界と為す。」とある。この「石碣」は前節の⑥により建てられた界碣と考えられ、鉢場社側は公堤を境界として主張しているように見える。この東皋社が堤防外に所有する3畝の洲土が前節の訴訟における係争地であると見てよかろう。つまり17世紀後半の度重なる敗訴にもかかわらず、東皋社は洲土を手放さないまま19世紀に至ったと考えられる。東皋社の地簿には鉢場社との境界に界碣が置かれている旨は全く記載されていない。当時においても洲土は紛争の火種となっており、東皋社側はあえて不利な物証を地簿に記載しなかったと推測される。

　当時、堤内地の集落であった東皋社がこのように断片的な洲土を所有するに至った原因は、堤防の移設によるものと推測される。【図表5-2】を見るとわかるように旧堤（B-B'）は東皋社集落の東側を通過しており、これが建設された時期の東皋社集落は洲土に立地していたことになる。恐らくこの

34）一方で『同慶地輿志図』によればこの時期、堤防は金関社（現キムラン社）と春関社（現スアンクアン社）の境界に位置している。再び明命～嗣徳年間に紅河の流路変動があって旧堤の位置に堤防が戻り、その後、現在地に堤防が建設されたと考えられる。

旧堤が放棄され、新堤防（つまり19世紀初頭の公堤、C－C'）が建設される際、潭扁の西側に存在していた東皋社地分を分断する形になったのであろう。その際、堤防外に取り残される形となった東皋社の地分が、一括して鉢場社の地分として登録されたことが紛争の発端と推測される。この発端となった新堤防の建設時期を、前述のように考古学的見地から西村［2007：201］は17世紀末と推定するが、文献史料的には17世紀後半に鉢場－東皋間に堤防が存在していたことが明らかである以上、建設時期は若干遡らせる必要がある[35]。そこで文字史料から年代推定を行うと、手掛かりとなるのは、前節⑤における、「現に生糸により納税している以上、洲土を所有していて然るべきである」という東皋社の主張である。このことから当時の東皋社ではごく最近まで洲土に立脚した養蚕を行っていたと推測される。恐らく事件が起きる1654年よりそう遠くない時期に新堤防への移設が行われ、東皋社は堤内地化したと考えられる。そこで『全書』を見ると、徳隆2年（1630）6月条と徳隆4年（1632）6月1日条に相次いで青池県で堤防が決壊したことが記されている。青池県は鉢場社の紅河対岸に当たる地域であり、1630年代にこの付近で紅河西岸の堤防が度々決壊していたことがわかる。恐らく鉢場社近辺の堤防移設はこれに対応して対岸でも堤防を新築したものであろう。したがって旧堤から公堤への移動時期は1630〜1640年代と推測される[36]。

　17世紀後半の東皋社はこのような経緯から洲土の帰属を巡り鉢場社と争うことになるが、これは当時の東皋社にとってそれだけ養蚕が貴重な現金収入源であった結果であろう。一方で、19世紀初頭の地簿を見る限り東皋社の耕作地は近隣村落の附耕が多い。17世紀前半に堤内地化した結果、次第に養蚕は衰退し、経済的には鉢場社の窯業に組み込まれていったと考えられる。最

---

35) この点について生前の西村に直接見解を伺ったところ、考古学的分析により「確実に存在していた」と言えるのが17世紀末〜19世紀というだけであるので、17世紀前半も十分にあり得るとのことであった。考古学の分析手法上、よほど遺物に恵まれない限りは年単位での年代確定は出来ないため、西村は慎重を期して控えめな年代幅の推定値を記したらしい。
36) 旧堤の建設時期については［Ueda 2017：128］を参照。また桜井［1989］［1992］は堤防建設などによる大規模な工学的適応は概ね陳朝期に完了したとしている。

終的には明命年間に鉢場社と合併し、現在のバッチャン社の原形が作られるに至る。このように黎鄭政権期の鉢場社は堤防の付け替えに伴い堤内地化した東皐社を経済的に組み込みつつ次第に発展していたように思われる。そして経済力を貯えた鉢場社では黎鄭政権期に6名もの進士を輩出している[37]。次節ではそのうち2名の進士を輩出した鉢場阮氏の家譜を中心に、黎鄭政権期の国家機構と鉢場社の関係を考察する。

第3節　黎鄭政権の地方統治と鉢場阮氏

ここでは黎鄭政権期に2名の進士を輩出した鉢場阮氏の家譜を中心に、有力氏族と地方統治の関係を見る。この鉢場阮氏については『阮族家譜実録』（以下『実録』）[38]に17～18世紀の族人の事績が詳細に記されている。この『実録』は現在に至るまでに、幾度かの増補がなされている。最初に正和7年（1686）に原形となる家譜が一族の阮牓により編纂され、その後保泰9年（1728）に阮尚により『続編』が付加されている。この続編部分は特に17～18世紀初頭の情報が豊富である。さらに阮朝期に至って族人がばらばらに所有していた家譜を、校勘しつつ1つにまとめたものが『実録』と思われる[39]。

---

37) 陳善述（1683年登第）、阮登蓮（1706年登第）、黎完瓊（1715年登第）、阮錦（1718年登第）、黎完浩（1727年登第）、黎名顕（1785年登第）の6名。このうち阮登蓮、阮錦の2名が鉢場阮氏の出身である。
38) 本史料では、各族人の姓名は諱と字の他に「名」が記されている。本史料では「名」とされているものが、他史料では「諱」「字」として現れる場合も多い。例えばこの族が輩出した進士の阮尚や阮第についてはむしろ阮登蓮、阮錦という呼称が一般的であり、族人の間では宦官の阮賑についても基郡公、もしくは阮成珍という呼称の方が一般的である。しかし、ここでは原史料を尊重して一応、史料中の姓と諱により族人の呼称を統一する。また鉢場阮氏については既にファン・ダイ・ゾアン［ファン・ダイ・ゾアン 2002］による紹介がある。
39) ハノイのベトナム学院（Viện Việt Nam học và Khoa học Phát triển）にも鉢場阮氏の家譜が保管されており、ファン・ダイ・ゾアン［ファン・ダイ・ゾアン 2002］はこれを使用している。これは阮炳の支派が所有していた家譜と思われるが、『実録』に比較すると17～18世紀に関する情報量は少ない。このように各支派の族人がそれぞれ家譜を所持していたものが嗣徳年間以降に校勘を加えつつ1つにまとめられたものが『実録』で

【図表5-3】鉢場阮氏系図

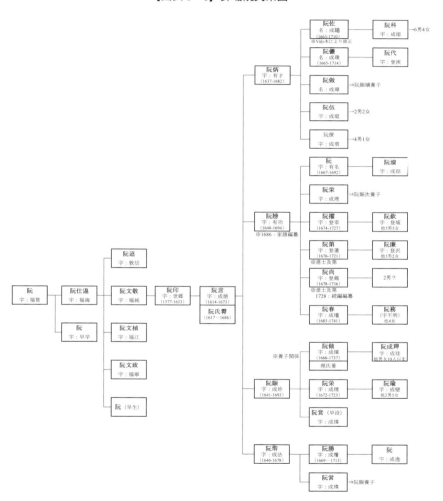

出所:『阮氏家譜実録』

まず『実録』の記述に基づき再現した系図が【図表5-3】である。『実録』によれば鉢場阮氏は十里侯阮（字福智）以前より累世、鉢場社に居住していたとのことであるが、1686 年に阮㮖により最初の家譜が編纂された頃には、既に阮文敬より以前は詳細不明となっていたようである。比較的はっきりとした情報が得られるのは阮印の代からである。彼は 1594 年、18 歳の時に乂安の讓畔社に移り、その後 28 歳で再び鉢場社に戻ってきたという。この移住期間は年代的には黎鄭政権が京師を奪取し、莫氏勢力が北部山岳地帯へと追いやられる段階にあたり、紅河デルタが戦場になった時期と重なる。恐らく戦乱を避けて、黎鄭政権の支配地域であり比較的安定していた乂安へと移住し、その後の黎鄭政権による紅河デルタ支配の安定を見て帰還したのであろう。その後の鉢場阮氏は窯業により次第に富を蓄積していたようであり、次代の阮言は 1654 年に郷試三場となり、推挙されて鉢場社の仝長となっている。この段階で鉢場社内の有力者となっていたと見て良かろう。彼については以下のような逸話が記されている。

　　時に鄘墅社の者が鉢を購入したが、銀子五両を紛失してしまった。後日、号泣したものの、何処で落としたものかわからない。（阮言が）調べたところ真実であったので返還した[40]。

③の判決で、鉢場社では客が盗難に有った場合には償いを受けているという記述は、窯業により活況を呈する鉢場社において、このように有力者が警察的権力を持ち、治安が維持されていた状況を指すのであろう。また阮言については「嘗て諸文優選及び会元庭元・翰林東閣・文体中格を求め、手抄して集と為し、以て後昆に貽す」[41]とあり、科挙の答案や各種の公文書を収集し、自ら筆写して蔵書としている。

　このような 17 世紀初頭～中頃の準備期間を経て、鉢場阮氏は 17 世紀後半

あろう。
40）時鄘墅社人買鉢、遺棄銀子五両。後日号泣、不知所失。験得其実而還。
41）嘗求諸文優選及会元庭元翰林東閣文体中格、手抄為集、以貽後昆。

から国家機構に参画するに至るが、そのあり方は黎鄭政権の国家機構と、窯業集落という鉢場社の性格とを色濃く反映している。第一に特徴的なのは阮言の三男の阮賑が宦官となっている点である[42]。前述のように父親の阮言は鉢場社における有力者であり、阮賑が宦官となる背景として経済的困窮があったとは考えにくい。第二に、長男の阮炳と三男の阮賑の支派では国際性を持った活動が見られるようになる。例えば阮炳は1657年に郷試三場となり、その後は北語司通事として北部の国境において中国語通訳として活動した後、金洞県県丞、文江県県丞を歴任している。また宦官となった三男の阮賑も中国語に堪能であり、嵐を避けて滿寧州に停泊したため捕らえられた明人の娘にベトナム語を教育し、その弟2人を養育している。さらに彼は他の三兄弟から1人ずつ養子を取っているが、嫡養子である阮做は「日本国人署衛事義郡公」の孫である理氏著なる女性と結婚している[43]。また彼の実父である阮炳は県丞職を歴任した後、理氏著の父親である忠禄侯の家で死去したという。

　この時期の鉢場阮氏の活動が突然に国際性を帯びた理由についてファン・ダイ・ゾアン［ファン・ダイ・ゾアン　2002］はフォーヒエンにおける日本人との交流を推定しているが、筆者としては阮做の養父である阮賑が宦官であったことが密接に関わっているように思える。『実録』によれば宦官となった経緯について、

　　十二歳の時、神宗朝・弘祖陽王（鄭柞）が政治を取り仕切る時代にあたり、提督驪郡公の推薦により、（鄭王府に）入侍して出納を担当し、（阮賑を）任用して寵愛した。北語司知通事・承政使・林郡公の阮勢浜《仙遊県内裔社出身。驪郡公の血縁者》と共に生活し、北国の言語に暁通した。[44]

---

42) 彼は死後「特進金紫栄禄大夫侍内監司礼監都太監贈基郡公阮令公字敦撰諡端雅府君」を追称されている。
43) Phan Đại Doãn［ファン・ダイ・ゾアン　2002］は「美郡公」としているが、正しくは「義郡公」である。また氏が参照した鉢場阮氏の家譜では名前が「理左衛門」とされており、このため孫娘は「理氏」と記されたと推測している。
44) 年十二、際神宗朝弘祖陽王統政、憑提督驪郡公〈…割註略…〉薦、入侍出納、惟允任

とあり、1652年に驤郡公が当時12歳であった阮賑を推薦した結果、鄭王府で財務を担当することになった[45]。その後、知通事であった阮勢浜と共に生活し、中国語に精通するに至ったという。阮賑を推薦したのは恐らく鉢場阮氏が窯業経営を通じて経理に明るかったことに起因するのであろう。このような経緯から阮賑は経理と外国語の双方に習熟した宦官として鄭王府における海外交易の窓口を担当していた可能性が高い。一方、『実録』で理氏著についての記述を見ると、

> （理氏著は）日本国人署衛事義郡公の女孫、忠禄侯の子である。忠禄侯の父親は一家で船舶による商いをしており、また巨銃の製作に通じており、国用を助けたので参督職を賜り、忠禄侯を生んだ[46]。

とあり、理氏著の祖父義郡公は交易を行うと同時に、鄭王に火器を販売して巨富をなした日本人のように思われる[47]。17世紀後半の鉢場阮氏が帯びる国際性は恐らくこの2人が接点となった結果である。また、宦官の阮賑が他の三兄弟から取った養子はいずれも武人あるいは財務官僚としてそれなりの地位に至っており、次世代についても同様である。同時に長男阮炳の支派も多くが部隊長クラスの武人となっており、この支派は三男阮賑の出世を契機に、その縁故によって武人一族としての性格を強めたと考えられる。

このように阮賑の出世により阮賑・阮炳支派が浮揚する一方、鉢場社で生業を継承した次男阮滂の支派は対照的である。阮滂は1670年に郷試三場、1679年に慈山府儒学訓導、1684年に宜春県知県となり、府県レベルの地方官

　　使称旨。居輿北語司知通事承使林郡公阮勢浜〈仙遊県内裔社人、乃驤郡公家人〉、暁通北国言語。
45)『実録』は憚って記していないが、後年の阮賑が司礼監の官職を歴任していることを考慮すると、この際に宦官になったと見るべきであろう。
46) 娶妻理氏著、乃日本国人署衛事義郡公之女孫、忠禄侯之子。原忠禄親父挈家泛舶作商、又善鋳巨銃、資国用受参督職、生忠禄。
47) この日本人は和田理左衛門と推測されている。和田理左衛門については［岩生 1960：80；101］参照。また黎鄭政権の海外居留民政策については［藤原 1980b］参照。鉢場社の紅河対岸にある観良社が居留民の居住地として指定されている。

として一般的な官途を経るものの、間もなく致仕して鉢場社に戻り、生業である窯業を継承している。また彼の家には儒書や医書が数百冊あったと述べられており、父親の蒐集した蔵書も彼が継承し、さらに拡充していたようである。阮牓の6人の男子の中から、18世紀前半に四男の阮擢（阮登蓮、1706年登第）、五男の阮第（阮登錦、または阮錦、1718年登第）という2人の進士を輩出するのは、この二代に渡る蔵書蒐集の結果である。これを見る限り阮牓の支派は文人官僚として国家機構に参画しており、阮賑の支派とは一線を画している。

この一因として考えられるのが三男阮賑と鉢場社の対立である。『実録』に記された阮賑の事績を見ると以下のような記述がある。

> 癸卯年（1663）、管兵となり鉢場社を禄社として受給した。その後、白土社もまた受給した。そのため鉢場社と併せて1つとすることを願い出て、また納税時の手数料を全て免除した。景治二年（1664）、徴税を行ったところ、鉢場社の豪党・不逞の輩が争いを起こした。丙午年（1666）、彼らは自ら歌唱（亭における儀礼）を別々にして亭を2つにし、東局甲を2つの甲とした。訴訟が御史台にまで至った結果、彼らは是非をわきまえ、居宅の庭に来てこれまでの罪を詫びてきた。（阮賑は）私情を押さえて慈悲深く、遺恨に思うことなく、厳粛に丁重な応接をした。彼らはみな感じ入って拝礼し敬服した。これより徒党の害は解消し、郷里から尊崇された[48]。

これによれば、阮賑は1663年に部隊長となり、それに伴い鉢場社と白土社を俸禄としている。白土社は前節の訴訟碑文では現れず、恐らく1659年に御史台の判決が下された後、つまり1659～1663年の間に鉢場社が分割され、一時

---

48) 癸卯年、奉管兵、并奉該本社。及再奉該白土社。仍請合与本社為一、其紙外銭米並鐲。景治二年〈甲辰〉、奉侍経理、本社豪党不逞妄起争端。丙午年、彼自区分歌唱為二亭、東局甲為二甲。訟至御史、彼全理曲、廼詣家庭、首陳前咎。仍推情平恕、不念旧怨、賜欽款接。彼皆感拝敬服。自此党釁皆消、郷閭戴仰。

【図表5-4】ラン・バッチャン亭における甲の構成

左壁

寧場甲	阮氏
寧場甲	甲氏
東会甲	陳氏
東会甲	范氏
西甲	馮氏
西甲	武氏
宝寧甲	高氏
善官甲	阮氏
宝寧甲	黎武氏
宝寧甲	何氏
東会甲	阮氏

右壁

同心甲	王氏	
東局甲	黎氏	
東局甲	范氏	
同心甲	陳氏	
官甲	阮氏	→鉢場阮氏
東局甲	杜氏	
其善甲	阮氏	
東局甲	陳氏	
同心甲	梅氏	
同心甲	黎氏	
東局甲	帯氏	

※聞き取りでは帯氏を「Đỗ（杜）」と発音。改姓もしくは誤記の可能性がある。

期その一部が白土社とされたものと思われる[49]。この2社を俸禄として受給した阮賑は、以前のごとく1つの社としたのであろう。これを不服とした鉢場社内部の東局甲が2つに分裂し、一方が別に亭を建設している[50]。当時の鉢場社の「甲」の構成は不明であるが、現在のバッチャンでは「甲（giáp）」は血縁に基づく分類である。バッチャンの亭には、この甲の構成を記した額が左右の壁に掲げられ、この中に「東局甲」なる名称が見られる【図表5-4】。これによれば東局甲に属すのは黎・范・杜・陳・帯の諸氏であり鉢場阮氏は属していない。この一連の紛争における阮牓の動向は明らかでないが、東局甲が分裂した際に分離独立側に属し、この甲から出た可能性も捨てきれない。この点について『実録』は詳細を記さないが、阮牓の事績において訴訟終了後、兄弟間に遺恨が残らなかったことを記している。しかし彼が合併賛成派であったならば、その旨を記し兄弟間の仲睦まじさを強調するのが自然であ

---

49) ベトナム学院に保管の『陳氏家譜』によれば李朝期に最初の集落が成立した当初は「白土坊」と称していたようである。「白土社」の名称はこれに由来するものであろう。
50) このような紛争が起きた理由の詳細は不明である。しかし嶋尾［2000a：222-224］は17～18世紀の百穀社において有力宦官が祭祀を巡って村落側と対立し、2村に分裂する結果を引き起こした事例に言及している。恐らくは同種の紛争ではあるまいか。

り、特に遺恨が無かったことを強調する必要性はない。恐らく阮㮊は分離独立派に属していたのであろう。これは当然ながら阮賑の意向と対立することになる。

　このような経緯があったためか、阮㮊の支派はその後も阮賑の支派とは関係が希薄である。阮㮊は阮賑の養子となった阮栄を除き、全ての息子を勉学のために京師に滞在させているが、京師にあったはずの阮賑の居宅ではなく、阮㮊が共に学問を学んだという阮登道の居宅に寄宿している[51]。また寄宿中に阮擢、阮第、阮尚の三兄弟は師の阮登道の命によりそれぞれ字を登宰、登蓮、登錦としている。これ以降、少なくとも阮擢と阮第の子供は字を「登〜」としており、他支派で一般的な「成〜」とは一線を画している。また阮炳支派の族人が所有していたと思われる鉢場阮氏の家譜[52]を見ても阮㮊の支派は2人の進士を輩出しているにも関わらず、この支派については情報量に乏しく、阮朝期には関係が希薄になっていたことを窺わせる。

　阮㮊の支派は阮第と阮尚の登第後も、依然として鉢場社内の有力者としての地位を維持している。例えば『実録』には阮尚の次のような記事が残されている。

　　癸卯年（1723）……6月、本社の船着き場付近では水勢が激しく、地片の崩壊がますます著しいのを見て、柱を立てて石を埋め、護岸を施そうとした[53]。そこで勧文を作成して呼びかけ、資金を拠出して資福堂を建設した。さらに「翰具」を設計し、これを記して説得し、本社の人々に周知させた。しばらくして資金が集まり、木材を購入して工事に取りかかっ

---

51) その一方で、『実録』によれば阮言の妻阮氏霄は夫の死後、京師にある阮賑の居宅で扶養されている。また阮登道については第3章の第4節で若干取り上げたように、思想的には鄭王が実権を掌握する中で、黎朝皇帝の正統性を強く意識していた人物である。彼と学問的に同門であったという阮㮊が中途で官を辞し、鄭王の下で勤務する宦官の弟と対立していた背景には、このような思想的背景もあったのかも知れない。
52) 前掲註39参照。
53) 地片崩壊を防止するために、紅河河岸を石で固め、その石が流されないように木柱や木板で固定する作業かと想像されるが、詳細は不明。後段の「翰具」は、この基礎工事のための木杭と木板を組み合わせたものであろうか。

たが、工事の規模が大きいために、時勢にあわず、果たすことができなかった[54]。

これによれば、紅河による地片消失に危機感を持った阮尚は護岸工事を施すことを人々に呼びかけている。結局、資金不足で頓挫するものの、阮膀の支派は鉢場社で生業を継承した結果、科挙及第後も京師に本拠を移すことはなく、鉢場社における在地社会の維持に強い関心を持ち続けている。これ以外にも『実録』によれば、1719年に鉢場社において亭を建築する際に、阮第と阮尚はそれぞれ資金を拠出している[55]。

一方で阮賑の支派を見ると、先に見たように阮賑が1663年に鉢場社を俸禄とした後、1691年には鉢場社を含む5社を俸禄とするに至っている。この間、彼は数々の部隊長職や鎮守に任用されているが、鉢場社を俸禄の一部とし続けていたように思われる。阮賑は1693年に死去するが、5年後の1698年に嫡養子の阮倣が再び鉢場社を俸禄としている。しかし阮賑、阮倣は共に鉢場社を生活の場とはしていない。『実録』を見る限り阮賑の主たる居宅は京師（奉天坊）であり、また下巽社報答村にも居宅を設けて嫡養子の阮倣を住まわせ、晩年には頻繁に行き来したという。阮倣の場合、『実録』によれば1729年時点の彼の居宅は、養父から継承した京師の居宅と報答村の居宅の他、妻の出身地である如琼社にも居宅を所有している。またこの年、妹の夫の出身である文江県如麟社にも居宅を作り、請願してこの社を自らの制禄としている。次養子の阮栄については『実録』によれば、1694年に鉢場社に「瓦家」を新造するものの、1696年に「先考の旧宅に居す。」という記述が見られる。この「先考」が実父阮膀を指すのか、養父阮賑を指すのか微妙だが、同じく『実録』の阮尚の事績では1696年に阮栄が奉天坊に居住していたことを記し

54）癸卯年……六月、見本社河津水激、土頽滋甚、欲作翰填石、以固地勢。乃作通勧文、出銭開資福堂。及扮作翰具、録并論、以暁本社大小。俟有資財、已買木簡作第、以工程稍大、時勢未便、故事不果。
55）一方で『実録』末尾に付された「鉢場造亭記」によれば、新亭建設の計画が持ち上がった際、鉢場社を自身の禄社としていた阮倣は所該官らと共に社内の序列（郷飲）に応じてそれぞれ出資額を定めるのみであり、彼の事績を見る限り出資はしていない。

ているので、彼は養父の死後、報答村に居住する阮倣に替わり京師の家を預かっていたのであろう。最終的に 1723 年、彼は「棟戞処」なる場所に土地を賜り、ここに居住するものの、間もなく死去する。

　このように見ると、17 世紀前半に窯業により経済力を貯えた鉢場阮氏は、17 世紀後半から次第に官界に進出するようになる。その 1 つは宦官の輩出であり、当時の鄭王府では財務官僚、対外折衝役として宦官の需要が高く、窯業を通じた海外との商取引が盛んであった鉢場社の環境は有利に働いたと考えられる。その結果、鉢場阮氏は阮賑を輩出し、これを契機に阮炳と阮賑の支派は武人としてやや特権階層化しており、原貫地である鉢場社を禄社としながらも地縁的な繋がりは次第に薄れ、鉢場社における郷村秩序の維持に対して関心を失っているように見える。一方、生業を継承した阮榜の支派は、引き続き窯業により経済力を貯え、18 世紀前半に科挙を通じて官界への進出を果たす。彼らは国家機構への参入後も生業を放棄しておらず、郷村内秩序の維持に影響力を持つ在地有力者として、鉢場社内で一定の地位を維持し続けていたように思われる。

小結

　本章では 17～18 世紀の鉢場社を例に、黎鄭政権期の国家機構と村落の関係を検討した。黎鄭政権期の紅河デルタ社会の特徴の 1 つとして訴訟の多発、特に村落間の土地紛争の多発が挙げられる。鉢場社の場合、洲土を巡って隣接する東皐社から執拗な司法闘争を仕掛けられている。この紛争の場合、堤防位置の変更や地片の消失・生成といった洲土特有の問題が背景としてあるが、巨視的に見た場合、堤防内における人口の飽和状態と生糸の国際商品化を契機とした植桑・養蚕による洲土の開発という社会的背景があるように思われる。17 世紀前半の堤防の付け替えが、それまで堤外地であった東霄・東皐集落を堤防内に取り込む形で行われている点を見ると、これは洲土開発により新たに成立した洲土集落を堤防内に包摂し、当時、天井川化が進んでい

た紅河から保護することが目的であったと思われる[56]。しかし堤防の付け替えは、堤防により地分を分断される形となった東皐社と、堤外地の窯業集落である鉢場社との間で土地紛争を引き起こすことになった。裁判では両者の境界を堤防とし、堤外地を一律的に鉢場社に帰属させる判決が繰り返し出されているものの、19世紀に至っても東皐社は事実上の占有を続けていたと考えられる。また鉢場社では合併に抵抗して訴訟が起こされているなど、少なくとも17世紀の中葉には社は単なる行政単位という枠をこえて、国家側による安直な線引きには抗しうるだけの自律的な社会集団になっていたことを窺わせる[57]。このような社会を統治するに、当時の黎朝系組織は弱体化していた印象は免れない。確かに裁判においては、頻繁に官吏を派遣して現場検証をしており、現代の目線で見ても緻密な訴訟審理を行っている印象を受けるが、これは当時の司法がなかば地方官吏の手数料の稼ぎの場となっていたためであって、必ずしも強力な権力を行使して地方統治を行っていた結果ではない[58]。むしろ、本来ならば黎朝系地方官が第一に対処すべきである社の統合といった案件が禄社受給者によって担われている事は、実効支配が鄭王府系組織の手に移っていたことを示している。

しかし、このように黎鄭政権では黎朝系組織の弱体化、鄭王府系組織の実

---

56) 17～18世紀の紅河の天井川化の進行については［西村 2007］参照。
　　西村［2007］［2008］は紅河デルタでは17～18世紀に馬蹄形輪中（下流部が排水のために解放されている）から完全閉鎖型の輪中へと移行し、その結果、紅河の天井川化が加速する一方、輪中内の低水地の開拓が可能となり、新村落が成立したとしている。
57) 今後、村落における郷約などの編纂と関連づけて検討する必要があるが、鉢場社では見出すことが出来なかった。嶋尾［2000b］は17世紀後半に郷約の再編、編纂が行われていることを指摘している。
58) 滋賀［1984：第3章－第4章］は中国前近代における民事裁判では判決に拘束力がなく、司法官の「情理」に基づいた調停的側面が強いことを指摘しており、これは黎鄭政権期の民事裁判にも当てはまるように思われる。さらに八尾［1998：125］が指摘するように訴状を提出するという行為は、官民の間である程度「情理」が共有されているという前提のもとで初めて行われる。財政、軍事機構とは異なり、黎鄭政権では司法分野において黎朝系組織が全面的に廃されることはなかった。むしろ多くの問題は抱えつつも黎朝系地方官衙は民間の紛争処理に特化している印象を受ける。これは政治的・行政的には弱体化ではあっても、官民の間での情理の共有という点では別の意味を持つであろう。

権掌握が進みつつも、第3章で見たように儒教的正統原理が働くことによって、ついに鄭王府系組織へと完全に一元化されることはなかった。このような国家機構の錯綜した状況を受けて、黎鄭政権では人材登用のチャンネルも多様化している。黎鄭政権期の科挙登第者は平均すると10人前後であり、科挙及第の門戸は黎朝前期に比べ狭まっている。しかし鉢場阮氏の例を見てもわかるように、これは府県以下の官僚に専ら郷試レベルの士人層が充てられていたためであり、官僚機構の規模が縮小した結果ではない。さらに黎鄭政権では黎朝系組織とは別個に鄭王府系組織が構築され、そこには宦官や郷試・書算科レベルの士人が大量に吸収されており、むしろ前時代と比較して国家機構は肥大化している。鉢場阮氏で宦官の輩出を契機に武人化してゆく阮炳・阮賑の支派、進士を輩出して文人的在地有力者となる阮㮮の支派はこのような黎鄭政権の人材登用の多様化を反映したものである。

　注目すべきは黎朝前期の制度を踏襲した府県官には回避の制度が適用されているものの、17世紀に創生した鄭王府系組織では禄社の支給に関しては、明らかに禄社受給者の意向が色濃く反映され、受給者と何らかの血縁や地縁のある場所が支給されている点である。鉢場社も第4章で見たような受禄者による禄社の囲い込みが図られた集落の事例の1つと言えよう。鄭王府は在地社会との余計な摩擦を避けるためか、縁故のある土地を禄社とすることに特に難色を示している気配は『実録』からは窺えず、むしろ自然なこととして容認しているように見える。通常ならば在地社会との関係を断ち切られ、鄭王（もしくは黎朝皇帝）の手足となって活動すべきと思われる宦官ですら例外ではなく、自身の出身地を禄社として受給し、一族内から養子を取ることにより、その子孫を武人貴族化することに成功している。黎鄭政権期には第3章の第3節で言及した頼安社の范氏、第4章の第3節で言及した鶴林社の阮氏のように一族内から複数の宦官を輩出している例が見出されるのも、鉢場阮氏と同様に宦官の特権的地位を一族内で継承することが図られた結果であろう[59]。

59）［嶋尾　2000a：222-225］で言及されている百穀社の阮公氏もこの一例であろう。

しかし、阮賑の禄社とされた後も、彼と鉢場社が一時期、訴訟において敵対関係にあったことが示すように、必ずしも禄社は受禄者の意のままになるものではない。受禄者による地縁や血縁に依拠した禄社の選好は、そのような困難があることを事前に承知した上で摩擦の少なそうな場所を選択した結果と考えるべきである。しかし特権階層化した阮柄・阮賑の支派はその後も、原貫地の鉢場社を禄社とし続けてはいるものの、居住地を集落外に移したこともあり、鉢場社との紐帯は次第に薄れて郷村秩序の維持に対し関心を失っているように見える。一方で、鉢場社で生業を継承した阮㮻の支派は、科挙官僚の輩出後もあくまで在地社会に根を張り続けており、彼らは国家機構に参画しながらも、郷村秩序の維持に強い関心を持ち続けている。黎鄭政権に出現する強固な地縁集団の運営は彼らのような儒教的知識人層により支えられていたと考えられる。

第6章

紅河デルタにおける亭の成立と郷村秩序
―― 龍珠社の事例 ――

はじめに

　前章でみたように17～18世紀の紅河デルタでは、もともとは行政単位に過ぎない「社」が国家側の安直な線引きには抗しうるだけの自律的な社会集団となっていた。このような行政単位の自律集団化はどのようにして行われたのであろうか。これはベトナムにおける近世社会の成立を考える上で、避けては通れない問題である。桜井の村落史研究は、これらの村落群を非歴史的、停滞的なものとみる見解を否定し、17～18世紀にその祖型が成立するとした。桜井は村落の自律化の背景として大きく2つの要因を挙げている。第一に、禄社受給者や徴税官吏などをはじめとした「中間権力」による収奪的な徴税を抑制したい中央政権と村落側の思惑の一致であり、この結果、中央政権は村落側の自律化を容認することにより「中間権力」に対抗させたとする［桜井　1987：第三章］。第二に、生産の不安定な夏稲栽培が拡大したことによる大規模な流散の発生とこれに伴う農民の階層分化であり、これにより富農層を中心とした集落運営が確立するとする［桜井　1987：第五章：第八章］。
　これを考えるに、第4章で見たように平例法による社単位での税定額化には、確かに恣意的な徴税を抑止しようとする思惑が見て取ることができ、納税が連帯責任化したことによる集落単位での自律的な活動も確認できる。しかし桃木［1991］が指摘するように、17～18世紀の天災が夏稲栽培に集中的に被害をもたらしたとする桜井の主張には疑問が残る。むしろ流散の深刻化において重視すべきは、流民を発生させる天災それ自体よりも、平例法によ

る税の定額化が流散の「逃げ得」とも言えるような状況を生み出した結果、天災の終息後も流民が原貫地に復帰しなくなってしまったことにある。これは多くの集落において寓居民の増加をもたらしたと考えられ、少なくともその一部は有力者の庇護下で小作人化していたと考えられる。ベトナム本国ではチュオン・ヒウ・クイン［Trương Hữu Quýnh 2009（1983）：389-402］も当該期の公田制の崩壊と私的所有の発展による農民の階層分化と、「地主」の郷村社会における専横を強調している。桜井とは異なりそれが「伝統村落」の成立をもたらすとまでは主張していないが、上下間の対立を強調するという点では共通する。しかし前章で鉢場─東皐間の紛争や鉢場阮氏の動向を見てもわかるように、実際の紛争は単純な上下対立に収斂できるようなものではない。また集落内の階層分化についてもチャン・トゥー［Trần Từ 1984：22-25］は、少なくとも農地改革以前の紅河デルタ村落は明瞭な階層分化が発生していない小農主体の社会であり、搾取・被搾取の関係は状況に応じて逆転する流動的なものであったことを指摘しており、農村の階層分化が強調されるのは階級闘争史観の自己満足に過ぎないと文化人類学的見地から批判している。チャン・トゥーの検討は基本的に農地改革直前の紅河デルタ村落を検討したものであるが、これが17〜18世紀にも当てはまるとすれば、クインに代表されるベトナム本国の学説にせよ桜井説にせよ、農民の階層分化という理論的枠組みの前提が崩れることになり、「自律的村落」の成立について再考を迫られることになる。そこで、本章では階級闘争的な分析からはひとまず距離を置き、まずその前提となる「伝統村落」それ自体の構造、とりわけ集落運営の核となってきた亭の成立とその集落運営に焦点を当てて検討を進めたい。

　しかし、このような集落の内部にまで踏み込んだ分析は、近年ベトナムの史料アクセスが改善しているとはいえ、どの集落でもできるというものではない。特に紅河デルタではよほど史料的条件に恵まれない限りこれらの具体的な検討は難しいが、幸い筆者が調査に入ったフンチャウ社は比較的史料に

恵まれており[1]、かろうじてこれらの検討を進める条件が揃っているように見える。本稿では以上を踏まえつつ、フンチャウ社内の各集落を事例として紅河デルタにおける村落の自律性形成について検討していきたい。

本論に先立ちフンチャウ社の概況を整理しておく。フンチャウ社はハノイ中心部から南西20kmほどのダイ河西岸に位置する人口11,000人程の行政村である。同社は主にミエウ集落（thôn Miếu）・ソン集落（thôn Sơn）・フオンバン集落（thôn Phương Bản）・フンギア集落（thôn Phụng Nghĩa）の4集落[2]からなるが、これは独立以降の統廃合により「社」が大規模化された結果であり、前近代の「社」の規模は概して小さい。フンチャウ社の場合は龍珠社（17世紀まで紫沉社、18世紀に龍珠社へ改称。廟村（現ミエウ集落）と山村（現ソン集落）の2集落からなる）、花板社（19世紀に芳板社へ改称。現フオンバン集落）、奉天村（19世紀に奉義村に改称。現フンギア集落）[3]という3つの行政単位に分かれていた。先行研究が明らかにしているように、多くのキン族の伝統的村落共同体（ラン）では亭を中心に運営されており、また亭は集落内の身分秩序が坐次により明示される場でもあった[4]。前章で検討したハノイ近郊の鉢場社、本章で言及する花板社、第8章〜第9章で後論するフエ近郊の清福社などは1つの社に1つの亭であり、この場合は行政村である「社」と村落共同体である「ラン」がほぼ一体化した状態であると考えてよい。しかし龍珠社のように、社内に複数の集落が存在する場合には注意が必要である。後述するように龍珠社の場合は、廟村と山村がそれぞれ別個に集

---

1) ハノイ特別市チュオンミー県フンチャウ社（xã Phụng Châu, huyện Chương Mỹ, TP Hà Nội）。ソン集落の亭に18世紀末以降の郷約を中心に40点ほどの漢喃史料が現存しているほか、ミエウ集落に15道程の勅封が現存する。また社内には15世紀以降の碑文が20基ほど現存している。
2) この4集落以外に居住区の拡大により新しいソム（xóm Đồng）も設けられているが、これは21世紀以降の設立が明らかであるので、本章では分析の対象外とする。
3) 通常「村」は「社」の下層単位であるが、奉天村の場合、18世紀段階からいずれの社にも属さない独立した「村」であり、第一国家公文書館にも奉天村のみの地簿（Q7011）がある。これは桜井［1987：174-175］が指摘する比較的新しく成立した集落であるのかもしれない。ただし廟村と山村は明らかにこの例には属さない。
4) ［Gourou 1936：260-268］［嶋尾 1992］［桜井 2006：45-46］など参照。

【図表6-1】山村周辺地図

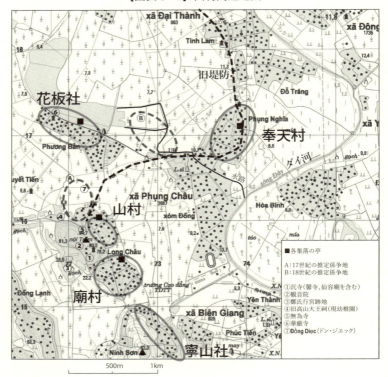

落運営の核となる亭、運営規則である郷約（村掟）を持ち、納税や訴訟などにおいても行政上の法人格を認められていた。一方で上級単位である龍珠社全体の亭や郷約といったものは存在しない。このため龍珠社の場合は桜井が言うところの「自律的村落」としての分析対象は下層単位である廟村・山村などの「村」である判断し、行政単位上の階層が異なるのを承知で花板社と廟村・山村をほぼ同格として扱っているが、この点はあらかじめご了解いただきたい。

　なお、上記のようにいずれの集落も現在に至るまで複数回の名称変更を経ているが、言及の度に年代に応じて呼称を変更するのは煩雑であるうえ、いたずらに読者を混乱させることにもなるので、本章では基本的に18世紀時点

の漢字名称により呼称を統一する。また現地の碑文に関してはほとんどが『拓本集』中で影印されているため、碑文拓本に付与された漢喃研究院の番号により引用する。亭や祠堂の保管文書については書誌番号等がないため、筆者が撮影の際に付した整理番号を便宜的に使用する[5]。

第1節　郷約よりみた山村の集落内組織

　本節では前近代の集落運営について最も史料の豊富な山村を中心に検討していく。既にグールー［Gourou 1936］やチャン・トゥー［Trần Từ 1984］により、20世紀前半の紅河デルタ村落については概括的な紹介がなされているが、19世紀以前の状況について文字史料により検討した事例は多くはない。特にチャン・トゥーの専著［Trần Từ 1984：44-58；106-113］は、前述の階層分化を前提とした学説に対する批判のみならず、集落を1つの文化的集団たらしめている集落内組織として「甲（giáp）」の存在を強調するなど、歴史学的にも貴重な知見を数多く含んでいるにも関わらず、具体的な実例がほとんど挙げられていないという欠点があり、史料的な裏付けが必要である。幸い山村の亭には18世紀末から20世紀前半にかけての郷約が現存しており、これを中心に前近代の集落運営の実態を検討したい。

　まず17～18世紀の山村の行政上の位置づけについて山村亭に現存する碑文（『拓本集』N.1948）から確認しておく。これは景治9年（1671）に廟村が告訴したものに対して山西承政使が下した判決であるが[6]、第5章で見た平例法とも関連した内容となっている。

---

5) 筆者は基本的に［集落名（＋施設名）史料番号］の形で整理番号を付与している。史料番号は複数史料の撮影した場合に撮影した順番に番号を付けているのみであり、特に書誌学的な意味はない。ソン集落における史料の撮影日はいずれも2012年9月11日。
6) N.1948には判決の年月が記されていないが、筆者が現地で碑文を実見したところ、碑面に刻みきれなかった一行分が、碑面の縁部分に刻まれており、判決年は景治9年であった。

　　　　　山西等処賛治承政使司衙門等官、官田の訴訟に判決を下す。安山県紫沉
　　　　社廟村社村長阮文典ら全村一同が、訴状を出して告げるところによれば、
　　　　別村（＝山村）の人々がその豪強と人数を恃みとして、共に官田を耕作
　　　　するべきところ、彼の村は拒否している、とのこと。これにより、被告
　　　　の山村の阮文栄らに問いただしたところ、書状により反訴して述べると
　　　　ころによれば、本社別村（＝廟村）の人々はその強健を恃みとして、法
　　　　令に違反し、官田を分けることを認めず、不当に訴えられている、との
　　　　こと。よって共同で実地検分したところ、両村は書状により述べるとこ
　　　　ろによれば、平例簿を拝見し、人丁の人数を参照したところ、廟村が44
　　　　人半、山村が14人半であった。官田の夏秋2回の納税を合計した上で、
　　　　乞うらくは4分割し、廟村が4分の3、山村が4分の1とし、官役□□
　　　　を受ける、とのこと。両村は和解した。これらを参考とする。この訴訟
　　　　では、紫沉社廟村・山村の官田は本社ならびに花板社の各処にあり、夏
　　　　秋2回の納税は分割すべきである。[7]

これによると共同で耕作すべき龍珠社の官田を山村側が耕作忌避していたた
めに、廟村が告訴している。紛争の経緯については後述するが、ここで重要
なのは、第一に紛争当事者として「龍珠社」それ自体は全く現れず、紛争は
その内部の山村と廟村の対立に終始している点、第二に両集落の和解により
平例簿に記された両集落の人丁数[8]に応じて、龍珠社の田税までもが廟村4分
の3、山村4分の1というように機械的に分割されている点である。平例法
の施行が訴訟の僅か2年前の景治7年（1669）であるから、この平例法によ

---

7) 山西等処賛治承政使司衙門等官、為理断官田訟事。茲拠、安山県紫沉社廟社村長阮
　　文典…〈中略〉…全村等、有状告謂、別村人恃其豪強衆多、同執官田、不許彼村、等詞。
　　拠此、仍勾被告山村阮文栄…〈中略〉…等、有単交謂、被本社別村人恃其強健、故違明
　　令、不許分官田、妄状奸告、等詞。仍公同査勘、其二村並有単謂、奉見平例簿、照補人
　　卒、其廟村卒四十四人半、山村拾肆人半。其官田夏秋二務共、乞今為四分、廟村参分山
　　村壱分、受官役□□、等詞。両村□順、得此参証。其訟、係紫沉社廟村山村、官田在本
　　社并在花板社各処所、夏秋二務応断分。
8) 廟村・山村ともに人丁数が「〜人半」となっているが、これについては第2章の註3
　　参照。

第6章　紅河デルタにおける亭の成立と郷村秩序

り定額化された龍珠社の税を両集落がどのように分担すべきかが紛争の背景にあったと考えられる。本章冒頭で述べたように、前近代の紅河デルタではおおむね１社＝１集落のケースが過半を占めており、平例法において社単位で税額が固定されたのもこのためである。しかし上引の判決を見る限り、龍珠社のように社内に複数の集落がある場合、「社」は単なる税額固定の枠組みに過ぎず、行政機関としては機能していない。実質的にはその内部単位である「村」がそれぞれ行政単位としての機能を果たしていたことを示している。

このような状況は山村の郷約にも反映されており、現存する郷約［山村亭30］から確認しておくと、景興43年（1782）に定められた規約で以下のように定められている。

> 旧例では既に６つの「盤」があり、本村の地分を輪番で巡回している。ある年に小規模な税糧の納入があれば、盤を増やして６つのうち２つの盤に巡回を担当させ、一年間集落を巡回して内外に身を慎ませる。…〈中略〉…もし村人の誰かが頑なに滞納するならば、２つの盤と巡番が徴収する。この場合の銭は「壹本壹息」[9]とする。盗まれた稲籾・椰子の実・バナナ・生姜などを取り押さえた場合については、既に規約がある。もし冬作の稲が熟した時に小規模な税糧納入があるならば、担当を増やして２つの番に稲籾によって徴収させる。[10]

このように村民は大きく６つの「盤」[11]と呼ばれるグループに分けられ、常時１つの盤が集落内外を常時巡回するほか、納税時にはもう１つの盤が村民か

---

9) 恐らく元本に対して利息を付すのは一回のみで、それ以降は滞納しても利息を加算しないことを意味する。
10) 舊例已有陸盤、輪次巡防在本村地分。倘或某年有小輸者加割、使弐盤内陸盤下登巡防、全年巡防郷邑、内外慎密。…〈中略〉…若村内何人頑梗緩欠、付盤弐與巡番捉取。這錢壹本壹息。其如捉得盗取花穀椰房蕉菓生芑等物、已在舊券内。或某年冬務花穀熟辰、有小輸者、加割使弐盤巡取、拋擔花穀。
11) かつては祭礼時にどの「盤」（大盆）において飲食するかにより参加者は厳密に序列化されていた［嶋尾　1992：141］。恐らく山村の「盤」の語源はこれに由来する。

223

らの税糧の徴収を担当することになっていた。このように徴税が集落内組織によって担当されており、山村が実質的には納税単位として統治機構の中に組み込まれていたことを意味している。この山村の「盤」とよばれる単位は1782年時点では6つであったが、1805年の規定では10に増加しており[12]、これに伴って2つの盤をまとめた上級単位として5つの「番」(その長が巡番)が設けられている。上引の郷約においても2つの「盤」と「巡番」という表現が現れているので、恐らく1805年以前から「盤」の上級単位として「番」は存在していたと考えられる。

　また徴兵に関しても山村の郷約中に兵士の交替と口糧田支給に関する規約(景盛6年(1798)「給四兵例」が初出)が収録されている。これによれば18世紀末の西山朝期から阮朝期にかけて山村には4人の兵士供出が課されている[13]。この際、兵士に対して口糧田(黎鄭政権の另兵口分田に相当)を支給することが阮朝の均田例では定められているが、郷約を見る限り実際に彼らにどの地分のどの程度の面積を口糧田として支給するかを決定するのは実質的に集落側の裁量によっている[14]。また徴兵年限を6年と定めて期間中は手当てを支給する一方で、兵役終了後は「犒例」として古銭6貫の納入を要求するなど、国家規定から逸脱した部分も目立つ。これは一種の「口債」であり、恐らく兵士帰還の祝賀会の費用を自ら拠出せねばならないということであろう[15]。その見返りとして兵役修了者は集落の功労者と見なされ、徭役負担の軽減などの措置が取られる。既に黎鄭政権期から徴兵期間中に兵士が勝手に帰村してしまう事例や、他の者と交替してしまうといった事例が頻発しているが[16]、集落内でこのような取り決めが行われていたのが背景にある。

　これら山村の集落運営において中心的な役割を果たしていたのが「会老参

---

12) 後述するように1769年に山村では居住区が拡大されている。これにより集落人口が増加したためと考えられる。
13) 第4章の第4節で見たように鄭棡～鄭杠期にかけて紅河デルタでも本格的な徴兵が試みられているが、この時期の山村の徴兵負担は史料がなく不明である。
14) 阮朝期の口糧田については [桜井 1987:492-494] 参照。
15) 「口債」については [嶋尾 1992:117] 参照。
16) 例えば『類誌』巻40、兵制誌、禁戒之条、逃亡之禁。

盤」と呼ばれる集落内の序列上位層である。郷約のほとんどの条文には「〇年〇月〇日、会老参盤が亭において議論して規約を定める。（会老参盤定議在亭立券例。）」という文言が文頭に置かれており、「会老参盤」と呼ばれる人々が亭で会合して定められている。山村の郷約は景興30年（1769）〜保大20年（1945）にかけてのものが現存しているが、一度に包括的郷約を定めたのではなく、個別事案について会老参盤による会合が持たれ、そのつど定められた規約が蓄積したものである。これら逐次的に定められた規約が、嗣徳34年（1880）に紙質の劣化が激しいために書き写して1つの冊子にまとめられている[17]。これが山村亭に現存する郷約［山村亭30］の前半部分である。後半部分はその後さらに規約が追加されることを前提として編纂時点では白紙となっており、この部分に保大20年（1945）まで改訂・修補を繰り返しつつ新しい規約が加筆され続けており、この結果合計100条余りの長大なものとなっている。さらに嗣徳34年以降の加筆部分を保大16年（1941）に別冊子にまとめた『龍珠社山村改良風俗』［山村亭29］も山村の亭に現存している。このように山村では会老参盤と呼ばれる序列上位層の主導の下に「番」や「盤」と呼ばれる単位に村民は組織化されており、これにより納税や徴兵と言った国家行政の一端を担いつつ、同時に集落内の治安維持や周辺集落への警戒を分担する体制となっていた。これら村落運営の中心として集会所的な役割を果たしていた施設が亭である。

　しかし亭の性格を理解する上で重要なのは、それが単なる村内行政の拠点であったわけではなく、現在も村々の亭に黎朝期から阮朝期にかけての勅封が数多く現存していることが示すように、城隍（thành hoàng）と総称される村の守護神を祀る宗教施設でもあったということである。山村の場合、廟村とともに高山大王を主神としており、景興44年（1783）以降の勅封が現存している。現在、これらの勅封は廟村亭において管理されており、山村亭にはその写しがあるのみであるが、後述するように山村と廟村の間では嘗て3年

17）ただし現存する山村の郷約は冒頭部分が数頁消失している。消失部分にはより古い規約が記載されていた可能性がある。

ごとに勅封の原本と抄本を交換することが取り決められていた。このような措置が取られたのは山村亭と廟村亭は共に同じ神位を祀っているにも関わらず、両集落は2つの集落で1つの「社」を構成していたのが原因である。勅封は基本的に「社」に対して1道しか与えられないため、山村と廟村のように2集落で1つの社を構成している場合、両集落の共有物という形にならざるを得ない。このような事情から山村の場合、廟村との間で原本と抄本を定期的に交換するというやや変則的な形とはなっているが、裏を返せば両集落にとって勅封の原本がそれだけ威信材として重要な役割を持っていたということであり、亭と城隍神が切り離せないものであったことを示している。

　この亭に祀られた高山大王の祭祀において山村で中心的役割を果たしていたと考えられるのが「甲」と呼ばれる組織である。山村郷約［山村亭30］内の景盛3年（1795）の「四甲齋盤例」には甲の役割について以下のように記している。

> 5年前〈庚子年（1790?）〉の正月、神事の奉納については既に規則を定め、祭祀のための供物の調理については、分担して4つの甲が輪番することにした。しかしこれにより負担が非常に重くなっている。そこで本村一同は亭において会合を持ち、旧例を改め、再訂する。現在〈乙卯年（1795）〉以降、毎年正月に村内の四甲で輪番する。[18]

この規定が示すように山村の「甲」とは亭に祀られた城隍の祭祀を分担するために人々をグループ分けしたものであり、山村の場合は4つの甲が輪番で担当することによって負担の均等化を図られていた。つまり山村に属す人々は亭を頂点として「甲」という形で組織化された1つの祭祀集団でもあったことを意味している。

　このように山村には集落内行政を分担する「番」や「盤」と呼ばれる組織

---

[18] 前上ヶ年〈庚子年〉正月節、恭奉事神已定例、奉作齋盤敬礼、分為四甲輪次。但功役頗多因此。茲本村仝村等在会在亭中、改諸前例、再訂議。係自茲〈乙卯年〉向後、遍年正月節、村内四甲輪次。

と、祭祀を分担する「甲」と呼ばれる組織が並存していた。両者はそれぞれ行政単位としての集落、祭祀集団としての集落を体現している。両者はともに亭を中心として組織されており、その構成員はおおむね重なっていたと考えられる。このことは山村郷約［山村亭 30］の「不入郷而入甲例」（明命 15 年（1834））という規約からも窺える。

> 前年より、一定の年齢に達した貧しい者が、進物を整えて「郷村の次位」に入ることなく、ただ「本甲の次位」に入る事により、徴兵や労役を逃れようとしている。ここに本村は会合した。これ以降、一定の年齢に達した者及びその年齢を過ぎた者が「本甲の次位」に入る事を乞うのが、「郷村」に入る事を乞うより以前であってはならない。（郷村に入るのが）終わった後に「本甲の次位」に入る事については、本村は許可する。[19]

これを見る限り、成年に達した者は亭において一定の進物を奉納することによって「郷村の次位」に入ることが認められ、同時に徴兵や徭役の課派対象となる。ここまで見てきた内容を前提とすれば、「郷村の次位」とは具体的には「盤」や「番」に代表される集落内行政組織の中に位置付けられることを意味しており、これらを通じて集落に課された納税、徴兵、徭役などを分担することになる。一方で、この規約は実際には経済的理由からそのような負担を忌避し、「郷村」に未加入のまま「本甲の次位」に入る、つまり祭祀組織である「甲」にのみ加入しようとする者が後を絶たなかったことを示している。これを容認すれば行政単位としての集落が機能不全に陥ることは明らかであり、この規約では「郷村」に加入した者のみに「甲」に入ることを認めている。したがって亭の祭祀集団である「甲」とは単なる信徒の集まりといった開放的な集団ではなく、地縁に基づく厳格なメンバーシップを持った集団である。

---

19) 上年、貧困到歳、無有整礼入郷村次位、只以入于本甲次位、無有給欽兵徭。茲本村会議。自茲向後、某人到歳、与某過歳、乞入本甲次位、不得係前有乞入郷事。訖後乞入本甲之次位、本村並許。

このように集落内に亭を頂点として行政と祭祀という二系統の組織が重なり合いつつ並存しているのは山村集落に限ったものではなく、紅河デルタにおけるキン族集落に広く見出される特徴であり[20]、これが亭における多様な文書の蓄積を促すことになる。例えば集落の成年男子を記録した丁簿、集落に帰属する地分を四至により記録した地簿といったもの、あるいは徴税や課税を巡る行政機関とのやり取りを記した公文書などは、地方においてはおおむね亭に保存されているが、これらは亭の行政機関としての役割を反映したものである。同時に亭に祀られた城隍神に対し下された勅封や、各神位の縁起や由来を記した神蹟などが保存されているのは祭祀集団の中心的施設としての役割を反映している。郷約の内容を見る限り、徴税・徭役・徴兵といった国家行政の最末端としての業務遂行と甲によって遂行される城隍神の祭祀の双方について定めており、これらを定めた「会老参盤」と呼ばれる序列上位層が行政・祭祀の双方を束ねつつ集落運営の中心となっていたと考えられる。

それでは「会老参盤」とはいかなる人々であったのか。現在のソン集落には前近代の個人のライフヒストリーを明らかにしてくれるような家譜・族譜の類は現存していないため[21]、各史料の断片的な情報から推測するしかない。まず前述のように、山村郷約［山村亭30］では嗣徳34年（1880）に、個々の規約が紙質の劣化により散逸することを恐れて1つの冊子状にまとめられているが、郷約中にはこの経緯を著したのちに会老7名、郷長6名、前郷長1名、前社長3名、前看守2名の計19名の署名がなされており、これが「会老参盤」と総称される人々であったと考えられる。この19名のうち自ら記名している者が13名、点指[22]している者が6名であり、3分の2を越える識字

---

20) 他の事例としては［Gourou 1936：266］［桜井 2006：201］など。ただしチャン・ヴァン・クエン（Trần Văn Quyền）氏によれば、これは紅河デルタを中心とした事例であって、ベトナム中部フエの周辺域では「甲」に相当する組織がみられないとのことである。またチャン・ティ・トゥイー・ヴィン（Trần Thị Thùy Vinh）氏によれば、寄進碑文などに「甲」が出現するのは16世紀以降とのことである。
21) 数点ではあるが、木板に先祖の姓名、忌日を記したのみの板碑は現存している。
22) 代筆人が記した姓名の横に自身の人差指の関節部分に印を付けて署名とするものであり、基本的には非識字者用の署名である［山本 1940：379-381］。

率は当時の水準では相当に高いと考えるべきだろう。この人員構成を見る限り集落内での昇進ルートは看守や郷長といった補佐的な役職を経験したのちに社長に就任し、その後は集落の功労者という立場で亭の会合に参画し、その中で経験を積んだ年長者が会老になるという道筋であったと考えられる。つまり会老参盤の構成員とは現任の郷職及びその経験者を中心とした集団であったと考えられる。

それでは郷職にはどのような人々が就任していたのか。現在の山村には先賢祠の跡地とされる場所があり、ここには斯文会関連の碑文が2基現存している。また山村には現存していないがハノイの漢喃研究院には20世紀初頭に採られた碑文拓本が収蔵されており、嘗て4基の碑文が存在していたことが知れる。このうち「後賢碑記」なる碑文(『拓本集』N.1943-1944)

【図表6-2】「後賢碑記」における后賢者

肩書き	姓名
前本府〃生	阮玿
前本府〃生	阮瑚㻛
前十里侯	鄭興仁
前十里侯	鄭登生
前郷老〃饒	阮廷祿
前本府〃生兼十里侯	鄭名瑱
前本府〃生総長兼十里侯	阮福㻛
前郷老〃饒	黎公用
前郷老〃饒	杜時邁
前郷老〃饒	阮春榜
前郷老〃饒	鄭惟岳
前奉侍先朝上林院僧録司僧正	王名聡
前十里侯	鄭世銀
前本府〃生	阮廷桂
前郷老〃饒	黎廷植
前郷老〃饒	黎玏遂
前郷老〃饒	阮名矣
前郷老〃饒	阮廷宜
前郷老〃饒	杜名■
前郷老〃饒	阮春瓊
前郷老〃饒	杜金将
前郷老〃饒	阮惟持
前郷老	阮伯登
前郷老〃饒	阮惟嚴
茲耆老	鄭名追
茲耆老兼社饒	阮惟番
茲耆老	阮文吉
前本府〃生	阮德瓆

出典:『拓本集』N.1943-44

によれば、景盛9年(1801)に先賢祠で斯文会[23]の成員が后賢として28名祀られている【図表6-2】。これを見ると斯文会の成員が軒並み郷老[24]や十里

---

23) 山村では斯文会は「文甲」「斯文甲」とも呼ばれているが、東西南北に分かれている亭を中心とした甲とは別物である。
24) 「郷老老饒」となっている者が多いが、「老饒」は人頭税などを免除された60歳以上の高齢者を指す。

侯、府生といった肩書きを有しており、集落運営の中核は漢字識字者の集団である斯文会の成員が担っていたことがわかる[25]。

このような斯文会を中心とした漢字識字層がいつ頃から山村に形成されていたのかは現時点では判然としない。しかし先述の景盛9年（1801）の「後賢碑記」では先賢祠を「重修」したと述べられており、これより以前から山村には先賢祠を中心とした斯文会が存在していた事は確実である。また先述のように嗣徳年間に書き写されたものではあるが、現存する最古の郷約は景興30年（1769）のものであるから、少なくとも18世紀中葉には一定の漢字識字層が山村に存在していたのは確実であろう。またベトナムの家礼書を検討した嶋尾［2006；2007；2008；2009；2010］は、18世紀初頭より家礼書が出版されローカライズを伴いつつ儒教的儀礼がベトナム北部の村々に受容されていったことを明らかにしている。なかでも最も普及した『寿梅家礼』なる家礼書には附録として村の守護神である城隍への祭祀を詳述した「祭神儀節」なる項目が設けられているという特徴があり、これが村々の社会的需要と合致した結果、幅広く受容されていったことを指摘している。これらを鑑みると、少なくとも18世紀初頭には亭における祭礼や集落運営の中心が儒教的教養を身に付けた漢字識字層により担われる体制が確立していたと推測される。

第2節　亭の成立

1．山村における亭の成立

ここまで見たように、山村では亭を中心として村落内行政を担当する「盤」や「番」、祭祀を分担する「甲」という二系統の組織が重なり合いつつ併存しており、亭は行政・祭祀の両組織を束ねる中心的施設として機能を果たしていた。紅河デルタのキン族集落の場合、その強固な凝集力の根源は行政単位

---

[25] 桜井［2006：225-231］もバックコック村において郷職層を担う20家族ほどの村落内エリート集団がかつて存在していたことを指摘している。

である「社(あるいは村)」と祭祀集団である「ラン(あるいは甲)」がほぼ一体化していたことにある。したがって近世の村落共同体の成立を考えるためには均田例などの行政面のみの分析は片手落ちであり、祭祀集団としての村落共同体の成立、特に城隍を祭祀する亭の成立についても検討する必要がある。しかしベトナムにおける亭や城隍の成立について歴史学的見地からの検討は少なく[26]、そもそも集落運営の中心としての亭がいつ頃出現したのかも判然としていない。しかしクアン・チューとラム・ビエン[Quang Trú, Lâm Biền 1978：300-301]は、美術史的観点からみて亭の建築様式は15世紀以降のものとしており、黎朝前期〜莫朝期にかけて一部の集落で亭が成立したと考えられる。また高津茂は旧ハータイ省を中心に神蹟、勅封を検討した結果、城隍の国家的祭祀への組み込みが開始されたのが黎朝前期、さらに莫朝〜黎鄭政権期にハノイ西方域、南方域へと勅封の発給域が拡大していくことを明らかにしており[高津 2009]、城隍神の祭祀がやはり16世紀以降に拡大していったことを示唆している。しかし氏の検討は主として村の神々の国家祭祀への組み込みという、政権側の宗教政策の観点からの検討であり、その集落側における亭の成立にまでは検討が及んでいない。特に通説の通り黎朝前期〜莫朝期にかけて亭、もしくは亭の原型となるものが成立したとするならば、その初期状態において、果してそれらが前節で見たような祭祀・行政双方の中心としての亭と質的に同一といえるものであったのか、つまり亭の歴史性が考慮されていないという点については疑問を覚える。本章ではこれらを念頭に置きつつ山村における城隍と亭の成立を検討していきたい。

先述のように現在の山村の亭には、廟村とともに高山大王が城隍として祀られており、景興44年(1783)の勅封が現存している。したがって山村では遅くとも18世紀後半には高山大王が祀られていたことになるが、そこからどの程度、高山大王の祭祀は遡ることができるのであろうか。まず山村における最古の文字史料である「古跡霊祠碑記」(『拓本集』N.1954)なる洪順2年

---

26) リタナ[Li Tana 2012]は銀流通による商業の活性化が亭の建設をもたらしたとするが、これでは紅河デルタにおける広範な亭の分布を説明できない。氏が強調する宿泊施設としての需要も疑問である。

(1510) の碑文を見ると、高山大王の祠堂について以下のように記している。

> （威穆帝は）近年、民を苦しめ徳を失い、凶暴を欲しいままにし、また外戚が権力を握り、内朝が政事に干渉し、人々を虐げ、一族の藩屏を食らわんとしていた。天が怨み民が怒ろうとも知ろうともせず、人々が離反しても悟らない。己巳年（1509）11月、皇上（簡脩公、後の襄翼帝）は西都の奥へと避難して兵を挙げ、開祖の築いた繁栄、数多の民衆を取り戻そうとした。時に…（楊文斗・阮伯麟・阮弘裕・阮文侶らは）…命を奉じて征旅に出た。…〈中略〉…阮文侶らが寧山県を通るに、その山は峰々に木が生い茂り、裾野は広々として一畝（約3,600㎡）ほどの水が注ぐ淵があった。水面は物静かだが水深はわからず、樹々に覆われていた。上には祠が1つあり、茅葺で覆われていた。祠の中には石碑が立っており「高山大王」と刻まれていた。阮文侶らはこれを見て驚き、懇ろに祈った。…〈中略〉…本年（1510）12月2日、皇上〈簡脩公〉が登極し、大いに霊界を安んじ、仁政を施いて人々の生活を安定させ、礼を称え秩序を重んじて百神を安置せしめんとした。阮文侶らは大きな功績を立てたことにすがり、神助を顕彰せんとして、皇帝に上奏したところ裁可を得たので、寧山県紫沆社尹に命じて兵士や民衆を動員して祠堂を建設し、工部に命じて石碑を作り、さらに我らに銘を撰ばせ、その功績を永久に残さんとした。[27]

これによると、黎朝前期の威穆帝（位1505～1509）の宗室弾圧により清化に

---

27) 頃者、屬憝失徳、凶暴肆行、外戚專權、內朝干政、荼毒兆庶、魚肉宗藩。天怨民怒而不之知、衆叛民離而不之覺。己巳年十一月、皇上避難西都大奧義旅、以復□高祖之榮極・億兆之民。時則有…〈楊武斗・阮伯麟・阮弘裕・阮文侶等〉…、奉命徂征。…〈中略〉…文侶等行至寧山縣、其山林峯蔚、延袤廣漠、有淵各淋、當壹畝許、靜深不測、樹木交加。上有一祠、蓋以草茅。祠中立石、題曰高山大王。文侶等觀之驚異乃懇祝。…〈中略〉…本年十二月初二日、皇上光登寶位、誕撫灵方、發政施仁、以寵綏乎兆姓、稱礼咸秩、以怢柔乎百神。文侶等仰大勳之克集、思神貺之孔彰、其事聞、玉音賜可勅寧山縣紫沆社尹、督押軍民構作祠宇、命工部作碑、仍命臣等撰銘、以垂永久。

脱出した簡脩公（後の襄翼帝、位1509～1516）が挙兵し、1509年に楊武斗・阮伯麟・阮弘裕・阮文侶などが率いる軍勢が首都昇龍へと攻め上がった。その行軍の途上、通りがかった龍珠社の高山大王の祠堂で征途の成功を祈ったところ、果たして簡脩公は無事に帝位につくことが出来たので、阮文侶らは襄翼帝に上奏し、勅命により紫沉社の人々を動員して祠宇を建設し、工部に命じて碑文を作らせたという。実際、この碑文は襄翼帝政権の中枢を担った礼部尚書の黎嵩の奉勅撰となっており、明らかに政権中枢が関与して製作されたものである[28]。

　碑文に記された高山大王の事跡は基本的には高津［2009］が指摘する「霊応陰扶」型と言えるが、幾つかの点で示唆に富む。第一に、碑文の内容は高山大王の霊験を称えるためというよりは、外戚や宦官を重用して宗室の粛清を図った威穆帝への批判、それに対して挙兵して即位した襄翼帝の正統性を強調することに重点が置かれた極めて政治的プロパガンダ色の強いものである。碑文製作に政権中枢が関与していることから見ても、祠堂の建設は明らかに国家主導の事業である。少なくとも地元住民の共同出資を中心とした17世紀以降の民間主導の事業とは明らかに性格を異にしている。第二に、高山大王を祀る施設について、碑文内では「祠」とあるのみで「亭」とは記されていない。恐らくこの段階では現代ベトナム語で祠堂全般を意味する「デン(đền)」に近い認識であったのではあるまいか。第三に、この碑文の立地場所である。実は、この碑文は現在、高山大王を祀っている山村亭にあるのではなく、ソン集落北縁にある幼稚園の中に立地している。そして漢喃研究院にもこの碑文の拓本が所蔵されており、『拓本集』N.1954の右肩には「山西省国威府不濫総龍珠社山村祠址左辺第一碑」と碑文の位置が墨書されている。つまりこの碑文拓本が作成された20世紀初頭の段階では、まだ襄翼帝期に整備された高山大王祠がまだ残っていたことになる。一方で高山大王を祀っている現在の山村亭には後述するように1663年の「買亭文契」を刻んだ碑文が現存していることから（【図表6-3】参照）、この前後には高山大王を城隍と

28）威穆帝～襄翼帝期の政治状況の詳細は［八尾　2009：379-384］参照。

する亭が成立していたと考えるのが自然である。そうすると山村亭が建設された17世紀後半から20世紀前半の間には襄翼帝期に再整備された祠堂と山村亭の双方に高山大王が祀られており、その後、襄翼帝期の祠堂は放棄されて山村亭における祭祀へと一本化されたことになる。

　このように、ある集落の亭において城隍とされている神位が、同一集落内の祠堂（đền）においても別祀されている状況は山村に限られた現象ではない。例えば筆者が調査したバクニン省のタムタオ集落（thôn Tam Tảo, xã Phú Lâm, huyện Tiến Du, tỉnh Bắc Ninh）では輔国大王が祠堂と亭の双方に祀られており、祭礼時には亭を出発した神輿がデンにも乗り入れるとのことである。恐らく山村の場合、高山大王の祠堂が襄翼帝政権によって16世紀初頭に再整備されたのち、17世紀後半に亭が建設されて高山大王が勧進された結果、亭と祠堂の双方に高山大王が祀られる状況になっていたと考えられる。興味深いのは、1663年に山村が「買亭」と呼ばれる取引を教坊司との間で行っていることである。この「買亭」の文契は石碑に刻まれて山村亭に現存しており、既に嶋尾［2011；2014］が検討している。これによると当時の教坊司には芸人集団が「甲」という単位に分かれて帰属しており、村々の祭礼において歌籌（Ca trù）と呼ばれる歌謡を独占的に上演していた。この際、芸人集団に対して礼金の供与や饗応を行うことが慣例とされていた。「買亭」とはこれらの権利を芸人集団側が放棄する見返りとして、集落側が一定の金額を支払うものである（芸人集団側からは「売亭」となる）。これにより教坊司側にあった亭での祭祀挙行権が購入者である山村へと移管される。逆に言えば買亭が行われる1663年までは教坊司に属する芸人集団が祭祀挙行権を握っていたことになるが、前述のように山村の高山大王祠が1510年に襄翼帝政権により整備されたことを考え合わせると、これと同時に高山大王祠での祭祀は国家的祭祀、より具体的には教坊司の管轄下に組み込まれたものが、1663年に地元集落へと移管されたと考えるべきであろう。また山村の買亭碑文の題名は「新造買亭碑記」となっている。このことから、1663年前後に山村が亭を新造し、そこへ「買亭」を行ったうえで襄翼帝期の祠堂から高山大王を分祀したと考

えられる[29]。

　この亭の建設は山村にどのような変化をもたらしたのであろうか。注目すべきは、これら「買亭」による亭の建設や祭祀挙行権の移管が、各集落における「甲」の組織化と密接な関連が疑われる点である。例えば、隣接する花板社でも山村とほぼ同時に「買亭」が行われているが、その買亭碑文（『拓本集』N.1933-34）では表面に買亭文契が刻まれ、裏面に花板社内の各甲の構成員が列挙されている。前節で見たように「甲」が亭における祭祀分担と密接に結びついていることを考えると、これは教坊司に属する芸人集団の「甲」により担当されていた祭祀を承継するにあたって、花板社の亭における祭祀挙行の責任や分担を明瞭にするために、刻まれたものと推測される。これは「買亭」と集落内の「甲」の組織化が文字通り表裏一体であったことを示唆している。花板社において、「買亭」に伴って「甲」を編成したのか、あるいはそれ以前から集落内に「甲」が存在しており、「買亭」を契機として明文化されたに過ぎないのか、史料的には判然としない。しかし筆者としては「売亭」側の芸人集団が「甲」という形で組織化されているのと、「買亭」側の集落における祭祀が「甲」により組織化されているのが、偶然の名称一致とは考えにくいことから前者の立場を取りたい。なぜならば、「買亭」により集落側に祭祀挙行権が移管されるとはいっても、勅封などを授与されている以上、亭の城隍神が国家祭祀の末端に位置づけられているという事実に変わりはない。したがって芸人集団より祭祀挙行権を購入する際には、その祭祀の継続的執行にあたる母集団を明確にし、責任の所在を明らかにする必要があったと考えられる。恐らく、これが芸人集団側の「甲」に倣って、購入者集団側をも「甲」という形で組織化させることにつながったと考えられる。ここで注意すべきは、購入者集団とは文字通り買亭にあたり資金を拠出した人々であって、必ずしも購入者集団＝集落ではないということである。もちろん集落住民全員が共同で資金を捻出した場合には、実質的には集落による購入となり、買

---

29) これは村の古老に伝わる「かつては高山大王祠堂跡地に「小さな亭」があったが1663年に現在位置に亭が移転した」という伝承ともおおむね一致する。

亭により集落住民はいずれかの「甲」に帰属することになる。恐らくほとんどの買亭はこのケースに該当するであろう。しかし、それは買亭が行われた時点での話であり、買亭が行われた後に「甲」集団に加入しようとする者に対しては、前節でみたように別途「甲」集団からの許可を得る手続きが必要になる。つまり亭を中心とした「甲」集団の成立は、実質的には買亭を行った時点での購入者集団を中核として集落成員権を固定させることに繋がる。これが前節で見たような閉鎖的なメンバーシップを持つ地縁集団の成立に繋がったと考えられる[30]。

このように考えると、1663年の山村が行った「買亭」は、①1663年前後に亭を新造し、②そこへ高山大王を勧進するために教坊司の芸人集団との間に買亭契約を結んで祭祀挙行権を確保、③その上で襄翼帝期に建設された祠堂から高山大王を分祀して新造の亭へ勧進、④同時に高山大王を継続的に祭祀するために集落内に祭祀組織「甲」を結成、⑤「甲」を媒介とした集落メンバーシップ規制、それにともなう集落の閉鎖空間化、というように集落の在り方が大きく変容していたことを窺わせる。そして、これは村落による祭祀挙行権の獲得（回復）と国家権力の後退、そして自律的村落の成立といった単純な図式で割り切れるものでない。買亭文契では芸人集団側の「官役欠

---

30) このように考えても芸人集団側の「甲」が何に由来するのかという疑問は依然として残る。チャン・トゥー [Trần Từ 1984：109-110] は「甲」の起源について、10世紀の曲氏の静海節度使期に兵民の掌握が行われ、その後、宋代の保甲法の影響を受けつつ発展したと推測している。しかし氏も認めているように集落内組織としての「甲」が史料に頻出するようになるのは17世紀以降であり、史料的には苦しい解釈である（本章註20参照）。仮に「甲」の淵源を中国の戸籍制度に求めるならば、黎朝前期に明朝を模倣した制度体系が導入されていることを考慮すると、属明期（1407～1427年）に施行された明朝の里甲制が、黎朝前期の戸籍編纂にも継承されたと考える方が自然である。そして黎鄭政権期の戸籍改訂の放棄により実質的には成員権の有無の決定権が集落側に移った結果、集落の正式な構成員であるかどうかを示す指標へと変質したと考えるべきであろうか。しかし、このように解釈したとしても、洪徳均田例などを始めとする前期黎朝の史料に納税単位として「甲」は現れず、やはり史料的に苦しい。また芸人集団側の「甲」は複数の集落をまたがる横断的な組織となっており、通常集落を前提とした戸籍制度で解釈するのは難しい。むしろ芸人集団の「甲」は李陳期の職能民の編成に由来する単位であると考えたほうが良い。李陳期の職能民の編成に関しては [桃木 2011：93-94] 参照。

缺」が売却理由とされているが、これは売買契約で頻繁に用いられる定型的表現であり、そのままには受け取りがたい。なぜなら嶋尾［2011：301］が明らかにしているように、山村のみならず17世紀後半を中心に山西処の慈廉県及び山村の属する安山県を中心に類似の取引が多数行われているからである[31]。これは山村や花板社などの集落側が主導したというよりは、少なくとも処（承宣）もしくは府レベルの行政側の政策的関与を疑わせる。

2．亭の成立以前の山村

ここまでみたように、山村における1660年代の亭の成立は行政側の政策的関与を窺わせる。それでは、なぜこのような施策が行われたのであろうか。これを理解するためには、亭が成立する以前の状況を検討しておく必要がある。

まず龍珠社の神蹟（『河東省彰美県仙侶総各社神蹟』）を見ると崇康7年（1572）時点での社内の神位として水晶公主と仙容公主の2人の女神が挙げられている。現在、両神位はともに廟村域内の龍仙廟（Miếu Long Tiên）に祀られているが、既述のようにこれ以外に山村では高山大王が祀られていたはずである[32]。このように龍珠社内で廟村域内に水神である水晶公主、山村域内に山神である高山大王がそれぞれ祀られていたとすると、当初の信仰形態がある程度推測できる。恐らく最初期には沉山（Núi Trầm）を中心として水神を祀る龍仙廟と山神を祀る高山大王祠があり、前者は廟村、後者は山村により奉祀されていたのであろう。しかし、これらの在来の信仰は李陳期の仏教の普及により混淆しつつ次第に仏教寺院の中に取り込まれていったと考えられる。現在、沉山の西側にある沉寺（Chùa Trầm）は山全体を境内としており、正確には狭義の沉寺以外にも水晶公主を祀る龍仙廟、洞窟寺院の馨寺（Chùa Hang）、沉山の北側にある無為寺（Chùa Vô Vi）など山域内にある宗

31）第4章の第3節で見た頼安社において范氏が祠廟建設の際に支払っている「買亭門全銭」もこのように教坊司に対して祠廟を建設する権利を購入したものと考えられる。
32）17世紀後半時点で廟村と山村には集落人口に3倍の開きがある（本章第1節冒頭参照）。このため調査は廟村が優先され、山村は見落とされたのかもしれない。あるいは既に国家祭祀の中に組み込まれた山村の高山大王は収録不要と判断されたのであろう。

教施設群の総称である。これを見る限り現在は沉寺の境内に龍仙廟が取り込まれているが、もともとは水精を祀る龍仙廟が先にあり、李陳期に仏教が浸透する中で宮寺に近い形で沉寺が建設されたと捉えるのが自然であろう[33]。

また無為寺では先述の襄翼帝期の高山大王祠の整備直後の洪順7（1515）年に重修が行われているが、この際の寄進碑文（『拓本集』N.1942）[34]によると建立は少なくとも陳朝期以前までは遡る。寄進では「徳宗建皇帝□徽人阮氏娓」なる女性が筆頭になっているが、「徳宗建皇帝」は襄翼帝の父親の建王であるから、旧高山大王祠と同様に襄翼帝期における山村と政権中枢の繋がりの強さを示している。しかし、これ以下の寄進者は「国威府寧山県紫沉社山村長士」という肩書きを持つ謝文公をはじめとする山村の人々であり、襄翼帝期の高山大王祠の整備が政権主導であったのとは対照的である。これを見る限り、無為寺は主に山村の住民が檀家となっている村落寺院と言うべきものであり、この時点での集落のコミュニティは国家主導で整備された高山大王祠よりも仏教寺院である無為寺の方にあったように見える。これらを踏まえると、亭が成立する以前のかつての龍珠社（当時は紫沉社）では、廟村により奉祀される水精の龍仙廟とそれに付随する馨寺、山村により奉祀される山精の高山大王祠とそれに付随する無為寺があり、それらが総体として広義の「沉寺」という仏教と在来の信仰が混淆した1つの信仰圏を形成していたと考えられる。

また山村と北接する花板社の場合、華厳寺（Chùa Hoa Nghiêm）という仏教寺院がある。『河東省彰美県仙侶総各社神蹟』を見ると、花板社の亭に祀られている威山大王と午津大王の父親は戦乱を逃れた中国からの移住者、母親は雄王の末裔とされているが、夫婦は華厳寺に寺守として住み込み、そこで威山大王と午津大王の双子を生んだという。「威山」と「午津」という山と水

---

33) ただしこのような民間レベルの仏教には、かなり道教的要素が混在していたと考えられる。例えばグエン・ズイ・ヒン [Nguyễn Duy Hinh 2003：670] も指摘しているように「無為寺」という名称自体、道教の思想が影響しているように思われる。民間レベルの宗教実践における仏教と道教の混淆については第9章参照。

34) 『拓本集』にはN.1942として収録されているが、筆者の調査では該当する碑文を現地で見出すことが出来なかった。

の対比、また亭成立以前の仏教寺院と城隍神の結びつきを窺わせる点は山村・廟村と同様である。この華厳寺には莫朝期の寄進碑文(『拓本集』N.1935)が現存している。同碑文は摩滅により判読不能な部分も多いが、崇康元年(1566)に華厳寺が兵災や老朽化により損壊していたのを花板社の人々の寄進し、崇康13年(1578)に修築が完了したのを記念したものである。基本的には花板社の人々が寄進の中心であるが、注目すべきは寄進者の中に周辺集落の人々も少数ながら含まれており、また女性の寄進も多く含まれている点である。これを見る限り、華厳寺も山村の無為寺と同様に村落寺院的性格が強いと推測されるが、その檀家組織は亭が成立して以降の集落の成人男性に限定された祭祀組織「甲」のような厳密なメンバーシップを持ってない。集落外であっても花板社に所縁のある人物、例えば花板社出身で近隣集落に嫁いだ女性なども含まれているように見える。華厳寺は特に著名な寺院という訳ではなく、檀家の大半が地元集落の人々で占められるのは自然の成り行きであるが、必ずしも他集落の人物が檀家となるのを拒否していたわけではない。理念上は信仰を同じくする人々であれば誰でも参入可能な、ゆるやかな組織であったと考えられる。

　このように龍珠社や花板社では在地の信仰が、その後に流入してきた仏教と混淆しつつ発展してきたことを窺わせる[35]。ところが龍珠社では、多分に偶然ながら襄翼帝期に高山大王のみが国家の直接的庇護を受けることになり、この微妙なバランスが崩れることになる。上述のように高山大王祠の整備直後に村人が中心となって無為寺の修築が行われているのは、高山大王祠のみが国家主導で整備されたことに対して、違和感を抱いた村人たちが無為寺を修築してバランスを取ろうとする意識が働いているように見える。しかし前節でみたように山村では1660年代に亭が建設され、高山大王が分祠されて神仏習合的な状況から切り離されることになる。高山大王が亭へと分祠したと推測される1660年代は、既にテイラー[Taylor 1987]が明らかにしている

---

35) ただし、大西和彦[2007]が明らかにしているように、仏教それ自体も道教との混淆が激しい。

ように范公著を始めとする文人官僚が政治的に台頭した時期であり、儒教的社会秩序を確立すべく、上からの儒教教化政策が強力に推進された時期である。例えば景治元年（1663）に発布された「教化条例」を見ると、三綱五常に基づく儒教的価値規範が述べられたのち、第三十五条では「道教や仏教の異端や邪説の書物、並びに字喃の伝奇ものや淫らな内容を含む詩歌を、出版あるいは売買して、民衆の教化を損なってはならない」、第三十八条では「およそ寺院や仏の教えは、皆な無益なものである。既に著名で許可があるものを除き、郷村は寺院設置の許可がなければ、勝手に建設して人々を疲弊させたり財産を浪費したりしてはならない」[36]などとあり、道教・仏教の抑制、儒教による民衆の教化が鮮明にされている。また嶋尾［2010］が明らかにしたように、儒教的規範に基づく家礼書の刊行も18世紀初頭より盛んになっており、1660年代以降の儒教教化政策が新たな社会的需要を生み出していたことを窺わせる。この「教化条例」は『全書』景治元年（1663）秋7月条によると、各地方の官衙から各社に配布されて亭の中に掲げることが求められたという。確かに「教化条例」には漢文のみならず、民間で口語による読み聞かせができるよう字喃が併記されたものも現存しており、実際に民衆レベルへの普及に力が入れられていたことを示している。しかし、これを受けた山村の人々が戸惑ったであろうことは想像に難くない。実際問題として、在来の信仰と仏教が「沉寺」の名のもとに混淆してしまっている状況では、これらの宗教施設で「寺院や仏の教えは、皆な無益」などと記されたものを掲げられたとは思えない。このため龍珠社では、国家的庇護を受けている社内で最も格式の高い祭神である高山大王を沉寺から形式上切り離したうえで、山村・廟村に別個に亭を建設して分祀することにしたのであろう。

　以上から山村における亭の成立は次のように推測される。もともと龍珠社内では山村に山の神である高山大王、廟村に水の神である水晶公主が対となって祭祀されていたが、これらは仏教寺院の中に半ば包摂された状態となって

36）『黎朝詔令善政』礼属、申明教化条例令。第三十五条「若道釋異端邪説諸書并國語諸傳及歌詩渉於淫蕩者、不可刊板買賣、以傷風化。」、第三十八条「凡佛寺浮屠、皆無益之事。除已有名藍原額外、若某郷村無原額佛寺、不得私自構作、労人費財。」

いた。黎朝前期以降、次第に神仏を分離し、在地の神々を国家的儒教祭祀の一環に組み込もうとする動きがみられ、この結果、山村では高山大王が1660年代に新造された亭へと分祀し、少なくとも形式上は仏教寺院と切り離されることになった。注目すべきは、仏教寺院と集落の亭に帰属する集団の質的相違である。仏教寺院の場合、檀家は必ずしも集落成員権の有無によって参入の可否が制約される訳ではない。実際、集落外からの寄進も碑文には刻まれており、原理的には信仰を同じくするのであれば集落の内外、男女の別を問わず寄進は可能である。一方、亭に帰属する祭祀集団「甲」は加入が集落成員権を持つ男性に限定されており、閉鎖的メンバーシップを特徴とする。両者にこのような質的違いがあることを鑑みると、1660年代の儒教教化政策は倫理・宗教上の政策にとどまらず、各集落において亭を中心として（儒教的に）祭政一致した集落運営体制を行政側の主導で積極的に創出しようとするものであり、その後、景治7年（1669）に施行された平例法は、これらを踏まえた上での政策であったと考えられる。

第3節　山村と近隣集落の紛争

1．17世紀の訴訟（山村―花板社）

　前節では神仏の分離が進められた結果、亭を中心とした集落運営の基礎が形成されたことを示した。本節では主に17世紀後半～18世紀を中心に山村と周辺集落との関係を検討し、当時の社会状況を明らかにしたい。本節で取り上げる山村と花板社の紛争を検討する上で主史料となるのは山村亭に現存する2つの碑文である。【図表6-3】を見るとわかるように、景治9年（1671）に山村と廟村が官田訟で和解したのち（碑文A5、本章第1節にて引用）、今度は徳元2年（1675）～永治2年（1677）にかけて山村―花板社間で訴訟が繰り返され（碑文A2～A4）、その後、景興26年（1765）～景興27年（1766）にも山村―花板社間で再び訴訟が繰り返されている（碑文B2～B4）。以下では碑文に刻まれた各官司の判決によりつつ、紛争の経過を整理する。

【図表6-3】山村亭の訴訟碑文概要

碑文A（『拓本集』N.1945-1948）

碑面 (拓本No.)	内容
第一面 (N.1947)	A1. 序文（建碑：永盛2年（1706））
第二面 (N.1946)	A2. 山西承政使司の判決（永治2年（1677）8月3日） 山谷地分関連訴訟（山村 VS 花板社）→山村勝訴
	A3. 国威府の判決（永治元年（1676）11月27日） 山谷地分関連訴訟（山村 VS 花板社）→山村勝訴
第三面 (N.1948)	A4. 安山県の判決（徳元2年（1675）閏5月25日） 山谷地分関連訴訟（山村 VS 花板社）→山村勝訴
	A5. 山西承政使司の判決（景治9年（1671）） 官田訟（山村 VS 廟村）→和解
第四面 (N.1945)	A6. 買亭文契（景治元年（1663）2月23日） 売手：安山県教坊司　買手：山村

碑文B（『拓本集』N.1949-1952）

碑面 (拓本No.)	内容
第一面 (N.1950)	B1. 序文（建碑：不明）
	B2. 山西承政使司の判決（景興26年（1765）4月24日） 月曜処関連訴訟（山村 VS 花板社）→山村勝訴
第二面 (N.1951)	B3. 御史台の判決（景興26年（1765）9月） 月曜処関連訴訟（山村 VS 花板社）→山村勝訴
	B4. 五府府僚官の判決（景興27年（1766）7月） 月曜処関連訴訟（山村 VS 花板社）→山村勝訴
第三面 (N.1949)	B5. 買亭文契（景興21年（1760）1月20日） 売手：安山県土瓦社教坊司　買手：山村
第四面 (N.1952)	B6. 買亭文契（景興39年（1778）7月3日） 売手：安山県土瓦社教坊司　買手：山村
	B7. 買亭文契（景興44年（1783）4月8日） 売手：安山県土瓦社教坊司　買手：山村

第 6 章　紅河デルタにおける亭の成立と郷村秩序

　まず事件の発端については、最初に訴えが持ち込まれた安山県の判決（碑文 A4）が花板社の訴状と山村の反訴状を引用しており最も詳細である。これによると、

　　安山県衙門の官、山土について判決を下す。管轄内の花板社の阮輔政及び阮得全などが訴えるところによれば、花板社は以前より「道」から「通檋」に至るまでの山谷の一部を所有しており、須知簿は官司に保管されている。ところが三月某日、この場所に苗を植えたところ、紫沉社（龍珠社の旧称）山村の人々が杖や棒を持ってこの場所へ押しかけてきて殴打し、鉦錘を略奪し、女性たちは苗を滅茶苦茶にした、とのこと。そこで紫沉社山村の阮文栄・阮文朗らから事情を聴くに、反訴状を提出して言うには、花板社が人数を恃んで地分を争い、再び苗を植え付けられ、山谷の唐馨処を奪い取られた…〈中略〉…とのこと。[37]

とあり、徳元 2 年（1675）3 月に花板社の人々が「唐馨処」なる場所で田植えをしたところ、山村の人々が暴行を働いた。その間に女性陣が苗を引き抜いているところを見ると、明らかに集落ぐるみの組織的行動であろう。また反訴状での山村側は「再び苗を植え付けられ」たと述べているから、これ以前から両集落は互いに係争地へ自身の苗を植え付けることによって占有権の既成事実化を図っていたと考えられ、典型的な田打ち合戦である[38]。この訴えを受理した安山県は閏 5 月に山村を勝訴させている。これを不服とした花板社は翌年に国威府へ控訴、翌々年には山西承政使司へと控訴したものの、いずれも敗訴している。

　それでは係争地の「唐馨処」なる土地はどこにあったのであろうか。係争

---

37) 安山県衙門等官、為理断山土事。茲拠属内花板社自阮輔政至阮得全等所告、謂、原花板社自前朝以来有山谷一分、上自道下至通檋、係須知簿在衙門官。至茲三月日、其本社種樹原processed此処、而彼紫沉社山村槌拠、押到此処殴打、捉取鉦錘、并婦人破壊原牙、等詞。拠之、勾勘其紫沉社山村阮文栄阮文朗等、交勘謂、被本総花板社恃其人多、骨争地分、再種立由芽、争取山谷馨処。…〈中略〉…、等詞。
38) 田打ち合戦は 1960 年代に地図が整備されるまで紅河デルタの各地で行われていたよう

地については碑文A2〜A4の各判決文中に幾つか手掛かりがある。第一に、係争地では陰暦3月に田植えが行われている。紅河デルタの稲作は陰暦9・10月〜4・5月を栽培暦とする夏稲、陰暦4・5月〜9・10月を栽培暦とする秋稲に大別されるが、係争地で栽培されていたのは時期的に見て秋稲と考えられる。秋稲はその栽培暦の関係上、雨期に冠水する場所での栽培が困難である。また係争地が「山谷」と表現されていること、国威府の判決（碑文A3）で係争地付近の寺院として無為寺が挙げられていることから、同寺近辺かつ沉山の裾野と考えるのが自然であろう。第二に「唐馨処」なる地名である。ここでの「唐（Đường）」は漢字ではなく道路を意味する字喃、「馨（Hang）」は沉寺内の洞窟寺院である馨寺に由来する呼称であろう。したがって「唐馨処」とは馨寺へ繋がる道路周辺の土地と考えられる。第三に碑文A2によると実況検分において「花板社が境界を引くには、我が社の地分は大路の内側までとのこと。紫沉社山村が境界を引くには、花板社の地分は小堤の外側からであるとのこと」[39]と互いに自集落に有利な境界を主張しているので、係争地の「唐馨処」なる場所は花板社寄りの「小堤」、山村寄りの「大路」に挟まれた土地ということになる。この「大路」は「唐馨」、すなわち馨寺から伸びる道と考えるのが自然である。以上から係争地は秋稲の栽培が可能な微高地、かつ「唐馨」なる道の北側ということになり、【図表6-1】A区域あたりと推測される[40]。

次に紛争が発生した原因であるが、手掛りとなるのは第1節でも言及した田打ち合戦に先立ち発生した山村—廟村間の官田耕作を巡る訴訟である（碑文A5）。この訴訟は田税が課せられる官田の耕作を山村が忌避していたために紛争となったものであるが、先述のように龍珠社の田税を廟村と山村の平例簿上の人丁数に応じて分担することで和解が成立している。問題はこれに

である。管見の範囲ではハノイ市街北郊のコーロア社とズックトゥー社、進士村として著名なハイズオン省のモチャイック集落と近隣集落などが事例として挙げられる。ただし現在のソン集落とフオンバン集落ではこの種の田打ち合戦は記憶されていない。
39) 花板社引謂、本社地分至内大路。紫沉社山村引謂、花板社地分自外小堤。
40) 花板社地簿や龍珠社地簿には19世紀初頭に旧官堤以外に「勧農堤」があり、これが「小堤」に該当すると推測されるが位置比定が困難である。

より両集落が耕作することになる龍珠社の官田の位置である。碑文 A5 には「(龍珠社の) 廟村と山村の官田は、本社ならびに花板社の各所にある」とあり、龍珠社の官田が花板社の地分にも存在していることが述べられている。確かに 19 世紀初頭の阮朝地簿では、龍珠社は花板社地分内で廟村が 80 畝の私田、山村が 7 畝の公田の計 87 畝を耕作しており、もう一方の花板社地簿を見ても廟村が 36 畝、山村が 51 畝（うち公田 7 畝、私田 44 畝）の計 87 畝の花板社地分を耕作している。これら 87 畝の田土は行政区分上では花板社地分、耕作権は龍珠社の山村・廟村に属するものとして、地簿内では「替易其在田」と総称されている[41]。双方の内訳に齟齬はあるものの、少なくとも花板社の地分内にある山村・廟村の「替易其在田」の中に山村が耕作する 7 畝の公田が含まれていたのは確実であり、碑文 A5 で言及されている花板社内の飛び地はこれを指している。また山村と花板社の間には「Đồng Diệc」なる地名があるが、「Diệc」は「替易」の「易 (Dịch)」の訛音と推測され、この近辺に山村の官田を含む替易其在田が存在していた可能性が高い。これは先述の山村―花板社間の推定係争地 A と位置が重なっている。

　さらに碑文 A3 では「紫沉社（龍珠社の旧称）の地分を紫沉社山村へ以前のように付与すべきである」[42]という花板社の主張が記されている。つまり花板社側では、嘗て山村は龍珠社内で耕作地を確保できていたのが、近年になってそれが無くなったために花板社の地分を侵奪しようとしている、と認識している。これは先行する廟村―山村間の官田耕作を巡る訴訟が、山村の花板社地分内の官田の耕作について態度の変化をもたらしたことを示唆している。恐らく、花板社地分内の官田は税負担の重さから廟村・山村は長年にわたり

---

41) 花板社と龍珠社の地簿の「替易其在田」には公田と私田の両方が含まれ、全て廟村・山村の人々により耕作されている。廟村の「替易其在田」を山村の人物が耕作する場合は「附耕」と記されているが、廟村の人物が耕作する場合には、他の廟村地分と同様に「分耕」とされている。「附耕」「其在」については［桜井　1987：323-324］［Gourou 1936：230］参照。龍珠社の「替易其在田」の中には私田のみならず国有田である官田（公田）も含まれおり、また 87 畝（約 310,000㎡）という大面積の耕作権が移行していることから、公権力の関与が推定されるが、成立の具体的な経緯、年代などは不明である。
42) 花板社並謂、紫沉社地分応付還與紫沉社山村、如原前有。

耕作忌避しており、その隙に乗じて花板社により耕作・占有されていたのであろう。しかし景治9年（1671）の判決により龍珠社の官田に課税される田税の4分の1を分担することになった山村は、恐らくこれによって方針転換し、地簿上の記載を根拠として花板社に占有されている官田の耕作権の取戻しを図ったと考えられる。これに加えて、前節で見たように山村・花板社は共に1660年代に買亭を行っており、これにより成立した「甲」集団が耕作者に対して曖昧な帰属を許容しなくなったことも紛争の一因として考えられる。これらが花板社と山村の間で田打ち合戦を引き起こすことにつながったのであろう。碑文A1では、碑文を製作した経緯について「笑うべきは隣郷花板社の粗忽ぶりである。徳元年間に山谷の地分について妄りに争い、彼らは様々な官司において訴訟を起こしたが、我が山村は全てに勝訴した。故に石碑を立てて後世に残す」[43]とあり、唐馨処の耕作権の法的根拠を明示することが碑文Aの建碑目的であることを、花板社への敵愾心とともに表明しているが、その中に一見、無関係にも見える廟村―山村間の訴訟の判決（碑文A5）が含まれているのは、このような経緯があったためと考えられる。うがった見方をすれば、景治9年（1671）の訴訟が和解によりあっさり決着しているのは、実は廟村と山村の間で利害調整ができずに訴訟に至ったというよりは、行政立会いの上で和解することで、花板社に占有されてしまっている官田の耕作について行政のお墨付き得ようとする一種の法廷戦術のようにも見える。

　このような背景があったためか、徳元2年（1675）に始まる一連の訴訟では各官司の判決は一貫して山村を勝訴させている。山村勝訴の理由はどの判決もほぼ同様で、要するに「地勢上、山村が耕作するのが自然である」というだけで、それ以上の特段の根拠は示されていない。例えば碑文A2では山西承政使によって派遣された官吏による実況検分の報告が引用されている。

　　地勢を概観するに、花板社は内側に止まり、堤路は外側にある。残丘ま

43）所可笑者、花板社隣郷忽。於徳元年間、妄争山谷壱処、彼歴訟在諸司、我山村皆得断。故立碑銘以貽後世。

では至らないようである。また残丘の裾野や周辺は、全て紫沉社山村の田土であり、また村の家宅があり居住している。花板社は以前より須知簿があるとはいえ、残丘の地分に関しては不適切である。[44]

とあり、官吏の立ち合いの実況検分の結果、地勢上の判断が優先されて、須知簿の記載は否定されてしまっている。このように須知簿[45]という公的文書が既に安山県での訴訟の段階から提出されているにもかかわらず、花板社は敗訴を繰り返した。しかし注意すべきは、これら一連の判決により係争地の権利関係に根本的な改変が加えられたわけではないということである。先述のように19世紀初頭に作成された阮朝地簿においても行政区分上は依然として替易其在田は「花板社地分」として記載されている。つまり山村が勝訴したとはいっても、これにより花板社─龍珠社間の行政上の境界が実態に合わせて変更されたという訳ではなく、行政上の境界線を動かさないまま、耕作権のみを山村・廟村が持つという状況を行政側は再確認したにすぎない。結局、不安定な土地権利関係そのものが解消されたわけではなく、火種は燻ったままであった。

2. 18世紀の訴訟（山村─花板社）

　山村─花板社の紛争は1670年代の訴訟により一旦は沈静化したものの、1760年代に再燃する。発端は1728年に龍珠社の東側を流れるダイ河沿いに大規模な堤防が建設されたことである。碑文B2の山西承政使司の判決によると、

44）量観地勢、如花板社止自内、外堤路。不至山谷。且山谷処脚下四囲、皆紫沉社山村田、再有村家居。雖花板社有始setup須知、山谷一処不若。

45）「須知簿」とは各集落の境界や面積が記されたもので、後年の阮朝地簿に近いものと推測されるが、体式や編纂年代は不明である。管見では1655年の鉢場社の訴訟で引用されているのが初出である（第5章註14参照）。少なくとも花板社の須知簿には其在田の記載がないようであるが、これが須知簿の編纂後に其在田が成立したためであるのか、そもそも集落の境界のみを記した簡易なものであるためなのかは、判断できない。

竜珠と花板の二社は互いに接しており、その前にはダイ河から月曜処に至るまで水路が一筋ある。毎年、魚を取っており、両社は共有していた。戌申年（1728）に奉差官が奉天や竜珠などの社村の地分内に大堤を建設したが、堤防の途切れた個所を1つ設け、通水を認めた。しかし己酉年（1729）に洪水により破損し、係争地に河水が浸入して沼沢を形成した。この沼沢が龍珠社山村の地分にあることは、既に自ら現地調査を行っており、明白である。この沼沢では以前、山村が花魚を放流していた。去年11月に至り、山村は単独で投網や竹船を繰り出し、沼沢で魚を捕ったところ、花板社はこれを非難して沼沢の権利を争い、網などの漁具を奪ったため、訴訟に至った。[46]

とあり、1728年に奉天村から龍珠社地分にかけてのダイ河西岸に大堤防が建設された。この堤防の痕跡は現存している。しかしこの堤防はダイ河と堤内地を完全に隔離するものではなく、堤防建設以前よりあったダイ河と月曜処の間の水路はそのまま残された。この水路も現存しており、水路と堤防跡が交わる地点上にはダイ河の水流が流入するのを防ぐための水門が設けられている。この水門はダイ河の水位が上昇する夏季には水門により堤内地へ河水が流入するのを防ぐ一方、水位が下がる冬季に堤内地の滞水を排出し、二期作を容易にするためのものであろう。しかし堤防が建設された翌年には、この水路から河水が流入し、「月曜処」なる場所の面積5〜6高（約2,000㎡）ほどが沼沢地化した。実際、『全書』保泰10年（1729）7月条によれば、この年は「大水」と記されている。つまり例年よりもダイ河の夏季の水位上昇が大きかったために、水路から河水が逆流して堤内地の一部が沼沢地化したうえ、新設の堤防が仇となって円滑な排水ができなくなり、そのまま沼沢地として

---

46) 竜珠花板二社相接、前有小渓一帯、上自洴河、下至月曜処。連年拋放取魚、両相公共。戌申年、奉差官築立大堤在奉天竜珠等社村地分内、有留空一処、許得渓水通流。己酉年、洪水破潰衝入那処、激成淵沼。其淵在竜珠社山村地分間、已親行踏勘、顕然可拠第。這淵、従来山村曽以花魚遷。於上年拾壱月日、山村独将拋網竹舟等項、打魚于那淵、花板指為妄争那淵、捉他網■器具、構成訟事。

第 6 章　紅河デルタにおける亭の成立と郷村秩序

取り残されたのであろう。問題となったのは、この沼沢地の漁業権である。

　まず沼沢地化した「月曜処」はどの辺りを指すか。第一に、沼沢は河水が堤内地に浸入することにより形成されたものであるから、新堤防の内部であることは確実である。第二に、現在の地図を見る限り排水用に残された水路は堤内地に残されたダイ河旧河道を利用したものであり、周辺より若干土地が低くなっている。したがって堤内に浸入した水はそのまま旧河道に滞留することになった可能性が高い。第三に、碑文 B3 には「月曜処にある沼沢については、明らかに龍珠社山村の地分である。まさに一筋の水路と直に裘しており、また沼沢の東側は奉天村の地分に沿い、河水を水流させている。」[47]と記されおり、月曜処は花板社と山村の東側にある奉天村との境界になっている。龍珠社と花板社の阮朝地簿でも、共に奉天村との境界は「小溝」や「沼」と記されている。これらから【図表 6 − 1】上の B 周辺域が月曜処であると考えられる。注目すべきは 1728 年に建設された堤防の位置取りであり、奉天集落内を通過して山村集落の北側をかすめ、沉山の西側に回り込んで馨寺の前を通過している。17 世紀の山村―花板社の訴訟においても「堤路」などの用語は現れており、全く堤防がなかった訳ではない。恐らく 1728 年の堤防建設は、それ以前より「唐馨」「大路」「堤路」などと呼ばれていた堤防兼道路を大規模化したものと推測される。

　これにより紛争を生起した原因も容易に推測できる。前節で見たように、須知簿における両社の行政上の境界はダイ河沿いの堤路とされていたものの、実際には替易其在田という名目で、山村・廟村の人々はその堤路の内側で 80 畝以上もの面積を耕作することが公認されていた。17 世紀の訴訟では山村側が勝訴したとはいえ、この状況が解消したわけではない。それでは、その替易其在田に河水が流入して沼沢地化してしまった場合、その沼沢の用益権は耕作権を持っていた山村の側にあるのか、あるいは行政区分的に帰属している花板社の側にあるのかということである。碑文 B2〜B3 がいずれも山村側

---

47) 係淵沼在月曜処、的是竜珠社山村地分、応隣小渓一帯、沿淵東夾奉天村地分、為渓水通流。

を勝訴させているのを見る限り官司の判断は、耕作権にせよ漁業権にせよ、いずれも用益権の一種であるから、山村側に月曜処の用益権全般を認めるというものであろう。

　このように山村と花板社の紛争は、唐馨（堤路）の北側において行政区分上の帰属と耕作権の帰属が分離していることが原因となっていた。いずれの訴訟も山村側の勝訴となっているが、これは官吏の実況検分に依拠するところが大きい。実況検分では須知簿などの公的書類よりも、地勢上どちらに帰属させるのがより自然かという平衡感覚的な判断が優先される傾向が強く、これが山村側に有利に働いているように見受ける[48]。一方でそもそもの原因である山村―花板社間の行政上の境界それ自体の変更に関しては、いずれの官司も硬直的である。一旦、定められた行政上の境界を変更することは、集落ごとに定額化されている税額（原額）の変更に直結する。このため境界の変更はそもそも思案の外であり、行政側にある種の原額主義が作用していると考えるべきであろう[49]。この結果、変更の利かない硬直的な行政区分と、現実的判断が下される用益権は、時代が下るにつれて乖離する傾向にある。山村―花板社の場合、これが錯綜した土地権利関係を生み出し、紛争の長期化を招いたと考えられる。

3．19世紀以降の山村と近隣集落

　次に17～18世紀の訴訟後の展開を見ておく。月曜処の沼沢を巡る訴訟は1766年に一応は確定したものの、山村亭の保管文書はその後も花板社との対立が尾を引いていたことを窺わせる。例えば山村亭の保管文書には、なぜか西山朝期（1790年）と阮朝期（1805年）に作成された花板社地簿の抄本［山村亭33］が含まれている。花板社地分の処（xứ đồng）の名称と面積のみを抜き書きした簡易なものであるが、恐らくは17～18世紀の訴訟を鑑みて、紛争の再燃を危惧して花板社地簿の摘要を亭に備えていたと推測される。現在

---

48) 民事的訴訟においては清代中国と同様、法的根拠よりも情理が重視される傾向が強いように見受けられる。［滋賀 1984：288-292］参照。
49) 原額主義については［岩井　2004］参照。

の花板社の亭には史料が現存していないため確認できないが、かつては山村と花板社の間で地簿の抄本が交換され、紛争を未然に防ごうとしていた可能性が高い。

　また同じ龍珠社内の廟村ともたびたび乱闘が行われていたようである。これは1つの「社」という行政単位の中に山村と廟村の2集落があり、両集落の亭が共に高山大王を城隍として祀っていたのが原因である。[山村亭27]によると1844年に勅封が下された際には、行政側が実情に配慮して2道を授与したため、廟村・山村双方の亭に一道ずつ保管することができた。しかし1849年には勅封が1道しか授与されず、先に勅封を受取った廟村の亭に保管されることになってしまった。これにより勅封を争奪するため「摳打再三」という状況になり、山村は実情に配慮して勅封をもう1道授与することを請願したが、結局は1855年に3年ごとに勅封の原本と抄本を両集落の間で交換することで合意している。

　このように山村は常に近隣集落と緊張した関係にあった。このため常に「番」が交替で境界付近の警戒にあたっており、侵入者があった場合の対処方法も郷約[山村亭30]において詳細に定められている。現存する最も古い規約は黎鄭政権期の1769年のものであり、侵入者に対処して重傷を負った場合は古銭2貫、軽傷の場合は古銭1貫を補償するという規定がみられる。その後、阮朝期の1805年には負傷した場合の治療費や諸手当、さらに死亡した場合の遺族への手当支給まで定められている。また備えを怠り侵入を許した場合には担当の「番」の連帯責任とし、また各番に「通報」を1人置いて非常時は「撃銅連声」して集落に知らせることなどが定められている。さらに1865年の「四番更守例」を見ると、4つの番が警戒に当たる境界を具体的に決め、これ以外に非常時には村の有職者が「中番」となってそれ以外の人数を集めることを定めている。これ以外にも「番」は郷約内の随所に現われており、徴税などの行政的職務だけでなく自警団として機能していたことが見て取れる。いずれも極めて具体的な規定であり、必要に応じて改定が繰り返されている。これらの規約は訴訟が結審した後も、判決の実効性確保のためには実力による占有状態の維持が不可欠であり、時には死亡する事態も想定

するほどに緊張した状態に置かれていたことを示している。

　さらに時代が下ると 18 世紀に水門が建設された結果として、1904 年に維持費の負担を巡って山村と寧山社との間に新たな紛争が生じている。山村亭保管の［山村亭 4］には、

　　先年本村が奉義社地分で水門を開くよう依頼したところ、費用が頗る嵩んでしまった。各社の耕地面積を調べたところ、寧山社の耕地面積が若干多いにも関わらず、費用を全く負担しないまま、既に 3～4 年が経過した。この度、件の場所で水門の修繕費が再び課せられたが、彼社は負担を拒否した。このため本村は話し合い、龍珠社地分内にある彼社所有の水路について本村は約定した。村内の何人といえども注意して、（寧山社の水路で）魚を捕って販売し野菜の類を植え付けること。この取り決めに従わない場合、本村は銭文 30 貫を追収し、席を別にして距離を置く。この者に子孫があっても集落の郷党には入れない。もし某人が彼と席を共にすれば、本村は銭 1 貫 200 を徴収する。しかる後、寧山社が費用を納めて金額を満たしたならば、この限りではない。ここに約を定める。[50]

とあり、水路の維持費を寧山社が負担しないため、龍珠社内を通過する寧山社の用水路から勝手に魚を捕り、周辺に野菜などを植え付けることを取り決めている。また非協力者には罰銭を課したうえ、集落コミュニティから外すことを定めている。いわゆる「村八分」的な規定であり、集落内の同調圧力の強さを窺わせる。ただし水路からの収益により用水路の維持費を相殺したあとは以前の状態に戻すことも定めてはいる。

　これらを見る限り、17 世紀より確認される山村と周辺集落との紛争は、19

---

50) 縁為前年本村乞開溪在奉義社地分、費損錢文頗多。照補各社田數、惟寧山田數稍多、而費損曽無壹文、経參肆年来。茲再承派飭修理寶口在伊處、乃伊社不肯刑受。為此本村會議、縁伊社所有沙溇壹處落在竜珠社地分、本村壹約、村内何人用心、私買花魚、花穀分稼。不遵民約、本村追捉錢文參拾貫、別坐壹廣。此人無有子孫預郷黨。若何人為伊同座、本村捉錢壹貫二𠁪。係後、寧山還損錢足數、不據如約。茲立約詞。

世紀以降も沈静化していなかったことは明らかである。境界変更に関する行政側の硬直性は、結果として現実の土地利用状況と理念上の行政区画の乖離を生み、かえって状況を不安定化させていた。これは 19 世紀の阮朝成立以降も同様であり、集落同士の境界や水利をめぐる諍いは訴訟という形で顕在化しないだけで以前と同様に発生している。ただ 19 世紀以降の山村が異なるのは、構成員に対して強力な統制力を持つ集落コミュニティが確立した結果として、例えば地簿の抄本を交換する、あるいは 3 年ごとに勅封を交換するなど、行政を通さずとも集落間での取り決めにより紛争を回避するための方策が主体的に講じられている点であり、19 世紀の郷村秩序の安定と成熟を示している。

第 4 節　張氏と在地社会

1．18 世紀の張族の台頭

　ここまで見てきたように、黎朝前期に編成された「社」に代表される行政村は 17 世紀後半より単なる行政単位という枠組みを越え自律的社会集団へと次第に変容していった。この中で桜井のいう「中間権力」はどのように介在していたのであろうか。本節では 18 世紀に龍珠社を禄社として受給していたと瓊瑛公主とその関係者を検討し、黎鄭政権期の「中間権力」と郷村社会の関係について考えたい。

　山村の周辺域において、瓊瑛公主が現れる最も早い史料は 1757 年建碑の観音院建立に関する碑文（『拓本集』N1925-1928）である。この碑文によると観音院は鄭棡の長女である瓊瑛公主（鄭氏玉梡）が中心となって、1750 年に死去した鄭棡の生母、つまり瓊瑛公主の祖母にあたる張太尊太妃（張氏玉楮）を供養するために建立されたものである[51]。また龍珠社にはかつて鄭氏の行宮

---

51)『全書』景興 11 年秋 8 月条。

【図表6-4】如琼張族と鄭氏

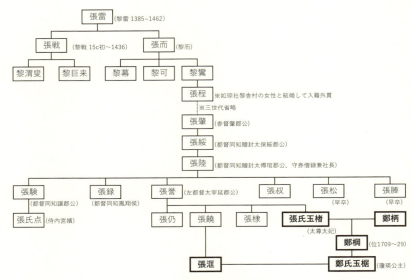

『京北如琼張氏貴戚世譜』（漢喃研究院 A.959）を元に作成

があったと伝わっており[52]、観音院はこの行宮跡地から数百メートル程の場所に建立されている。注意すべきは、瓊瑛公主が黎鄭政権期に実権を掌握していた鄭氏一族の女性であるというだけでなく、17世紀後半〜18世紀にかけて数多くの有力な武人を輩出した如琼張氏と濃密な関係を持っていたことである。【図表6-4】は鄭氏と張氏の関係をまとめたものであるが、鄭柄に張誉の娘（張太尊太妃）が嫁いでその子の鄭棡が即位し、さらに鄭棡の長女である瓊瑛公主も張饒の子である張洭と婚姻しており、如琼張氏は数世代に渡り鄭氏と縁姻関係を持っている。碑文では観音院建設に際して瓊瑛公主が精銀二鎰と寺鐘を寄進しているほか、煌義子張演、翼武侯張増の妻鄧氏琦、浩川男張珪の妻鄧氏汆、侍内宮嬪の張氏瑾・張氏燗など如琼張族の関係者が精銀

---

52) ［山村亭30］の「私村禁破石山券例」（1876年）にも、嘗て鄭氏が行宮を設け、残丘からの石の切り出しを禁止して景観を保護したことが記されている。

一鎰をそれぞれ寄進しており、これ以外にも碑文の撰者は僉知侍内書写戸番の張熄、潤色した阮輝僜は進士及第者といったように、碑文中にはそうそうたる顔ぶれが並んでいる。

それではこの如琼張族とはいかなる一族であろうか。そもそも如琼張氏は黎朝創建に貢献して開国功臣に列せられた張雷・張戦の父子の系譜に連なる名族であり、張戦の弟である張而から分枝した一族とされている。『京北如琼張氏貴戚世譜』によれば張而の孫にあたる張程が、如琼社黎舎村の女性と婚姻して「入籍外貫」、つまり妻方居住により如琼社へ定住したのが如琼張氏の始まりである。しかし同家譜の序文が率直に記しているように、開国功臣の張雷・張戦を除くと張肇以前は家譜が編纂された1779年時点で既に詳細不明であり情報量に乏しい。それ以降も張肇から張陸の世代にかけて都督同知といった黎朝系武官職を帯びてはいるが、実際の活動については全く記述がない。わずかに張陸については「守券僧録兼社長」であったと記されており、郷村レベルの有力者として集落内でそれなりの地位にあったのは確実だが、いわゆる武人貴族には程遠い。張氏玉楮が鄭柄の妃となった経緯も、鄭柄が視察に訪れた時、彼女のみが平伏もせずに平然と草刈を続けていたのが目に留まり、宮嬪として迎えられたという逸話が記されている[53]。これがどれほど史実を反映しているかは疑問だが、自ら農作業に精を出していたという情景は「深窓の令嬢」には程遠い逸話である。開国功臣の末裔の名族とはいえ、如琼張族は17世紀時点では国政に参与するほどの一族ではなく、張肇～張陸の黎朝系武官職は鄭棡の即位前後に生母の張氏玉楮から数世代を遡って蔭職が与えられたものに過ぎないのではなかろうか。

しかし鄭棡期から如琼張族は大きく躍進する。鄭棡期には様々な税制・軍制改革が行われたが、一貫しているのはそれまで黎朝復興の原動力であった清乂優兵（清化・乂安出身の兵士）に大きく依存する軍制を改め、紅河デルタからも徴兵することにより、徴兵負担の均等化を図ったことである。これは鄭棡以前の鄭王と異なり、清化・乂安出身の武人貴族に有力な支持基盤を

53)『京北如琼張氏貴戚世譜』30～32頁。

もっておらず、自身の政治基盤の安定のため清乂優兵を率いる王親や武人貴族の軍事力削減を図ったためである。そこで重要な役割を果たしたのが紅河デルタ出身の武人・科挙官僚である。18世紀の如琼張族の躍進もこのような清化・乂安への依存からの脱却を図ろうとする鄭棡期の施政方針を反映している。張太尊太妃の弟で「五府」であった張饒は保泰6年（1725）に参従の阮公沆や黎英俊など鄭棡期の政権中枢を担う人々とともに勧農使として地方の土地紛争の処理のために派遣されている[54]。「五府」は黎鄭政権期においては掌府事や署府事などのトップクラスの武人官僚の総称であるから[55]、鄭棡の信任を得て税制・軍制改革の一翼を担っていた人物であったと考えて間違いない。同じく弟の張仍も保泰2年（1721）に兵制改革により新設された六中軍営の指揮官となっている[56]。六中軍営はそれまで清化・乂安の兵士を中心に編成されていた部隊を、紅河デルタの兵士を中心に再編成した部隊であり、軍事面での支持基盤を鄭氏一族（王親）から外戚へとシフトさせることを意図している。鄭棡が娘の瓊瑛公主を張涯に嫁がせているのも外戚重視政策の一環であろう。

このように王親の勢力削減を図る鄭棡期の治世において、外戚として急速に台頭した如琼張族であるが、次代の鄭杠には改革を主導した鄭棡期の重臣たちは明らかに疎まれており、1732年に改革の主導者であった阮公沆が賜死されたのを皮切りに、1734年に杜伯品と黎英俊、1736年に張仍というように、鄭棡期の政権中枢を担った人々が次々と地方へ左遷されたのち、殺されている[57]。しかし結局、1740年の宮中クーデタにより即位した鄭楹は、いち早く鄭杠の治世において粛清された人々の名誉回復や譴責されて官職を剥奪された人々の復職を促し、旧来の政治路線に復すことを鮮明にしており[58]、これにより瓊瑛公主の夫の張涯も復権している。『全書』によると張涯はその

---

54)『全書』保泰6年冬10月条〜11月条。
55) 第1章の第1節参照。
56)『綱目』保泰3年（1722）冬10月条〜末条。
57)『全書』永慶4年11月条、龍徳3年秋7月〜冬10月条、同年冬10月条〜末条、永佑2年3月条。
58)『全書』永佑6年春正月条－2月条

後、1742年に参従、1744年に阮有求鎮圧軍の司令官、1761年に長年の功績を称えられて「食邑采田」を賜っており、反乱の鎮圧に東奔西走していた鄭楹の治世前半期を支えた功労者の1人であると言ってよい。

2．禄社と禄社受給者

このように如琼張族は鄭杠期の停滞はあったものの、18世紀に鄭氏の外戚として権勢を誇った一族ではあるが、龍珠社に特別に縁のある一族ではない。なぜ突然に瓊瑛公主や如琼張族が中心となって観音院が建立されたであろうか。そこで山村の郷約［山村亭D30］を見ると以下のような規約が収録されている。

> 景興30年（1769）1月26日、竜珠社山村の會老参盤および全住民は、一堂に会して以下の規約を定める。壬申年間（1752）、本該官瓊瑛公主鄭氏玉惠の所有するところとなり、本村地分の沟黎處にある合計2畝の宮田を替易し、開墾して池や宅地とすることが許された。本村は私田である沟黎外處1畝5高、及び益棋處1畝5高の合計3畝を新区画に加えて替易して区画整理し、生業の便を図った。もし頑迷な者が整理区画内に田土を所有し、本村が替易することを許さないならば、これ以後〈新造の〉池や宅地に対して、その者は一切干渉できない。[59]

これは山村が居住区画を拡大するための規約であるが、瓊瑛公主が「本該官」とされており、彼女が龍珠社を禄社として受給していたことが判明する。これによると山村内には宮田[60]が沟黎處なる場所あり、山村が一部を居住区化することを瓊瑛公主に請願して許可を得ている。ここでいう替易とは前節で

59）景興参拾年正月弐拾陸日、竜珠社山村會老参盤全村等、共會為立券事由。於壬申年月日、所有承本該官瓊英公主鄭氏玉惠、許替易宮田在本村地分沟黎共貳畝、開墾為池為宅。其本村歸派私田沟黎外處壹畝五高・益棋處貳畝五高共参畝、替易爲以便生業。或何人頑強有田在内區處、不許本村替易、自後這池宅、此人並不得干渉。

60）「宮田」は恐らく沉寺に帰属する寺田を指す。廟村・山村の高齢者は現在でも同寺を「宮（Cung）」と呼んでおり、沉山北側には「Cung Bắc（宮北）」と呼ばれる地分もある。

「替易其在田」とあったように行政上の地目（例えば公田、私田、土宅園池など）を変更しないまま、その土地の利用形態を変更することである。「開墾して池や宅地とする（開墾為池為宅）」とあるのは、沟黎處の一部を掘削して池とし、掘り上げた土を他所に盛り土して新しい居住区を造成したことを言うのであろう。

　このように瓊瑛公主が龍珠社を禄社としたのが1752年であるが、彼女が如琼張氏の人々とともに観音院を建立したのが1757年であるから、彼女は龍珠社を自身の禄社としてから5年後に観音院を建設したことになる。恐らく、鄭氏の行宮があったと伝わっているのは、瓊瑛公主が龍珠社を禄社とした際に、彼女の居宅として建設されたものと推測される[61]。また前引の観音院の碑文によると、「后仏民」である龍珠社と花板社が計4畝の田土の提供し、さらに毎年の祭礼を担当することになっている。この龍珠社と花板社による共同祭祀は現在も継承されており、観音院は地分で言うとミエウ集落の地分にあるが、旧龍珠社のミエウ集落とソン集落、および旧花板社のフオンバン集落の3集落の共同管理とされている。恐らく瓊瑛公主は龍珠社のみならず花板社もあわせて禄社としており、そのため両社に対し共同で観音院の維持管理にあたることを義務付けていたと考えるべきであろう。この点では村落寺院的性格の強い山村の無為寺、花板社の華厳寺といった仏教寺院とは異なり、観音院は禄社受給者によって最初から複数集落を跨いだ信徒集団を前提として建立されたものであり、沉山の麓にありながら「沉寺」の中にも含められていない[62]。しかし前節でみたように17世紀後半から両集落間は既に紛争を抱えていたこと考えれば、山村や花板社が自主的に提携したとは考えにくい。双方を禄社とした瓊瑛公主の主導によるものであろう。なぜならば、亭を中心としたコミュニティには既に甲を始めとする祭祀集団があり、外部の人間

---

61) 禄社における居宅建設は鉢場阮氏の事例でも観察される。第5章の第3節の阮賑や阮倣の事例を参照。
62) 近隣の他の沉寺系列の寺院に比べると、観音院は境内も狭く、ほとんど整備されないまま放置されており、3集落とも積極的に奉祀を行っているようには見えない。これも建立の経緯に起因すると考えるのは穿ちすぎであろうか。

がその一員となることは容易ではない。例えば花板社では19世紀中頃に亭を修築した際に、集落外出身の人物が費用を寄進しているが、これは妻が花板社出身であるという理由があってのものである[63]。そのような特別な事情のないまま、単に集落内での発言権を強めるためのみで寄進しても、多くの場合、嶋尾が検討した百穀（バックコック）社のように集落コミュニティの反発を招く。実際、百穀社や鉢場社では有力者が専権を図った結果、一時的にコミュニティの分裂を招いている[64]。このため瓊瑛公主（あるいは、その背後にいた如琼張族）は既存の集落コミュニティとの摩擦を避けつつ発言力を確保する方策として、亭とは別個に自身を后仏する仏教寺院を新たに建立し、そこを中心に廟村・山村・花板社の3集落に対する影響力の確保を図ったと考えられる。

しかし1757年に観音院が建立されたのち、1760年代には山村―花板社間で訴訟が再燃したのは前節で見たとおりである。そこで瓊瑛公主や観音院が両集落の対立緩和や調停役として積極的に動いた形跡は見られない。そもそも観音院碑文や上引の山村郷約を除くと、瓊瑛公主も含めた禄社受給者に関する記述が現れるのは［山村亭30］の上引箇所のみである。また山村郷約［山村亭30］には1782年に集落内での徴収や納税に関する規定が定められているが、ここでも税糧の納入先などで禄社受給者が現れることはない。上引の郷約にしても、居住区の拡大を計画して実行したのは山村であり、瓊瑛公主はそれを許可したに過ぎない。また山村では少なくとも18世紀中から亭において定期的に会合が行われているが、瓊瑛公主やその関連人物がこれらの会合に出席していた形跡はない。

このような禄社における禄社受給者の存在感の希薄さは、恐らく当時の俸禄制度に起因している。理念上の禄社制とは高級官僚の俸給を主に「社」単位で支給し、そこからの税収を受給者の俸給とするものであるが、禄社を受

---

63) 詳細は第7章にて後述。
64) ［嶋尾 2000a：222］及び第5章の第3節の阮賑と鉢場社の関係に関する記述を参照。これらは17世紀後半の神仏分離に伴う亭建設に乗じて有力者が勢力の伸長を図ったためと推測される。

給した官僚が実際に現地において徴税を行うものではない。実際の徴税は徴税請負人が担当するか、集落側が直接徴収号に納入するものであり、受給者は徴収号に出向いて、自身の禄社からの税収を受領するものである[65]。さらに1668年に平例法が施行されたことにより、各集落の税収はほぼ定額化されており、これにより禄社受給者の俸禄も定額化が進んでいる。実際、『類誌』巻18、仕例恩恤之典、俸禄例、裕宗保泰元年（1720）を見ても、官品に応じて支給される禄社の数が定められてはいるものの、4～5社は使銭400貫、1～2社は使銭300貫というように、実際の禄社の税収の多寡にかかわらず、ほぼ自動的に一定額が支給される仕組みになっている。このような制度が確立している18世紀では、禄社受給者は特権階層として貴族化しており、前章で見た18世紀の鉢場阮氏と同様、郷村秩序の維持に対して次第に関心を失っているように見受けられる。

小結

　本章では亭を中心とした祭祀集団としての村落共同体の成立、その後の近隣集落との対立などを、龍珠社山村の事例を中心に検討した。山村の場合、亭の成立以前には山精・水精信仰の上に、李陳期に流入した（恐らくは多分に道教的要素の混在した）仏教が覆いかぶさっているような状態であったと考えられる。しかし黎朝が儒教を統治イデオロギーとして採用した結果、在来の神々の国家儒教への取り込みが開始されることになる。さらに17世紀後半から郷村における儒教的礼教秩序の確立が目指された結果、亭が新設されて高山大王が祭神として分祀されることになった[66]。この結果として成立した

65）［桜井　1987：185］［Vũ Văn Mẫu 1957：233］など参照。
66）本章で検討した龍珠社山村の事例が決して全ての集落に当てはまるとは筆者も考えていない。特に亭の成立に関しては山村のように以前からあった集落内の神位が遷座するケース以外に、それぞれの集落の事情に応じて多様である。例えば第4章で言及した界際社のように徴税者側の「専横」をむしろ積極的に受け入れて、徴税官吏を祀る祠廟が実質的には「亭」となっているケースもある。またベトナム中部でもデンや廟をそのま

第 6 章　紅河デルタにおける亭の成立と郷村秩序

　亭を中心とした「甲」は、仏教寺院の檀家組織とは異なり地縁を媒介とした閉鎖的メンバーシップを特徴としており、これにより亭を中心とした行政村と祭祀集団が一体化した地縁集団が構築されることになる。平例法はこの様に儒教的礼教秩序のもとに再編成された地縁集団を基礎として施行されたものである。そしてその後、集落におけるメンバーシップの固定化は平例法における原貫地主義とも相まって広範な寓居民を生み出すことになったと考えられる。

　しかし集落コミュニティの強化は行政側の思惑を超え、今度は集落同士の土地紛争を多発させることになる。これは村落共同体と「社」や「村」という行政単位が一体化したことにより、集落の「エゴ」が容易に公的問題へと転化したため、また「甲」による集落メンバーシップの明瞭化が耕作者に曖昧な帰属を許さなくなったためと推測される。これに対し原額主義に縛られた行政・司法は、旧例を重視した硬直的な判断を下さざるを得ず、山村─花板社間の事例ではかえって紛争の長期化を招いている。また禄社受給者にしても、18 世紀以降の禄社受給者は禄社からの税収を、徴収号を通じて間接的に受領するのみの「蔵銭知行」に近い俸禄形態であり、郷村社会への影響力を低下させている。結局、残された紛争解決手段としては実力行使をともなう自力救済的手段か、郷村社会における調解くらいしかないが、19 世紀以降も紛争自体は多発しているものの、互いに決定的対立を回避するための方策が講じられており、抑制的な印象を受ける。これは亭を中心とした地縁集団を主要アクターとする郷村社会が成熟し、集落間の調解機能が充実した結果と捉えるべきではなかろうか。

　ただ、このような村落の自律性形成を中央政権の中間権力の抑制、村落の貧困層切り捨ての結果とする桜井の見解には疑問符がつく。確かに亭を中心

ま「亭」へと昇格させている事例（làng Thanh Phước, xã Hương Phong, huyện Hương Trà, tinh Thừa Thiên Huế）、亭はあるが建物のみで具体的な城隍がいない事例（làng Thuận Hòa, xã Hương Phong, huyện Hương Trà, tinh Thừa Thiên Huế）などが確認されており、新設した亭にどの神位を祀るかは、それ以前に集落内にどのような神位が存在していたのか、また集落内でコンセンサスが得られるかなどによって、集落ごとにかなり対応の幅があるように見受けられる。しかし多くの場合、各神位を取り込んだ仏教寺院やデンの成立が先行し、その後に亭が出現したと推測される事例がほとんどである。

とした「甲」集団の成立により、集落は次第に閉鎖空間化していったと考えられるが、少なくとも山村の場合、亭建設は直接的には郷村に儒教的礼教秩序をもたらそうとする教化政策に集落側が適応した結果であり、瓊瑛公主が龍珠社・花板社を禄社として以降も両集落間の紛争が再燃しているように、少なくとも18世紀段階の郷村社会において抑制対象と見なされるほどの社会的プレゼンスがあったようには見えない。むしろ城隍神の祭祀集団「甲」の出現により集落構成員が固定化されたことが、集落の「内」「外」の弁別を明瞭にしたこと、そしてその後の近隣集落とのたび重なる紛争により、不断に「外」を意識し続けることによる「内」の強化、つまり「よそ者」排除の論理が卓越していった結果のように見受けられる。

　また根本的な疑問として黎鄭政権は「弱体」な政権であったのかという疑問がある。桜井の場合、黎鄭政権期を黎聖宗期に確立された政治体制が崩壊し、中央政権が弱体化した時代と捉え、その中に村落の自律性形成を位置付けている。しかし、そもそも黎鄭政権にせよ、その後南北を統一した阮朝にせよ儒教を統治イデオロギーとしており、この立場をとれば、「頑民」による訴訟の頻発は為政者の教化が行き届かないからであり、本来であれば郷村レベルの話し合いによって自己解決されることが望ましい。多分に理想主義的ではあるが、少なくともそのような社会の実現に努めるのが為政者の役割であるとする徳治主義の立場をとっている。これに従えば、山村が周辺との恒常的な緊張関係により共同体としての凝集力を強化し、行政を通さずに話し合いにより紛争を自己解決するという行動は、為政者側からすれば教化の行き届いた「善政」の結果にほかならない。中国史研究者の夫馬進［2011：9］が指摘するように、そもそも儒教的な徳治主義に基づく「無訟」の社会理念と郷村の自治は親和性が高く、国家権力と自律的村落をあえて対立的にとらえる必要はない。だとすれば村落の自律性の強さは、為政者から見れば理想的な地方行政を低コストで実現しているに過ぎず、中央集権の弱体化の結果という見方は必ずしもあたらない。むしろ前期黎朝に始まる儒教による教化が、黎鄭政権期に至って郷村社会の成熟によりようやく実現したと捉えることも可能であろう。

第7章

近世ベトナムの家族形態
―― 花板張功族の嘱書の分析から ――

はじめに

　ベトナムの庶民レベルにおける儒教の受容は、科挙官僚のような一部のエリート階層に比べると時期的にかなり遅れていたとする点についてはユーインスン［Yu Insun 1990］や佐世俊久［1999］の研究により既に指摘されている。この点については前章で見た龍珠社の事例を見ても、亭成立の以前は在来の神々への信仰と仏教が混淆した状態であったと推測されることからも首肯できる。そして、そこに亭が建設され集落住民が祭祀集団である「甲」として組織されることにより、一般庶民にも儒教的諸儀礼は急速に身近なものとなったと推測される。しかしこのような庶民レベルへの儒教の浸透が、家族形態にどのような影響を及ぼし、またそれらがどのように現在のベトナムで「ゾンホ」と呼ばれる父系親族集団の形成に結びついていたのかは、未だ明瞭でない。

　ベトナムの父系親族集団については、既に末成道男や宮沢千尋などの文化人類学者により検討が進められているが、中国や朝鮮などとは異なり、その成員の多くが集落内にとどまっており、複数村落をまたがるネットワークを形成する事例が稀であること［末成　1998］、また同姓不婚則を回避しつつ集落内婚を容易にするためにテンデム（tên đệm）と呼ばれるミドルネームのみを変えて外婚単位を創出する事例［宮沢　2000：194］があるなど、概して父系親族集団が強い地縁性を帯びていることが明らかにされている。一方で、文献史料を用いた研究においては、早くから前近代ベトナム社会の（主とし

て中国に対する）独自性が強調されてきた[1]。例えば、15世紀に黎朝により編纂された『国朝刑律』において被相続者が遺言なく死亡した場合に男女均分相続することが規定[2]されていることを根拠として女性の財産権の強さが指摘されており、これは儒教の影響によりキン族が「オトコ社会」になる以前の双系的親族構造を示すものと指摘されている［Yu Insun 1990：134-135］。しかし、この男女均分相続規定の有効性に関してはチャン・ニュン・トゥエット［Tran Nhung Tuyet 2006：130-132］が疑義を呈しており[3]、さらにトゥエットに対して宮沢千尋［2016］が女性による祭祀財産相続の実例を提示して反駁するなど今現在も論争がなされている。本章はこの論争に直接に回答を提示することを目的とするものではないが、ベトナム近世社会の成立を考える上で、儒教の普及とそれにともなう家族結合の変化といった論点はゾンホの成立を考える上で避けて通ることのできない問題である。まず、これらの議論はいずれも儒教浸透以前のベトナムが「東南アジア的社会」であったか否か、という点から出発している議論であるので、前提となる「東南アジア的」家族結合について若干の説明をしておく。

　東南アジアの家族・親族形態の特徴を説明する場合にしばしば「屋敷地共住集団」という語句が用いられる。これはタイ東北部のドンデン村調査をもとに水野浩一［1981］により提示されたものである。これによると、「屋敷地共住集団」とは親世帯の屋敷地内に子供世帯が家屋を建てて居住することにより、1つの屋敷地内に複数の世帯が居住している状態となっており、共同で耕作するなど生産手段を共有する一方で、煮炊き（家計）は別々であるという世帯群を指す。家族サイクルとしては夫婦に子供が生まれ、成人して結婚したものから順次、親世帯の屋敷地内に家屋を建て別世帯を作る。親世帯

1）例えば［牧野 1980（1934）］［山本 1938］など。
2）ただし、この条文自体は16世紀に莫朝により追加されたものする説が有力である。Nguyễn Sĩ Giác, Vũ Văn Mẫu 1959：xvi-xviii］［八尾 2010：214］。
3）［Tran Nhung Tuyet 2006］は男女均分相続規定には遺言がある場合にはそれに従うことが付記されており必ずしも男女均分相続を保証する規定ではないこと強調しており、さらに18世紀の嘱書における相続事例を紹介して、実際に男系優位の家産分割が行われていたことを示した。

は夫婦及び未婚の子供のままである。この結果、敷地内に親世帯と、それ以外の子供世帯が数件居住することになる。さらに子供世帯は経済的条件が整うと順次独立していき、最後に残った子供が親と同居して拡大家族となり、親世帯の財産を継承する。子供が別世帯を形成する際に妻方居住、夫方居住のいずれを選好するかについては地域により異なるが、あまり強い原則性はない。むしろ子供世帯の居住地選択は、親世帯の土地所有状況をはじめとするその時々の状況により強く左右される機会依存性を特徴としており、このため親族関係的に見ればしばしば男系、女系といった強い原則性のないまま屋敷地共住集団が形成されることになる。このような家族結合の自在性は親族構造とも密接に関わっており、東南アジアにおいては双系的な親族構造を特徴とする民族（ビルマ人、タイ人、クメール人、マレー人、ジャワ人など）が人口的に多数を占めている。このような東南アジアの社会的特徴は、歴史的に見て前近代の東南アジアが極めて人口密度の低い社会であったためと説明されることが多い［坪内　1990］。東南アジアが大人口を抱える社会へと変容するのは歴史的に見ると19世紀以降の急激な人口爆発の結果に過ぎず、19世紀初頭段階での東南アジア全域の平均の人口密度は10人以下であったと言われている。つまり前近代の東南アジアは一般的に「土地余り」の社会であったために人口の流動性が高く、固定的かつ閉鎖的なメンバーシップを持つ社会集団が発展しにくい地域であり、このために組織性の弱い社会構造となると同時に、開放的な双系的親族構造をもたらしたと考えられている。これは日本を研究対象とする人類学者のエンブリー［Embree 1950］がかつてタイ社会に対して形容した「ルースな社会構造」とも親和性の高い議論と思われる。

　これに対してベトナムの主要民族であるキン族は強固な自治性を持つ村落共同体や父系を原則とする親族集団をはじめとする閉鎖的なメンバーシップを持つ社会集団が形成されてきた。少なくとも15世紀には紅河デルタにおける大規模な開拓は終息し、集落間の隙間を開拓するという「精緻化」の方向へと向かっており［八尾　2009：203］、「南進」と呼ばれるベトナム中部・南部への大規模な移住が行われるほどの人口過密な社会となっていた。その結

果、前章における龍珠社山村の事例を見てもわかるように、17～18世紀の紅河デルタは寸土を巡って熾烈な争いが行われる社会へと変貌している。このような社会状況において郷村社会における儒教の普及は、亭の祭祀集団「甲」を中核として集落の閉鎖的空間化をもたらしていたと考えられる。同時に、このような儒教の浸透は、女性の社会的地位に変化をもたらしたと推測されるが、そもそも分析の前提となる前近代におけるキン族の家族形態や法的地位の実態解明は進んでいない。これは従来のベトナム史研究が『国朝刑律（黎朝刑律）』を始めとする官撰史料を主史料とし、村々に眠る地方文書が十分に活用されてこなかったためであるが、20世紀末より始まったドイモイと呼ばれる対外開放政策により海外研究者の地方史料の調査・閲覧が容易となったこともあり、近年はこれらを活かした研究成果も現れるようになってきた。先述のような前近代の女性の地位を巡る議論が近年再び活性化しているのもこの影響と考えられる。しかし依然として前近代の家族形態や、それを踏まえた女性の社会的地位などについては具体的事例に基づいた実証研究は蓄積に乏しい。本章では、筆者が撮影する機会を得た2つの嘱書を紹介し、上記の議論を参照しつつ検討するとともに、儒教浸透以前の家族形成について若干の考察を行うこととしたい。

第1節　花板張族の嘱書にみる相続

　嘱書とは財産分与などについて定めた遺言書の一種であるが、死後に遺産争いが起こらぬよう生前にあらかじめ財産を分与するものであり、現在で言うところの生前相続に相当する。嘱書の原型は中国に由来するが、既に陳朝期の1237年に嘱書に関する詔が出されている[4]。さらに16世紀編纂の『国朝書契』や19世紀編纂の『嘱書文契』といった各種文書の文例集にも嘱書の文例が収録されていることから［八尾　2009：36-37］、近世ベトナムの民間社

---

4)『全書』天応政平6年（1237）春正月の条。

会に広く普及していたことが窺われる。本章で紹介する2つの嘱書はハノイ中心部から南西へ20kmほど、前章で検討した龍珠社山村の北隣に位置する花板社（19世紀以降は芳板社、現フオンバン集落、【図表6-1】参照）[5]に居住する張功族[6]の族長宅において筆者が撮影したものであるが、1つは嘉隆5年（1806）11月11日付で張功鏗と阮氏噆夫妻の名義で記された嘱書（以下、嘱書A）、もう1つは嗣徳2年（1848）8月10日付で張功錫の名義で記された嘱書（以下、嘱書B）である。

最初に嘱書とはいかなるものかを示すため嘱書Aの冒頭部分を紹介しておく。

　　国威府安山県花板社の前社長の張功鏗とその妻阮氏噆は、自身が既に年老い、残された月日が僅かであることを思い、遺産の田土については未だ取り分を決めていないため、死去した後に所有している先祖伝来の田土や新たに購入した田土・沼沢・家屋などを巡って争いが起きることを恐れ、予め嘱書を作成し、分割してそれぞれの取り分となし、（阮氏噆が）生んだ男女7人と妾腹の子2人の計9人に与えて、永く生業となさしめることにした。それらの田土等については夫妻の所有物であり、父方・母方の親族との間に（所有権に関する）揉め事や二重売買といった懸案はない。嘱書を遺したのち、男女は取り分に依り、それぞれの生業に勤しみ、以って祭祀を継承すべし。敢えて（嘱書に）違えて妄りに争いを起こすならば、不孝の罪に坐するものとして、その取り分を奪うべし。国には定まった法がある。故に嘱書9道を作成して、各々に一道ず

---

5) ハノイ特別市チュオンミー県フンチャウ社フオンバン村（thôn Phương Bản, xã Phụng Châu, huyện Chương Mỹ, TP Hà Nội）。本章では第6章に合わせて「花板社」で呼称を統一する。
6) 厳密には「張」は姓、「功」はテンデム（tên đệm）と呼ばれるミドルネームであるが、キン族は姓のバリエーションが少ないため（例えばキン族の半分は阮姓である）、一族内で共通のミドルネームを使用することによって他族と区別する場合が多い。テンデムは親族集団の特定のためには不可欠であるため、本章では便宜上、姓とテンデムをあわせて「姓」としておく。第6章で言及した如琼張族とは別族である。

つ渡し、参照できるようにする。7)

このように、①被相続者の肩書きや姓名、②相続者、③相続物に二重売買などの事実がないことを確認する文言、④国法に従って作成した正式な文書であることを示す文言、⑤作成部数、などが記されている。嘱書Aの表紙には「張功劇己分内有紙字共筳張」と記されていることから、この嘱書は張功鏗夫妻が嘱書を9部作成して各相続者に渡したもののうち、長男の張功劇に渡されたものである。嘱書Aの末尾には張功鏗夫妻と相続者9人のほかに「証見本社郷長阮名政」と「借寫嘱書本總奉天村人黎致顕」が記名しているが、前者は嘱書の作成に際して必要な第三者の証人、後者は実際に文書を作成した代書人であろう。これは前述の『国朝書契』や『嘱書文契』に収録された文例に忠実にのっとった書式である。特に『国朝書契』の「父母嘱書」の文例とは地名・姓名の部分の除くと語句レベルでほぼ文章が一致しており、この嘱書が作成された19世紀初頭には同類の文書作成マニュアルが村々のレベルにまで浸透していたことを示している。

嘱書では上記のようなほぼ定型化された文章ののちに、不動産を中心とした具体的な相続内容が列挙されていくことになる。まず嘱書Aにおける相続内容をまとめたものが【図表7-1】であり、およそ29,000㎡（約8畝）の土地の相続について記されている。このうち一割ほどが「養老田」として張功鏗夫妻が生活するための自留地とされ、残りが夫妻の子供達を中心に相続されることになる。具体的には、男子に対しては長男張功劇の4272㎡から三男張功爵の3552㎡へと若干の傾斜を付けつつ配分されている。長男張功劇の相続面積がやや大きいが、これは祖先祭祀に必要な経費を捻出するための田土が「香火分」として与えられているためであり、この見返りとして長男は一

---

7) 國威府安山縣花板社前社長張功鏗妻阮氏嘈等、自念行年哀老、旦夕靡常、遺下田産、未有定分、恐於身後、或起争端所有祖業及新買田土池沼房屋等項、預造嘱書、分為逐分、留與生男女柒人與妾人貳人共筳人、永為産業。其田土等物、委是夫妻已物、與内外親属之人、別無関渉瞞昧重複交易等事。遺嘱書之後、男女照依本分、各勤生業、以承祭祀。敢有違悖妄起争端、定坐不孝之罪、奪其本分。國有常法。故立嘱書筳道、付諸子各執壹道、為照用者。

族の祖先祭祀を継承する義務を負うことになる。一方で、6人の女子に対しては2100㎡前後でほぼ均等に分配されている。女子間の差は小さく、これは意図的なものというよりは細かい地片を分配していった結果、完全に均等することができずに若干の差が出てしまったと解釈したほうが妥当に思える。男子の平均相続面積3884㎡に対して、女子は2146㎡となり、相続面積には約1.8培の開きがあることになる。これらを見る限り、一族の祭祀を継承する長男に若干の手当を与えて優遇しつつ、男子と女子の間に差を付けて相続しようとしていると捉えるのが妥当であろう。トゥエット［Tran Nhung Tuyet 2006］が紹介した事例と同様に、少なくともこの嘱書からは家産分割における男系優位の傾向が看取できる。しかし前引の嘱書本文によれば相続者9人のうち2人は妾腹であるはずだが、この嘱書には誰が妾腹の子であるのか記述がなく、また相続内容から見ても判別することができない。裏を返せば財産相続上では男女の性別による格差はあっても、母親の出自によっては特段の区別をしていないように見受けられる。

　次に嗣徳2年（1848）に記された嘱書Bから張功錫の財産の継承を見ると【図表7-2】のようになる。これをみると長男の張功豁の相続分が次男の張功鐘よりも少ないが、これは香火田が別項目として立てられているためである。嘱書Aと同様に香火田の管理は長男の張功豁に委ねられているものと仮定して彼の継承分に含めると相続面積は2904㎡となり嘱書Aと同様に若干ではあるが次男より優遇されていることになる。むしろ嘱書Aと嘱書Bとで大きく異なっているのは女子に対する相続上の取り扱いであり、嘱書Bでは面積を見る限りでは男性が若干優位に立っているものの、嘱書Aと比べると格差が大幅に縮まっている。これについては面積のみならず、それぞれが継承した地片の生産条件も考慮する必要があるが、【図表7-1】【図表7-2】を見るとわかるように、両嘱書とも、3つの地片があった場合に、地片Aは子供A、地片Bは子供B、地片Cは子供Cが相続するといった単純な財産分割は行っていない。各地片をさらに細分化した上でそれぞれを子供達に分配することにより、生産条件に格差が出ないよう配慮がなされており、大きな農業条件の差はないと考えられる。むしろ格差という点で目に付くのは張氏良の

【図表7-1】張功鏗夫妻の嘱書（1806年） ※面積は全て1畝＝3600㎡として換算

張功劇（長男）：4272㎡

処名	面積（㎡）	備考
同薬処	540	
同薬処	540	
塢儀処	480	
祝帝処	240	
同薬処	360	
同薬処	1212	香火分
杵亭処	360	土宅
杵亭処	540	池所（＋苗床）
家居	―	一連三間二厦

張功珠（次男）：3828㎡

処名	面積（㎡）	備考
柠棱処	720	
塢儀処	360	
塢槐処	408	
坡湖処	360	
杵亭処	360	
池廟処	540	家居の建設用地
柠棱処	1080	聘礼

張功爵（季男）：3552㎡

処名	面積（㎡）	備考
潞猫処	1008	
塢奇処	312	
塢儀処	192	
祝帝処	240	
杵亭処	360	
中同沼	360	家居の建設用地
柠棱処	1080	聘礼

張氏操（次女）：2148㎡

処名	面積（㎡）	備考
潞猫処	600	
塢槐処	480	
塢儀処	408	
坡湖処	300	
同薬処	360	

張氏康（三女）：2124㎡

処名	面積（㎡）	備考
同薬処	540	
同薬処	408	
塢儀処	360	
柠棱処	480	
同薬処	360	

張氏寧（四女）：2064㎡

処名	面積（㎡）	備考
柠棱処	720	
塢儀処	360	
塢儀処	288	
塢儀処	288	
祝帝処	72	
塢槐処	336	

阮氏年（姪女）：2160㎡

処名	面積（㎡）	備考
同薬処	808.8	
中同処	360	
塢儀処	271.2	
莆爐処	360	
同薬処	360	

張氏喤（五女）：2148㎡

処名	面積（㎡）	備考
同薬潞処	808.8	
同薬潭輕処	432	
塢槐処	336	
塢儀処	271.2	
坡湖処	300	

張氏黍（季女）：2232㎡

処名	面積（㎡）	備考
潞猫処	960	
塢儀処	432	
中同処	480	
同薬処	360	

養老田（自留地）：3072㎡

処名	面積（㎡）	備考
同薬処	360	
同薬処	360	
同薬処	408	
塢儀処	360	
杵厨処	72	土宅＋苗床
坡湖処	1440	
杵忡処	72	土宅

義子田：936㎡

処名	面積（㎡）	備考
柠棱処	480	張功潘が相続
蛮處	456	阮文本が相続

【図表7-2】張功錫の嘱書（1848年）　※面積は1畝＝3600㎡として換算

香火田：960㎡　（同薬処）

張功蓄（長男）：1944㎡

処名	面積（㎡）	備考
漆豹処	1080	
塢嗣処	288	
同烃処	576	

張功鐸（次男）：2688㎡

処名	面積（㎡）	備考
塢儀処	408	
磋朮処	720	
椂舘処	600	
鬬厨処	360	
塢楅処	600	聘礼

張氏良（女子）：1800㎡

処名	面積（㎡）	備考
塢儀処	360	
潾処	1080	
潏橙処	360	

張氏達（女子）：2184㎡

処名	面積（㎡）	備考
塢儀処	480	
同薬処	312	
核楪処	240	
塢嗣	432	
中同処	720	

阮有用（婿子）：2388㎡

処名	面積（㎡）	備考
同薬処	480	
廟処	360	
塢儀処	288	
坡汭処	540	
中同処	720	

相続面積が最も少なく、女子の間で差が付けられているように見受けられる点である。張功族に現存する板碑によれば張功錫には阮姓の正室、呉姓の亜室、阮姓の次室という3人の妻があり、張氏達が正室の子、張氏良が亜室もしくは次室の子供といった可能性も考えられるが、嘱書Bの相続者については「男女五人」とあるだけで、相続者達がいずれの子供であるかは明示されていない。

　このように嘱書Aと嘱書Bは同一の親族集団であるにも関わらず女子の扱いという点で異なる印象を与えるのであるが、しかし相続面積という点で見ると、実は親の土地所有面積に関わらず、女子の相続分は2000㎡前後（5～6高）という点は共通している。これは女性が嫁入りの際に持っていく財産、すなわち嫁資であり、恐らく花板集落では2000㎡前後が「相場」であると認識にされていたためと考えられる[8]。高収量品種や二期作が普及している現代

8）嫁資については［Nguyễn Hồng Phong 1959：108］［Tran Nhung Tuyet 2006：134-138］

ベトナムの農業においても、この面積は大人1人の生活をかろうじて支えられる程度に過ぎない。まして19世紀初頭の花板集落は五月稲（陰暦11月～5月にかけて栽培される稲）の耕作地が大半を占めており、生産力は当時としても決して高くはない部類に入る。19世紀前半の花板社では2000㎡前後という面積が大人1人の生存を確保できる最低ラインと見なされており、他家へ嫁ぐ女子に対する生活保障的な意味合いがあったのかもしれない。この結果、全体の相続面積が大きい嘱書Aでは相対的に女子を冷遇することになり、財産分割を繰り替えして小規模化した嘱書Bではこれを頑なに守ろうとした結果、男女均分に近い状態になっているように見受けられる。

このように両嘱書を見る限り、花板集落では未婚女子に対して2000㎡前後の嫁資を与えることに強い拘束力があったと考えられる。それでは既婚女性の財産権はどのようなものであったろうか。これについては嘱書Aの阮文本、嘱書Bの阮有用の相続が手掛かりとなる。まず阮氏年について見ると、嘱書Aでは彼女に嫁資が与えられており、「長女之女子」との付記がなされている。つまり張功鏗の長女は阮姓の男性の下に嫁ぎ、そこで阮氏年を生んだことになる。「義子田」として阮文本なる男性に僅かながら田土が与えられていることから、彼が長女の夫と推測される。長女が他の娘と異なり相続人に含まれていないのは、嘱書作成以前に阮文本と結婚するにあたって既に嫁資を与えられていたからであろう。つまり嘱書Aを見る限りでは女子には嫁資を受け取る権利は認めているものの、他家に嫁いだ女性については相続権を認めていない。仮に一部を相続させる場合でも、それは娘婿に対して与えるという形をとることになる。嘱書Bの阮有用のケースも同様と考えられる。嘱書Bでは阮有用は「婿子」、つまり娘婿とされているが、嘱書中ではどの娘の夫であったのかは明示されていない。したがって推測に頼るしかないのであるが、仮に彼が張氏良もしくは張氏達の夫であったとすると、その夫妻は他に比べて遙かに大きい面積を相続することになってしまう。また彼女たちは嫁資を受け取っている以上、未婚と考える方が自然である。だとすると張功錫夫妻には実際には張氏良と張氏達の2人以外にもう1人の女子（恐らくは長女）がおり、彼女の夫が阮有用であったと解釈するしかない。したがっ

て嘱書Bにおいても、他家へ嫁いだ女性に対しては相続権を認めておらず、与える場合には世帯主である夫に与えるという形をとっていることになる。

　このように見ると両嘱書は男系、とりわけ長男による祖先祭祀の継承を重視していることは明らかであり、基本的には儒教色の強い父系親族集団と考えるべきであろう。未婚女性は嫁資を得ることが権利として認められているが、それ以上の財産相続権は持っていない。結婚後は世帯主である夫が妻の実家の財産継承権を代表することになり、妻自身には相続権を認めていないように見える。しかしながら、このように19世紀前半の張功族が父系親族集団とするならば新たな疑問が湧く。それは、なぜ張功鏗夫妻が外孫である阮氏年の嫁資を準備する必要があるのか、という点である。男系による継承を重視する父系親族集団であるとするならば、他族に嫁いだ長女が娘を産んだとしても、それは娘婿の一族の構成員であり、母方の祖父母である張功鏗夫妻が嫁資を用意する必要性は薄いであろう。通常であれば長女の夫である阮文本、もしくは彼の属する阮文族が阮氏年に対して嫁資を準備するのが妥当に思える。次節では19世紀初頭の地簿の分析からこの背景を探っていきたい。

第2節　女性の土地所有と家族形態

1．地簿における土地所有状況

　前節で見たように、19世紀前半の張功族は基本的には父系親族集団であるにも関わらず、それだけでは割り切れない部分が残っている。ここでは、その背景を探るために、まず阮朝初期に編纂された地簿から花板集落の二地所有を見ていきたい。1802年にほぼ現在のベトナムの領域を統一した阮朝は、その後全国で検地を実施して地簿を作成されており、花板社については嘉隆4年（1805）3月に地簿が編纂されている。これは嘱書Aが作成される僅か一年半ほど前である。これから当時の花板集落における土地所有の概況を整理したものが【図表7-3】である。これをみると花板集落の総耕地面積の

【図表7-3】地簿における花板社の耕作状況

耕作地種別	面積（㎡）	％
公田	564,456	26％
村落共有田	62,400	3％
私田男性（19名）	370,536 (19,501/人)	17％
私田女性（41名）	453,336 (11,056/人)	21％
附耕 （主に仙侶社、山路社の人々が耕作）	376,248	18％
替易田（龍珠社耕作）	314,592	15％
合計	2,141,568	100％

出所:「花板社地簿」（国家第一公文書館所蔵、Q.6990）

　26％が公田、38％が花板集落の人々の私田、33％が近隣集落の人々により耕作されている。公田とは理念上、国有田であり国家の定めた均田例に基づいて集落の成年男子の身分や年齢に応じて支給されることになっているが、実際の管理については各集落の手に委ねられている［桜井　1987：第9章］。受給者の死亡後は国家（実質的には公田の管理主体である集落）に返還するのが原則であり、基本的に本章で見るような相続の対象とはならない。主に相続対象となるのは個人所有の田土である私田である。そこで私田における1人当たりの耕作面積を見ると、平均で約13,400㎡となる。これに対し嘱書Aに記されている張功鏗夫妻の相続面積は2人で約29,500㎡であるから、集落内では平均を若干上回る程度の経営規模であったことになる。一方で嘱書Aでは男性優位の相続が行われていたにもかかわらず、地簿上では女性名義の私田の方が男性名義のものよりも面積的に大きいのが目に付く。しかし個人単位でみると地簿に私田耕作者として記された男性19名に対して女性41名、1人当たりの平均面積は男性がおよそ19,500㎡、女性が11,000㎡と逆転し（格差1.7倍）、嘱書Aにおける男女間格差1.8培とほぼ同傾向を示す。つまり男性1人当たりの耕作面積は女性よりも明らかに大きい傾向にあるが、人数比が大きく女性に片寄っているために性別ごとの総面積で見ると女性の方が上回っていることになる。

第7章　近世ベトナムの家族形態

　なぜこのような状況になっているのか、1つの可能性として考えられるのは節税対策である。ここまで見てきたように、黎鄭政権期以降のベトナム北部では集落単位で徴税する村請け制が一般的であり[9]、各集落はできる限り課税対象である成年男子の人数を過少申告し、集落に課される丁税や徴兵人数を抑えようとする傾向がある[10]。これを考慮すると、花板社が成年男子の人数を過少申告し、それを地簿にも反映させて、辻褄をあわせようとした可能性もある。しかし、それでは阮朝の地簿が全く実態を反映していないのかというと、そうでもない。嘱書Aで相続対象となっている中同処、同薬処の地片は、地簿には張功鏗名義の私田が記されている。塢豹処の地片についても「阮氏書」の名義で記されている地片が嘱書Aの地片に該当すると考えられる。嘱書Aにおいて阮氏嗜は代書人が記した姓名の横に点指を行っていることから識字能力はないと推測されるが、「阮氏書（Nguyễn Thị Thư）」と「阮氏嗜（Nguyễn Thị Thự）」のベトナム語音は近似している。表記文字が異なるのは同一人物の名前に文書作成者がその都度、漢字や字喃を当て字したためであろう。このように地簿とその一年半後に作成された嘱書Aの内容が概ね一致しているのを見ると、少なくとも地簿を作成した時点においては、ある程度実態を反映したものであったと考えざるを得ない。しかし、地簿の記載を信頼のおけるものとすると、男女の1人当たりの所有面積については嘱書と同じ傾向を示すにも関わらず、なぜ男女の人数比が大きく女性に片寄っているのかという疑問が出てくる。

　この疑問を解く手掛かりとして当時の家族形態について考えたい。まず検討の参考として末成道男［1998：232-249］の研究よる20世紀の紅河デルタにおける家族形態を見ておく。末成は紅河デルタにおける祖先祭祀を現地調査により明らかにしているが、その中で以下のような家族（家族圏）サイクルを明らかにしている。まず核となる親世帯があり子供が生まれると、未婚の間は親世帯とともに共食している。その後、男子は結婚するなどの条件が

---

9) 第4章第1節を参照。
10) 乂安の事例ではあるが、『安会村誌』（漢喃研究院 VHv.1361）公政誌には、黎鄭政権期の丁簿の人丁数はほとんどが実際よりも過少申告されていたことが記されている。

整うと一定期間、親世帯と同居したまま煮炊きを別にする。これは息子夫婦が親世帯から独立した経済単位を構成することを意味する。その後、経済的条件が整うと親世帯の屋敷地の中に別に居宅を立てて移り住む。この結果、1つの屋敷地に親世帯の家宅を中心として複数の息子世帯の居宅がある状態となる。さらに分離の度合いが進むと親世帯と息子世帯の間に塀が作られるなどして2つの屋敷地が成立することになる。このように徐々に段階を経て息子世帯が分出していくのであるが、長男世帯の場合は上記の過程を経て別住した場合でも、祖先祭祀を継承する必要があるため、最終的には親世帯の居宅に戻って住むべきとされている。また、これらの世帯の分出では公的機関への届け出や登記といった所有権移転の手続きは基本的に行われず、特に両親が存命中の法的手続きは控えられる傾向にある。これを本章の冒頭で紹介した「屋敷地共住集団」と比較すると特に世帯分出の過程が非常に似通っており、儒教の影響により屋敷地共住集団が男系優位、夫方居住へと偏向したもののように思える。

　上記は末成による20世紀末の調査により見出されたものであるが、これを念頭に置いて両嘱書を見ると多くの共通点が見出される。両嘱書を見ると、長男を除く男子に対しては条件が整い次第、妻を迎えて別宅を構えることが前提とされている。例えば嘱書Aでは長男が家居（一連三間二厦）を相続しており、これは親世帯が居住していたものを、そのまま継承したものと考えられる。一方で、次男の張功珠が継承する池廟処の地分には「由替作家居」、また三男の張功爵が継承する中同沼の地分にも「此沼由替作家居」と付記されている。この2つの地片は2人が将来的には家宅を建設するのを前提に与えられたものである。また張功珠と張功爵が継承する枠棱処の地片には共に「這田由替許為聘礼娶妻」との付記があり、妻を娶るための聘礼（結納）に充てるための田土も与えられている。末成が明らかにした世帯分出の過程に位置付けるならば、次男・三男はまだ親世帯の家宅に居住して共食していた段階と考えられるが、将来的には彼らは結婚後に別住することが期待されていたと推測される。しかし末成の研究を見る限り、このような世帯分出は当事者の間では法的手続きを伴わない私的営為と見なされているように見受けら

れる。現代のように公的機関を通じた法的手続きが身近であったとは思えず、また現在よりも父母への「孝」が強力に意識されていたであろう19世紀前半にあっては、本稿で検討している張功族のように嘱書により両親の存命中に正式な家産分割をする事例はむしろ例外であり、実際には法的手続きをとらないまま親世帯名義の土地に複数の男子世帯の居宅が存在している事例の方がむしろ通常であったと考えられる。

　それでは19世紀前半の花板集落がこのような状態であると想定して、これを地簿に反映させようとするとどうなるであろうか。恐らく地簿において私田所有者として記されている男性は上記の共住集団の長とみなされる人物であり、実際にはその中に未だ完全に独立していない複数の男子世帯が含まれていると考えるべきである。彼らが名実ともに完全に独立した経済単位と見なされるのは父親（もしくは両親）が死去したあとか、嘱書等により正式に家産分割が行われたあとであろう。一方で女子は嫁資を与えられて嫁ぎ、男子に比べるといち早く親世帯を核とする共住集団からは分離することになる。この嫁資を嫁ぎ先の共住集団の共同所有地とは見なさずに女子自身の名義で登録したがために、花板社の地簿においては私田所有者の男女比が女性に大きく片寄ることになったのであろう。夫の父親が死亡、もしくは生前分割が行われるなどしてなどして夫が完全に独立した場合には、夫が継承した耕作地と妻の嫁資とを合わせたものが夫婦世帯の耕作地となり、これを基礎として新たな共住集団が形成されていくことになる。このように、夫方居住に偏向した共住集団が存在していたと考えると、一見すると不可解に思える花板集落の私田の所有状況はある程度説明がつく。

2．共住集団における妻方居住

　ここまで見てきたように花板集落には夫方居住に偏向した共住集団が存在していたと考えられる。このような男系優位への偏向については、17世紀以降の紅河デルタにおける庶民レベルへの儒教の普及が少なからず影響しているとみて良いであろう。しかし儒教的な男系優位や夫方居住といったあり方が、当時の人々にとってどの程度の規範性、もしくは拘束力を持っていたの

かという点については、嘱書Bが均分相続の様相が強いことを考慮すると、なお検討の余地がある。実際、花板集落では結婚後の妻方居住が行われていたらしい痕跡も目につく。例えば花板集落の亭には、紹治3年（1843）に亭を修築した際に費用を寄進した阮全門と黄氏悌の夫妻が集落の貢献者として後神されており、これを記念した碑文が現存している。これによると夫の阮全門は花板社の南東に位置する奉天村出身（【地図6-1】参照）、妻の黄氏悌は花板社出身の人物である。奉天村側には阮全門に関する情報は残されていないが、この人物は結婚後に妻方の花板社へと移住した人物と考えられる。

　ここで再び嘱書Aがなぜ長女の娘、つまり外孫に嫁資を与えているのかという問題に立ち返ってみたい。まず長女の夫と推測される阮文本であるが、彼の「阮文」という姓は花板社では特殊な位置づけにあることは注意を要する。現在の花板集落の主な氏族を挙げると、阮春族／陶族／阮廷族×2／阮致族／張功族／阮金族／阮惟族／呉族／黄族／阮文族×12、となっている。このうち本章で検討している張功族については、花板集落内に現存する17世紀の碑文[11]の中で既に張功族と推測される人物が現れており、古くから集落に居住する一族であることは確実である。一方で阮文姓を名乗る一族が非常に多いことが目に付くが、これらは比較的小規模な親族集団であり、集落内の居住歴が比較的浅いものが多い（確認できるものでは18～19世紀の移住）。一例としてNVT氏が族長を務める阮文族の事例を紹介すると、同族の始祖は花板社の北西3kmほどに位置するタンホア社[12]から6代前に移住したが、元々は「王廷」姓であった。しかし、そのままでは寓居民（集落の正式な成員権を持たず、仮住まい扱いの者）扱いであるため「阮文」に改姓したのであるという[13]。現在でもこの阮文族は原貫地で王廷族の祭礼に参加するときは

11）『拓本集』N. 1935。前章の第2節で言及した花板社の甲の構成員を刻んだもの。
12）現ハノイ特別市クオックオアイ県タンホア社（xã Tân Hòa, huyện Quốc Oai, TP Hà Nội）
13）このように集落成員権を持たないまま、集落内に居住している人々が、紅河デルタの集落には幅広く存在している。彼らは集落運営に参加する権利を持たず、公田の受給権がない一方で、人頭税の支払い義務がないなど、集落成員権を持つ正丁とは区別される。［Gourou 1936：159］［桜井　2006：224-225］参照。

「王廷」を名乗り、花板集落で祭礼に参加するときは「阮文」を名乗るとのことである。つまり、かつての花板社では移住してきた「よそ者」が集落の正式な構成員となるためには、改姓することによって形式上、原貫地の親族集団との繋がりを断絶させることが求められていたのである。この改姓の際にベトナムでごく一般的な「阮文」という姓が用いられる場合が多く、花板集落で阮文姓の親族集団が乱立することに繋がっている[14]。これを踏まえると阮文本は他集落から移住して張功鏗の長女と結婚したのち妻方居住をし、張功鏗夫妻を核とする共住集団の一員となっていた人物であった可能性がある。このように考えると外孫の阮氏年の嫁資を張功鏗が提供している理由も説明がつく。

これらの事例から推測される夫が妻方の共住集団の一員となるケースが、19世紀前半の花板集落でどの程度の頻度で行われていたのかは不明とするしかない。しかし、花板集落は既に17世紀から周辺集落から耕作地を浸食される傾向にあり[15]、20世紀に入ってからも近隣集落に10ヘクタール以上の耕作地を割譲している。これらを見る限り花板集落は近隣集落に比べると耕作地に余裕がある集落であったようであり、これが妻方居住を通じた外部人口の流入を後押ししていた可能性がある。

第3節　共住集団と土地所有

ここまで見てきたように、19世紀前半の花板集落には夫方居住に偏向した屋敷地共住集団が紅河デルタ村落に存在していた可能性が高い。本節では共住集団の存在を前提として、再び花板集落の地簿に立ち返って検討してみたい。まず花板集落の地簿における私田の耕作状況を個人単位でまとめたもの

---

14) 類例似として寓居民が集落成員権を得るために母方の姓に改姓する事例が散見する。（[Diệp Đình Hoa 2000：587] や本書第9章の清福社など）。また結婚後、数年間妻方居住する事例も報告されている [Nguyễn Hồng Phong 1959：109]。
15) 第6章の第3章参照。

【図表7-4】花板社の個人別私田耕作状況 ※面積による降順、灰色は女性

耕作者	面積 畝	高	尺	寸	計(㎡)
花板社同耕	4				67,399.2
	4	4			
四甲同耕	4	2	5		
	2				
	2	7			
神仏田	1	3	13	3	
阮氏竜	12	1	5		70,056.0
	2	4	14		
	3	3			
	1	5	5		
陶春域	1	1	10		47,184.0
	3	7			
	4	2			
	15	6	1		
	3	4	5		
阮名政	3				43,008.0
	2				
	1	8			
	1	4			
	3	7	7		
黄如楡	2	2	10		29,760.0
	1	1	6		
	1	6			
	3	2	9		
阮氏訓	3	5			28,320.0
	2	5	10		
	1	8			
阮伯遂	1	6			27,240.0
	2	2			
	1	8			
	1	9	10		
阮廷達	3	6			24,120.0
	3	1			
陶氏謙	3	6			23,760.0
	2	10			
黄氏領	2	5			22,056.0
	1	6	8		
	1	9	11		
阮氏永	3		5		20,280.0
	2	6			
阮文闇	2	5			19,440.0
	2	9			
阮文凭	3	7			18,720.0
	1	5			
阮氏契	2	6			16,920.0
	2	1			
阮登仙	2	5			16,560.0
	2	1			
黄氏狚	3	5	6		16,344.0
	1				
阮氏土	2	5			16,200.0
	2				
張功鏗	2		11		15,744.0
	2	3			
阮氏允	2	5			15,648.0

耕作者	面積 畝	高	尺	寸	計(㎡)
阮伯萱	2	3			15,480.0
	2				
張功槐	2	1			14,760.0
	2				
阮氏利	3	9	5		14,160.0
阮廷貴	1	7			13,320.0
	2				
阮廷佳	3	7			13,320.0
阮氏鄧	3	5	5		12,720.0
阮氏演	3	5			12,600.0
阮氏潔		9	6		12,384.0
	2	5			
阮氏百	2	3	7		12,312.0
	1		11		
阮文戴	3	4			12,240.0
阮氏干	2	3	12		11,808.0
		9			
阮氏當	3	1			11,160.0
阮氏節	2	3			11,880.0
	1				
阮氏脈	3				10,800.0
阮氏観	3				10,800.0
阮伯完	1	4	5		10,560.0
	1	5			
阮氏綿	2	8	10		10,320.0
阮氏登	2	6			9,360.0
阮廷錬	2				9,360.0
		6			
阮氏員		3	13		8,952.0
	2	1			
阮氏喩	2	4			8,640.0
黄氏酒	2	2	14		8,256.0
張氏登	2	2	8		8,112.0
阮文永	2	2			7,920.0
阮氏錬	2	2			7,920.0
阮氏党	2	1			7,560.0
阮伯啫	2				7,200.0
陶氏潜	2				7,200.0
阮氏漢	1	9	8		7,032.0
阮氏俊	1	9	8		7,032.0
黄氏渓	1	9	6		6,984.0
阮氏先	1	7	5		6,240.0
阮氏垠	1	6	5		5,880.0
阮氏擧	1	6			5,760.0
阮氏還	1	5			5,400.0
阮氏梏	1	5			5,400.0
阮氏避	1	3	1		4,704.0
阮氏就	1	3			4,680.0
阮氏第	1	2	8		4,512.0
阮氏書	1	1	5		4,080.0
張氏玉	1				3,600.0
王氏石	1				3,600.0
阮氏知		3			1,080.0

出所:「花板社地簿」
　　　（国家第一公文書館所蔵、Q.6990）

が【図表7-4】である。これを見ると4畝（14,400㎡）～2畝（7200㎡）の所有面積を持つ26名のうち男性7名／女性19名、2畝（7200㎡）未満の所有面積を持つ15名は全員が女性である。一見してわかるように零細な土地所有は明らかに女性に集中する傾向が強い。ここまでの検討を前提に考えるならば、これらは女性が他家へ嫁ぐ際に与えられた嫁資を基礎としたものであると考えられる。前節で見たように、これらが女性の1人当たりの平均所有面積を押し下げる主要因となっている。一方で4畝以上の比較的大きな所有面積を持つ人物について見ると、6畝（21,600㎡）～4畝（14,400㎡）の所有面積を持つ11名のうち男性6名／女性5名、6畝（21,600㎡）以上の9名のうち男性5名／女性4名となっており、人数的に男性を上回るという程ではないにせよ、男女の人数比はかなり拮抗したものとなる[16]。特に地簿上で最も多くの私田を持つ人物は約7万㎡（約20畝）の阮氏竜なる女性であり、2位の約4万7千㎡（約13畝）の陶春域を大きく引き離している。つまり花板集落の場合、平均値で見れば女性の私田耕作面積は小さくなるものの、より詳細に見ると、嫁資を基礎とした小規模な土地所有しかしていない多数の女性と、男性にも比肩するような大面積を所有する一部の女性とに二極分解しているのである。これをどのように理解するべきであろうか。

　ここでも共住集団の存在が鍵を握ることになる。そもそも花板社の場合、地簿に記載されている男性の私田所有者は共住集団の長と見なされている人物であり、共住集団内で貼戸の状態にある息子世帯は地簿中には現れない。前節で見たように、これが地簿上の男性人数の比率低下につながっていると考えられる。例えば阮氏竜に次ぐ面積を持つ陶春域や阮名政といった人物は、10畝以上面積を全て自身で耕作していたわけではなく、実際には彼らの共住集団に帰属する息子世帯を中心とした人々が中心となって耕作していたと考えるべきであろう。したがって、いわゆる「大土地所有」でイメージされるような1人の大地主が多数の小作人を使役するといった状態ではなく、「陶春

---

16) 桜井［1987：317-320］の春榜社の地簿検討でも花板集落と似た女性の土地集積がなされているように見受けるが、ジェンダー的な観点からの検討は行っていない。

域」「阮名政」名義の耕作地を共住集団内の複数世帯が共同で耕作していたと考えるのが自然である。小作や貸借が行われるのは共住集団内の労働力が不足している場合の限定的なものであったと考えるべきである[17]。このように考えると地簿上で比較的大きな面積を持つ男性は比較的高齢であり、その男性の死亡等の理由により共住集団が解体される直前の姿であると推測される。

　上記のような状況を推定するならば比較的大きな面積を所有する女性の存在もある程度説明がつく。地簿において比較的大きな面積を所有しているのが、子供世帯が独立して解体される直前の共住集団であるとすれば、その長は比較的高齢の人物であると考えるのが自然である。その場合、通常であれば核世帯夫婦のうち夫が共住集団の長となっているのが通常であるが、病気等の理由で夫が先に死亡した場合、その共住集団の選択肢は2通り考えられる。1つは共住集団を解体し、子供世帯はそれぞれ独立した核世帯となって新たな共住集団の形成を開始する。もう1つは夫の死後、その妻を長として共住集団を解体せずに維持するという選択肢である。地簿における阮氏竜に代表される比較的面積の大きい女性は、このように核世帯の長とされていた男性が死亡したのちも共住集団が維持され、その妻の名義が地簿上に登録されているケースと考えれば、女性の私田耕作面積が二極化している状況も説明できる。

　しかし、この状態をもって女性の「相続権」が認められていると考えるべきであろうか。桜井も既に指摘しているように、そもそも地簿というのは基本的に課税の必要上、田土の利用状況を行政側が把握するためのものであって、厳密にいえば現代の不動産登記簿のように土地の「所有権」を記したものではない［桜井　1987：382］。地簿に記載されていることをもって、即座に夫の死亡後に妻がその財産を相続したとみなすべきではなかろう。これについては徴すべき史料を花板集落では見出せないが、嘱書Aや嘱書Bが娘に嫁資以外の財産相続権を認めていないことからして、子供世帯が独立に至る

17）逆に労働力の過剰な共住集団は他共住集団への賃作に出ることもありうる。チャン・トゥー［Trần Từ 1984：22-25］が指摘する搾取・被搾取関係の流動性も、このような状況を想定すると整合する。

までの過渡的な「つなぎ」の状態と見なすべきではあるまいか。たとえ過渡的であれ、地簿を作成する行政側からも女性が共住集団の長とされること自体は、東南アジア的な女性の社会的地位の強さと見なすべきであろうが、これをもって法的に「相続」したとは見なすべきではないと考える。

小結

　本章で検討した張功族には家譜が現存していないため推論に推論を重ねた部分も多いが、張功族の嘱書と花板社の地簿を相互に参照しつつ検討すると、花板集落には少なくとも夫方居住に偏向した共住集団、ないし親族集団が存在していたことは確かなように思われる。ただし儒教的な父系原理が近世のキン族共住集団においてどこまで強い規範性を持ち得たかは疑わしい。移住により成立した開拓村など労働力が不足しがちな環境であれば、妻方居住を通じても積極的に労働力の吸収が図られる一方、逆に人口の稠密化により著しく経営規模が縮小した場合においても、家産分割における男女間の格差は縮小する傾向にあったと推測される。共住集団の形成や財産分割において儒教的規範がどの程度遵守されるかは、東南アジア他地域の屋敷地共住集団と同様に環境依存的な側面が強かったのではなかろうか。

　それではこの共住集団の中で女性はどのような財産権を持っていたのか。張功族の嘱書を見る限り既婚女性には独立した財産相続権を認めておらず、結婚後は基本的に夫が世帯主として相続権を代表することになると考えるべきであろう。この点に注目すれば確かに男系優位であり、女性の嫁資が世帯主である夫の財産権に対してどれほどの独立性を維持できていたのかは疑問である。ベトナム人研究者も家父長の権限を強力に捉える傾向にあり［Lương Đức Thiệp 1971：128］、これに従えば名義上はともかく実態としては夫が管理していたと考えた方が適切に思える[18]。しかし従来の研究で問題とされてき

---

18) ただし、平常時には時間経過とともに夫婦の共有財産化される傾向はあっても、離婚

たのは各世帯における家長の権限であって、共住集団の存在を前提とした分析は行われていない。この点に注目した場合、注意すべきは花板集落の地簿を見る限り嫁資については明らかに女性の所有権を認めている点である。これは女性が結婚して夫方居住した場合にも、彼女の財産が夫方の共住集団に取り込まれることはなく、共住集団の長の財産権は及んでいなかったことを示している。つまり各世帯における家長の権限が強いとは言っても、それはあくまで世帯内に限ったものであり、屋敷地内に複数世帯が存在する場合、親世帯の家長の権限は息子世帯（妻方居住の場合は娘世帯）の固有財産にまでは及ぶものではなかったと考えるべきである。ここには複数世帯が1つの共住集団を形成しつつも、各世帯は経済単位としての独立性を保持しているという屋敷地共住集団との共通性が見出される。

　このような共住集団は必ずしも本稿で検討した花板集落に限定されたものではないのは確かである。紅河デルタには親族集団が同一区画に集中する傾向が見られる村落が数多く存在しており[19]、これは本稿で見たような男系優位に偏向した共住集団の名残と考えられる。しかし、このような共住集団の男系優位・夫方居住への偏向は恐らく一朝一夕で進展した訳ではないであろう。寄進状況を見る限り、亭による集落運営が男性中心になった分、逆に仏教寺院は女性中心のコミュニティとしての性格を強めている気配があり、女性の経済力が急速に低下したわけではない。むしろ男性・女性のコミュニティの棲み分けが進んだだけのようにも見える。家族関係を見ても、次章で見る清福集落のように一族の女性と婚姻した男性は容易に「婿入り」が可能であった事例もあり、これらは男性が女性側の親族集団に取り込まれるケースが少なくなかったことを窺わせる。実際には父系・母系といった原則性の乏しいまま複数世帯で構成されていた屋敷地共住集団が、儒教の影響により夫方居住が主流となった結果、徐々に父系に偏向した親族集団へと変質し、それが現在のゾンホの原型になったと推測される。

　　の際などには嫁資に対する妻の所有権が顕在化する可能性は十分にありうる。
19) 例えば［Nguyễn Khắc Tụng　1978］［末成　1998：228］など。

また共住集団の存在を前提とする限りでは、チュオン・ヒウ・クイン［1983：389-401］や桜井［1987：第8章］が強調する黎鄭政権期の農民間の階層分離については疑問を持たざるを得ない。紅河デルタでは数百畝に及ぶような土地所有はごく稀であり、「大土地所有」とされるものの大半はせいぜい10～20畝程度の規模に過ぎない。しかしこれが共住集団の長が名目上地簿に登録されているに過ぎず、実態としてはその中に生産手段を共有する数世帯分の耕作地が含まれているとするならば、1世帯当たりの耕作面積はごく平均的な規模になってしまう[20]。チャン・トゥー［Trần Từ 1984：25］が階級闘争ありきの歴史観を批判したように、これまでの地簿研究は、家族形態などを考慮しないまま地簿上の耕作面積のみで検討した結果、共住集団を「大土地所有」と誤認し、ありもしない「地主階級」を作り上げてしまった可能性がある。実際には共住集団の生成と分解のサイクルにともなう耕作面積の拡大と縮小が繰り返されていたに過ぎないのではあるまいか。

　現在、徐々にではあるが研究者による地方文書の収集が進められており、今後はこれらを活用した社会史研究も現れると予測される。親族構造の検討にあたっては単一世帯のみを見るのではなく、複数世帯で構成された共住集団の存在も念頭に置かなければ全体像を捉え損なう可能性が高いのは確かであろう。

---

20) このような共住集団による比較的規模の大きい土地占有と、桜井［1987：239-247］が検討しているような流散集落において遺棄田土を兼併しつつ成立した庄寨は、全く別の性格を持つものである。両者を「大土地所有」の名のもとに混同すべきではない。

第8章

フエ近郊におけるキン族社会の成立
―― 清福社の事例 ――

はじめに

　ベトナム中部のフエ周辺域は、15世紀まで沈香などの海上交易により繁栄していていたチャンパの勢力圏であったが、15世紀末の黎聖宗のチャンパ遠征によりキン族の支配下に組み込まれ、その後のキン族の入植により急速に農業開発が進展した地域である。17～18世紀の分裂期にはベトナム中部を本拠地として南進政策を進めた広南阮氏の首邑が置かれ、19世紀に入ると南北統一を果たした阮朝の首都が置かれるに至る。このようにフエ周辺域は15世紀末以降、急速にキン族社会が発展した地域であるが、広南阮氏期の研究は対外交易や南進といった対外的側面に偏っており、そこで描かれる広南阮氏治下のキン族像は、既に農業開発が限界に達しつつあった紅河デルタに逼塞する人々とは異なり、フロンティアを求めて次々と南下していく移住民の社会として描かれる［Li Tana 1998］。しかし一言で移住が盛んであるとはいっても、全ての人々がそうであったわけではない。フロンティアを求めて次々と南下していく人々がいる一方で、ある段階で移住せずに入植地に踏みとどまる人々も当然ながら存在しており、人数的にはむしろそのような人々が圧倒的多数であろう。そのようにして形成されていった数々のキン族集落における農業開発の進展や集落運営の変遷、つまり移住先におけるキン族社会がどのようにして成熟していったのかという社会史的検討はなおざりにされてきた。そのため、広南阮氏政権下の17～18世紀の社会と19世紀初頭に成立する阮朝期社会との接続、連続性といった点が不明瞭となっている。特に広

第8章　フエ近郊におけるキン族社会の成立

　南阮氏と阮朝の首都が置かれ、比較的初期に開発が進展したフエ周辺域については、このような研究が必要であろう。そして本書の課題である「伝統村落」の成立を考える上でも、フエ周辺域におけるキン族社会の発展過程は重要な示唆を与えてくれる。優に千年以上の農業開発史を持つ紅河デルタと比較して「新開地」であるフエ周辺域は、農業開発が限界に達する中でどのようにキン族社会が成熟し、伝統的村落空間が形成されていったのかを比較的現代に近く、そして史料の豊富な時代で観察することが出来るという利点があるからである。そこで第8章〜第9章ではフエ周辺域でも、とりわけ豊富な史料が現存しているタインフオック（Thanh Phước、漢字に直すと清福）集落[1]の検討を通じて、近世紅河デルタにおける強固な地縁共同体や父系親族集団の成立について考えてみたい。

　ベトナム中部の古都フエの周辺には現在も多量の漢字・字喃史料を保有する村落が多数存在している。現在これらの史料の収集・保存が徐々に進められているが、未だ本格的な検討、整理はなされていない状況にある。そのような中、筆者は2010年3月より2011年1月にかけてフエ周辺村落の1つであるタインフオック集落において史料を収集する機会を得た。これらはいずれも同集落の亭や各氏族の祀堂などで保管されているものであるが、多種多様な文書が含まれている。今後、他のフエ近郊集落においても同様の史料収集が進められることが予想され、将来的にはフエ周辺域の社会経済史的研究を進めるうえで、これらが重要史料となることは間違いないように思われる。本章ではタインフオック集落の村落文書の概要を紹介するとともに、今後の活用を図るため、同集落において史料が蓄積されていった過程を、集落の歴史的変遷を明らかにしつつ検討していきたい。

　本論に先立って、まず現在のタインフオック集落の概要について述べておく。タインフオック集落はフエ皇城より北へ約8kmのフオン河沿いに立地する集落である【図表8-1】。フオン河とその支流であるボー河の合流地点に立

---

1) 現トゥアティエン－フエ省フオンチャー県フオンフォン社タインフオック村（thôn Thanh Phước, xã Hương Phong, huyện Hương Trà, tinh Thừa Thiên-Huế）

【図表 8-1】 清福集落周辺地図

地しており、かつては造船業が盛んであったが、現在は行われておらず、稲作主体の集落である。しかし若年層、壮年層は多くがフエで働くか、あるいは南部のホーチミン市への出稼ぎをしており、現在は農業のみで生活している世帯は少ない。また現在、タインフオック集落はフオンフォン社（xã Hương Phong）の中の一集落となっているが、現在に至るまで幾たびかの名称変更や行政単位の変更が行われている。後述するようにタインフオック集落は洪徳4年（1473）の開村伝承を持っており、立村当初の名称は「弘福社」であったようであるが、少なくとも17世紀後半には「洪福社」と改称している。その後18世紀末の西山朝期に至って「洪恩社」と改称するが、19世紀初頭の阮朝の成立にともない再び集落名称は「洪福社」へと戻され、さらに19世紀後半に「清福社」へ改称する。その後、1977年に北側に位置するトゥアンホア集落と合併してフオックホア（Phước Hòa）合作社となり、さらに幾たびかの統廃合を経て現在はフオンフォン社内のタインフオック（Thanh Phước。漢字に直すと「清福」）集落となっている［Đỗ Bang 1990：8-9］。このように、複数回の名称変更を経ていることは同集落の年代不明な史料の年代推定に便利ではあるが、本文中でそのつど集落名称を変えて言及するのは煩雑であるので、以下では時期に関わらず歴史上の呼称としては「清福集落」で統一する。

第1節　清福集落史料群の概要

　まず個別の史料を検討するに先立ち清福集落に現存する史料の概要について述べておく。清福集落において撮影した史料群は大まかに2つに大別することができる。1つは清福集落の亭及び寺院に保管されている文書群であり、1つは集落内に居住する各氏族の祀堂や族長宅に保管されている文書群である。量的には亭の史料が撮影枚数で約5800枚、寺院の史料が約500枚、各氏

族の祀堂や族長宅などにおいて撮影した史料が約3400枚である[2]。量的に膨大である上、多くの史料には題目なども付されていないため、史料撮影時に撮影場所に応じた整理番号を付しており、清福集落のディンの保管文書については［DTP～］、寺院の保管文書については［CTP～］、各氏族の保管文書については［TP氏族名～］としている。もとより筆者が便宜的に付したものではあるが、現時点で史料特定に利用可能な指標がないため、以下では史料引用等についてはこれを用い、可能な場合は史料名を付加することとする。未だ個々の史料について充分な検討を加えたとは言い難い状況ではあるが、内容別に分類するとおおよそ以下のように分けられる。なお、これらの類型に含まれない文書も多数あることを付言しておく。

① 地簿、丁簿、申簿（亭保管）

　地簿は歴代政権が作成した土地台帳であるが、清福集落の場合、広南阮氏期に作成されたものから、仏領期に作成されたものに至るまで時系列的に現存している点で貴重である。このうち景治7年（1669）の見耕簿［DTP12］は恐らく清福集落では最古の現存史料である。また仏領期（1935年）に作成された地簿は伝統的な四至記述によらず、近代的測量技術に基づいて製作された精密なものであり、撮影枚数においても1200枚以上に及ぶ大部なものであるが、背表紙部分の損壊により分解してしまっており、現時点では復元困難な状態である[3]。これ以外に地簿とほぼ同様の既述を持つ断片化した紙片もあり、あるいは阮朝期の田簿の残骸かと思われるが比定困難である[4]。

　また丁簿は人丁税課税の基礎として作成されたものであり[5]、集落内の登録

2）氏族関連の史料についてはフイン・ディン・ケット（Huỳnh Đình Kết）氏提供の写真約1500枚も含まれる。
3）仏領期の地簿編纂については［松尾　2011］参照。
4）［大野　1997：2］によれば、土地登記台帳である地簿とは別に、納税台帳として課税対象の田土のみを記した田簿が毎年作成されていた。しかし実態としてはフランス植民地政府により新たな土地台帳が作成される以前は、19世紀前半の地簿記載内容を引き写すだけであったようである。
5）人丁税の成立については［藤原　1986：393-397］参照。人丁税の成立は兵員の選抜を行う閲選法の成立と密接に関わっているが、黎聖宗の洪徳2年（1471）に制度としては

民の姓名、身分、人数などが列挙されている。広南阮氏期のものは現存していないが、西山朝期には納税時に集落側から課税対象の田土面積や人丁数を記載した「申簿」の提出が義務づけられていたようであり、泰徳 9 年（1786）から景盛 5 年（1797）にかけての申簿（［DTP56］［DTP58］など）がほぼ全て現存している。この中にはほぼ地簿・丁簿の記載を引き写したものが含まれており、これらについてはほぼ地簿・丁簿に準ずるものとして利用することも可能である。阮朝期については成泰 3 年（1890）の丁簿［DTP14］が現存している。ただし丁税額や前回の丁簿との人数の相違に言及している箇所があり、これ以前に作成されていなかった訳ではない。

② 執憑（亭保管）

現代で言えば納税の領収書に相当する文書と考えられる。広南阮氏期、西山朝期には納税時に、納税者側から納税額等を記した上行文が提出され、これに対し官側が「為執憑」等の文言を記して、納税の証明書として返却していたようである。清福集落で現存最古のものは［DTP31］であり、景興 7 年（1746）～景興 27 年（1766）の主として「市渡税」の納税に関する執憑が合綴されている。西山朝期についても田税・丁税の執憑が現存するが、前項で言及した申簿と一体化しているのが特徴的である。申簿と執憑は同年月日であり、申簿に「付執憑」などの文言も記されていることから、これは清福集落の文書群でしばしば見受けられる文書整理を目的とした関連文書・同類文書の合綴の結果ではなく、書類提出の時点で既に一体化していたか、少なくとも同時提出であったと考えた方が良い。恐らく本来は①納税側の申簿提出、②官側の審査と承認、③納税、という手続きであったのが、行政側の事務負担軽減のため、実態としては①～③が同時に行われたため、申簿と執憑が一体化したのではあるまいか[6]。

確立し、その後の阮朝期にまで制度的枠組みは継承されている。
6）或いは『大南会典事例』巻三九（戸部四）、編審期限、嗣徳 3 年（1849）議準などに見られる「丁田執憑簿」などがこれに類似した文書と推測するが、西山朝制度との関連は不明である。あるいは広南阮氏の制度を西山朝が継承しただけである可能性もあるが、

③　その他の公文書（主に亭保管）

　各氏族においても族人の辞令などが若干、保管されているが、特にディンには清福集落と行政の間で交わされた公文書類が数多く保管されている。内容は多岐にわたるが、下書きや原文書の写しと思われる文書も含まれ、筆者には判読不能なものも少なくない。また1つの案件について関連する文書があつめられ5〜10葉ほどの冊子状に綴じられている場合が多い。しかしいずれも簡易に綴った程度のものであるため、分解して断片文書となっているケースも多い。今後の整理が必要であるが、現時点では以下のようなものが目につく。

ⅰ　徴兵・粮田支給関連

　概ね18世紀中頃〜19世紀後半にかけての徴兵にともなう部隊から清福集落への新兵入営通知［DTP82］や粮田支給命令［DTP52］、兵士の退役申請［DTP6b］など、徴兵に関連する文書をまとめたものが多数現存している。特に西山朝期に関しては徴兵に関連する文書が多く、例えば［DTP52］には清福出身の兵士がベトナム北部で病死した際、遺族に引き続き粮田を支給することを請願するなど生々しい文書が含まれている。

ⅱ　訴訟関連

　後述するように18世紀前半に清福集落は周辺村落との間に土地紛争を抱えており、幾たびか周辺集落から行政側に告訴されていたようである。これを受けて現場検証のために派遣されたと考えられる官吏の記した調書（恐らく抄本）をまとめたものが現存している［DTP107］。また西山朝期に清福集落が多くの兵士を出していたことを反映して、景盛2年（1794）、兵士に支給される粮田の返還を巡り、清福集落が武人や兵士を相手取って訴訟を起こした際の訴状も現存している［DTP53］。

　清福集落の文書群中には類似史料を見出せない。

iii　境界管理・土地利用関連

　18世紀前半に周辺集落との間で土地紛争が発生して以降、境界の管理については常に注意が払われている。嘉隆13年（1814）の地簿作成に先立ち、嘉隆10年（1811）に境界の位置について周辺村落と合意を交わしており、これが嘉隆簿［DTP72］に合綴されている[7]。実際、清福集落の北側の境界付近には「辛未年」（恐らく1811年）と刻まれた境界石が現在も残っており、これは地簿の作成に先立って行政側の主導により境界画定作業が行われたことを意味している。この際に確定された境界はこれ以降も遵守されていたようで、同慶3年（1888）から成泰3年（1890）にかけて、境界に置かれた目印（木界）が老朽化したため再設置、目印が倒壊して境界が不明瞭になることを防ぐため付近での水牛を放牧することを禁止するなど、境界の管理について近隣集落との間で合意が交わされており［DTP105］、細心の注意が払われていた様子が窺える。

④　郷約

　郷約とは様々な呼称を持つ村落規約の総称であるが［嶋尾　1992：112-113］、清福集落では「券」の呼称が一般的であったようである。清福集落の場合、景興36年（1775）に集落内での盗難・強盗への対応［DTP13d］、道路の崩壊防止のため水牛の道路上の歩行を禁止［DTP5］など、個別的事案についての規約を成文化したものがあるが、村落内の諸組織や役職、功労者への顕彰などについて定めた包括的な郷約［DTP67］が作られるのは明命17年（1837）である。

---

[7]『大南会典事例』巻三九（戸部四）、田簿、嘉隆9年（1810）議準には地簿作成に当たっての手続き、体式などが定められている。その中で社の境界については隣接する社との合意書を取り交わすことが定められており、［DTP72］の合綴文書はこれに該当する。また地簿は三部作成され、戸部（甲本）・省（乙本）・社（丙本）に保管されることになっている。現在、第一国家公文書館（Trung tâm Lưu trữ Quốc gia I）所蔵の洪福社地簿（甲本、Q14910）と［DTP72］（丙本）を照合すると、地簿本体に差異はないものの、前者には境界についての合意書や地籍の変動に関する文書などの添付文書は前者には見られなかった。

⑤　会計帳簿（買行簿）

　嶋尾がハノイ近郊の村落の事例で言及したように、集落内では必要に応じて金銭が徴収されて、社の公金として管理される場合があるが、清福集落でも同様のことが行われており、その際の収支を記したものが数多く現存している。収入についても記したものも若干現存するが（［DTP3］など）、大半のものは支出についてのみ購入日、購入物、購入額などを列挙している場合が多く、表紙には「〇〇年買行」などと記されているものもある。年代が確認できるものを見る限り、現存するのは概ね19世紀以降のものである。亭や寺院の修築などにともなうものはディンに保管されている。また各族も同様に族人から金銭を徴収して祀堂の建設や修築の費用にあてており、この場合の会計帳簿は各氏族により保管されている。

⑥　家譜

　中国での宗譜に相当する史料であり、ベトナムの家譜の諸特徴については既に山本達郎［1970］、末成道男［1995］［1998：307-308］などにより幾つか指摘がなされている。筆者の収集範囲は清福集落の有力氏族に限ったものであり、集落全体を網羅するものではないが、19世紀のものを中心に多くの漢文家譜を収集することができた。内容的にこれらが山本や末成の指摘するベトナム家譜の諸特徴に当てはまるか否かは後述するとして、ここでは家譜の現存状況の特徴について述べておく。他の多くのベトナムの家譜と同様、清福集落の家譜も各族の祀堂で、祀堂がない場合は族長宅などで管理されているが、同一の族について複数の漢文家譜を所有している事例が多い。これは族人の世代交代が進むのに合わせて家譜を継修し続ける一方で、新家譜を作成後も旧家譜を破棄せずに保管し続けた結果、世代深度の異なる家譜が重層的に蓄積されたためと考えられる[8]。

---

8)　これとは別に、現在のベトナムで多く見られる現代ベトナム語（クオックグー）による翻音、翻訳の家譜も作成されている。

第 8 章　フエ近郊におけるキン族社会の成立

⑦　文書管理系史料

　いわば文書を管理するための文書であり、DTP系・CTP系文書群については、これらの目録が作成されて定期的なチェックがなされており、この際に残された記録が現存している（［DTP101］［CTP38］など）。

⑧　その他

　上記以外に、まとまった形で現存しているものとしては、寺院に管理されている明命元年（1820）から啓定9年（1924）にかけての勅封（計31道。［CTP1～31］）があり、またディン管理のDTP系文書群、各族所有の文書群には合計60件ほどの典売・断売といった土地契約文書（19世紀～20世紀前半）が含まれている（［TP潘玉15］など）[9]。

　今までにも個々の史料類型については文書館等に所蔵されていたり、また現地において収集されたりしているにしても、1つの集落についてこれだけの漢文史料が種類の上でも、年代幅の上でも系統的に現存している事例はまれであり、これによりフエ周辺域の社会史、経済史研究の発展が期待できる[10]。しかしその反面、ドイモイ後の史料状況の改善により現地で収集された史料の活用が図られてきているとはいえ[11]、（清福集落の文書群に比べれば）断片的な史料の活用に止まっており、ベトナム前近代史研究者の側にはこれだけの史料群を総体的に活用する術が充分に蓄積されていないという現状がある。先行研究の状況を見ても地簿、郷約、家譜、土地契約文書といった個々の史料類型に関する専論はあるものの、村落に保管されている史料群の編纂・蓄積の過程についての研究が不足しているように思われる。実際の村落文書は多種多様な文書がまとめて保管される場合が多く、今後このような史料群

9）土地契約文書に関しては［山本　1940］［山本　1981］も紹介している。
10）西村昌也によれば、フエ周辺では多数の漢文史料を所有する集落が他にも複数存在するとのことである。今後の活用が望まれる。
11）例えば八尾隆生［2009］、桃木至朗［2011］の近年の研究では、現地で収集した家譜、碑文などの活用が図られており、史料面でも従来の研究と一線を画すものとなっている。

を活用する上では、個々の史料について検討すると同時にそれら文書群全体の性格、成立過程を考慮していく必要があろう。特に清福集落の史料群のように約300年間にわたり人の手によって管理されてきたことが明らかである場合、これらの史料が蓄積されていく過程について、それを管理する主体そのものの変遷も考慮しなくてはならない。本章では以上について留意しつつ、清福集落の文書群について検討を進めるが、個々の史料の検討については第2節以下に譲り、まず史料群の管理状況について検討しておく。

既述のように清福集落のDTP系、CTP系文書群の中には、文書を管理するための文書というべき史料も含まれている。その中で最古のものは［DTP71d］の中に含まれる景興25年（1764）のものであるが、これ以降も適宜、守簿が中心となって文書のチェックがなされている。［DTP10］［DTP71d］によれば1764年以降も、景興30年（1769）／景興31年（1770）／甲午年（1774）／景興36年（1775）／景興37年（1776）／乙巳年（1785 ?）／景盛2年（1794）／乙卯年（1795 ?）／嘉隆元年（1802）／嘉隆5年（1806）／嘉隆10年（1811）について同様のことがなされているのを確認できる。内容的には主に景治〜永盛年間（1663〜1720）の地簿や土地紛争、境界確定に関する文書であるが、ほとんど全てについて現在のDTP系文書群の中に含まれていることが確認できる。1811年以降の約1世紀の間は具体的な文書管理のあり方を示す史料を見出せないが[12]、1924年〜1947年にかけての文書管理状況を記したものが［DTP43］［DTP101］として現存している。［DTP101］によれば、まず啓定9年（1924）に文書群の目録が作成されており、この時点で寺院にある勅封31道のほかに、「第一甕」の22本、「第二甕」の10本、「第三甕」の14本の文書内容や年代が簡略に記され、これ以外に「匣?」に雑紙300張があるとされている。守簿の他に6人の確認の記名がなされている。このように1924年に文書の目録が作成されたのちに毎年、守簿をはじめとして官品保有

---

12) なぜ1810年で目録作成が停止したのか定かではないが、1811年から1814年にかけて境界画定、地簿作成などが行われたことと関連しているのかも知れない。文書管理の中心となっている「守簿」の職名自体は1837年の郷約［DTP67］にも見えるので、消滅したわけではない。

者、里長、耆老などが集まって目録通りであることの確認、記名がなされる。毎回、目録を作成していた18世紀末〜19世紀初頭の文書管理とは若干方法は異なるが、これは単に保管文書の件数が増加してその都度目録を作成するのが煩雑になったためであろう。その代わりに1924年の目録との差異が認められた場合には適宜、目録にその旨が加筆されている[13]。一方で現存するDTP系文書群を見る限り、1924年の目録作成以降は文書管理系の史料及び1930年代の仏領期地簿を除くと新規文書の蓄積がほとんど見られなくなる。この時点でDTP系文書群はほぼ現在の形になったと考えられる。

　このようにみると、現在の清福集落において亭に集積されている文書群は元来、土地関連文書を若干集積した程度のものであったのが、19世紀〜20世紀初頭にかけて多量の文書蓄積が行われ現在の姿に至ったものであることがわかる。しかし嘉隆簿が19世紀初頭に作成されて以降も、17世紀後半の景治簿が複数の抄本も含めて今なお現存し、また阮朝により「偽朝」とされている西山朝の文書も破棄されていないのに対し、フランス語や現代ベトナム語の文書は仏領期地簿を除くとほとんど現存しておらず、そもそも保存対象と見なされていなかったように見受けられる。漢文文書とその他の言語の文書の間には取り扱いに差異が認められる。

　恐らくこれは現在の清福集落において亭の保管文書が、集落の歴史・伝統を象徴するものとして威信材化していることと密接に関わっている。これはベトナムにおいて亭や族の祀堂に保管されている文書を閲覧する際にしばしば遭遇することであるが、筆者が史料を撮影する際にも、文書の閲覧を祖先神に許可して貰うための儀礼を行っており、その上で初めて閲覧が許可される。文書を入れた箱は通常、位牌の前の祭壇に安置されている。つまりこれらの文書は現在、ある種の宗教性が付与されていると考えられる。このように考えた場合、現在の清福集落内での文書保管が亭や祀堂といった宗教性を

---

13) この他、寺院においては1960年代に毎年、勅封の数を確認していたことを示す現代ベトナム語の冊子［CTP38］［CTP39］［CTP40］が残っている。こちらには後述する清福集落の立村に参加したとされる各族の族長（通常4〜5名）、及び村議会（ban hương hội）の構成員による確認の署名がなされている。

帯びた施設で行われていることを考えれば、集落内における各種の宗教的権威の成立、変容といったものと漢文文書の蓄積が密接に関わっていると考えられる。以下ではこれを考慮しつつ、清福集落の文書群から同集落の変遷を検討する。

第2節　地籍関連文書より見る清福集落の変遷

　ここでは清福集落における土地利用状況について関連史料より検討していく。まず清福集落文書群の中で同集落の土地利用状況を把握するための史料として第一に挙げるべきは阮朝地簿などに代表される地籍簿系統の史料であろう。清福集落では景治7年（1669）の年代を持つ広南阮氏期の見耕簿、西山朝期の申簿、嘉隆13年（1814）の阮朝地簿などが現存しているほか、阮朝期に関しては地簿の改正に関する史料も残されている。これらに基づき清福集落の変遷を検討する。

　まず各年代の地籍簿系の史料の記述をまとめたものが【図表8－2】である。最古の史料は景治7年（1669）の見耕簿（［DTP12］以下、景治簿）であるが[14]、それによれば清福集落の公田土の総面積は約433畝とされており、さらに「上年見耕貳百六十畝九高六尺。茲年始増一百十一畝七高九尺。土五八畝五高三尺」と付記されている。つまり景治簿が作成された際、約111畝の公田が新規登録されたことを意味する。この記述は景治簿に先行する見耕簿が存在していたことを示唆しているが、それがいかなるものであったのかは判然としない。しかし正和24年（1703）の前城社と清福集落の土地紛争に関する史料［DTP107］には以下の記述が見られる。

---

14)『大南寔録前編』巻五、己酉21年（1669）夏4月条に「度民田、定租税」とあり、これによって作成されたのが清福社の景治簿であろう。また景治簿については［DTP12］以外に、これを抄写したと思われる［DTP106］がある。これには2つの景治簿が合綴されているが、1つは社名が「洪恩社」となっており西山朝期に転写されたものであろう。もう1つは、社名は「洪福社」であるが阮朝期の字体（後述）であり、19世紀前半に抄写されたものと考えられる。

第 8 章　フエ近郊におけるキン族社会の成立

【図表 8-2】地籍情報の概略　⇒は先行地籍簿と地名・数値に若干の差異が認められる箇所

景治 7 年 (1669) [DTP12]

総面積	233畝2高3尺
上年見耕	260畝9高6尺
悠年始増	111畝7高9尺
官士	58畝5高3尺

一等田	
馺鄴処	21畝6高
豪邘処	35畝
娘媒処	8畝
下海処	9畝4高

74畝

一等田	
城豪処	17畝2高8尺5寸
上群仝処	6畝3高7尺5寸
後豪銳処	7畝9高?尺
後群梅処	3畝7高7尺5寸
下桜処	4畝3高11尺
群茄林処	8畝10尺
下同処	10畝2高11尺
同処	36畝7尺
弓田処近河堤	2畝2高8尺5寸
尖尺	9尺
後群仝処	36畝7尺
群淳処	14畝8高

140畝

二等田	
中泡処	41畝1高10尺
挙泡処	23畝6高2尺
中同処	92畝4高5尺5寸
剛盤竈処	1畝2高13尺
浮沙処	1高

158畝7高

官士	
墓新処	19畝5尺
園宅処	37畝1尺
永頼処	2畝4高12尺
丘壊墓地	2畝

58畝5高3尺

永盛 4 年 (1732) [DTP100]

総面積	—
上年見耕	—
悠年始増	—
官士	—

⇒

一等田	
馺邘処	21畝6高
豪邘処	35畝
娘媒処	8畝
下海処	9畝4高

74畝

⇒

一等田	
城豪処	17畝2高8尺5寸
上群仝処	6畝3高7尺5寸
後豪銳処	7畝9高?尺
後群梅処	3畝7高7尺5寸
下桜処	4畝3高11尺
群茄林処	8畝10尺
下同処	10畝2高11尺
固処	36畝7尺
弓田処近河堤	2畝2高8尺5寸
後群仝処	9尺
後群淳処	36畝7尺
群淳処	14畝8高

140畝

⇒

二等田	
中泡処	41畝1高10尺
巨泡処	23畝6高2尺
中同処	92畝4高5尺5寸
〈判読不能〉	1畝2高13尺
剛盤竈処	1高

158畝7高

⇒

官士	
墓新処	19畝5尺
園宅処	37畝1尺
永頼処	2畝4高12尺
丘壊墓地	2畝

58畝5高3尺

泰徳 9 年 (1786) [DTP56]

各処公田土	432畝6尺

⇒

一等田	
馺邘処	21畝6高
豪邘処	35畝
娘媒処	8畝
下海処	9畝4高

74畝

⇒

一等田	
城豪処	17畝2高8尺5寸
上群仝処	6畝3高7尺5寸
後豪銳処	7畝9高10尺
後群梅処	3畝7高7尺5寸
下桜処	4畝3高11尺
群茄林処	8畝10尺
下同処	10畝2高11尺
固処	〈判読不能〉
弓田処近河堤	2畝2高8尺5寸
後群仝処	9尺
後群淳処	36畝
群淳処	14畝8高

140畝

⇒

二等田	
中泡処	41畝1高10尺
挙泡処	23畝6高5尺
中同処	92畝4高5尺5寸
〈判読不能〉	〈判読不能〉
〈判読不能〉	1高

160畝

⇒

官士	
墓鈦処	19畝5尺
園宅処	37畝1尺
永頼処	2畝4高12尺
丘壊墓地	2畝

58畝6尺

嘉隆 13 年 (1814) [DTP72]

総面積	320畝3高7尺3寸7分
公田	319畝3高7尺3寸7分
夏務田	265畝6高5尺5寸9分

一等田		耕作条件
豪邘処	32畝5尺5寸	夏務田
娘媒処	15畝3高10尺	夏務田
城豪処 A	17畝8高13尺4寸	夏務田
群茄林処	8畝	夏務田
下海田	18畝5尺	夏務田
下海群処 A	3畝9高3寸	—
上海群処 A	30畝4高3尺3寸	—

118畝5尺5寸

一等田		耕作条件
後娘就処 B	7畝3尺	—
後群淳処	12畝1高1尺7分	夏務田
後群峙処	6畝5高	夏務田
中同処 A	43畝1高3尺11尺	夏務田

74畝8高10尺7寸7分

三等田		耕作条件
中泡処	31畝5高10尺	夏務田
鯛泡処	19畝1高4尺4寸	夏務田
中同処 B	29畝1高6尺2寸2分	夏務田
盤竈処	5畝4高2尺	夏務田
浮沙処	2畝1高	夏務田
同処	28畝5高9尺2寸	—
境就処	10畝1高5尺4寸8分	—

126畝12尺3寸

その他		備考
上海群処 C	9畝	三宝官士
上海群処	1高	先官士

三宝官田	9高
三宝官士	1高
官路豪畔一段	120歩弱
族路台処	1高4尺4寸4分

299

一、調査を承る。広田県前城社の将臣黎文板・張文達・黎文□等が、書状により申し立てるに、洪福社に侮られ、不当に脅迫されて田の畔を侵されたという。富栄県洪福社の人々が提訴を受けて反論するには、「前朝」による祖父や故人の代の公文書によれば、坦堰は既に七代を経過している。常に土を盛って維持してきたが、前城社により境界を掘り崩され、坦堰において不当に耕作し、法を侮ること甚だしいとの事。調査の結果を、以下に開陳する。

一、広田県前城社の見耕簿を調べるに、係争地と後述の西南の二処の田土は盛徳簿では洪福社に接し、景治簿でも洪福社に接していることは調査の如くである。富栄県洪福社の見耕簿では、豪邱・城豪・墢茄林の三処の田土は、東側で前城社の田土と接しており、二社の間に挟まっている。その間には高さ一高の「坡畔旧跡」があり、その長さ一二六高五尺、そのうち河から土盛りまでが五二高、土盛りから仙嫩社の境界まで七四高五尺。(以下略)[15]

これは前城社の提訴を受けて現場検証を行った官吏が作成した調書と思われるが、幾つかの点が興味を引く。第一に行政側の判断材料として、景治簿とならんで「盛徳簿」なるものが用いられている点であり、前城社についてはその両方が参照されている。「盛徳簿」は景治簿と同様、盛徳年間（1653～1658）に作成されたことからきた名称であろう。清福集落側については「見耕簿」とあるだけで判然としないが、現存文書から判断する限りこれは景治簿と見るべきであろう。しかし前城社の例から判断する限り、1703年時点で既に清福集落には現存していないものの、清福集落の周辺域では景治簿に先

---

15) 一、承査。広田県前城社将臣黎文板・張文達・黎文□、□状告申、被洪福社恃其凌人、抑脅侵凌田畔。其富栄県洪福社全社等交告謂、前朝祖故単公、坦堰已経七代。常〃培築、被前城社掘破界、侵耕坦堰、甚昧法事。承査等詞、開陳于后。
　一、査広田県前城社見耕簿、件処并略挙二処田西南、盛徳簿近洪福社、景治簿近洪福如査。富栄県洪福社見耕簿、豪邱・城豪・墢茄林三処田、東近前城社田、於二社夾。近中有坡畔旧跡一高、長一百二十六高五尺、内度由旧跡自江至培築五十二高、内度自培築至仙嫩界七十四高五尺。〈以下略〉

行して盛徳年間に地簿が作成されていたと考えるのが自然である。したがって景治簿で新規登録された耕地は盛徳年間（1653〜1658）から1669年の間に開拓されたものと考えられる。第二に前城社と清福集落の間には「埧堰」、すなわち小規模な堤防があり、同時にこれが両集落の境界とされていた点である。しかし後段部分では「坡畔旧跡」あるいは「旧跡」とも記されており、より正確には堤防の残骸であったと考えられる。上引の史料における両集落の主張を勘案すると、盛徳年間以降の開拓により耕地が拡大された結果、埧堰を境として前城社と耕地が接する状態となり、これにより境界紛争が発生したと推測される。

それではこの堤防はいつ頃建設されたのであろうか。上引の史料によれば、「前朝」の公文書において既に7代を経過していると記されているとのことである。広南阮氏はベトナム中部で独立的勢力を築いてはいるものの、本史料が黎朝年号を使用していることからもわかるように、一応は黎朝を正朔として奉じているので、「前朝」は前代の黎朝皇帝、つまり黎嘉宗（在位1672〜1675）の時期を指すとみるべきであろう[16]。さらに1世代を25年前後と仮定した場合、7世代は175年前後、つまり埧堰の建設は1500年前後となり、1473年とされる潘粘の開村伝承とも年代的に比較的近い値となる。

さらに［DTP107］を見ると、永盛14年（1718）にも清福集落は再び境界を侵犯して前城社から提訴されており、その際の現場検証では境界の埧堰について次のように述べられている。

> 一、調査を承る。広田県前城社の一同が書状にて申し立てるには、前代に定めた田土の境界は、「界畔旧跡」とされている。二社の取り決めより、上辺の社は上辺の畔に土盛りし、中辺の社は中辺の畔に土盛りし、

---

[16]「前朝」が前の広南阮氏統領である阮福溙（在位1687〜1691）の時期を指すとも考えられるが、後引の永盛14年（1718）の史料［DTP107］では「前代定分田界」という文言があり、これは正和24年（1703）の訴訟により定められた境界と指すと考えられる。しかし「前朝」「前代」を阮氏統領とした場合、ともに阮福凋（在位1691〜1725）の時期となってしまい齟齬を来す。

下辺の社は下辺の畔に土盛りし、これにより鹹水を防ぐ（とされている）。被告の洪福社は、人々の迷惑を顧みず、依然として旧習に固執し、境界を掘り崩して、田畔を越えた場所に土盛りをしており、それは「中前部左」にまで及んでいる[17]。

　ここで両集落の境界とされている「界畔旧跡」は前引の史料で言及されている「圯堰」と同一であると考えて良かろう。この堤防は元来、海水の流入を防ぐためのもの、つまり防潮堤であったことがわかる。恐らく黎聖宗のチャンパ遠征により獲得した新領土に対し、防潮堤の建設やキン族の入植が大規模に行われ、清福集落の成立もそのような国家的政策の一環であったと考えられる[18]。

　しかし一方で史料中に「旧跡」と記されているように、18世紀初頭の段階では既に堤防は残骸となっており防潮堤としての役割を果たしていたとは考えにくい。恐らく前城社が主張している堤防の部分ごとに保守管理する集落を定めたという「二社の取り決め（二社例）」とは堤防が防潮堤としての役割を果たしていた時期のものではあるまいか。「圯堰」が防潮堤としての機能を失って、専ら集落間の境界の目印としての役割が主になっていたとするならば、妄りに位置を変更できないように関係集落により共同管理するという取り決めが自然であり、特定部分ごとに管理する集落を定めるという方式は考

---

17) 一、承査。広田県前城社全社等申状謂、前代定分田界、係⃞是⃞界畔旧跡。二社例、上社培上畔、中社培中畔、下社培下畔、以遏鹹水。被洪福社、時⃞去⃞為人、猶狃旧習、掘破界限、培過田畔、及中前部左。〈以下略〉

18) 北部の紅河下部デルタにおける事例ではあるが、やはり黎聖宗期に沿海部に防潮堤として洪徳堤が建設され、それにともない周辺部に多くの新集落が成立している［八尾 2009：210-217］。清福集落周辺域の開発も同様の手法によったのではあるまいか。ただし「圯堰」は現代日本人が想像する防潮堤とは、かなり異なる性格のものである。仮に清福集落の北側に防潮堤を築いたところで、多数の水路がある状況でタムザン湖の水位上昇による溢水を防ぎとめることが出来たとは思えない。むしろタムザン湖の溢水を制御するならば、海口の開浚などにより汽水湖の排水を容易にする方が有効である。ここでいう「圯堰」は恐らく［元廣 2014：13］の図8写真のような、平時においてタムザン湖と田土を区切る程度の機能しか持っておらず、タムザン湖の水位上昇時には溢水することを前提とした小規模なものと考えられる。

えにくい。実際、1811年の嘉隆地簿作成に先立つ境界画定や19世紀初頭の境界画定［DTP72］や同慶3年（1888）から成泰3年（1890）にかけて先に設置した目印（木界）の老朽化にともなう再設置［DTP105］については境界隣接集落と合意文書が交わされており、また水牛が踏み荒らして木界が倒壊するとして、境界付近で水牛の放牧を行わないことを申し合わせるなど［同上］、一集落による恣意的な管理を防ぐ試みがなされている。恐らく清福集落と前城社の境界を形成していた「埧堰」は、清福集落が成立した15世紀末頃に建設された後、少なくとも17世紀前半頃までにはタムザン湖方面の開拓が進展により堤防としての機能を喪失したまま放置され、保守管理の規定は形骸化していたのであろう。

　このような状態が18世紀初頭に至って問題となり、集落間の訴訟沙汰にまで発展した原因は恐らく清福集落周辺域での土地開発状況が密接に関わっている。清福集落の北側には現在もこの「埧堰」に沿って設置されたと考えられる境界石が残されている[19]。その位置に基づいて清福集落の北側境界を再現し、さらに1703年の前城社との間で紛争となっている豪邱・城豪・甓茄林などの区域を嘉隆地簿に基づきおおよその位置を現代の地図に比定すると【図表8-3】のようになる。これを見るとわかるように係争地はいずれも清福集落の外延部である。また景治簿の「廟盤魔処」は、埧堰上に位置する清福集落の祀廟「Miếu Ma」付近の耕地を指すものであろうから、17世紀後半の段階で既に最北部まで開拓されていたと考えられる。一方で景治簿以降に耕地面積の拡大を窺わせる史料は見出せず、清福集落では景治簿作成の段階をもって、耕地の面的拡大が限界に達したと言える。恐らく17世紀以前の清福集落周辺域では一部を除き各集落の間には耕作地化されていない土地が隙間のように存在しており、このような状況では境界とされている「埧堰」の管理はさしたる問題とはならなかったのであろう。清福集落の場合、これらが耕地化され、1669年の景治簿の作成に先立って周辺集落の耕地と直接境界を接す

19）甓茄林と推定される場所には現在も「辛未年」と刻まれた境界石がある。恐らく辛未年は1811年を指し、嘉隆簿編纂にともなう境界確定作業により設置されたものと見て間違いなかろう。

【図表8-3】清福集落と前城社の境界

る状態に至ったと考えられる[20]。しかし清福集落や周辺村落にこの新たな状況に対応する境界管理の枠組みが存在していなかったため、それぞれが強烈な自己主張をぶつけ合うことになり、18世紀初頭の境界紛争が発生したと考えられる。

次に永慶4年（1732）の年代を持つ見耕簿（[DTP100]。以下、永慶簿）を見ると、【図表8-2】と見るとわかるように、各処の土地面積の数値に若干の簡略化が見られる程度で、内容的には景治簿をほぼ引き写したものと言って良い。これは西山朝期の申簿（一例として泰徳9年（1776）[DTP56]）を見ても同様である。しかし実際問題として1669年の景治簿より18世紀末の

---

[20] 八尾は15世紀の紅河デルタにおける屯田所の分布を分析し、当時の土地開発が外延的拡張ではなく、集落間の隙間を開拓するという「精緻化」に向かっていたと指摘している［八尾 2009：203-204］。17世紀のフエ周辺域はこれと似た様な状況であったのであろう。17世紀に至って、このように急速に開発が進んだ原因としては、広南阮氏の南遷以降、キン族の移住が増加したことなどが推測される。

西山朝期に至るまで、各史料が示すように全く土地の区画や面積に全く変動がなかったのかというと疑問が残る。ドー・バン［Đỗ Bang 1990：25-27］が指摘するように、清福集落はその立地条件上、長期的には集落東側の土地を浸食される傾向にあり[21]、また1世紀以上の間には集落の人口増加、それに伴う居住域や墓域の拡大が多少なりともあったと考えるのが自然である。これらは耕作面積の減少をもたらしたはずであるが、1世紀以上にわたり内容の変更が見られない。これは18世紀の永慶簿、西山朝申簿は先行する景治簿を引き写しただけであり、新規測量が行われていなかったと判断すべきであろう。つまり清福集落においては17世紀後半の景治簿作成以降、19世紀初頭の嘉隆地簿作成に至るまでの1世紀以上にわたり、実質的には地籍情報の更新が全く行われていなかったことになる[22]。

これに対して阮朝により作成された嘉隆13年（1814）の地簿（［DTP72］。以下、嘉隆簿）は、景治簿との異同が激しく明らかに新規の測量に基づくものである。例えば毎墥処は景治簿では1つの処であったが、嘉隆簿では上毎墥処、下毎墥処の2つの処に分けられており、面積も大きく異なる。また景治簿では公田三等であった中同処は、嘉隆簿では一部が公田二等、一部が公田三等とされている。このように景治簿と嘉隆簿の内容を比較すると「処」をより細分化することによって田土のランク付け（公田一等、二等など）をよりきめ細かく行っており、その結果として公田一等の面積が大幅に増加している。また景治簿に比較して墓地の面積が大幅に増加している。

さらに嗣徳4年（1850）、嘉隆地簿の改正が行われており、その際の申請文書［DTP18］に以下のように記されている。

---

21) 20世紀の事例ではあるが3キロほど上流のディアリン集落（Địa Linh）でも河岸がフオン河により削られていることが地籍史料を用いて実証されている［Nguyễn Thị Hà Thành 2010］。
22) ただし、この事実をもって政権側が村落を掌握することができなかったというには当たらない。清福集落の納税文書を見る限り集落単位での納税が一般的であり、集落全体の税額さえ算定してしまえば、行政側にとってその後の小さな地片変動まで把握する必要性はあまりない。この点は第4章で見た黎鄭政権の平例法と同様である。

香茶県永治総清福社里長阮文廩、叩頭して裁定を願い奉ります。嗣徳3年（1849）4月に、恩詔一款を謹んで承りました。諸地方の各社村で、在籍の人丁・田土にしばしば虚偽が記されていることがあるので、各地方官より調査することを許し、帳簿を事実に従わしめ、数量とそれに対する対応を報告せよ、とのこと。謹んでご命令を承りました。我が社で嘉隆年間の地簿を調べましたところ、公田がしばしば以前より居住地や墓地となっているものがあり、現在は地簿に「居住地・亭・市場・墓地となっているが、公田として課税する」と記されています。既に役所に請願し、帳簿を精査して頂きました。居住地となっているものについては納税対象の公土に改めることを請い、墓地となっているものについては免税とすることを請い、これらは本年（1850）より開始する、とのこと。謹んで承りました。[23]

とあり、これに先だって嘉隆年間に編纂された地簿と現状が合致していない場合があるとして地方官に地簿の改正が命ぜられたため、清福集落が現状と嘉隆簿の差異を申告しており、清福集落の嘉隆簿が作成された1814年以降に、居住地や墓地が拡大されていたことがわかる。しかしこの事実は嘉隆簿に註記されるのみで公田減少分の税額が減らされることはなく、あくまで嘉隆簿の原文の記載に基づいて行われていた[24]。この1850年の改訂により、居住地化したものについては公土として課税、墓地化したものについては免税となったのであるから、清福集落の田税額は若干減額されたことになる。さらに本史料の末尾には改正事項について具体的に列挙されており、①上埧墡処（12畝4高3尺3寸、約52,000㎡）：公田一等→公土、②豪邛処（6畝1

---

23) 香茶県永治総清福社里長阮文廩、叩稟為乞批憑事。原嗣徳参年四月日、欽奉恩詔内壹款。諸地方各社村、何係在籍人丁田土間有虚著者、準由所在官勘明、従実彙冊、具奏量与調剤、等因。欽此欽遵。民社奉照嘉隆年間建耕地簿、公田間有係土園並墓地、而在簿現著結立国家亭市墓地、租税従田。経已赴衙陳訴、崇奉勘詳彙冊。内叙国家応土請改帰土項納税、墓地請応将項免税、均以本年為始、等因。欽奉旨準。〈以下略〉
24) 確かに［DTP72］を見ると嘉隆簿本編に年代は不明だが、現状が異なっている旨を記した文書が合綴されており、［DTP18］の記述と合致する。

高、約25,600㎡）：公田一等→墓地、③下埠墲処（6畝9高7尺、約29,600㎡）：公田一等→墓地、というように変更されている。これら3ヶ所を現在の地図上に比定したものが【図表8-4】である。これを見るとわかるように、3ヶ所はいずれも清福集落域の西側と推測される。これは1814年に嘉隆簿が作成されて以降、約40年間の人口増加、居住区の拡大を反映したものとみるべきであろう[25]。

このように19世紀前半に急激に人口が増加した背景としては、清福集落における造船業の発展、これに伴う軍事拠点化が重要な要因として挙げられる。チャン・ドゥック・アイン・ソン［2011］によれば清福集落は、阮朝期に首都フエ周辺に3箇所設けられた造船・水軍拠点の1つであり、巨大な造船官廠が設けられていた。このことは同慶3年（1888）に以下のような申請［DTP7］がなされていることからも裏付けられる。

> 香茶県永治総清福社里長阮文治ならびに本社一同、叩頭して確認の上で徴税されんことを願い奉ります。我が社には嘗て一等、二等の公田8畝8尺2寸がありましたが、明命四年（1832）にご命令を奉って官船を納入し、造船所と官軍の宿舎を建設し、水澳（ドック）を開浚して、租税を免除されました。次いで事情により宿舎を撤去しましたが、この区域の田土は荒廃しております。我が社は開墾に努めた結果、成田が3畝1高2尺、成土が1畝2高3尺、未だ耕作に堪えないものが3畝7高3尺2寸、砂洲や沼沢地が8高2尺6寸であり、これらは実地検分を経て、全て案編に事実を記載いたしました。これらの田土は官船の納入を経て、次いで土地を掘削して造船所の基礎として覆土することにより、水澳を開浚したものです。現在、これらを撤去することになり、我が社は陸続として開墾に努め、現在のこれだけの面積を成田化いたしましたが、見るに甚だ痩せたものです。乞うらくは夏期のみ納税の三等として課税し、

25）ボー河沿いの西側集落域では20世紀以降も田土に盛り土をすることによって居住区の拡大、学校の建設などが行われている。

残りの成田化していない3畝7高3尺2寸については、3年後の成田化を待ち、調査して課税を開始されんことを。[26]

これによれば、清福集落は1832年に官船納入し、さらに造船所と宿舎を建設してその建設用地となった約8畝の公田の納税を免除された。しかしこれらが撤去されたため、清福集落では跡地の水田化に努めたものの、以前のような一等や二等の公田にはほど遠いものであった[27]。そのため再課税については公田三等とし、成田化されていない土地については3年間の猶予を請願したのである。中部での1畝は約4200㎡とのことであるから、このことから清福集落には一時期、33,600㎡以上の面積を占める造船所や水軍の駐屯地があったことになる。これが清福集落の人口増大をもたらしたことは想像に難くない。ドー・バンの研究においても、次節で検討する先住氏族とは別に19世紀に外部からの移住が見られることが指摘されており［Đỗ Bang 1990：20-21］、また清福集落の各氏族においても、19世紀に外部からの移住者が先住の支族に加入して支派を形成している事例が目立つ[28]。恐らくは19世紀に阮朝の軍事拠点化することにより、清福集落へ外部人口が流入したことが居住地の拡大につながったのであろう[29]。

また前引の地簿の改正事項の列挙部分では、上塏墲処が公土に改正される以前は「原公田一等。旧結立園家亭市租税従田」とされており、元来は公田一等であったこの区域が居住地化すると共に清福集落の亭が存在していたこ

---

26) 香茶県永治総清福社里長阮文治並本社等、叩稟為乞認懲事。縁民社間有壹貳両等公田捌畝捌尺貳寸、於明命肆年、奉準籍入官牘、構作廠舎、官軍居住、及開浚水澳、租税除免。嗣因事廠舎撤罷、這田荒廃。民社墾治成田参畝壹高貳尺、成土壹畝貳高参尺、未堪耕作参畝柒高参尺貳寸、並培沙水孕成土捌高貳尺陸寸、経承派勘、具有案編属実。仍照這田経奉入官牘、此次鏧取培築廠舎基址、及開浚水澳。茲承撤罷、民社陸続墾治、現成田此数、見□頗属痩瘠。乞将為参等夏務、徴納存未成田参畝柒高参尺貳寸、俟参年成田報勘起科。
27) 造船官廠が撤去された後も清福集落の造船業はある程度、存続したようであるが、証言によれば20世紀中頃には小さな漁船を作る程度のごく小規模なものとなっていたようである。現在の清福集落では造船は行われていない。
28) 先住氏族の支派形成については第9章において詳述。
29) ［Đỗ Bang 1990：22］は19世紀末にも東側居住区が北東方向へ拡大したとしている。

第8章 フエ近郊におけるキン族社会の成立

【図表8-4】 地簿の改訂（1850年）

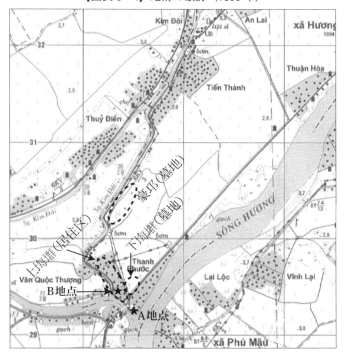

とがわかる。現在の清福集落の亭は【図表8-4】のA地点にあるが、村人の証言によれば、かつては寺院のすぐ横（B地点）にあったとのことであり、これも史料の既述と一致する[30]。この区域が1814年の嘉隆簿作成と、1850年の地簿改正の間に居住地化されたものであるとするならば、その中に位置する亭も同時に建設されたものである可能性が高い。前節で述べたようにDTP系文書群の中にはディンや寺院の修築に際して作成された会計帳簿が現存するが、これを見てもディン関連のものは嗣徳27年（1873）の修築にともなう会計帳簿［DTP111］が初見であり、これ以前のものを見出せない。ただし、

---

30) 亭が現在の位置に移った時期は記憶されていないが、［DTP2］には「算占遷本土廟」という1891年の文書が含まれ、これは亭の移転先を占ったものと思われる。したがって現在位置にディンが移ったのは19世紀末と推測される。

亭に付属する祀田設置に関しては、明命17年（1836）の文書［DTP64］が現存しており、翌年の明命18年（1837）に村落内秩序を定めた総合的郷約［DTP67］が定められている。これらは必ずしも亭の建設に直結しないが、亭の建設と相前後して祀田の設置や郷約の作成が行われたと考えれば、上記の1811年〜1850年と推測されるディンの建設年とも合致し、その後の1873年というディンの修築年も自然である。ここでは清福集落の亭建設年を1830年代と推定しておく。

　ここまで述べてきた清福集落の変遷をまとめると以下のよう推測される。清福集落は15世紀後半に黎聖宗のチャンパ遠征にともなうキン族の入植により成立した[31]。その後の16世紀の状況は史料がなく不明であるが、恐らく本格的に開拓が再開されるのは広南阮氏が南遷する17世紀以降であり、17世紀後半には耕地の面的拡大はほぼ限界に達し、18世紀初頭には近隣との境界紛争が発生するようになる。また地縁集団としての清福集落を考える上で、同集落の文書集積が18世紀初頭の土地紛争を契機として開始されていることも注意すべきであり、恐らくこのような周辺の土地開発状況と密接に関わっている。19世紀に入ると清福集落は阮朝の軍事拠点化、造船業の発展により外部人口が流入し、急速に人口が増加する。そのような状況の中で1830年代を中心に亭建設、祀田設置、郷約作成などが行われ、次第に地縁集団内での権威が確立されていったように思われる。恐らく集積文書が次第に威信材としての側面が強くなるのは、この時期からではなかろうか。

第3節　清福集落における家譜編纂

　本節では主として清福集落の各族が保管している史料をもとに論ずるが、それに先だってまず同集落の人口構成と、各族が所有している史料の特徴に

31）ただし、キン族入植時に清福集落周辺域が全くの未開拓であったわけではなく、先住者としてチャム人がいたことは確かである。清福集落にはチャンパの神像が「奇石夫人」として祀られている［桃木至朗・樋口英夫・重枝豊　1999：81］。

ついて述べておく。

　前述したように清福集落は、開村伝承によれば洪徳4年（1473）に立村されたことになっており、その中心人物とされる潘粘は開耕神として祀られている[32]。潘粘と共に入植したとされる7つの氏族（潘、阮、黎、黄、陳、張、呉）は「七族（thất tộc）」[33]と呼ばれているが、潘粘を除くとそれぞれの始祖の姓名や出自といった詳細な情報はあまり残されていない。『大宗潘族紿憑』［TP 潘有2][34]によれば、潘粘が清福集落に先立って洪徳3年（1472）に立村したという延葛社の場合を見ると、共に入植した人々として潘堂（長男）／潘礼（三男）／潘岩（季子）／范科／阮賢／胡金麟／黄師訓／阮為／黄首／陳海／阮呂／潘伯記／胡仕廉／阮満／潘心／阮馬の16名の姓名が記されており、その翌年に次男の潘朗と共に清福集落を立村したことになっている。後述するように延葛社入植者の1人である阮為は清福集落における阮族の始祖とされており、黄族や陳族は現在の清福集落に現存していないため詳細不明だが、黄師訓や陳海が始祖であった可能性はある。少なくとも清福集落の初期入植者の中に潘氏以外にも阮氏をはじめとする延葛社に入植した人々が一部参加していたことは確かであろう。しかし、それ以外の開耕氏族である黎・張・呉の諸氏族に関しては、上記の延葛社入植者の中には含まれていない。恐らくは潘粘を中心とした延葛社入植者の一部と、他所からの参加者が合流する形で清福集落への入植が行われたと考えられる。

　清福集落の立村後、18世紀末までの集落の人口構成は判然としないが、18世紀末以降については西山朝の申簿や阮朝の丁簿が現存している。一例として泰徳9年（1786）の申簿を見ると【図表8-5】のようになる[35]。これを見

---

32) チャン・ディン・ハンによれば、清福集落では紹治期（1841～1847）まで開耕神として潘粘を祀ると同時に、別個に土地神を城隍神として祀っていた。しかし阮朝末期にフエ周辺では諸神位の再編成が行われ、この一環として潘粘は清福集落の城隍神とされたようである。同氏は同慶～保大年間（1886～1945）の大量の勅封の発給も諸神位の再編成の結果であるとしている［Trần Đình Hằng 2010］。
33) 現在の清福集落では開耕氏族の人々（専ら潘氏と阮氏）が5割強を占める。
34) ［Lê Văn Tuyên, Lê Nguyễn Lưu, Huỳnh Đình Kết 2008：352-354］にベトナム語訳が紹介されている。
35) 便宜上、姓とテンデムにより分類しているが、これは必ずしも氏族には直結しない。

【図表8-5】 1786年丁簿［DTP45］における清福集落の人丁構成

	潘姓				阮文	阮玉
	潘文	潘有	潘玉	その他		
另項	潘文成、潘文家	潘有富、潘有語、潘有誌	潘玉瓊	潘得和		阮玉義
精壯項	潘文助、潘文□、潘文添 潘文寬、潘文貴、潘文宗 潘文室、潘文述、潘文寶 潘文調、潘文憲、潘文率 潘文叫、潘文宴、潘文直 潘文誠、潘文東、潘文準 潘文局、潘文宜、潘文錬 潘文回、潘文賢、潘文典 潘文撰、潘文草、潘文□ 潘文実、潘文定、	潘有詣、潘有謝、潘有撫 潘有譚、潘有詮、潘有詒 潘有消、潘有諑、潘有致 潘有譜、潘有□、潘有順 潘有討、潘有謐、潘有□ 潘有味、潘有申、潘有永 潘有年、潘有攻、潘有丁	潘玉瑣 潘玉瑞 潘玉瑛 潘玉鎮 潘玉錦 潘玉理	潘得調 潘日寛 潘得撰 潘得栄	阮文在、阮文祝、阮文醉 阮文実、阮文宥、阮文案 阮文理、阮文客、阮文心 阮文容、阮文□、阮文結 阮文月、阮文禛、阮文撫 阮文□、阮文禧、阮文次 阮文樟、阮文義、阮文漢 阮文頼	阮玉善 阮玉英 阮玉鯀 阮玉慈
老項						
培□以下？	潘文得、潘文誘					
未及格民	潘文瓢				阮文票、阮文無、阮文譲	
家居						
老饒	潘文鄧、潘文財、潘文□	潘有誦、潘有□			阮文貴、阮文宰	
逃項	潘文利、潘文用、潘文楊 潘文会、潘文宴、潘文塩 潘文□		潘玉種	潘得称	阮文治、阮文仁、阮文康	
人数合計	44	26	8	6	30	5

るとわかるように18世紀末の清福集落の人丁の構成は既に潘姓・阮姓・黎姓により寡占的な状況にあったと言える。同じく七族である張姓・陳姓・呉姓の人物はごく限られており、黄姓の人物は全く見られない。さらに約1世紀後の成泰3年（1890）の丁簿［DTP14］を見ると陳姓が1人見られるだけで、張姓・呉姓が消滅しており、潘姓・阮姓・黎姓の3族による寡占傾向はさらに加速している。前節で見たように清福集落には19世紀に外部人口の流入があったと考えられるが、これら新規の移住者は外籍民とされていたと考えられる[36]。ドー・バンが同集落で調査を行った1988年時点ではさらに陳氏も消

テンデムは基本的に支派ごとに決められているため、例えば潘有氏の男性であっても「有」以外のミドルネームを所持する人物は存在する。

36) 各地籍史料を見る限り、清福集落は全ての耕作地が公田・公土とされており、外籍民への直接給付は制限されていたと考えられる。清福集落では現在も20〜30年に一度、耕地の割替が行われているが、支給対象は潘・阮・黎の三氏族に限られる。ただし受給者が耕作しない場合には、第三者に又貸しすることが認められている。貸与の対象に拘束はないので、経済的不利を甘受すれば上記三族以外の人々が全く集落内で耕作できないわけではない。外籍民に全く耕作地がないという状況は考えにくいので、20世紀以前についても同様の又貸しが認められていたのではあるまいか。また19世紀の人口流入につ

第8章　フエ近郊におけるキン族社会の成立

阮姓			黎姓	張姓	陳姓	呉姓	黄姓	その他
阮登	阮光	その他						
		阮輝綵、阮廷曜、阮日止 阮春首、阮日厚	黎日厚					判読不能1
阮登仕 阮登職 阮登車	阮光□、阮光謹、阮光晩 阮光宴、阮光明、阮光繡 阮光祥、阮光禅、阮光徐 阮光鳳、阮光鳳、阮光続 阮光礼、阮光諒、阮光繪 阮光視、阮光綏、阮光得 阮光処、阮光維	阮得禄、阮公歓、阮公順 阮公純、阮公饒	黎有礼、黎有衽 黎登殿、黎文才 黎玉漕、黎玉曜 黎登第、黎玉潤 黎文元、黎文禄	張玉詳 張玉瑜 張文暎	陳文忠	呉文仁 呉文産		
	阮光緒		黎文利、黎文光					
		阮日峯、阮日仁、阮日低			陳文率			
			黎公寛		陳文□			
			黎公康					
	阮光統	阮公勲	黎文□	張玉璘 張玉玖				
			黎有種			呉文雲 呉文錬		
3	22	14	17	5	3	4	0	1

滅しており、かろうじて婚族により祭祀が継続されている状況であったようである［Đỗ Bang 1990：15-16］。したがって開耕七族のうち現在も存続しているのは潘・阮・黎の三族のみであるが、特に族人の多い潘族は潘有・潘文・潘玉の三氏、阮族は阮玉・阮登・阮文の三氏に分かれている。

　これらの各氏族は家譜などを中心として多くの漢喃史料を現在も所有している。内容的には家譜、族有田関連の土地契約文書、祀堂修築に伴う会計帳簿などが多い。とりわけ中心的位置を占めるのは家譜であるが、清福集落において保存されている家譜は幾つかの点で特徴的である。ベトナムの家譜については既に山本達郎［1970］や末成道男［1995］などにより全般的な特徴として以下のような点が挙げられている。第一に世代の数え方である。中国などでは始祖を初代として、子孫を第二世、第三世…という数え方が一般的であるが、ベトナムにおいては比較的古い家譜を中心として、編纂時の世代

　いては造船所、駐屯地の設置にともなう職人や兵士が主であり、集落内に居住はしつつも、軍隊や匠局に帰属してそもそも行政的には「社」とは管轄が別であった可能性がある。

を起点として、一世代前、二世代前…と遡っていくものが多い。末成は前者を「先祖中心型」、後者を「子孫中心型」と分類し、「子孫中心型」の家譜が比較的18世紀以前に多く、19世紀以降に「先祖中心型」の家譜が増加することを指摘している。この点については後に見るように、清福集落の場合大半が「子孫中心型」に属すものであり、19世紀以降の家譜編纂についても「先祖中心型」への完全な移行は見受けられない。第二にベトナムの家譜では男性のみではなく女性に関する情報が豊富であるという点が挙げられる。この点は清福集落の家譜でも顕著であり、情報量では男女の比率はほぼ等しい。第三に、始祖から数代と編纂年に近い世代に関しては比較的詳細な記述がなされるものの、両者の中間に位置する世代については名前や号しか伝わっていないなど情報量に乏しい場合が多く、これを末成［1998：307-308］や八尾［2009：22-23］は「中空構造」と呼んでいる。同様の傾向は清福集落に現存する家譜にも見られる。一例として［TP潘有1］を挙げると以下のようになる。

> 顕上高高〃〃祖、各栄陽郡潘大郎、高高〃〃祖、潘文月大郎。高〃〃〃祖、潘文令。高〃〃祖、潘文通・潘文閑・潘士郎大郎。高〃祖、潘伯進大郎。高祖、潘文遣大郎。曾祖、潘文科一郎。故祖、潘文書二郎・潘文策三郎・潘有慶一郎・潘有情二郎・潘有為三郎・潘有蟾四郎・潘克壮季郎…〈以下13名省略〉…。顕祖、潘文錦一郎・潘文演二郎・潘文養一郎…〈以下365名省略〉。

このような記述方式は清福集落の家譜全般にほぼ共通するものであるが、世代ごとに族人の姓名を列挙するのみで、世代間の血縁関係については情報に乏しい。女性に関しても記述方式は同様であり、誰と誰が夫婦であり、また誰の子供であったかというような配偶者や血統関係についての情報は見られない。しかし［TP潘有1］の場合、世代ごとの人数を見ると高高高祖で一旦は3名に増加するにも関わらず、高高祖～曾祖の世代は1名のみ、故祖から再び人数が増加する。しかし曾祖（1名）から故祖（20名）の人数増加が不

自然である。故祖世代において「○○○一郎」「○○○二郎」とされている人物は父親を同じくする兄弟であろうから、その父親となる曾祖世代は複数人いたと考えるのが自然である。また「曾祖、潘文科一郎」であるのに対し「故祖、潘文書二郎…」と故祖世代が次男から始まる点も不審である。前家譜では「○祖、潘文科一郎、潘文書二郎…」と同一世代であったものを、家譜上での世代数を増加させるため、新家譜の修譜時に先頭の１人だけを切り分けて前世代へと繰り上げた可能性が高い。後述する阮玉氏の家譜ではこの手法が用いられている。さらに故祖（20名）から顕祖（368名）にかけて人数が激増しているが、これは故祖世代以降の族人を世代ごとに整序せずに全て一括りにした結果と思われる。したがって［TP潘有1］の場合、特に高高祖〜曾祖世代を中心として情報欠落があると考えられる。このように見ると、祭祀対象として重要な初代から数世代の情報は比較的明瞭であるが、それ以降は情報量が激減し、比較的近い世代になると再び情報量が増加するという傾向が見て取れる。

　このように先行研究が指摘するベトナム家譜の特徴は清福集落における家譜にも概ね当てはまるが、もう１つの特徴は清福集落の潘族・阮族の場合、複数の家譜を所有しているという点である。これは各氏族が家譜の内容を更新した際に、古い家譜を破棄せず、そのまま保持し続けた結果である。そのため１つの族についてそれぞれ世代深度の異なる家譜が蓄積されている。以下、これを利用しつつ比較的史料の豊富な潘有氏と阮玉族の文書編纂について検討を加える。

　まず潘有氏の文書編纂について見る。潘有氏は３つに分かれている潘族の中で長支とされているが、他族と同様、潘有氏の場合も幾つかの家譜、もしくはそれに準ずる編纂文書を所有しており、①［TP潘有1］（『承抄名姓自始祖至玄孫作樵壇共拾肆張』）、②［TP潘有2］（『潘族始祖故跡事』）、③［TP潘有5］（『副意壹本』）、④［TP潘有13］［TP潘有14］（共に『潘族奉修譜録』）などがこれにあたる。

　まず先に引用した［TP潘有1］について見ると修譜年は「丁酉年」とされている。干支は60年周期であるから、「丁酉年」は1717年、1777年、1837

年など複数の候補年が挙げられるが、史料中では国号が「大越」、集落名が「洪福社」と記されている。「大越」は18世紀以前の国号であり、「洪福社」は黎朝期（広南阮氏期）の集落名である。また文書の字体も文字のとめはねを強調する黎朝期特有の字体である【写真1】。これにより1837年以降の可能性は排除できる。さらに家譜中では潘有族始祖である潘大朗（＝潘粘？）が九世代前とされている。前節で引用した清福集落と前城社の土地紛争に関する史料［DTP107］を見る限り、1703年〜1718年の時点で8〜9世代目が現役世代と考えられる。1717年の可能性も捨てきれないが、家譜に姓名が記されるのは死亡後であることを考慮すると［TP潘有1］の修譜年は1777年と考えられる。

次に［TP潘有2］について見ると、これは編纂過程が若干複雑である。同史料は内容的には①明命21年（1840）の『大宗潘族給憑』、②景興36年（1775）の『大宗潘族給憑』、③始祖の位牌文面の写し、④二世以下の位牌文面の写しの4つが合綴されたものである。①と②は内容的には同一物であり、①の末尾には「来雲孫潘洪恩奉鈔」とあるから、②が1775年に作成され、①は1840年にこれを抄写したものである。その後、祀堂の位牌の文面の写しが作成され、これらが1つにまとめられて［TP潘有2］が作成されている。注目すべきは位牌の文面であり、始祖位牌では潘大郎が8代前とされており、これは［TP潘有1］における潘有族の世代深度を考慮すると18世紀前半に製作されたと考えられる。同様に2世以降の位牌における族人の世代深度と［TP潘有1］（1777年修譜）を照合すると、これより6世代後（約150年後）に製作されたものであることがわかる。したがって現在の［TP潘有2］の姿に合綴されたのは20世紀前半以降と考えられる。位牌の文面を見る限り始祖の祭祀が少なくとも18世紀前半には開始され、20世紀に至って2世以下の昭穆の祭祀が開始されたと推測される[37]。また［TP潘有2］は1982年に現代ベトナム語による翻音、翻訳が行われている［TP潘有13］［TP潘有14］。

---

37) 始祖の位牌、二世以下の位牌の文面は現在の潘有氏祀堂のものと同文である。模写された位牌は同一物であろう。

第 8 章　フエ近郊におけるキン族社会の成立

【写真 1】黎朝期の字体［TP 潘有 1］　　【写真 2】阮朝期の字体［TP 潘有 5］

　次に［TP 潘有 5］を見ると、修譜年が「乙亥年」（候補年：1755、1815、1875、1935 など）と記されているが、史料中では国号が「大南」、集落名が「清福社」となっており、字体は阮朝期（明命期以降）のすっきりしたものである【写真 2】。このことから修譜年は 1875 年もしくは 1935 年であると考えられる。しかし家譜の世代深度は潘大朗が 10 代前であり、［TP 潘有 1］の編纂より少なくとも約 1 世紀を経過しているにもかかわらず、僅か一世代しか増加していない。時間経過に比して明らかに世代数の増加が過小である。そこで［TP 潘有 1］と［TP 潘有 5］の記載内容を照合すると【図表 8-6】のようになる。これをみると［TP 潘有 1］では同世代とされていた潘大朗と潘文月が、［TP 潘有 5］では親子関係とさる一方、別世代とされていた潘伯進、潘文遣が同世代とされるなどの変更がなされ、全体的には一世代分のかさ上げがなされている。しかし［TP 潘有 5］の顕祖世代は単に［TP 潘有 1］の故祖世代の記述を継承しただけであり、彼ら全員が曾祖父世代と受け取るべきではない。368 人から 612 名へと大幅に人数が増加していることを見ると、［TP 潘有 1］の編纂後、死亡した族人を世代別に整序することなく、全て曾

祖世代に追記していったためにこのような形になったと考えられる。このような措置が取られた原因は、恐らく前代の家譜の記述形式に原因がある。前引したように［TP潘有1］の故祖368名には複数世代が含まれていると見るべきであるが、世代間の血縁関係について全く情報がなく、その中から特定の世代のみを抽出することが困難である。そのため故祖の既述をまるごと顕祖に繰り上げ、さらに［TP潘有1］編纂後の族人の姓名を付け加えたのであろう。しかし、仮にこの手法より時間経過に合わせて3～4世代を繰り上げた場合、最近死亡した人物までが高高祖や高祖といった世代に記されることになってしまう。これを嫌って［TP潘有5］では紙面上の世代増加を僅か1世代にとどめたのであろう。以上のような潘有氏の文書編纂を時系列で整理すると【図表8-7】になる。

　次に阮玉氏についてみる。阮玉氏は阮族の長支とされるが、特に多くの家譜を保有している一族である。以下、列挙すると、［TP阮玉2］（『副意本并詞』）／［TP阮玉4］（『陳留郡阮族譜』）／［TP阮玉5］／［TP阮玉6］（『阮族諱譜』）／［TP阮玉7］（『阮族堂』）／［TP阮玉24］／［TP阮玉25］などがある[38]。これらを潘有氏の場合と同様に国号、集落名、字体の違いなどを考慮しつつ編纂年を確定させていくと、【図表8-8】のようになる。これを見るとわかるように明らかに世代の増加が不審である。1719年修譜の［TP潘玉24］の世代深度7代については、前述のように1703年～1718年の現役世代が8～9代と考えられるから特に不審ではない。しかし1954年修譜の［TP阮玉6］は世代深度11代、始祖が始遷祖の阮為から父親の阮義へと変更されているから、他家譜と同様に阮為から数えると世代深度10代となり、2世紀以上の間に僅か3世代しか世代更新していないことになる。

　そこで阮玉氏の各家譜の内容を比較してみると【図表8-9】のようになる。まず阮玉氏最古の家譜である1719年修譜の［TP阮玉24］を見ると、曾祖4人（阮士無、阮士員、阮清流、阮琦南）から故祖の134人へと急激に増加し

38）これ以外に『阮派目録』［TP阮玉17］という家譜もあるが、これは阮玉氏内の支派の家譜のようである。

第 8 章　フエ近郊におけるキン族社会の成立

【図表 8-6】［TP 潘有 1］と［TP 潘有 5］の比較

	［TP 潘有 1］ 1777 年	［TP 潘有 5］ 1875 年もしくは 1935 年
高高高高高高祖		潘大朗
高高高高高祖	潘大朗、潘文月	潘文月
高高高高祖	潘文令	潘文令
高高高祖	潘文通、潘分閑、潘士郎	潘文通、潘分閑、潘士郎
高高祖	潘伯進	潘伯進、潘文遣
高祖	潘文遣	潘文科
曾祖	潘文科	潘文書、潘文策、潘有慶、潘有情、潘有為、潘有蟾、潘克壮、潘仁美、潘文広、潘文準、潘文稽、潘文漢、潘文吹、潘文彭、潘文平、潘文文、潘文晏、潘文法、潘文例、潘有諌
故祖	潘文書、潘文策、潘有慶、潘有情、潘有為、潘有蟾、潘克壮、潘仁美、潘文広、潘文準、潘文稽、潘文漢、潘文吹、潘文彭、潘文平、潘文文、潘文晏、潘文法、潘文例、潘有諌	潘文錦など 612 名
顕祖	潘文錦など 368 名	―

【図表 8-7】潘有氏の文書編纂

西暦	整理番号	史料名	内容
18 世紀前半	―	―	始祖の位牌作成。世代深度 8 代
1775 年	―	『大宗潘族給憑』（景興版）	潘粘の事蹟、清福集落の開村伝承
1777 年	［TP 潘有 1］	『承抄名姓自始祖至玄孫作襬壇共拾肆張』	家譜。世代深度 9 代
1840 年	―	『大宗潘族給憑』（明命版）	景興版の転写
1875 年 or 1935 年	［TP 潘有 5］	『副意壹本』	家譜。世代深度 11 代
20 世紀前半	［TP 潘有 2］	『潘族始祖故跡事』	『大宗潘族給憑』（景興版、明命版）や位牌の文面記録を合綴
1982 年	［TP 潘有 13］ ［TP 潘有 14］	『潘族奉修譜録』	［TP 潘有 2］の国語訳

【図表 8－8】阮玉氏の文書編纂

西暦	整理番号	史料名	内容
1719 年	［TP 阮玉 24］	―	家譜。世代深度 7 代。始祖：阮為。
1765 年	［TP 阮玉 2］	『副意本并詞』	家譜。世代深度 7 代。始祖：阮為。
1798 年	［TP 阮玉 25］	―	家譜。世代深度 7 代。始祖：阮為。
1826 年	［TP 阮玉 20］ ［TP 阮玉 22］	―	祀堂建設のため土地購入
1860 年	［TP 阮玉 5］	―	家譜。世代深度 8 代。始祖：阮為。
1924 年	［TP 阮玉 4］	『陳留郡阮族譜』	家譜。世代深度 9 代。始祖：阮為。
1954 年	［TP 阮玉 6］	『阮族諱譜』	家譜。世代深度 11 代。始祖：阮義、次代：阮為。
1967 年	［TP 阮玉 7］	『阮族堂』	家譜。世代深度 9 代。始祖：阮為。

【図表 8－9】阮玉氏各家譜の比較

	［TP 阮玉 24］ 1719 年	［TP 阮玉 2］ 1765 年	［TP 阮玉 25］ 1798 年	［TP 阮玉 5］ 1860 年	［TP 阮玉 4］ 1924 年	［TP 阮玉 6］ 1954 年	［TP 阮玉 7］ 1967 年
11 世代前						阮義	
10 世代前						阮為、阮夏	
9 世代前					阮為	阮遇	阮為
8 世代前				阮為	阮遇	阮文斗	―
7 世代前	阮為	阮為	阮為	阮遇	阮文斗、阮文萬	阮文萬	阮遇
6 世代前	阮遇	阮遇	阮遇	阮文斗、阮文萬	―	阮士無（開耕私田）	阮文斗、阮文属（萬？）
5 世代前	阮文斗、阮文萬	阮文斗、阮文萬	阮文斗、阮文萬	―	阮士無（開耕私田）阮士員、阮清流、阮琦南	阮士員、阮清流、阮琦南	―
4 世代前	阮士無（開耕私田）阮士員、阮清流、阮琦南	阮士無（開耕私田）阮士員、阮清流、阮琦南	阮士無（開耕私田）阮士員、阮清流、阮琦南	阮士無（開耕私田）阮士員、阮清流、阮琦南	阮文陣、以下 318 人	阮文陣、以下 328 人	阮士無（開耕私田）阮士員、阮清流、阮琦南
3 世代前 〜現世代	阮文陣、以下 137 人	阮文陣、以下 202 人	阮文陣、以下 200 人	阮文陣、以下 292 人			阮文陣、以下 4 名

ていることがわかるが、これは恐らく先に見た潘有氏の家譜の場合と同様、故祖世代に阮士無世代以下の族人を一括した結果であろう。その後、1798 年編纂の［TP 阮玉 25］まで世代深度は 7 代のまま故祖世代の人数は基本的には増加しており、この間は新たな族人を故祖世代に書き足すのみで対応していたと考えられる。その後、1860 年の［TP 阮玉 5］に至ってようやく世代深度 8 代とされるものの、これは 7 世代前〜5 世代前を 1 世代繰り上げただけであり、そのためこの家譜には 5 世代前の人物が記載されておらず、はなはだ場当たり的である。次の 1924 年の［TP 阮玉 4］では世代深度 9 代になるが、今度は全世代を 1 世代ずつ繰り上げているため、以前は「故祖」とされ

ていた人物が全て「曾祖」とされており、故祖についての記述がない。さらに1954年の［TP阮玉6］では阮為が10世代前とされるものの、これは同世代であった阮文斗、阮文萬を父子関係に変更し、やはり同世代とされていた阮士無、阮士員、阮清流、阮琦南の4人の中から、阮士無のみを前世代に繰り上げたことによるものである。これもはなはだ便宜的なものである。1967年の［TP阮玉7］では再び9世代に戻されるが、今度は8世代前、5世代前が存在していない。さらに故祖世代は僅かに4人の名前が挙げられているのみであり、実質的には情報の更新は放棄されていると言って良い。このように見ると阮玉氏の家譜は19世紀以降、時間経過に合わせて家譜上の世代数増加が図られてはいるものの、専ら阮為〜阮琦南にかけての世代を伸縮させるだけに終始している。また1954年修譜の［TP阮玉6］では始祖が始遷祖の阮為から原貫地の阮義へと変更されているが、これは始祖を1世代前に追加することにより、世代記述の不明瞭な阮文陣以下の人々を、高祖以上に繰り上がること防止したかったのも動機の1つではあるまいか。阮玉族の場合、以上のような経緯から末成や八尾が指摘する「中空構造」を持つ家譜が作成されたと考えられる。

　以上、潘有氏と阮玉氏の文書編纂について見た。いずれの場合も18世紀前半に始祖の位牌作成や最初の修譜がなされており、少なくともこの時期にはある程度の祖先祭祀が行われていたことは確実である。しかし18世紀中の清福集落の各氏族の修譜を見る限り、始祖から数代の姓名がある程度わかっていればよく、それ以降の族人の婚姻関係や世代について明白にしようという意識が希薄であるように見受けられる。しかし18世紀末〜19世紀初頭にかけて、このような族意識には一定の変化が見られる[39]。潘有氏、阮玉氏いずれも家譜継修の際には時間経過に合わせて世代数を増加させようという意図が見られる。これは恐らく、当時の清福集落の血縁集団の中である程度、世代間秩序が重視されるようになった事を反映しているのではあるまいか。しか

39）19世紀以降、支派などでは血縁関係を明白にした家譜も若干編纂されるようになる。一例として［TP潘文14］など。

し阮玉氏の場合、先行の各家譜には世代間の血縁関係について情報が欠落していたために、世代ごとに族人を整序することができず、その結果、18世紀以降の族人を曾祖以下に押しとどめたまま、比較的初期の世代を引き延ばすことにより世代数を増加させることになった。この結果、阮玉氏の家譜における中空構造は増大することになる。一方、潘有氏の場合は阮玉氏とは異なる対応をしている。潘有氏の場合、確認できる限りでは修譜は二回のみであり、家譜の継修にあまり熱意があるようには見受けられない。それに代わって潘有氏で重要視されているのは潘粘による開村伝承を記した『大宗潘族給憑』であり、無理を重ねて家譜を継修するよりも、始祖の事蹟を顕彰することに重点を置いているように見受けられる。

小結

本章では清福集落に現存する文書群から、同集落の文書の蓄積を集落の変遷を考慮しつつ検討した。もとより本章は史料論的な性格が強いものではあるが、まとめると以下のようになる。

15世紀後半の黎聖宗のチャンパ遠征に伴う潘粘の清福集落の開村伝承については、現存史料を見る限り特に否定的材料は見当たらない。清福集落は恐らく黎聖期の領土拡大に伴う新領土へのキン族入植という国家的政策の一環で成立した集落の1つと考えられる。現存史料は17世紀後半が上限であるため、その後の2世紀の展開は詳細不明であるが、少なくとも17世紀後半には耕地の面的拡大はほぼ限界に達しており、この結果、近隣との土地紛争が発生することになる。また19世紀以降は外部からの人口流入が増加し、次第に西側へと居住域や墓域が拡大されていったと考えられる。

一方で、ディンの保管文書であるDTP系文書群を見ると、17世紀後半～18世紀前半の文書は専ら地籍や訴訟に関連する文書が中心であることから、初期段階の文書蓄積の背景には耕地拡大の限界に伴う近隣集落との緊張した関係があり、自集落の利益を守るために証拠となる文書を保管するようになっ

たことがきっかけと考えられる。しかし18世紀末～19世紀初頭の文書目録を見る限り、それほど多くの文書が蓄積されていたわけはない。むしろ文書の蓄積が加速度的に増加するのは19世紀以降であり、特に亭の建設、祀田の設置、総合的郷約の作成などが相次いで行われた1830年代以降、亭を中心とした地縁集団としての自律性は強まったであろう。清福集落には西山朝期の史料が多数現存しているが、阮朝期には西山朝は「偽朝」とされており、仮に紛争時にこれらを証拠として提出したところで採用されなかったであろうし、場合によっては所持すること自体が危険をはらむ。ここには公権力側の見解とは別個に集落それ自体の歴史や伝統を重んじる意識を読み取るべきであろう。同時に19世紀以降増加した外部人口の流入に対応して、先住氏族による村落運営、権益確保の上でも集落内での権威確立は必要であったと考えられる。このような状況の中でDTP系文書群はこのように次第に集落、より正確に言えば潘族・阮族を中心とした先住氏族による村落運営を支えるための威信材としての側面を強めたと考えられる。

　また先住氏族である潘有氏・阮玉氏の文書群を見ると、清福集落においては少なくとも18世紀前半には祖先祭祀がなされていたことを確認できるが、家譜を見る限り「子孫中心型」の家譜編纂であり、族人の世代や系譜についての意識は希薄である。しかし19世紀以降、世代や族人の系譜を比較的強く意識した文書編纂が行われるようになっており、この結果、「中空構造」を持つ家譜が編纂されることになる。これは「子孫中心型」家譜から世代を強く意識した「先祖中心型」家譜への移行を図った結果と考えられる。この試みは潘有氏や阮玉氏を見る限り、結果的には不完全なものに終わっているように見受けられるが、これは清福集落の親族集団内において一定の族意識の変化があり、族人間の序列や世代間秩序をある程度意識するようになった影響と推測される。このような親族集団内の一定の秩序化は、外部人口が流入する中での先住氏族による村落運営と表裏をなす現象ではあるまいか。このように清福集落においては地縁集団や親族集団の発展、変容が18世紀から19世紀にかけて起こっていたと考えられる。次章では引き続き清福集落を事例として、この問題について検討していく。

第 9 章

フエ近郊の郷村社会と親族集団の形成
── 清福社の事例 ──

はじめに

　本章では前章に引き続き清福集落を事例として、フエ近郊におけるキン族社会の成立と成熟について検討する。前章では以下のような集落史を明らかにした。清福集落は 15 世紀後半に黎聖宗のチャンパ遠征にともなうキン族の入植により成立した集落であるが、その後、漸次的に耕地が拡大され 17 世紀後半に近隣集落と耕地が接する状態となり、耕地の拡大は限界に達している[1]。これにともない 18 世紀初頭には近接集落との間で土地紛争も発生している。また 19 世紀に阮朝が成立して以降、清福集落はフエ防衛の重要拠点とされ、水軍の駐留・造船官廠の設置などが行われている。この結果、集落内の居住人口は増加したと考えられ、それまでフオン河沿いに拡がっていた居住区が 19 世紀以降にボー河沿いにも拡大し、最終的に現在のフオン河～ボー河沿いに拡がる V 字型の居住区が形成されるに至る。このように清福集落では耕地拡大は少なくとも 17 世紀末には限界に達していたにもかかわらず、フエ防衛上の拠点として位置付けられたために、その後も外部人口の流入が継続していた。一方で清福集落に現存する西山朝、阮朝の丁簿を見ると、18 世紀末の段階で立村当初より居住しているとされる開耕氏族（七族）、とりわけ潘・

---

1) 特に広南阮氏の南遷以降、キン族移住者が増加し、農業開発が急速に進展したと推測される。近隣の旧化州城域の各集落を調査したフイン・ディン・ケット［Huỳnh Đinh Kết 2010 : 175-182］は、開耕氏族のほとんどが 16～18 世紀にかけて移住してきた人々であることを明らかにしている。

阮・黎の有力三族によりほぼ寡占されており、開耕氏族に属さない人々の人丁登録は皆無である。これは実質的には集落内での公田受給権、集落運営の参画権が先住氏族により独占され、後発移住者の参入を阻んでいたことを意味している。つまり清福集落においては農業開発の限界、人口の飽和状態を迎えた状況下において、集落内における既得権の分配から後発移住者を排除することにより、先住者が持つ既得権を減少させないようにする構造が18世紀末の段階で成立していたと言えよう。

ここで注目すべきは、清福集落という地縁集団が後発移住者の参入を阻む手段として、特定の親族集団への帰属の有無という血縁的紐帯を用いている点である。現在、キン族にはゾンホ（dòng họ）と呼ばれる父系親族集団が広く分布しており、大半の伝統的キン族集落は複数の父系親族集団により構成されているが、父系親族集団の拡がりは多くが一集落内にとどまり、集落を越えた領域的な拡がりを持つ事例は少ない[2]。つまり伝統的キン族集落という地縁集団は、複数の父系親族集団の連合体という側面があると同時に、父系親族集団は集落という地縁集団の内部組織としての側面も有しており、両者は密接な関係を持っている。したがって伝統的キン族集落の形成過程を検討するにあたっては、単に集落を地縁集団として分析するだけでなく、その集落を構成している父系親族集団の成立、変容についても検討することが必要となる[3]。このように考えた場合、前章で見た潘有族や阮玉族の家譜編纂においては、19世紀以前と以後に族意識の在り方に差異が認められる点は重要で

---

2) ただし近年、著名なゾンホが中心となって連絡班（ban liên lạc）が設けられ、そこへ全国の同姓ゾンホが加盟することを通じて、数百の支族をもつ巨大なゾンホを作ろうとする活動が活発に行われている。しかし筆者はこれらの新しい「ゾンホ」については伝統的ゾンホとは別物として捉える必要があると考えている。本書ではこれら新しいゾンホについては論じない。
3) 末成道男［1995］は多数のベトナムの家譜・族譜の検討し、18世紀以前には「子孫中心型」の家譜が多く、19世紀以降「祖先中心型」の家譜が増加するとし、これはゾンホが父系キンドレッドから父系リニージへとしての性格が強まった結果である可能性を示唆している。末成はその社会的背景として村落的結合の弱体化があると推測しているが、この末成の研究以降、ゾンホの変容を村落共同体と関連付けつつ検討した歴史研究は見当たらない。

ある。このような差異はなぜもたらされたのか、またどのような社会的背景があったのかを本章では検討していきたい。本章ではこのような視点から、前章に引き続き豊富な史料に恵まれているフエ近郊の清福集落を事例として、以上に述べてきたような集落史の中で、現在に繋がる父系親族集団がどのように形成されていったのかを明らかにする。

第1節　開耕氏族における支族・支派の形成

　清福集落では17世紀後半には耕地拡大が限界に達した結果、集落の既得権益を守るために地縁集団としての凝集力が強まり、少なくとも18世紀末には集落成員権は先住親族集団により独占されていた。このような状況の中で後発の移住者に対しどのような対応をとっていたのか、本節では検討していく。しかし清福集落における家譜史料群は前章で見たように、まず族人の姓名を記すことに重点を置いており、過去の族人を世代ごとに整序する、あるいは世代間の血縁関係を記すという意識は希薄である。そこで、本章では筆者の聞き取りに通じて得られた外部移住者への対応を補足することにより情報の欠如を補っていきたい。

　最初に開耕氏族の構成について改めて説明しておく。現在の清福集落の有力氏族としては潘・阮・黎の3族があげられるが、なかでも族人数の多い潘・阮の2族はさらに3つの支族に分かれている。具体的には潘族の場合、潘有氏・潘文氏・潘玉氏、阮族の場合、阮玉氏・阮登氏・阮文氏に分枝している。さらに各支族は「第一派」「第二派」というように幾つかの「派（phái）」に分派しているのが通常である。したがって潘族・阮族の場合、例えば「潘族―潘文氏―第一派」というように三層構造をとっている。

　まず潘族・阮族について検討するが、この2族における分枝の時期や経緯については不鮮明な部分が多い。前章で潘有氏や阮玉氏の家譜を分析して明らかにしたように、清福集落における家譜編纂は全体的に世代を強く意識した記述形式を取っておらず、特に18世紀以前に関してはこの傾向が強い。始

祖から数世代と、修譜から数世代のみが詳細で、時間の経過に合わせてその中間の世代を引き延ばして世代数を水増しするという手法をとっており、結果として「中空構造」と呼ばれるタイプの家譜となっている[4]。このため家譜に記載されている世代数を鵜呑みにするのは危険をともなうが、潘族の長支とされる潘有氏、阮族の長支とされる阮玉氏の家譜と各支族の家譜の世代数を比較する限り、おおむね16世紀後半〜17世紀後半の間に潘族の潘文氏・潘玉氏、阮族の阮登氏・阮文氏などが分枝したと推測される。後述するように各支族の中で支派形成した人物の姓名が18世紀後半の家譜の中には既に記載されており、少なくともこの時期には潘族、阮族が既に分枝していたのは確実である。

　したがって潘族・阮族が分枝した経緯についても詳細は不明であるが、これを探る上で興味深いのは各支族間における同族意識のあり方である。例えば現在の潘族族長PL氏によれば、同姓不婚の適用範囲については、かつては支族内での婚姻は不可、各支族間の婚姻は可能であったが、近年、潘族内での婚姻を禁止したという。これは現在の若者は大半が集落を出て都市部で働いており、集落外の人々と婚姻するのが容易になったためであるという。これに類似するケースはベトナム北部の紅河デルタにおいても確認されている。それによれば、親族集団内の一部の人々のテンデム（潘有の「有」、阮玉の「玉」などに当たる）を変更し、形式上は別の一族であるということにして相互の通婚を可能とする。つまり親族集団内に人工的に外婚単位を創出することにより同姓不婚則の適用を回避するという事例が報告されている［末成　1998：310］［宮沢　2000：194］。清福集落の潘族の事例は、かつてこのようにして創出された外婚単位が、現在の状況変化により以前の姿に戻されたと考えることもできる。また阮族についても現在は三支族に分かれているが、阮登氏と阮文氏の家譜では、支族祖から数世代については「阮大郎」とあるのみで姓名は記されておらず、忌日も伝わっていないため、長支である阮玉氏と同様、阮族全体の始祖である阮為の忌日を支族の忌日としている。同姓

---

4) 中空構造については［末成　1998：307-308］［八尾　2009：22-23］参照。

不婚則については潘族と同様であり、基本的に支族内での婚姻は不可、支族間の婚姻は既に分枝して長期間を経ているため可能とされている。このように現在の潘族・阮族は、それぞれ分枝しながらも依然として同族意識は強く持ち続けている一方、各支族間での同姓婚については容認する傾向が強い。これを見る限り、少なくとも分枝して以降の各支族が集落内で外婚単位としての役割を担ってきたことは確かであろう。しかしこのような状況を想定するとすれば、かつての清福集落では集落内での婚姻が多数行われていたということが前提となる。そこで特に潘族と阮族の婚姻状況について検討しておく。

まず18世紀～20世紀にかけての家譜が特に充実している阮玉氏の各家譜より婚姻状況のあらましを明らかにする。清福集落の家譜は大半が男性・女性に分けて姓名を列挙する形式であり、列挙されている人数は男性と女性とほぼ同数、もしくは女性名の方が若干多い傾向がある。このように女性に関する情報が相対的に多いのが清福集落の家譜の特徴の1つであるが[5]、前章で検討した阮玉氏の各家譜における男性名列挙部分と同様、女性名列挙部分についても家譜を継修するたびに新たに死亡した女性を家譜に追加していくことにより情報の更新がなされている。例えば阮玉氏現存最古の1719年修譜の家譜［TP阮玉24］には合計133名の女性名が列挙されているが[6]、その次の1765年修譜の家譜［TP阮玉2］では新たに81名の女性が追加されている。これらの女性名は1719年～1765年の間に死去した阮玉氏男性の妻、もしくはその女児ということになる。このように家譜の継修時に追加された女性の姓名をまとめると【図表9-1】のようになる。

---

5) 女性名が多いとはいっても、記載されている女性は族人男性の妻、もしくはその女児などであり、決して母系的に系譜を辿っているわけではない。父系血縁に基づいて始祖にまで遡及し、それに付属する形で彼らの妻子についても記載しているだけであり、基本的には父系に基づく家譜といってよい。このように自己を中心として父系に偏向しつつ女性も含めた親族の遠近を認識している状況は、末成［1995：22-23］の提唱する「父系キンドレッド」という概念により捉えるのが適切であろう。

6)［TP阮玉24］における女性名133人の内訳は以下の通り。阮姓116人（87.2%）、潘姓6人、黎姓6人、張姓2名、陳姓・何姓・胡姓が各1人。

第 9 章　フエ近郊の郷村社会と親族集団の形成

【図表 9－1】阮玉氏家譜における女性名の増加

整理番号 編纂年	[TP 阮玉 2] 1765 年	[TP 阮玉 25] 1798 年	[TP 阮玉 5] 1860 年	[TP 阮玉 4] 1924 年	[TP 阮玉 6] 1954 年
増加人数	81 人	4 人	148 人	45 人	8 人
増加内訳	阮姓 67 人 潘姓 6 人 黎姓 2 人 陳姓 2 人 胡姓 1 人 呉姓 1 人 阮文姓 1 人 阮玉姓 1 人	阮姓 4 人	阮姓 125 人 潘姓 17 人 陳姓 2 人 張姓 1 人 范姓 1 人 呉姓 1 人 黎姓 1 人	阮姓 32 人 潘姓 10 人 黎姓 1 人 宋姓 1 人 ■姓 1 人	潘姓 3 人 阮姓 2 人 胡姓 1 人 黎姓 1 人 陳姓 1 人
阮姓割合	83.7%	100.0%	84.5%	71.1%	25.0%

　【図表 9－1】において、それぞれの継修の際に追加された女性名のうち、阮姓以外の女性については阮玉氏の男性と婚姻した他族の女性と考えて間違いなかろう。その内訳をみると潘姓が最も多い。これは清福集落内の潘族女性との婚姻と考えるのが自然である。潘族以外の他姓女性となると数的に限られ、黎姓、陳姓、呉姓、張姓などが散見するが、これらは開耕氏族である七族の中に含まれる姓であることは注意を要する。現在の清福集落においては、潘族・阮族以外の七族としては黎族が清福集落内の存続するのみであり、陳・張・呉・黄の四族は断絶している状態にある［Đỗ Bang 1990：15-21］。しかし前章で見たように 1786 年の西山朝丁簿を見る限り陳・張・呉の 3 族は少ないながらもまだ存在しており、1890 年の阮朝丁簿で陳姓が 1 人のみとなり、呉姓・張姓が消滅する。つまり清福集落内で呉族・張族が消滅したのはおおむね 19 世紀初〜中頃、陳族が消滅したのは 19 世紀末以降と考えられる。一方、【図表 9－1】を見ても、同様の傾向が見られ、呉姓・張姓が 1860 年の修譜で追加されて以降、姿を消しており、陳姓のみが 1954 年の修譜で一名追加されている。この様に阮玉氏の各家譜の継修において呉姓、張姓が消滅する時期と、清福集落の人丁構成における潘・阮・黎による寡占状況の進行する過程が時期的にリンクしていることから、黎姓、陳姓、呉姓、張姓の女性についても集落内における婚姻である可能性が高い。明らかに七族以外の女性との婚姻と考えられるのは胡姓、范姓、宋姓の女性のみとなる。

次に阮姓の女性について見ると、1765年、1798年、1860年の修譜で追加された女性名における阮姓の割合は80％を越えているが、20世紀に入ると減少傾向となる。これら全てが阮玉氏男性の妻というわけではなく、阮玉氏族人の世帯に生まれて他氏族に嫁いだ女性も数多く含まれていると考えられるが、現時点で両者を見分ける手段はない。またキン族は姓のバリエーションが少なく、近隣集落にも多くの阮姓が存在するため、これらから嫁いできた女性が含まれる可能性も捨てきれない。しかし、幸い阮文氏の家譜には清福集落では例外的に一族内の血縁関係を詳細に記した1901年修譜の家譜［TP阮文1］が現存している。同家譜は阮文壁を「高祖」とし、そこから19世紀末に至るまでの族人男性の姓名、その妻子の姓名を列挙している[7]。清福集落の家譜は一般的に世代数に関する記述が曖昧でありそのまま鵜呑みにはできないものがほとんどであるが、この［TP阮文1］については阮文壁以降の族人の血縁関係をかなり詳細に記していることから世代数は信用できる。したがって1世代を25年前後とした場合、阮文壁はおおむね18世紀後半の人物となり、そこから19世紀末までの族人の情報を記したもの考えられる。この［TP阮文1］において妻、正室、側室、妾などと記載された女性については、他集落から嫁いだ女性の場合は「貫〜〜」と原貫地が記されており、集落内の女性であるか、集落外の女性であるのか比較的明瞭である。これによると18世紀後半から19世紀末に阮文氏男性に嫁いだ54人の女性のうち、阮姓が22名、そのうち他集落出身2名となり、集落内において阮文氏男性と阮玉氏・阮登氏の女性の間での婚姻が多数行われていたと推測される。
　このように潘族・阮族については支族への分枝の経緯は詳細不明ではあるが、集落人口の大半がこの2族によって占められている状況下で、各支族は同姓不婚の原則を回避しつつ集落内での通婚を容易にするための外婚単位と

---

7) ほぼ同時に編纂されたと思われる阮文氏の家譜［TP阮文2］を見ると阮文壁が「高祖」とされ、9世代前の「阮大郎」が始祖とされている。したがって阮文壁が阮文氏の始祖というわけではなく、［TP阮文1］は1901年時点で系譜関係の明瞭であった18世紀後半についてのみ記したものと考えられる。また［TP阮文2］の世代深度を信用すれば阮族の中で阮文氏が分枝したのは17世紀後半くらいとなるが、始祖から阮文壁の間の世代は姓名も曖昧であるなど典型的な中空構造となっており、鵜呑みにできない。

して機能していたと考えられる。これは清福集落における集落成員権が開耕氏族という親族集団によって独占されていたのと密接に関係していると考えられる。以下では各支族における支派の形成を見ることによって先住氏族と後発移住者の関係について見ていきたい。

　最初に筆者が清福集落における聞き取り調査で確認できた支派形成と移住者に関する3つの事例を紹介した後、史料における支派形成について検討していきたい。

【事例1】潘有氏第五派
　現在の支派長であるPHV氏は『武文族本派奉修』［TP潘有第五派1］なる1985年編纂の家譜を所有している。PHV氏によれば、第五派の支派祖は阮朝期に広義省から「水師」として清福集落に移住して潘有氏の女性と婚姻した後、族加入申請（xin nhập vào）をして潘有氏の構成員として認められ、潘有氏の中で1つの支派を形成したものであるという。上記の家譜においても広義省平山県平河総安富村出身の高祖副衛尉武文枝が潘氏道と婚姻したことになっており、この証言とほぼ一致している。PHV氏によれば潘有氏第五派は潘族、潘有氏の忌日とは別個に支派祖である武文枝の忌日（陰暦6月30日）を支派の忌日として持っている。武文枝は清福集落において死去したが、墓は集落内ではなく原貫地の安富村にある。潘氏道の墓は集落内にあるとのことである。

【事例2】阮登氏第三派・第四派
　NĐC氏（阮登氏族長兼第一派長）及びNĐH氏（阮登氏第二派長）によれば阮登氏は現在、4つの支派に分かれているが、そのうち第三派と第四派では女性を支派祖としている。第三派の支派祖はNguyễn Thị Lịchなる女性で、夫はLê Văn Lụcなる清化出身の人物とされている。また第四派の支派祖はNguyễn Thị Yênなる女性とされているが、夫の姓名は不明である。恐らく武人の妾（vợ bé）であったのではないかとのことであったが、それ以上の詳細は不明であった。

【事例3】黄氏（族加入の未遂例）

　清福集落の開耕氏族の1つとして黄氏が挙げられているが、この黄氏は19世紀末に清福集落に移住してきた全く別の一族である。現族長のHT氏（1935年生）によれば、祖父のHuỳnh Huế は水兵として清福集落に移住し、潘文氏の女性であるPhan Thị Thanhと婚姻した。その子供のHuỳnh Vuiも同じく潘文氏の女性であるPhan Thị Cháuと婚姻し、夫妻の間に生まれたのがHT氏である。HT氏は潘文氏との2代にわたる婚姻関係を根拠として族加入申請をして潘文氏に入ろうとしたが、抗仏戦による混乱により果たせなかった。その後、社会主義政権により南北が統一され、集落内で開耕氏族のみが特権を持つ状況が解消されたため族加入申請をする意味自体がなくなり、黄氏のまま現在に至っている。

　これら3つの聞き取り事例により、清福集落への移住について幾つかの特徴が見いだせる。第一に、聞き取りにより得られる情報の多くは19世紀までが限界とならざるをえないが、それらの事例を見る限りほとんどが広南省・広義省からの水軍関連の移住者である。これは19世紀以降、清福集落がフエ防衛上の軍事拠点とされ、水軍部隊が駐留していたことによるものであろう。第二に、【事例2】で女性を支派祖としていることからもわかるように、親族集団内における女性の扱いに強い原則性が見られない。この背景には、恐らく清福集落への移住者の大半が軍事関係者であるという事情が密接に関わっており、清福集落の女性と婚姻した武官や兵士が、その後の配置転換や兵役を終えて原貫地へ帰るなどの理由により他所へ移動し、妻子が集落内に取り残されてしまったというようなケースが想定される。これに対し兵役を終えた後も集落に残り定住したのが【事例3】である。第三に集落成員権を得ることができるのは実質的に開耕氏族である潘・阮・黎の三族の構成員のみであるため、移住者が集落成員権を得るためにはこれら三族との婚姻関係が必須であった。しかし移住者の社会的地位などにもよるが、通常は移住者が三族の女性と婚姻したからといって即座に構成員となることはできない。特定の一族と数代に渡り婚姻を繰り返したのち、初めてその族に加わることが認

められる。

　次に、以上のような清福集落における支派形成の特徴を考慮しつつ、清福集落の史料から移住者への対応を検討する。まず挙げられるのは阮登氏祀堂に現存する史料［TP阮登1］である。これは族加入申請に際して阮登氏に対し提出された文書と考えられるが、以下のように記されている。

　　清福社の阮文鵒等、（阮登氏への）加入と「派」を設けることを乞わんがために文書を記す。私の曾祖陳項は阮族の阮氏㛪と婚姻しており、親戚関係にあり親しく交流しているので、ここに敢えて呈示させていただきます。阮登氏は私共が譜籍に入ることを許し、親族間の交流が確固たるものであることを示されんことを。ここに謹んで呈示いたします。
　　丁亥年十月二十二日

　　　　　　　　　　　　　　　　　　　　　　　　　阮文鵒点指
　　　　　　　　　　　　　　　　　　　　　　　　　阮文□点指
　　　　　　　　　　　　　　　　　　　　　　　　　阮文請点指[8]

干支により作成年が記されているため年代特定が困難だが、史料の状態から恐らく1887年と推測される。これよれば曾祖父の陳項が阮氏㛪なる女性と婚姻したことを根拠として阮文鵒以下の3人が阮登氏に加入して新しい「派」を作ることを申請していることがわかる。聞き取りの【事例3】を考慮すると陳項が阮登氏の女性と婚姻した後、その子や孫の世代においても阮登氏と婚姻を繰り返し、最終的に曾孫の阮文鵒らの世代が族加入申請をするに至ったと考えるのが自然である[9]。

　8）清福社阮文鵒等、爲立詞乞著入附派事。縁民曾祖考陳項、配與阮族阮氏㛪、係是戚屬親情、輒敢具呈。貴族許民等入譜籍、俾表戚屬之情萬頼。今肅呈。
　　　丁亥年拾月貳拾貳日
　　　　　　　　　　　　　　　　　　　　　　　　　阮文鵒點指
　　　　　　　　　　　　　　　　　　　　　　　　　阮文□點指
　　　　　　　　　　　　　　　　　　　　　　　　　阮文請點指
　9）族加入申請を行った3人が既に阮文姓を名乗っている点も注意を要する。恐らく阮登

次に阮玉氏の各家譜についてみる。現在、阮玉氏の祀堂には1719年〜1967年にかけて修譜された7つの家譜が現存しており、各家譜における世代深度については前章において検討した。清福集落における家譜の記述方式としては、全体を男性の部と女性の部に分け、男性部には男性族人の姓名を列挙し、女性の部には女性族人の姓名を列挙するという特徴があり、阮玉氏の各家譜もこれを踏襲している。しかし1798年修譜の家譜［TP阮玉25］を見ると男性の部に「阮氏瑪」「阮氏浿」なる明らかに女性名としか考えようのない人物が2名混入している[10]。1798年の修譜に先行する家譜は1765年修譜の［TP阮玉2］であるが、この家譜にはこれらの女性名は見られない。したがって阮氏瑪と阮氏浿という2人の女性は1765〜1798年の間に死去し、1798年の修譜の際に新しく書き加えられた人物である。しかし1798年の次に継修された1860年の家譜［TP阮玉5］では男性の部からこの2人の姓名が削除されている。その前後の男性の姓名についてはそのまま引き写されていることから、これは単なる誤写ではなく意図的削除と考えられる。

　こうした男性名列挙部分への女性名の混入は、どのような状況を想定すべきであろうか。ここで参考となるのは支派祖を女性とする場合があるという聞き取りの【事例2】である。先述のように【事例2】の場合、女性が支派祖とされたのは移住者との婚姻が原因として挙げられるが、阮氏瑪と阮氏浿の場合についても同様の状況を想定することは可能であろう。その際に一族女性と婚姻した男性移住者を家譜に記載するのではなく、便宜的に婚姻女性を男性扱いとして男性の部に記載したため、1798年の家譜［TP阮玉25］では男性の部に女性名が混入することになったと考えられる。一方、1860年の家譜［TP阮玉5］において男性の部から女性名が削除された理由は明白である。これはたとえ便宜的にではあれ男性の部に女性名が混入するような記述はふさわしくないとして編纂者が意図的に削除したものであり、そこには父系血

　　氏と婚姻を繰り返す過程で陳・阮の複姓状態になっており、状況に応じて2つの姓を使い分けていたのであろう。
10）キン族の場合、姓と名の間に「氏Thị」がつく場合は女性であり、男性には用いない。誤記とは考えにくい。

縁原理にもとづき男女を峻別する儒教的思考の影響が看取できる。

　次に阮登氏の家譜についてみる。阮登氏の家譜も阮玉氏の場合と同様、基本的には姓名を男性・女性に分けて族人の姓名を列挙するのみの家譜であるが、1856年修譜の家譜［TP阮登5］や1887年修譜の家譜［TP阮登6］には男性の部に「附族黎文緑」として阮姓以外の人物が混入している。先の聞き取りの【事例2】においては第三派の支派祖はNguyễn Thị Lịchなる女性、夫はLê Văn Lụcなる清化出身の人物とされていたが、「黎文緑」を現代ベトナム語に音訳した場合「Lê Văn Lục」となり、同一人物と考えられる。したがって移住者が族内に加入して新たな支派を形成した際、18世紀の阮玉氏の修譜とは異なり、19世紀の阮登氏は修譜の上では「附族」と但し書きを付けた上で移住男性を記載するという対応を取っている。これは阮玉氏の19世紀の修譜において男性の部から女性名を削除したのと同じく、男女の別を強く意識した対応であると言える。

　以上、清福集落の開耕氏族における支派形成を中心として移住者への対応について見た。清福集落では軍事関係者を中心とした移住者が開耕氏族の女性と婚姻し、その後「xin nhập vào」と呼ばれる族加入申請を経て開耕氏族内で支派形成する事例が散見する。聞き取りや史料により確認できる19世紀以降の事例を見る限り、数代に渡り特定の開耕氏族と婚姻を繰り返す必要があるなど、父系血縁原理の適用により容易に開耕氏族の一員となれない仕組みになっており、これがひいては移住者の集落成員権獲得を困難とすることに繋がった。しかし18世紀以前についてみると、例えば阮玉氏の家譜において男性の部に女性名が混入する状況から見てもわかるように、父系を一応の原則とはしつつも、その適用に関してはかなり柔軟な側面が見受けられる。このような状況は、現在も阮登氏において支派祖を女性としている事例があるように、19世紀以降完全に解消したわけではないが、概して19世紀以降、儒教的な父系血縁原理の適用がより厳格になっていると言える。

第2節　開耕氏族における祖先祭祀

　前節では清福集落の各親族集団が19世紀以降、父系血縁原理を強化することにより、後発移住者の集落成員権の獲得を阻んでいたことを明らかにした。この背景には明らかに男女の別を重視する儒教の影響が認められる。そこで本節では親族集団の儒教的儀礼における重要な構成要素である祖先祭祀に注目して、清福集落における各親族集団の宗教実践の変容を検討する[11]。

　まず、祖先祭祀がどの時点まで遡れるかであるが、前章でみたように阮族長支の阮玉氏の場合、祀堂に現存する最古の家譜は1719年の［TP阮玉24］であり、少なくとも18世紀初頭には父系血縁原理に基づいた祖先祭祀がある程度行われていたのは確実である。また潘族長支とされる潘有氏については清福集落の開耕神であり、潘族の始祖とされる潘粘の事跡をしるした『大宗潘族給憑』が1775年、また現存最古の家譜は1777年であり、18世紀後半までしか遡れないが、始祖の位牌が18世紀前半に製作されていたことが確認できる。このことから少なくとも18世紀初頭には潘族・阮族の長支において祖先祭祀が開始されていたことは確認できる。

　しかし、先述の阮玉氏最古の家譜［TP阮玉24］における祭文の部分を見ると、実際の祖先祭祀の実践には明らかに儒教以外の要素が色濃く混入している。

> 大越国順化處肇豊府富栄県洪福社に居するところの奉道禠主族首の阮福貴・阮玉鯨…〈中略、現在の族人を列挙〉…阮玉慈全族等、心情を述べる。祈るところは言葉となり、食らうところは人の血となり肉となる。忝くも我ら末裔は、天地神明の恩情を受け、先祖が我々をこの世に生み出してくださった恩徳に感じ入りつつ述べる。この年において我ら全て

---

11) 大西和彦［2003：110-139］が清福集落文書の道教関連記事から広南阮氏の道教について検討しているが、集落内での宗教実践についてはまだ本格的検討はなされていない。

第9章　フエ近郊の郷村社会と親族集団の形成

の族人は、その過去に想いを馳せ、また祖先の御恩に報いんとし、吉日を選び、謹んで法事を営む。顕上高々祖の陳留郡阮為大郎…〈中略、男性名・女性名を数百人列挙〉…阮氏烹等の魂におかれましては、生前の事々を追憶するに大過なく、その後の我々の悠々たる生活に感謝するも、いまだ（先祖の魂の）「超昇」を加護していない。上は高曾祖考より、いまだ「真境」に至らず、下は親族末裔に至るは、いまだ冥界を脱していない。祈るらくは諸々の霊魂を仙界に帰さんとし、謹んで儀式を準備し、日取りを占ったところ、本月（6月）13日を選んだので、道士を呼び、浄処に赴いて、「雷公襖主兼解除重喪・神熬祈安襖壇」1つを設置した。全て道典により、規定のごとく執り行った。中には特に場所を設けて真経を唱えて、大いに宣揚して感謝した。[12]

このように、清福集落の家譜は、族長を始めとした現在の族人が先祖に対して呼びかけるという形式をとっている場合が多い。引用を省略した始祖阮為以下の部分には数百人の族人の姓名が列挙されており、この部分が実質的には「家譜」となっているが、厳密に言えば祭礼の際に先祖への呼びかけを記し、祭壇などに奉納した祭文の一種と考えた方がよい[13]。祭礼は陰暦6月13日に行われており、これは後に見る阮玉氏の各家譜でもほぼ同時期に行われている。日取りを占いで決めていることからわかるように、先祖の忌日に祭礼を行っているわけではない。後引する19世紀以降の家譜［TP阮玉5］には先祖の霊魂を迎えて食べ物を供えたのち宴会を行う記述も見られることから、時期的な要素も考慮すると仏教の施餓鬼に相当する祭礼であろう。特に

---

12) 大越国順化處肇豊府富栄県洪福社居奉道襖主族首阮福貴阮玉鯨…〈中略〉…阮玉慈全族等、言念情旨。祈為言念、叩為人子。忝以玄孫荷乾呻覆載之恩、感祖宗生成之徳述。於茲年臣全族等、想其前例、報答祖先、択日平安、虔修法事。求存顕上高々祖陳留郡阮為大郎…〈中略〉…阮氏烹等魂、追念生前事々、能無慇過、還彊継後悠々、未護超昇。上自高曾祖考未登於真境、下及戚属玄孫或未脱於冥塗。祈諸霊爽、欲帰仙界、虔修式、按冲科、涓取本月十三日、請命道流、就于浄処、修設雷公襖主兼解除重喪神熬祈安襖壇一筵。咸依道典、如式宣行。於中特設、諷誦真経、揚礼謝。
13) 便宜上、本書ではこれらの史料も含めて「家譜」としておく。

注目すべきは先祖の姓名を記したあとの部分である。要約すると、自分達が先祖を供養することによって彼らの霊魂が「超昇」して「真境」に至る、すなわち無事に仙界に達することを願うものであり、吉日を選んで道士を呼び、祭壇を立てて道教の教典に則って祭祀を挙行し、道教の経書が誦経されたことを述べている。これを見る限り、確かに祭祀の対象は阮為以下の先祖達であることは間違いないものの、先祖それ自体を神格化して祭祀するというよりは、彼らの霊魂がこの世をさまようことなく無事に昇仙することを祈る文章である。祭礼に当たり設けられた祭壇も名称を見る限り雷神信仰にもとづく神霄雷法が行われたものと推測され、明らかに道教色が強い。大西和彦によれば18世紀のベトナム仏教界では時として仏僧が道士を自称して儀礼を挙行するほどに神霄雷法の思想や技法が普及しており、また儒教入門者に対しても道教儀礼が行われるなど、道教が当時の社会において強い影響力を持っていたことが明らかにされている［大西 2006：96-100］［大西 2012：67-98］。さらに同氏により18世紀中から清福集落の仏教寺院（洪福寺）では道教神が合祀されていたことも明らかにされている［大西 2003：128-132］。［TP阮玉24］に見られる18世紀初頭の阮玉氏の祭祀はこのような宗教状況を反映しており、フエ周辺の庶民レベルの宗教実践では道教色がかなり強かったことを示している。

　第二に注意すべきは、上引の史料を見る限り、家譜が作られた1719年の時点では祭礼は屋外で行われていたことである。基本的な形式としては「道士を呼び、浄処に赴いて、「雷公襆主兼解除重喪・神熬祈安襆壇」1つを設置した」とあることからもわかるように、祭礼のために呼ばれた道士が風水上の適地を選び、そこに祭壇を設けて祭礼を行っていたことがわかる。この時点で阮玉氏は祀堂などの祖先祭祀に特化した恒久的施設を所有していなかったため、その都度、屋外に祭壇を設営して祭礼を挙行していたと考えるべきであろう。阮玉氏の場合、この時点で始祖の位牌などを製作していたかどうかは史料上では不明であるが、仮に既に所有していたとしても、族長の自宅の祭壇に安置されている程度であり、阮玉氏という親族集団の祖先祭祀において中心的役割を果たしていたとは考えにくい。このような状況は上引の1719

年の家譜［TP阮玉24］に続き、継修された1765年の家譜［TP阮玉2］、1798年の家譜［TP阮玉25］においても同様である。例えば1765年の家譜［TP阮玉2］では「一に旧典に遵い、敢えて道教の名流に憑み、禊筵を肆設し、香魂の超度に達するを冀う（一遵旧典、敢憑道教之名流、肆設禊筵、冀達香魂之超度）」とあり、また1798年の家譜［TP阮玉25］では「咸な道典に依り、式の如く宣行す（咸依道典、如式宣行）」と記述されるなど、1719年の家譜［TP阮玉24］とほぼ同様の文言がある。また祭壇の設営に関する記述もほぼ1719年の家譜［TP阮玉24］と同様である。したがって18世紀中の阮玉氏では、道教色の強い祭礼が屋外にその都度、祭壇を設営するという形式で祖先祭祀が行われていたと考えられる。

　このように道教色の強かった18世紀の状況に対し、1860年の家譜［TP阮玉5］では儒教色が強まっている。この家譜の祭文に相当する部分を引用すると以下のようになっている。

　　大南国承天府香茶県永治総清福社の族長阮玉侍…〈中略、現在の族人を列挙〉…阮氏成ら全族の老若男女らが密かに思うに、樹木の鬱蒼と茂るのは根により、河水の滔々と流れるのは源による。この世に現れる全てのものには、「根」があり「本」がある。蓋し人の生まるるは先祖のお陰である。ここに我ら一族一同、万代を継承し、多くの人々を擁するに至っている。天地神明の恩情を受け、近きを漏らさず、遠きを忘れず、先祖が我々を生み出してくださった徳に感じ入る。故に内外に様々な意見があろうとも、追憶する事に関しては反対するものはない。寓寸を耕作し、懇歓を楽しむに、誠意と敬意をもってし、祭壇において深く祈りを捧げて、世俗から超越する。願わくば顕上高高高高祖陳留郡阮為大郎…〈中略、男性名数百人〉…阮公無名、及びその妻の顕上高高高高祖妣京兆郡黎氏朶大娘…〈中略、女性名数百人〉…阮氏卒稍などの全ての一族・遥か昔の親族・有名無位・有位無名・早逝の男女などの諸々の霊魂、共に祭礼に赴き、共に来たりて飲食した。伏して願うらく、祖先が超度して、みな快楽の郷に登り、我ら一族が平安で、長久の慶を共に享受せんこと

を。[14]

　このように、1860年の家譜［TP阮玉5］の家譜では、18世紀の家譜には見られなかった記述が目につく。例えば冒頭にある「樹木の鬱蒼と茂るのは根により、河水の滔々と流れるのは源による…」という記述は家譜・族譜などでしばしば見受けられる「木には必ず根があり、川には必ず源があるように、現在の我々があるのは先祖のおかげである。したがって我々は先祖をここに祀る。云々」という先祖と現在の人々の間の血脈を強調する場合に用いられる記述の典型的なパターンであり、明らかに儒教の影響を受けた記述方式である。さらに祭祀対象とする先祖の姓名を列挙したのちの後段部分を見ると、「共に祭礼に赴き、共に来たりて飲食した」あるいは「祖先が超度して…」などの記述から18世紀に行われていた屋外の祭礼は継続していたと考えられ、集まった族人達が屋外に赴き、先祖の霊魂に食べ物を供えたのち宴会を行う施餓鬼に近い祭礼が行われていたと考えられる。しかし18世紀の家譜において必ず見られた屋外での祭壇の設営に関する詳細な記述はなくなっている。これらの記述をみる限り、1860年の家譜［TP阮玉5］では18世紀の影響が明らかに残ってはいるものの、全体としてはかなり儒教色の強い記述の仕方に変わっている。

　次に潘族長支の潘有氏の場合について見る。先述のように潘有氏の場合、18世紀に始祖の位牌が作成されており、18世紀の段階で祖先祭祀が行われていたのは確実である。最古の家譜は1777年と推測される［TP潘有1］である。この家譜の祭文部分は以下のようになっている。まず前段部分は、

14）大南国承天府香茶県永治総清福社族長阮玉侍…〈中略〉…阮氏成全族男女大小等窃念、木之千条鬱鬱従本、而生水之萬派滔滔由源。所出験物類、有根有本。蓋人生由祖由宗。茲臣等族出一門、継伝萬代、総而群、林而聚。荷乾坤覆載之恩、邇不泄、遠不忘、感祖宗生成之徳。故内外雖云有異念、追思罔有何殊。聊耩寓寸忱懇款、致誠致敬、祭壇爰啓深祈、乃脱乃超。恭薦顕上高高高高祖陳留郡阮為大郎、高高祖阮遇大郎…〈中略〉…阮公無名、配以顕上高高高高祖妣京兆郡黎氏朶大娘…〈中略〉…阮氏卒稍普及門中・先遠戚属・有名無位・有位無名・卒稍男女等諸香煙、共赴祭筵、同来歆享。伏願、祖先超度、同登快楽之郷、全族平安、共享延長之慶。〈以下略〉

340

> 大越国順化処承天府香茶県永治総洪福社に居するところの奉道襙主族長の潘有譜…〈中略〉…潘氏定全族が心情を述べ、祈りを言葉となす。樹木の鬱蒼と茂るのは根により、河水の滔々と流れるのは源による。この世に現れる全てのものには、「根」があり「本」がある。蓋し人の生まれるは先祖のお陰である。ここに我ら一族一同、万代を継承し、多くの人々を擁するに至っている。天地神明の恩情を受け、近きを漏らさず、遠きを忘れず、先祖が我々を生み出してくださった徳に感じ入る。故に内外に様々な意見があろうとも、追憶する事に関しては反対するものはない。寓寸を耕作し、懇歓を楽しむに、誠意と敬意をもってし、祭壇において深く祈りを捧げて、世俗から超越する。[15]

となっており、一見してわかるように姓名列挙部分を除くと、先引の1860年の阮玉氏家譜［TP阮玉5］とほぼ同文であり、明らかに19世紀の阮玉氏の家譜は、この潘有氏の家譜［TP潘有1］を参考としたか、同一の文書作成マニュアルを参照して作成されたものである。それに対して後半部分にには以下のような記述が見られる。

> 本月（6月）14日、道観を訪問して、道士を呼び、浄処に赴き、「雷司薦援祈安礁壇」を設置した。その日の夜、全て道典に依り、規定に従い行った。[16]

このように祭礼（施餓鬼）を行うにあたり道士を呼んでおり、風水上の適地を選んで祭壇を設営したのち道教的儀礼を行っている。祭礼の式次第は18世

---

15) 大越国順化処承天府香茶県永治総洪福社居奉道襙主族長潘有譜…〈中略〉…潘氏定全族情旨、祈為念言。木之千条鬱鬱従本、而生水之萬派滔滔由源。所出験物類、有根有本。蓋人生由祖由宗。茲臣等族出一門、継伝萬代、総而群、林而聚。荷乾坤覆載之恩、邇不泄、遠不忘、感祖宗生成之徳。故内外雖云有異念、追思罔有何殊。聊耦寓寸忱懇款、致誠致謹、祭壇爰啓深期、乃脱乃超。
16) 本月（六月）十四日、…〈中略〉…詣叩玄門、請命道流、就于浄処、修設雷司薦援祈安礁壇。一日夜、咸依道典、如式宣行。

紀の阮玉氏とほぼ同様と見るべきであろう。一方で阮玉氏の1860年の家譜［TP阮玉5］は前半部分についてはほぼ［TP潘有1］を引き写しているにもかかわらず、後半部分にはこのような記述は見られない。この部分については意図的に参考にしなかったと考えるべきであろう。全体としては［TP潘有1］は18世紀の阮玉氏家譜と、19世紀の阮玉氏家譜の中間に位置する家譜といえる。

このような阮玉氏と潘有氏における18世紀から19世紀にかけての家譜記述の変化は何に起因するものであろうか。ここでは、その手掛かりとして末成道男［2008：150-161］による現在の清福集落における墓祀りの観察を参照したい。末成は2005～2007年にかけて清福集落の各支族における陰暦12月（tháng chạp）の墓祀りの過程を具体的に記録している。それによれば清福集落では陰暦12月4日～21日の間に墓祀りが行われ、以下のような経過を辿る。まず墓祀りの前日に祀堂に一族のものが集まり族長が祭壇に向けて拝礼を行う。その翌日、墓地に向かい一族の先祖の墓周辺の草刈りや整地などを行ったのち、長老の1人が派祖の墓前で拝礼を行う。その後、いくつかのグループに分かれて下の世代の祖先の墓をまわる。しかし、始祖や支派祖の墓や比較的最近に死亡した近親者の墓などを除くと、殆どの墓では埋葬されている祖先の名前や世代、親族関係その他の個別的情報はわからず、墓の位置すらも曖昧となっている。回り終えると一族の祀堂へと帰り、庭に集まってくる餓鬼とそれらを監督する神様のための供え物の卓がしつらえられ、正装した数人の長老や参加者が祭壇に拝礼を行う。これが一段落すると供え物は下げられて調理場へ運ばれ、正午近くに集まってきた一族の人々が卓を囲んでの宴会が開かれる。

末成の観察における現在の墓祀りでは、始祖の墓などについても、そのための祭壇を設営するということは行われておらず、また線香を供えて拝礼をするのみで供物は必須ではない。このように簡略化されているのは、恐らく墓祀りを終えたのち祀堂において供物を供え、祭壇前で拝礼を行うため墓祀りでそこまでするのは不要ということであろう。つまり墓祀りは単に墓の掃除を行うことが主目的であるから先祖には挨拶程度でよく、先祖への供養と

いう点では、墓を回ったのち祀堂で行う祭礼の方が主であると認識されているためであろう。

　末成の観察記録は陰暦12月の墓祀りであるのに対し、各家譜を見る限り、家譜の編纂・継修が行われ先祖に対し奉納されるのは陰暦6月であるため単純な比較はできないが、先引の1860年の家譜［TP阮玉5］では「（先祖の霊魂と）共に祭筵に赴き、同に来たりて歆亨す。」とあることからもわかるように、先祖の霊魂を迎えて供物を供えのち、そのお下がりで宴会を開いており、恐らくほぼ同様の式次第で墓祀りと祭礼が行われたと推測される。このように考えると1860年の家譜［TP阮玉5］において祭壇の設営に関する記述が見られない理由も明解であり、屋外における道教的儀礼の記述の有無は、当時の阮玉氏や潘有氏が祀堂を所有していたか否かに起因すると考えられる。阮玉氏の祀堂建設年は比較的明瞭であり、阮玉氏祀堂には祀堂建設のための土地契約文書［TP阮玉20］が現存している[17]。これによれば明命7年（1826）1月24日付けで、潘文荘と黎氏断の夫妻が土園1高を銭35貫文で阮玉氏へと断売している。契約文中には「立詞日自り、此の土園を交わし、阮族等に与えて壱任し、祀堂を結立し、子に伝え孫に留め、永く己物と為す。（自立詞日、交此土園、与阮族等壱任、結立祀堂、伝子留孫、永為己物。）」とあり、阮玉氏が祀堂を建設するために土地を購入したことがわかる。この土地購入後、そう遠くない時期に阮玉氏は祀堂を建設したと考えられる[18]。一方、潘有氏については祀堂の建設年を直接示すような文書史料は見当たらない。しかし現在の潘有氏祀堂には「顕承祠」なる扁額が内部の祭壇上に掲げられており、その製作年代が嗣徳4年（1850）であることから、少なくとも

17）［TP阮玉20］は3点の土地契約文書を1つにまとめて小冊子状に綴ったものであり、祀堂建設地購入の土地契約文書は3番目に綴じられている。この他、ほぼ同内容のものが［TP阮玉22］にも綴られているが、こちらには署名部分に点指がない。祠堂の土地所有権に関わる重要文書であるため、［TP阮玉20］の紙質の劣化に対応して、後世に書き写されたものと考えられる。ベトナムの土地契約文書の特徴については［山本　1940：370-383］参照。

18）これ以外に阮登氏が土地契約文書［TP阮登3］により1887年頃に祀堂を建設していたことが確認できる。阮文氏は不明だが、長支とされる阮玉氏より早いということはないと考えられる。

19世紀前半に祀堂が建設されていたことは確実である。1777年の家譜［TP潘有1］では屋外で道教的儀礼が行われていることから、当時の潘有氏が祀堂を所有していたとは考えにくい。潘有氏の祀堂建設は19世紀前半と推測される。

この祀堂建設を契機として、阮玉氏・潘有氏の祭礼の形態は大きく変化したと考えられる。18世紀中はその都度、風水上の適地を選んで祭壇を設営していたのが、恒久的施設として祀堂が建設されたことにより不要となるからである。その結果、屋外の墓祀りにおける祭礼は次第に簡略化されて祀堂中心へと移行し、最終的に末成が観察したような現在の形態に至ったと考えられる。これは単に祭礼の場が祠堂に移ったというだけでなく、祭礼の実践にも大きな影響を与えており、祖先祭祀のための中心的施設として祀堂が建設されたことにより次第に儒仏道の混淆状態から、やや儒教が突出することになった。

以上のように、清福集落では血縁・親族の認識における儒教的父系血縁原理の強まりと並行する形で、祖先祭祀を行う場としての祀堂が建設され、宗教実践も変化してきたことを明らかにした。次節ではこのように19世紀以降、儒教色を強めつつあった開耕氏族が清福集落においてどのように族資産を形成していったのかを検討する。

第3節　開耕氏族における族資産の形成

本節では清福集落の開耕氏族における族資産の形成を検討する。族資産の代表的なものとしては、前節で検討した祀堂以外に族有田が挙げられる。祀堂が主として祖先祭祀その他の様々な祭礼・会合の場として機能し、氏族運営の核になるものとすれば、族有田（香火田）はそのために必要な諸経費を賄うためのものであり、氏族の運営を経済面で支えるものである。現在の清福集落には族有田は存在しないが、統一後の農地改革以前には開耕氏族の多くが族有田を所有していた。潘族や阮族で所有する場合、あるいはそれ以下

の各支族や支派で所有する場合など様々であるが、少なくとも30畝以上の族有田が存在していたようである。潘玉氏族長PNX氏によれば、これらの族有田や族の所有地はその由来の相違から大きく3つに分けられたという。第一は族の所有物（của họ）、つまり純粋に族人が資金を出しあって共同で購入したもの。第二は寄進によるもの、つまり夫婦に子がいない場合に、死後の祭祀維持を条件として自己の所有地を一族に寄進したものである。これらの事例は各族が所有する土地契約文書からも確認でき、また北部紅河デルタの碑文拓本などを見ても、族有田の購入・寄進に関する碑文が17世紀後半以降、急増しているようにことさら特殊なものではない。第三は「半公半私（ban công ban tư）」とされるものである。PNX氏によれば、これは嘉隆年間（1802～1819）に社から売却されたものであり、潘・阮・黎の三族のみが所有していたという。そこで亭や各祀堂に現存している文書群を捜索すると、確かにこれに該当すると思われる嘉隆12年（1813）10月26日付けの土地売買関連の文書群が現存している。以下、これらにより「半公半私」の族有田の成立経緯とその性格を検討する。

　まず「半公半私」の族有田が成立した経緯について最も詳細な記述がなされている清福集落の亭保管の［DTP27］を見ると次のように記されている。

　　富栄県洪福社における我が社の員職・行都・郷老等
　　　　計
　　ここに約を定める。本社は亭に集まり以下のことを定めた。　前年より公務の労役が甚だ多く、そのため各家人や該隊の積に借金し、契約を交わし、15畝の田については、既に（その契約に基づく）耕作期間が終了した。我が社は契約に基づき買い戻しを求めたが、該隊の積はその買い戻し金の受領を拒否した。時は3月から9月に移り、再び買い戻しを求めた。上申が役所の官僚にまで至り、問題の田を我が社が耕作することを許可した。しかし買い戻し資金の調達の術がなく、我が社の官員や郷職は会合し、買い戻す田を各族が耕作することを許可するかわりに、我が社は各族から金銭を徴収し、その資金により該隊の積や各家人への返済

に充てる一方、（耕作を許可された）各族の田は香火田とし、子孫に継承させていくことを定めた。もし後世、某人が約定を遵守せず、この田により飲み食いし、祖先への祭祀を怠ったならば、我が社は内族により、耕作者を交替させ、その一族が祭祀に充てることを許す。…〈中略。欠損により文意不明〉…。約定を遵守して行い、永久に香火田となす。ここに定める。[19]

…〈中略。売約内容を列挙。【図表9-2】参照〉…

また租税の納入については、各族は我が社の規則に従う。

嘉隆12年10月26日。〈以下略。記名や点指が90名前後〉

これによれば、清福集落は前年（1812）に納税負担に耐えきれず、該隊の積なる人物などに借金をしている。1813年3月に清福社は買い戻しを請求していることから、その契約内容は15畝の田土耕作権の典売と見るべきであろう。しかし清福社による買い戻し請求を積なる人物は拒否して耕作を続けた。9月に至って耕作権を取り戻すことに成功したものの、今度は買い戻し資金の調達ができずに集落内の各族から資金を拠出して貰う一方、見返りとして買い戻した田土の耕作権を与え、それぞれの氏族の香火田とすることを認めた[20]。さらに香火田の運用についても定め、ある人物が香火田を私物化した場

---

19) 富榮縣洪福社員職行都郷老本社等
　　計
　一、立券。本社同合在亭中所定。由前年公務捜役甚多、乃受償各家人、受償該隊積、行立詞。艮此田拾五畝事、已下耕畢、本社乞此舊契。茲該隊積無許追問此利錢。自三月至九月再乞。単申到公堂官、付田許本社耕作。無方討問、致員職本社同合、定艮此田許各族、本社取錢各族、還此債該隊積各家、如田各族以為香火、傳子留孫。若後■某員人不遵此券、認食此田、疢其香火、則本社據内族、此人替此■、許此族以労奉祀。免錢■■■■■■為外之人、不在郷黨。遵券而行、永為香火。茲券。
　　…〈中略〉…
　又交如租税、各族従本社例。
　嘉隆十二年十月二十陸日。〈以下略〉
20) 清福集落に現存する他の典売契約文書もほとんどが3月もしくは9月に買い戻しが設定されている。稲の作付け期間中に買い戻しを行った場合、収穫された米の所有権の帰属が複雑になるため、稲の収穫後（二期作）に買い戻しを請求する慣行が成立していた

合はそれを没収して「内族（họ nội）」、つまり父方親族に再び与えることを定めている。これは婚族に香火田の耕作権が渡ることにより、その一族が香火田を喪失することを防ぐための規定であり、香火田の所有者である各氏族が父系親族集団であることを明瞭に意識した規定である。

　このように各氏族に対して香火田を与える経緯や運用の規定を述べたのち、売却する田土の場所・価格・購入者などが列挙されている。これをまとめたものが【図表9-2】である。これを見ると概ね1畝につき銭80〜90貫ほどの価格で、金額にして銭1100貫以上、面積にして15畝余りの田土の耕作権が売却されていることがわかる[21]。前述のように農地改革が行われる以前のさまざまな共有田の総面積は30畝余りであったから、この嘉隆年間の取引により形成された族有田はその中で半分ほどの割合を占めていたことになる。一方で清福集落の各氏族の祀堂を中心として、これに対応して全く同年月日の土地契約文書が現存している。これらに記された購入内容をまとめたものが【図表9-3】である[22]。【図表9-2】と【図表9-3】を比較すると、例えば阮玉氏祀堂所蔵の土地契約文書［TP阮玉22］は、［DTP27］において「阮族阮文権」へ売却した田土とほぼ対応していることがわかる。これに対し潘玉氏祀堂所蔵の土地契約文書［TP潘玉5］は［DTP27］で「潘族潘玉瓊」に売却された2箇所の田土のうち、その1つのみを購入したものであり、売却者が「洪福社潘族…本族」、購入者が「内族派潘玉瓊…等」となっている。恐うく、「潘族潘玉瓊」が中心となって2箇所の土地を取得したのち、さらに潘族内で細分化したものであり、場合によりこのような形で族内の支族や支派へと分割しつつ転売していったと考えられる[23]。ただし、【図表9-2】を見てもわか

と考えられる。買い戻し期間は1年前後とかなり短期間に設定されているものが多い。
21）清福集落における土地契約文書を見る限り、断売・典売価格は概ね1畝当たり200〜300貫であり、これと比較すると安価である。ただし、土地契約文書はほとんどが19世紀後半のものである。物価や通貨の問題を考慮しなくては比較できない。
22）［DTP26］は内容的には黎族の一派に売却したものであるが、なぜこれだけがディンに所蔵されているのかは不明である。ちなみに現在の黎族はほとんど史料を保有していない。
23）潘文氏祀堂の土地契約文書［TP潘文15］は清福集落から直接購入しているにもかかわらず、［DTP27］に完全に対応する記載を見いだせない。［DTP27］で「潘族潘文恩」に

【図表9-2】[DTP27]における香火田獲得状況

獲得者	場所	面積	種別	価額	備考
■■■■■奴	上外伴	1畝2高	一等田	銭11■貫	
	上塢墑	3高	一等田	銭18貫	
	城豪	5高	一等田	銭45貫	
潘族潘玉瓊奴	外竭	1畝	一等田	銭90貫	
	上榜枷	5高	一等田	銭41貫	→[TP潘玉5]に対応
潘族潘文恩奴	湙西	8高	一等田	銭72貫	→[TP潘文15]に対応か?
	城豪	1畝	一等田	銭90貫	
阮族阮文権奴	下塢墑	1畝	一等田	銭85貫	→[TP阮玉22]に対応
	尖塢墑	5高	一等田	銭39貫	
阮族阮輝綵奴	懸場下	1畝	一等田	銭85貫	→[TP阮登5]に対応
黎族黎登殿奴	下外伴	1畝	一等田	銭85貫	
阮族阮文容奴	湙漇葛	1畝	一等田	銭82貫	
阮族阮光牧奴	上塢墑	5高	二等田	銭30貫	
阮族阮光得奴	下外伴	6高	一等田	銭49貫	
■■■■奴	欠損により不明	3高	一等田	銭22貫	
欠損により不明	■■中	3高	一等田	銭23貫	
■■■義奴	懸場下	1高	一等田	銭7貫	
黎族黎文設奴	城豪	1高	一等田	銭7貫	
黎族黎公英	上榜榜枷	5高	一等田	銭37貫	
阮族阮登車奴	懸場中	1畝	一等田	銭82貫	
記載なし	長薊下	5高	一等田	銭41貫	→[DTP26]に対応

【図表9-3】現存の嘉隆12年10月26日の土地契約文書

整理番号	所蔵	年月日	売却者	購入者	場所	面積	価格
[TP阮玉22]	阮玉氏祀堂	嘉隆12年10月26日	富栄県洪福社員職行都郷老全本社等	阮族阮文権・阮玉立・阮玉幸・阮福珣・阮玉仁・阮公善全族等	下塢墑処	1畝	銭125貫
					尖塢墑処	5高	
[TP阮登5]	阮登氏祀堂	嘉隆12年10月26日	富栄県洪福社員職行都郷老全社等	阮族阮老綵・阮文樘・阮老■・阮登車・阮権全族等	懸場下処	1畝	銭85貫
[TP潘玉5]	潘玉氏祀堂	嘉隆12年10月26日	洪福社潘族潘文賔・潘文憲・潘文率・潘文銭・潘文釘・潘文申・潘文泰・潘討・潘文荘・潘文秋同本族等	内族派潘玉瓊・潘玉鎮・潘玉𤣞・潘玉軍・潘玉鐘・潘玉治等	上榜枷処	5高	銭39貫500
[TP潘文15]	潘文氏祀堂	■■■10月26日	富栄県洪福社員職行都郷老■社等	潘族族長副衛尉潘宿・前社長潘達・潘恩・潘文寛全族	四至のみを記載。処名は不明	8高	銭80貫
[DTP26]	清福集落ディン	嘉隆12年10月26日	富栄県洪福社員職行都郷老全社等	該団黎登弟・黎登道・黎登定	長薊外伴	5高	銭41貫

るように、[DTP27]に記された各購入者団体は必ずしも現在の有力氏族と一致していないことは注意すべきであろう。これは清福集落からの族有田の払い下げが「潘族」「阮族」「黎族」といった上部単位にのみなされ、そこから族内で各支族、各支派へと細分化させていくというように秩序だった手法ではなく、財力さえあれば支族、支派であっても任意に購買者団体を結成して払い下げ対象となれたことを示唆している[24]。

　この嘉隆12年（1813）10月26日における一連の土地取引により清福集落の有力氏族の大半は香火田、すなわち族有田を保有するに至ったと考えられるが、これら「半公半私」の族有田の性格を理解する上で重要なのは、末尾に付された一文である。これは当時の土地制度を踏まえる必要があるが、まず前提となるのは清福集落の耕作地は制度上全て「公田」であるということである。公田は制度的には国有田であり、国家の定めた均田例により個人の身分や年齢などに応じてどれだけの公田を分配するかが定められている。このような均田例は黎朝前期の洪徳均田例により確立し、当初は村落レベルにまで強い国家的統制がなされたとされている。しかし少なくとも紅河デルタを中心とした北部では17～18世紀には公田の国家管理は後退し、公田の分配は各集落の手に委ねられるに至る。その結果として実質的には村落共有田へと変質していくものとされる［桜井　1987］。このことは17世紀後半に北部では徴税における村請け制が制度的に確立することにも現れている。このような状況は概ね広南阮氏治下の17～18世紀の清福集落についても当てはまり、前章でみたように田税の課税の基礎となる地籍簿については景治7年（1669）に作成されて以降、阮朝により嘉隆13年（1814）に新しい地簿が作成されるまでの約1世紀半の間、全く測量がなされていない。

　さらにこのような状況に拍車をかけたと考えられるのが、西山党の勃興に

　売却されたもののうち1箇所を取引しているように思われるが、文面を見る限り清福集落から直接購入しており、[TP潘玉5]のように族内で分割している形跡はない。あるいは「潘族潘文恩」を中心とした購入者団体の構成の複雑さに起因している可能性もあるが、詳細は不明とするしかない。
24）あるいは後述する族有田耕作権のように、社内で競売が実施された結果であるのかもしれない。

よる広南阮氏政権の崩壊と北部の黎鄭政権軍の進駐、その後の黎鄭政権の滅亡と西山朝の成立、さらに広南阮氏の末裔である阮福暎が西山朝を滅ぼし阮朝が成立するという18世紀末の目まぐるしい政権交代による社会的混乱である。西山党による混乱に乗じてフエを占領した黎鄭政権の下で旧広南阮氏治下の地域を視察した黎貴惇は『撫辺雑録』巻3で以下のように述べている。

　　順化処は200年に渡り、人口に余剰があり、村々は近接している。癸巳年（1773）の丁簿では、9つの県州に862の社村坊、人数は合わせて126,857人、納められる差余銭は3,600貫にものぼる。盛んと言うべきである。しかし実田は153,181畝に過ぎず、人が多く田が少ないと言わざるを得ない。昔は同狔（ドンナイ）の商販が富春に流通し、米10升を1斛として、僅か銭300で、ほぼ一人一月の食を満たすことが出来た。民は未だ農業に汲々としていなかった。現在は帰仁（クイニョン）（西山党）が乱を構え、嘉定が遮断されてしまったので、人々は食糧が欠乏して憂いている。故に王師の平定以来、米価が高騰して田価もまた高騰している。香茶・広田・富栄の3県の人々、執田・贖田にかこつけて訴訟が起こすことが止むことなく、費用を惜しむということがない。丙申（1776）4月、条例を発布し、その遵守を自ら説いて回り、以て争訟を鎮めようとした。しかし40年前にある職人の妻に私田断売した契約書があると、社の公田とした後も、争って買い戻そうとし、10年前ある家庭に私園を断売した契約書があると、一族の香火田とした後も告訴する。その弊害はなお止まることがないようだ。[25]

────────────────────────────

25）順化処二百年、生聚之余、邑里相望。即癸巳年丁簿、九県州八百六十二社村坊、人数共十二萬六千八百五十七人、納差余各銭至三千六百貫。可謂盛矣。而寔田不過十五萬三千百八十一畝、豈非人多田少。昔辰同狔商販流通、富春米十升為一斛、僅銭三陌、可充一人一月之食。民未汲汲於農也。今帰仁構乱、嘉定隔阻、人相以乏食為憂。故王帥甫定以来、米価貴而田価亦高。香茶・広田・富栄三県之民、以執田贖田生訟不已、損銭莫惜。丙申四月、将出暁条例、其照遵自将講説、以免訟争。然有四十年前一匠婦断売私田文契、為同社公田、而争贖、有十年前一人家断売私園文契、為本族香火、而投告。其弊猶未已也。

このように18世紀後半には順化は南部から米を移入する米不足地域となっていた。しかし鄭氏が広南・順化を占領した時期、南部を中心に西山党が割拠していたために米の移入が停滞した結果、米価が高騰し、さらに米を生産する田土の価格までが高騰していた。このため香茶・広田・富栄の三県では典売を中心として土地取引が活発化し、数十年前に売却済みのものを、強引に買い戻そうとするといった紛争が多発していた。このような状況を沈静化させるべく1776年に出された布告も『撫辺雑録』巻3には収録されているが、これを見ると本来は取引が禁止されている公田も例外ではなく、土地取引の活発化に巻き込まれていたことがわかる。

　丙申年（1776）4月20日、鎮撫衙門が発布する。各社の公田私田、現に見耕簿がある場合には、前因に従い官に金銭を支払えば、朱批を経て断売し、私田となすことを許す。或いは自ら偽造して私田となして民に渡す、或いは存在しない田を在るが如く偽るといった行為についてに、その弊害はまさに是正すべきものである。およそ断売された公田は、年月の久近や転売の有無を問わず、全て買い戻しを再契約し、農地を均給すること。購買者は固執してはならない。これより買い戻した後は再び断売することがあってはならない。違反したならば、買い手と売り手の双方に罪が及ぶ。
一、各社の債務に入っている公田では、従来「被雇」が非常に多く、年限を延引して、社民は耕作地が無いような状態になっている。ここに処置する。宜しく酌量せよ。
一、社が（耕作者を）雇っている公田が10畝以上であり、契約期間がまだ残っている場合は、並びに折半して民に還し、以て生業を助ける。各社民は、雇用契約を参照し、貸借人に原価の半分を返還すること。もし典売契約を結んでいる場合、買戻しを認め、耕作者を追い出して口分田として均給せよ。公田に雇借する者があれば、またこの例に従う。今後、雇借があれば、1年半或いは2年を目安として契約し、大幅に超過して

はならない。[26]

　このように、フエを占領した黎鄭政権にとって特に公田をめぐる不正や取引が問題視されていたことがわかる。特に地籍簿を改竄して公田を私田とし、勝手に売却してしまうという手法が横行しており、これについては買い戻して再び公田とすることを命じている。しかし、これに続く条文からは、このように明らかに不正な手段をとっているもの以外にもグレーゾーンとも言うべき取引手法があったことが窺える。それが公田における「被雇」や「雇借」の存在である。これを見る限り公田が、実際には社民により耕作されずに第三者に貸借されており、借主はしばしば公田を耕作したまま買い戻しにも応じなかったり、長期間の貸借契約を結ぶことにより実質的には私田化していたことを窺わせる。このような状況に対し、貸借契約を破棄して受給者が貸借者より受け取っていた金額の半額を返還すること、また典売者を追い出して再び公田として社民に支給することを命じており、また以降の公田の貸借は契約期間を１年半〜２年として、それ以上の長期間に渡る契約をしないことを命じている。

　このように特に公田の比率の高いフエ周辺域では、南部に西山党が割拠したことにより米移入が停滞し、これによって売買が認められている私田の価格が高騰しただけでなく、公田の耕作権それ自体が商品化されて活発に貸借されていたことが窺われる。しかし長期間に渡る貸借契約が結ばれたことにより公田の私田化が進行し、社民に分配されるはずの公田が不足するという事態も発生していた。このような状況は清福集落においても概ね当てはまっ

---

26) 内辰年四月二十日、鎮撫衙門暁条。各社公田私田、現有見耕籍、従前因被償官逋、経朱批許断売為私。或自写為私田致民、或無田為生、其弊所当厘正。凡公田断売、不問年月久近・輪流買売、并許追契贖田、均給生業。買者不得固執。自茲、既贖後不得再将断売。違者、買売之人各有罪及。
　一、各社公債田、従来被雇頗多及又延引年限、致社民無以為業。茲権。宜酌量。
　一、凡仝社所雇、公田自十畝以上、毀銭未満限、無折半還民、以資生業。其各社民、仍照雇契内引、還銭銭半分在買用人。若売有交贖者聴贖、其逐人口分。公田雇借者、亦依此例、自今以後、凡有雇借、定以一年半或二年為準、不可過多。〈以下略〉

ている。先述のように清福集落では公田受給権を持つ正丁の地位は先住の七族により独占されていた。したがって清福集落の耕作地は全て公田であるため、規定上では七族の人々しか清福集落では農業を営むことはできないことになる。しかし実際には抜け道が設けられており、公田受給者が第三者に又貸しをすることは認められている。この場合は貸出先の制限はなく、七族以外や集落外の人物にも貸借することができる。したがって清福集落内で正丁以外の人々が農業を営むことは可能であった[27]。

　以上のように、フエ周辺域では特に18世紀末頃から土地取引が活発化し、公田の耕作権の貸借や典売が盛んに行われていた。このような取引手法がとられたのは、公田それ自体の売買は制度上認められていないため、その抜け道として用いられた結果であろう。[DTP27]において各族に耕作権を売却するに先立って行われていた該隊の積なる人物との典売取引もこのように公田耕作権が商品化され売買されていたことが背景にある。また清福集落が該隊積と典売契約を結んだ直接の契機となっている「公務の労役（公務捜役）」については、清福集落内における官路の建設が関連していると思われる。『同慶御覧地輿志』に付された香茶富栄二県図を見るとフエ京城より清福集落を通過してタムザン湖へと伸びる官路が記されているが、亭保管の［DTP7］や［DTP62］よりこの官路の建設は嘉隆12年（1813）であることが確認できる。沿道の清福集落はこの工事に何らかの形で負担を求められたと考えられる。

　この結果、清福集落は該隊の積などの間に清福集落の公田耕作権の典売契約を結び、それを買い戻す資金を得るために、買い戻した公田の耕作権を集落内の各氏族に売却することになる。しかし、このような形での公田耕作権の支給は当然ながら均田例においては認められていない。均田例は個人に対して身分や年齢に応じて公田の耕作権を付与するものであり、その人物の死後は公田を返還することが原則である。［DTP27］のように個人ではなく氏族

---

27) これにより清福集落　で正丁と寓居民の間に大きな経済的格差が生まれていたかどうかは疑問である。清福集落への移住者は先述のように水軍関係者、造船関係者が主であり、それぞれ農業以外の収入源を持っている。彼らが農業を営む場合、それにより生計を立てるというよりは、自家消費を前提とした家庭菜園的なものである可能性が高い。

に対して公田耕作権を付与した場合、その子孫が断絶しない限りは半永久的にその氏族が耕作権を所有し続けることになる。したがって制度上は公田でありながら、実質的には各氏族が香火田として私有しているということになる。[DTP27]の末尾に付された「租税の納入については、各族は我が社の規則に従う。（交如租税、各族従本社例）」という一文はこのような状況を反映しており、実質的には各氏族が耕作権を私有することを認める一方で、少なくとも地簿上ではあくまで公田であるため、従来通り公田として課税される。これを各族が責任を持って負担をすることを定めたものである[28]。「半公半私」の族有田とは、このように制度上は公田でありながら、耕作権は氏族により私有されている状態のものを指す。

　最後に、このようにして形成された族有田の運用について見ておく。現在の清福集落の各氏族の祀堂には「買行籍」と呼ばれる史料群が存在している。これらには各氏族における共益費の使途が詳細に記されており、現在で言うところの会計帳簿に相当する史料である。清福集落の現存史料で最古のものは恐らく阮玉氏祀堂所蔵の[TP 阮玉 15]であり、年代は1830年と推測される。しかし、作成目的が会計担当者（守簿）による共益費の不正使用防止にあったためか、収入についてはほとんど記さずに、支出のみを記したものがほとんどである[29]。本章では収入について記した事例として、比較的最近のものではあるが[TP 潘有 4]（『潘有族買行籍乙未年』）を挙げておく。[TP 潘有 4]における1954年3月～1955年4月の収入をまとめると【図表9-4】のようになる。潘有氏の場合、族有田の耕作権が5つに分割されており、それぞれが「闘（dấu）」と呼ばれる競売にかけられている。【図表9-4】において「主闘」とされている人物が耕作権を競り落とした人物である。注意すべ

---

28) 現在の清福集落でも、貸借された公田に対して課される税はあくまで貸主側に負担義務があるとされている。借主が賃料等を納めなかった場合は、貸主の責任において納税しなくてはならない。

29) 収入について記していないとはいえ、支出については購入日、購入物、価格、購入場所などが詳細に記されているものも多く、社会経済史的に重要史料であることは間違いない。また、祀堂の建設や修繕といった特に大きな費用が必要な場合は、これとは別に族人が拠出して資金を作っている。

【図表 9 - 4】[TP 潘有 4] における潘有族の収入

① 1955 年 4 月までの耕作者と納入量

主闘	納入量
伯長義	籾 12 方（全て白）
人燦	籾 16 方（白 14 方、赤 2 方）
註慎	籾 120 方（白 110 方、赤 10 方）
註狛	籾 11 方（全て白）
伯義	籾 11 方

② 1955 年 4 月〜1956 年 4 月の耕作者と落札額

主闘	落札した耕地	落札額
伯義	城豪	籾 7 方
伯長涯	下土	籾 11 方
註慎	塪墲 1 畝 5 高	籾 42 方
伯倫	中土、翁荐	籾 3 方半
註盤	祀堂会圣	籾 4 方

③ 1954 年 3 月〜1955 年 3 月の金銭収入

月日	売却量	金額
3 月某日	籾 20 方	銀 1350 元
4 月某日	籾 16 方	銀 1080 元
5 月 19 日	籾 7 方	銀 510 元
7 月 10 日	籾 12 方	銀 915 元
8 月某日	籾 8 方	銀 610 元
8 月某日	籾 4 方	銀 305 元

きは 20 世紀以降も籾建てにより競売を行っており、①では前年度の主闘がそれぞれ競り落とした籾量を納入している[30]。②は 1955 年 4 月に実施した競売の結果であり、これが来年度の 4 月に搬入されることになる。③は潘有氏の金銭収入であるが、一見して明らかなように全て籾の売却により得られたも

---

30) 度量衡については [関本 2010] 参照。「方」は容積単位だが、阮朝期に 1 斛 = 2 方 = 26 升と公定されており、これに従えば 1 方 = 籾 70kg 前後となる。しかし「方」は仏領期に導入されたピクルの漢語表記の可能性もあり、この場合は約 60kg となる。さらに地方的な容積単位が使用されていた可能性もあり、ここでは特定しがたい。また 1955 年 4 月に実施された競売結果に比べると倍以上の量となっているが、前回は数年分の耕作権を競売に付していた可能性がある。

のである[31]。このようにして得られた金銭の支出はこれに続く部分に列挙されており、ほとんどが祭礼にまつわる食料や調度品の購入に充てられている。これを見る限り、基本的に族有田の主収入は族有田耕作権の競売から得られる籾となっており、金銭が必要な場合は蓄えた籾をその都度売却して得るという形で運用されている。あえて競売を籾建てで行っていたのは、1つには祭礼時にそれを使用するためであり、①で「赤」とされている籾は特にこの性格が強いであろう。もう1つは族有田からの収入が飢饉災害時の備蓄米としての機能も持っていたためと推測される。ここからは族有田の存在が祀堂の建設や修繕、祭礼の経費といった氏族の運営費用を賄うだけでなく、非常時のセーフティネットとしての役割を果たしていたことが窺われる。

　このように清福集落における開耕氏族の半公半私の族有田形成は、フエ周辺域での公田耕作権の商品化を背景として、清福集落内の有力氏族である潘・阮・黎の三族が集落内の一部の公田耕作権を私物化したものであることがわかる。集落運営に発言権を持つ正丁の地位は開耕氏族、とりわけ潘・阮・黎の三族により寡占されている状況にあり、明らかにそれを背景として恣意的な集落運営が行われていたと言える。前節で見た阮玉氏や潘有氏における祀堂の建設やそれにともなう祭礼形態の変化は、このようにして清福集落内で開耕氏族が財政的基盤を既に形成していたことが大きな要因と考えられる。

小結

　以上、18世紀から19世紀にかけての清福集落における親族集団の変遷について見た。18世紀の開耕氏族は父系を一応の原則とはしながらも、移住者への対応においては父系血縁原理を必ずしも徹底しておらず、むしろ状況に

---

[31] 1955年度の競売総額は籾67方半、それに対し1954年度の籾売却量は67方であり、ほぼ釣り合っている。これは前年度の籾売却量に応じて、新年度の競売における籾総量を決めていたことを疑わせる。競売とはいっても潘有氏の人々のみが参加するものであり、実態はほぼ族人間の申し合わせにより落札者や金額が決まっていた可能性が高い。

応じた柔軟な側面が見られる。宗教実践を見ても儒仏道の三教が混淆している状態であるが、特に道教色が強いのが特徴である。祀堂などの祖先祭祀の中心となる専用の恒久的施設は未だ建設されていない。しかし清福集落では19世紀以降、父系血縁原理は次第に厳格に適用されるようになり、後発移住者が開耕氏族の一員となることが難しくなっていく。清福集落の集落成員権は開耕氏族に限定されていたため、これは後発移住者による集落成員権の獲得を困難とすることにも繋がった。一方で開耕氏族は集落成員権の独占状態を背景として、村落共有田化していた公田を恣意的に運用することにより族有田を確保するなど財政的基盤を強化しており、19世紀中の相次ぐ開耕氏族の祀堂建設はこれによるところが大きかったと考えられる。祀堂の建設は開耕氏族の宗教実践において儒教色を強めることにも繋がっており、さらに儒教的父系血縁原理を媒介として後発移住者から開耕氏族の既得権益を保護することを促進することにも繋がった。

　このように清福集落では17世紀後半に土地開発が限界に達して以降、移住者の参入障壁を高めていくことにより、先住者の既得権益を保護しようとする傾向が次第に顕著になっていったと考えられる。そして清福集落において特徴的なのは、その手段として父系血縁原理が用いられた点である。清福集落の開耕氏族の家譜を見る限り、末成道男が提唱する父系キンドレッド、つまり父系を中心軸として自身と親族の間の遠近を認識することにより成立するゆるやかな親族集団という概念が最も適合する。しかし18世紀の段階では父系血縁原理の運用はフレキシブルであるのに対し、19世紀以降は特定氏族と婚姻を繰り返したのち一族の構成員として迎えられるなど、明らかに儒教を媒介として父系血縁原理の強化がなされている。この結果、18世紀から19世紀にかけて開放的空間から閉鎖的空間へと次第に変容していった[32]。同時に清福集落が血縁の有無により集落成員権の制限を行っていた状況は、はじめに述べたゾンホの地縁性、つまり現在のゾンホの分布が概ね集落単位である

32）ただしこれは経済的に閉鎖的空間、つまり自給自足的空間になったという意味ではない。

ことの説明を可能とする。清福集落では移住者が集落成員権を得るためには先住氏族の一員となることが必須であり、これは同時に移住者が原貫地との関係を少なくとも形式上断絶させなくてはならないことを意味している。仮に互いの集落で先住民が自身の既得権を保護すべく同様の措置を行っていたとすれば、自然とゾンホは集落単位となる傾向が強くなるであろう。この結果、地縁集団である集落と親族集団であるゾンホが密接に結びついた集落群が形成されることになる。

このように清福集落では17世紀後半に耕地拡大が限界に達して以降、地縁集団と親族集団が密接にリンクしつつ、儒教を媒介として開放的空間から閉鎖的空間へと移行していった。これを同じく儒教文化を受容した東アジア地域と比較した場合、注目されるのは宮嶋博史の小農社会論である［宮嶋 1994: 67-96］。氏は東アジアにおける儒教（朱子学）の受容を小農主体の社会の成立と関連づけつつ論じており、それらに共通する要素として①1000年～1750年の人口増加、②耕地面積の拡大、農業技術の向上とその頭打ち、③右記の現象に見合う家族形態・経営への変化、④これらに適合した思想（朱子学）の普及とそれに貢献した階層の存在を挙げている。これらを清福集落の場合で見ると、17世紀後半に農業開発の頭打ちの状態に達して徐々に人口圧力が強まっていった結果、儒教を媒介とした移住者の排除の傾向が強くなり、19世紀に至って儒教色の強い親族集団が成立する。19世紀に庶民レベルに至るまで儒教が普及した背景には、明命期（1820～1840年）の儒教振興策といった上からの要因のみではなく、このような人口の飽和状態とそれに伴う先住者の既得権保護の必要性という多くの集落が抱える問題を解決するうえで有効であったことも一因であり、これにより地縁性と血縁性が複合したキン族伝統集落が成立する。したがって①②については概ね当てはまり、③についてもキン族伝統集落の場合は、「家族形態・家族経営」を「集落形態・集落運営」と読み替えることが許されるならば、おおむね当てはまる。ただし宮嶋の時代設定よりは清福集落の推移は全体的に遅れている。これは清福集落が黎聖宗のチャンパ遠征後にキン族の入植により成立していることからもわかるように、フエ周辺域における本格的な農業開発の進展は15世紀後半の黎聖

宗のチャンパ遠征以降のキン族移住による部分が大きい。キン族揺籃の地である北部の紅河デルタなどとは異なり、フエ周辺域はキン族にとって比較的「新開地」に属す地域であることは考慮するべきであろう。④については現時点では清福集落において官職や年齢による序列以外に明瞭な特権的階層は見いだせない。しかし各文書における署名を見る限り社長、族長、守簿といった有職者については点指ではなく自ら記名をしているのが基本であることから、一定の識字層がいたのは確実である。集落や親族集団の運営は彼らの主導で行われていたと考えられる。以上のように、宮嶋の小農社会論は中国、朝鮮、日本を念頭に置きつつ東アジアにおける長期的社会変動と近世における伝統社会の成立を論じたものであるが、以上のようにベトナムのキン族社会についても当てはまる部分は大きい。

終　章

第1節　黎鄭政権における政治と統治機構の構築

　従来の研究においても黎鄭政権における黎朝皇帝は傀儡的存在であり、鄭王により政治的実権が掌握されていたことは指摘されてきた。しかしながらその権力基盤や支配構造については制度の錯綜、史料の不足からほとんど解明されておらず、黎鄭政権の紅河デルタ支配の実態は不明なままであった。このため、本書では第Ⅰ部を中心に碑文拓本を史料として積極的に活用することにより、黎鄭政権の支配構造を明らかにすることを目指した。本来、碑文は特定の人物や人々を顕彰し、あるいは後世に証拠を残すことを目的とするものであり、当然ながら制度に関して解説するために作成されたものではない。そのため制度運用の実態を見るのには適切ではあっても、包括的な制度解説をなすような史料がない状況で、これらを主史料として依拠せざるを得ないところに、黎鄭政権の制度史研究の苦しさがある。碑文は我々に黎鄭政権の実態について多くの新情報をもたらし、これにより本書では統治機構の制度的大枠については明らかにすることができたが、同時にその限界を提示することにもなった。特に碑文拓本はその性格上、統治機構の比較的下層部分については多くの有用な情報を含むが、村々との接点に乏しい統治機構の上層部分に関してはほとんど情報をもたらしてくれない。このため権力闘争的な中央政治史に関しては、本書の考察は極めて薄い。本来であれば政治史と制度史を相互に関連付けつつ政権の全体像を明らかにすることが望ましいが、本書の検討がそこまで達することができたのか、はなはだ疑問である。これは本書のとった方法論的な限界といえる。従って黎鄭政権の統治機構を検討した第Ⅰ部は政治史に関する記述が薄いが、改めて黎鄭政権の統治機構の構築を政治史と関連付けつつまとめると以下のようになる。

莫氏による簒奪後にラオス山中で復興され、その後清化・乂安に割拠しつつ半世紀以上にわたって紅河デルタを支配する莫氏との戦闘に明け暮れた黎鄭政権が、17世紀末に至りようやく紅河デルタを奪取した時、まず直面したのは紅河デルタという巨大な「占領地」において、いかにして自己の統治を確立するかという問題であったと考えられる。鄭氏が実権を掌握しているとはいえ建前上は「黎朝」であり、また黎朝の復興を掲げて莫氏と戦ってきた以上、黎聖宗期に確立された「黎朝による統治」を紅河デルタにおいて復活させない訳にはいかない。しかし同時に莫氏との戦闘における主戦力であった清乂出身の兵士や彼らを率いる清乂の武人に対する論功行賞も当然ながら必要である。この結果、莫氏から継承された黎朝系地方行政組織を維持したまま、統帥権を保持する鄭王の旗下に清乂武人・清乂優兵を温存しつつ紅河デルタを支配させるという、二重行政状態が生まれることになった。この結果、17世紀前半の段階では清乂武人・清乂優兵を中心に構築された軍事機構は鄭王の黙認（ないしは承認）のもとに、地方ではなし崩し的な軍政組織の拡大が行われていたと考えられる。17世紀中の碑文に頻出する「該県」「該総」「該社」などを始めとする「該」系の非例官署群の出現は、このような中央の鄭王府の組織的未成熟に乗じた地方軍政組織の拡大の結果と考えられる。しかし1750年代ごろから鄭王府は地方軍政組織のなし崩し的拡大から、中央による統制強化へと方針を転換したと考えられる。これにより台頭してくるのが、紅河デルタ文人層を中心とした「侍内書写」系の鄭王府官僚群である。17世紀後半の范公著に代表される科挙官僚の政治的台頭は、この延長線上に位置づけられる。最終的に18世紀初頭の鄭棡の治世において、これらは「六番」として再編成されて、鄭王府系統治機構は一応の完成を見ることになる。

　上記の事情を反映して、鄭王府の統治機構は特徴的なものとなっている。六番は名称の上では六部に対応した呼称を持つものの、六部の職掌を行いつつ、その費用を賄うためそれぞれが独立した財政機構を保有しており、部門ごとの独立採算制に近い体制となっている。また地方においては各部隊の駐屯地が財政機構の末端的な役割を担当しており、一種の軍管区制に近い体制をとっていた。これは鄭王府の財政機構が鄭王の旗下の軍事機構を利用しつ

つ構築されたことを窺わせる。このように軍事機構となかば一体化した財政機構の中で宦官や侍候部隊の指揮官など枢要部分を担っていることも特徴である。これは黎朝皇帝を推戴している立場上、黎朝朝廷とは別個に「外朝」に相当する公的官衙を設けることのできない鄭王が「内廷」「外朝」の区別のないままに私的組織を拡大した結果であり、鄭王府系統治機構の出現により黎朝系統治機構の形骸化・弱体化が進む一方で、天命を受けているのは黎朝皇帝であるとする儒教的正統観念が科挙官僚を中心に根強く存在していたことを示している。この結果、黎鄭政権では建前上は「黎朝」でありながら実際には鄭王府系統治機構によって国家行政のかなりの部分が担われるという状況が恒常化しており、多くの官僚が黎朝系官職を帯びたまま実際には鄭王府系統治機構へ「差遣」されて勤務するという、錯綜した官僚の任用を生み出すことにつながった。

　このような軍事機構を基礎とした統治機構の構築は村落支配にも大きな影響を与えていたと考えられる。軍事機構と財政機構の一体化はともすれば収奪的な徴税へと傾きがちであり、これは黎鄭政権の財政基盤の破壊につながる。このため1670年代に導入された平例法により集落単位で税が定額化され、実質的には村請制とすることによって、恣意的な徴税に対する抑制が図られた。しかし結果的には、これが17世紀末より深刻化する大規模な流民発生の遠因になったと考えられる。第一に、収穫の多寡にかかわらず定額を徴収するという硬直的税制は、天災等により収穫量が激減した場合には集落側に不利に働く。そのために一部の農民が流散すると、それは残った人々の負担増に直結してしまい、これがさらなる農民の流散を生むことになる。第二に、流散が発生して集落人口が減少した場合、これは残った人々の負担増加に直結するため、行政側としては、流民は原貫地へ復帰し、そこで再び課税を受けるという「原貫地主義」を原則とせざるを得ない。しかし実際には、この「原貫地主義」が他集落に漂着して寓居民化した人々の納税回避の手段となってしまっており、流散の影響の長期化を招いていた。

　つまり黎鄭政権の税制度は天災の発生と社会の流動化に対応できないという構造的弱点を抱えており、そこへ鄭棡期の改革によってもたらされた紅河

デルタの負担増は、流散のさらなる大規模化を招き、1740年代の農民反乱の発生につながったと考えられる。18世紀初頭の鄭棡による改革は、直接的には曽祖父の鄭根から曾孫の鄭棡へという特殊な王位継承が行われたことにより、鄭棡以外にも潜在的に王位継承を主張しうる大叔父・叔父が多数存在していたこと、彼らが清乂勢力と結びつくことを鄭棡が危惧したことを契機とする。しかし鄭棡が清乂に代替する軍事力を紅河デルタに求めたことは、結果的に紅河デルタの負担増につながり、農民流散の深刻化を招いた。しかし鄭棡期の改革以降、清乂武人と紅河デルタ文人といった地域対立的な構図は後退しており、政治面における地域性の克服という点では一定の成果が認められる。

第2節　伝統村落の形成

　ここまで見たように、黎鄭政権期の硬直的な税制が社会の流動化を招いていたと考えられる。このような中で紅河デルタ村落群はどのような変容を遂げていたのであろうか。第4章で見たように自集落から有力官僚が輩出されていたり、自集落の徴税権を購入することができるような有力者がいる一部の集落は、その地縁的紐帯を基礎としてその庇護下へ入るという選択肢がある。これにより集落側は天災時の救済措置や徴税の緩和を期待する一方、平時における円滑な納税、あるいは亭における後神といった「名誉」を供与することにより、収穫の不安定な農業と硬直的な税制の間で徴税者に潤滑油としての役割を期待できる。しかし、これが可能であったのは一部の集落であって、大多数の集落は硬直的な税制に直接さらされざるを得なかったはずである。桜井［1987：202-203］は「中間権力」の抑制のために集落側の自律を容認したとしており、確かに1670年代に施行された平例法にはそのような意図が認められる。しかし果たして平例法の施行後はどうであろうか。例えば鉢場阮氏の場合、17世紀後半～18世紀前半にかけて鉢場社を禄社とするものの、阮炳と阮賑の支派はその後、武人貴族化して郷村秩序の維持に対して関

心を失っているように見える。瓊英公主の場合、18世紀中頃に龍珠社と花板社を禄社としているにも関わらず、山村と花板社の間で紛争が再燃している。これらの事例を見る限り、彼らが中央政権の抑制すべき対象とするほどに郷村社会に大きな影響力を行使するほどの存在であったのか疑問が残る。そもそも平例法により集落単位で税が定額化されたということは、それらの集落を受給する禄社受給者の俸給も定額化されることを意味しており、この結果、18世紀には禄社受給者は各徴収号で税収を受領するだけの存在となっている。これにより禄社受給者と禄社の関係は急速に希薄化が進んだと考えるべきである。また中央政権も高級官僚が原貫地を禄社とし、また徴税官吏が出身集落の徴税を担当することを特に問題としている気配はない。仮に徴税者側の郷村社会への影響力を排除しようとするならば、このような地縁・血縁に依拠した禄社の受給を認めるとは思えない[1]。むしろ紛争の抑止という点では、政権側も徴税者側の地縁や血縁に期待していたと考えるべきであろう。これが第4章で見たような集落が有力者の庇護下に入るという形になって現れる。このように平例法施行以降に関しては「中間権力」と集落を対立的構図で捉えることには無理がある。

それではもう一点、桜井［1987：237-247］が強調する自律的村落形成の要因として挙げる流民の発生による農民の階層分化、富農層による集落運営体制の確立についてはどうであろうか。前述のように平例法による税の定額化が農民の流動化を招いていたのは確かであり、その一方で桜井［1987：240-247］が指摘するように流民の遺棄田土の兼併や流民の吸収による庄寨経営が拡大していたと考えられるが、それらが黎鄭政権期の紅河デルタにおいてどれほど経営規模を持つものであったのかは不明である。しかし、少なくとも第6～7章における山村や花板社の事例を見る限りにおいては、黎鄭政権期に大規模な土地蓄積が行われ、それが西山朝～阮朝初期に解体したといっ

---

1) しかし本場の中国においても、理念上は皇帝による集権的な支配権力が末端に及ぶことを前提しつつも、完全に地域における在地勢力を排除することは出来ず、実態としてはむしろこれに相当部分を依拠した地域支配が行われていることが指摘されている［山本　2007：425-426］。

た形跡は見られず、夫方居住に偏向した共住集団の生成〜解体という家族サイクルの中で小規模な土地蓄積と分裂が繰り返されていた可能性が濃厚である。一般的にベトナム史研究において「大土地所有」とされる10畝〜20畝程度の土地蓄積は、実態としては共住集団内に帰属する複数世帯の耕作地が、集団の長とされる人物の名義により地簿上に登録されたに過ぎない可能性が高い。つまり地簿における「大土地所有」は、核世帯が耕作地を蓄積しつつ子供世帯を分出し、最終的には子供世帯が独立して解体に至るということを繰り返している家族サイクルの中で、解体直前の最終段階にある共住集団を切り取ったものに過ぎないのではあるまいか。だとすれば、これらの「大土地所有」を地主—小作人といった上下の対立軸へと還元してしまうことは適切ではない。現在の紅河デルタにおいても、集落内の特定区域に1つの父系親族集団が集中する傾向の強い集落は数多く存在していることから、このような共住集団の存在は花板社に限った特殊事例ではなく、紅河デルタの多くの集落に当てはまると考えられる。

　それでは紅河デルタにおける「自律的村落」はどのようにして形成されたのであろうか。この点でフエの清福社の事例は示唆に富む。同集落では耕地拡大が限界に達した直後に近隣集落との土地紛争が発生しており、これをきっかけに土地関連文書を中心として文書蓄積が開始されている。さらにその後、人口圧力が増大する中で公田受給権を始めとする先住氏族の既得権保護の必要性から、移住者排除の傾向が強くなり集落は次第に閉鎖空間化していく。重要なのは、このような集落の閉鎖空間化が集落成員権を独占する先住親族集団の父系血縁原理の強化という形で、儒教を媒介としつつ行われたことである。これは農業開発の限界にともなう集落の閉鎖空間化と、庶民レベルへの儒教普及が相互補完的な現象であったことを示している。

　そこで翻って紅河デルタの龍珠社山村の事例を見ると、黎朝前期に儒教が統治イデオロギーとされたのちも、庶民レベルでは依然として多分に道教が混淆した仏教が信仰されていたと推測されるが、高山大王が国家的儒教祭祀に取り込まれ、さらに1670年代に儒教教化策が推進されたことにより、高山大王を城隍神とする亭が成立する。これは明らかに前節でみたような紅河デ

ルタ文人層の政治的台頭に伴う国家政策的なものであり、儒教的礼教秩序を郷村社会にもたらすことにより社会秩序の安定が図られたと考えられる。これにより亭を中心とした祭祀集団である「甲」が成立し、集落に明瞭なメンバーシップが成立する。そして、その後の山村の置かれていた社会状況はフエの清福社と類似している。山村が花板社を始めとする近隣集落との間で狭小な地片を巡って常に緊張関係にあったことは、明らかに当時の山村周辺域における農業開発が既に限界に達していたことを示しており、これが「外」を意識することによる「内」の強化につながっていたと考えられる。管見の限りでは紅河デルタの多くの集落では「甲」を通じて集落成員権を管理するのが一般的であったようであるが、これは清福集落において先住氏族が集落成員権を管理していたのと実態としては大きく異ならない。第5章の鉢場社に典型的に見られるように（【図表5-4】参照）、ほとんど場合「甲」とは単独もしくは複数の父系親族集団をまとめた単位であって、結局のところこれらの集団の帰属していない限りは基本的に「甲」への加入権がないからである。そして移住者に対し集落成員権を制限するならば、父系血縁原理の厳格化により親族集団の成員権を制限する必要がある。これをより生活面に即して言い換えるならば屋敷地共住集団における夫方居住の選好、これによる共住集団の父系親族集団化、すなわちゾンホの成立ということになる。

　同時に集落内に国家的儒教祭祀の末端として亭が建設されたことは、集落内における宗教実践に大きな影響を与えたと考えられる。フエの清福社の場合、19世紀前半に亭が建設されて以降、先住氏族の間で相次いで族祠堂（宗廟）が建設されており、一種の文化的ファッションになっている印象を受ける。そして族祠堂の建設はその一族の宗教実践にも大きな影響を与えていた。嶋尾［2010］が明らかにした18世紀以降の相次ぐ家礼書の出版は、フエ周辺域で19世紀に発生したこのような宗教実践の変容が、それに先駆けて紅河デルタにおいても発生していたことを窺わせる。このように17～18世紀の紅河デルタでは、黎鄭政権の「上」からの儒教教化政策や平例法による戸籍改訂の放棄、農業開発の限界とそれに伴う集落の閉鎖空間化、庶民レベルへの儒教の浸透などが互いに影響を与え合いつつ、最終的には亭を中核とした集落

運営体制と、それを補完する父系親族集団が成立した。

　このように17〜18世紀の紅河デルタでは、儒教を媒介としたメンバーシップの明瞭化や制限が地縁集団や親族集団における「内」「外」の弁別と、それらの閉鎖空間化をもたらしたと考えられる。筆者はこれを以てベトナムにおける「伝統村落」の成立と考えたい。

第3節　ベトナムの近世

　最後に蛇足の感がなきにしもあらずではあるが、より俯瞰的な視点から近世ベトナムの歴史的意義について若干の見解を述べておきたい。
　まず近世ベトナムの小農社会論上の位置づけについて、若干の私見を述べておきたい。既に第9章の小結において小農社会論との結びつきについては述べたので、ここで改めて論じることはせず、比較史的観点から「ベトナム版小農社会」の特徴について述べておく。一般的に「小農社会」として論じられる中国・朝鮮・日本と比較した場合、近世紅河デルタにおいて特徴的なのは、やはり顕著な地縁集団の発達である。これには紅河デルタ農業が他の三地域に比べて高い農業生産力を持っていることが関連しているように思われる。既に紅河デルタにおける農業に関しては桜井［1987：第5章］により詳論されているが、保泰3年（1722）に行われた税制改革では既に二期作田と一期作田に分類したうえで税額がそれぞれに定められており[2]、当時の治水技術からして全面的にとはいかないまでも、農業条件に恵まれた田土では既に二期作が広く行われていたことを示している。単純に考えれば、農業生産力の高さはそれだけ多くの人口を養うことが可能であることを意味する。現在の紅河デルタでも都市化が進んでいるとは言えない農村地帯であるにもかかわらず人口密度が1000人を超える省が数多くあることが示すように、水利的条件が整いさえすれば基本的に農業生産力は高く、これが人口稠密な農村

---

　2)『全書』保泰3年冬10月〜末条の条。

地帯を生み出してきた。近世紅河デルタにおける地縁集団の顕著な発展、それに伴う集落同士の境目争いは、恐らくこのような人口の稠密さに起因するものである。逆に親族集団については中国や朝鮮に比べると規模的に小さく、前近代において集落を越えた広域ネットワークとして発展するような事例は限定的である。これは既述のようにベトナムの父系親族集団が地縁集団の内部組織的な形で成立し、集落間の移動が発生しても最終的に移住先の地縁集団に埋没することになったためであり、地縁集団の強固さの前に父系親族集団の広域ネットワーク的な発展は阻害されたと考えるべきであろう。このような地縁集団の卓越は近世の紅河デルタにおける社会集団の発展という点で特徴の1つであり、小農社会という「普遍性」のなかにおける紅河デルタの「地域性」であるといえよう。

　これは黎鄭政権の地方統治にも反映されている。前述のように黎鄭政権の統治機構の特徴として組織面での二重構造があげられるが、これは単に似たような組織が2つ存在すると言うことではなく、地方統治では相異なる原理が働いているように見受けられる。明朝の制度を模倣した黎朝前期の制度は、理念上は皇帝権力を中央集権的な官僚制により地方の隅々に至るまで行き渡らせることを原則とし、そこでは地方官が管轄地域と特別の関係を持つことは極力排除すべき事象とみなされる[3]。しかし鄭王府系組織では中央及び鎮守の督同・督視までは科挙官僚が任用され、官僚制的な任用がなされているものの、それ以下の地方統治においては、禄社受給者や所該は官僚制的要素と地縁的要素が相半ばする状態にあり、徴税については実質的に村請け制が成立しているなど、下層へいくほど地縁的要素が強く働いている。17〜18世紀において黎朝系の統治機構が実効支配を喪失し、鄭氏系組織が大きく伸長した背景には、鄭氏の長期にわたる実権掌握という政治的状況もさることながら、このような2つの組織の性格的相違もあるのではないか。これはなぜ前

---

3) しかし本場の中国においても、理念上は皇帝による集権的な支配権力が末端に及ぶことを前提しつつも、完全に地域における在地勢力を排除することは出来ず、実態としてはむしろこれに相当部分を依拠した地域支配が行われていることが指摘されている［山本　2007：425-426］。

期黎朝が黎聖宗の没後、比較的短期間のうちに騒乱状態に陥って莫氏の篡奪を招いたのかという問題とも絡むが、そもそも黎聖宗期に導入された（少なくとも当時のキン族にとって）過剰なまでに地縁や血縁を排除した官僚制的統治機構がかえって社会の実効支配を失わせ、前期黎朝の滅亡と清化集団の主導による黎朝復興につながっていた可能性もある。しかし前期黎朝の社会状況については八尾［2009：終章］も述べているように、依然として不明な点は多い。

　一方で儒教の普及の担った階級・階層という点では、先学［和田　1988］［坪井　1990］が指摘しているようにベトナムでは儒教の浸透とは裏腹に、独自の思想的発展というべきものが見当たらないのは、気になる点であり、『寿梅家礼』の普及に象徴されるように、ベトナムの儒教は種々の冠婚葬祭に特化して受容され、いわゆる「道学臭」が希薄な印象を受ける。これについては筆者も現時点で確たる意見を述べることは難しいが、あるいは紅河デルタに儒教が庶民レベルに普及したと考えられる17～18世紀の紅河デルタは、黎鄭政権という特殊な権力構造を持つ政権により支配されていた事と関連しているのかもしれない。第3章で見たように、儒教的観点から見て、天命を受けた黎朝皇帝がないがしろにされ、鄭氏が実権を掌握しているという状況が好ましいものであるはずもなく、鄭氏としてはその点はあえて深く踏み込みたくない問題であったことは想像に難くない。郷村への儒教教化や科挙の実施においても、支配の正統性に関わるような論点は慎重に避けていたはずであり、結果としてそれがベトナムの儒教を冠婚葬祭に特化させることに繋がっていた可能性は考えられる[4]。いずれにせよ今後は小農社会論の中でベトナムの地域性をどのようにとらえていくべきかが課題となるが、これは歴史学のみならず、地域性を明らかにするという本来の意味での「地域研究」の課題でもある。

　次に、長らく東南アジア史研究の潮流となっている「交易の時代」論につ

---

4)　［坪井　1990］が指摘しているベトナム儒教の「義」と「孝」の重視は、これに起因すると考えるのは、穿ちすぎであろうか。

いてであるが、本書で見たように、紅河デルタにおける近世村落群の成立には17世紀後半に開始される黎鄭政権の儒教教化政策が大きく関わっている。これはテイラー［Taylor 1987］が指摘するように黎鄭政権が広南阮氏に対する武闘解放路線から、儒教を基軸とした「合理的統治」へとシフトしたことによると考えられる。中長期的に見た場合、これは鄭王府が独自の統治機構を構築していく過程において、紅河デルタ文人層を数多く吸収していたことを背景としているが、直接的契機としては朱印船貿易の衰退やオランダ東インド会社の撤退に見られるように鄭王府における交易の収入が減少していたこと、また広南阮氏との戦闘に不可欠な銃火器をはじめとする軍需物資の供給に困難をきたしたことにより、戦闘継続が困難になったことが原因であった可能性がある。詳細な政治史料が現存していない以上、甚だ状況証拠的な推測に過ぎないが、1672年以降、西山党の勃興による混乱に乗じてフエを占拠（1774年）するまで約1世紀に渡り休戦状態となるのは、恐らく交易の衰退と無関係ではないであろう。一方で、リタナ［2012］が主張するように、交易による流通の活性化が、宿泊施設としての亭や広域ネットワークとしてのゾンホの成立を招来したとする議論は甚だ疑問である。本書で見たように亭は国家儒教へ在地の神々の取り込みつつ集落運営の拠点として建設されたものであり、流通の拠点としての役割を果たしていたという同時代史料は管見の限り見いだせない。現在の亭の立地を見ても特に流通的観点が考慮されているようにも思えない。ゾンホに関しても、ベトナムのゾンホはそもそも一集落内に収まる地縁性が強いものがほとんどであり、他集落へ移住した場合は、移住先での集落成員権を得るために原貫地との関係を断絶させることが求められていたのは本書で見た通りであり、ゾンホによる広域ネットワークの建設という主張には無理がある。リタナのゾンホに対する解釈は明らかに中国や朝鮮の宗族のイメージに引きずられており、ベトナムの村々におけるゾンホの実態が全く考慮されていない[5]。むしろ閉鎖的なメンバーシップを

---

5) いずれも現地で亭やゾンホの調査を行えば、容易に理解できる初歩的事項であり、これらを経ずして安易な「交易中心史観」を唱えることに対しては、筆者としては警鐘を鳴らしたい。

持つ地縁集団・父系親族集団は農業開発が限界に達し、また交易も衰退して大きな対外的発展や飛躍が望めなくなった社会状況において、特定の集団の既得権を擁護するために発展したものである。「交易の時代」論的に言えばベトナムにおける伝統村落の成立は交易の発展ではなく、衰退によりもたらされたとするのが筆者の立場である。

最後に、リーバーマンの「ストレンジ・パラレル」論についてであるが、氏が国家形成の指標として重視する「Integration」については黎鄭政権期の北部デルタについてはほぼ当てはまると考えてよかろう。前期黎朝において一部の支配階層に限定されていた儒教は、黎鄭政権による儒教教化政策を通じて庶民レベルにまで普及しており、時として一部の儒教知識人からはそのローカライズを非難されながらも、亭や族祠堂における儒教的祭祀が庶民レベルにまで「文化的ファッション」として浸透している。儒教を基軸とした社会の文化的均質性は、これにより大きく加速されたと言えるであろう。政治面についても前期黎朝より連綿と続いてきた清乂 VS 紅河デルタという地域対立的な政治構図は鄭王府が大量の紅河デルタ文人層を吸収し、18世紀初頭に鄭棡による諸改革が行われたことにより政治面ではある程度解消されたと考えられる（その結果として1740年代の農民大反乱の発生という大きな代償を支払うことになったのは皮肉というしかない）。文化面を見ても前期黎朝において平野の民とは異なる文化を持つ者が数多く存在していた清化集団が［八尾 2009：13］、黎鄭政権においては文人層を吸収しつつ長期間に渡って紅河デルタを支配し続けた結果として、文化的異質さという意味では目立った存在ではなくなっている。山を下り紅河デルタに定着した清化集団の末裔たちは、黎鄭政権の中にあって名族であることの証として積極的に家譜を編纂し、あるいは祠廟を建設して、むしろ平野の民以上に平野の民らしくなっていると言えなくもない。

その後の西山党の勃興に端を発する18世紀末の動乱の中から生成した阮朝は、紅河デルタを中心とする北部とメコンデルタを中心とする南部に至るまで、ほぼ現在のベトナムの領域を統一することになる。この結果、阮朝は北部と南部という大きく異なる社会を統治することになり、新たな「地域性」

の対立に対応する必要に迫られることになる。この中から、どのように現在の「ベトナム」が現れてくるのか興味は尽きないが、これはもはや「近代」に属す問題であり、「近世社会」の成立解明を課題とする本書の範疇を越える問題である。

　語り残したことは多いがひとまずここで筆を置く。本書が後進の一助となれば幸いである。

参考文献

〈日本語〉

岩井茂樹、2004、『中国近世財政史の研究』京都大学学術出版会。
岩生成一、1966、『南洋日本町の研究』岩波書店。
上田新也、2006、「17世紀ベトナム黎鄭政権における国家機構と非例官署」『南方文化』33。
上田新也、2008、「ベトナム黎鄭政権における鄭王府の財政機構——18世紀の六番を中心に——」『東南アジア研究』46-1。
上田新也、2009、「ベトナム黎鄭政権の官僚機構——18世紀の鄭王府と差遣——」『東洋学報』91-2。
上田新也、2010a、「ベトナム黎鄭政権における徴税と村落」『東方学』119。
上田新也、2010b、「ベトナム黎鄭政権の地方統治——17〜18世紀鉢場社の事例——」山本英史編『近世の海域世界と地方統治』汲古書院。
上田新也、2011、「ベトナム・フエ近郊村落の変遷と文書保存——タインフォック集落の事例——」『史学研究』272。
上田新也、2012、「フエ北郊の各集落地簿の紹介」西村昌也、グエン・クアン・チュン・ティエン、野間晴雄、熊野建（編）『周縁の文化交渉学シリーズ7　フエ地域の歴史と文化——周辺集落と外からの視点』関西大学文化交渉学教育研究拠点（ICIS）。
上田新也、2013、「ベトナム・フエ近郊の村落社会と親族集団の形成——18〜19世紀タインフォック村の事例——」『東洋史研究』72-1。
上田新也、2015a、「ベトナム村落と地方文書」『歴史評論』783。
上田新也、2015b、「19世紀前半ベトナムにおける家族形態に関する一考察——花板張功族の嘱書の分析から——」『アジア遊学』186。
上田新也（監修）、上田麻衣（作成）、2017、『『漢喃文刻拓本総集』（vol.1-vol.22）簡略索引』、文部科学省科学研究費補助金（若手研究B）研究成果報告書。
大沢一雄、1975、「黎朝中期の明・清との関係（1527-1682年）」山本達郎（編著）『ベトナム中国関係史——曲氏の抬頭から清仏戦争まで——』山川出版社。
大西和彦、2003、「トゥアティエン——フエ省タインフォック村諸族所蔵族譜・家譜中の道教関係記事初探」『ベトナムの社会と文化』4。
大西和彦、2006、「ベトナムの雷神信仰と道教」、塚田誠之（編）『中国・東南アジア大陸部国境地帯における諸民族文化の動態』国立民族学博物館。
大西和彦、2007、「十八世紀ベトナム仏教儀礼文書集に見える仏僧の道士としての役割」『ベトナム——社会と文化』7。
大西和彦、2012、「一八世紀ベトナム儒教入門者の道教儀礼」『東洋文化研究』14。
大野美紀子、1997、「フランス軍政期ベトナム南部における村落史料——田簿（diền bạ）の紹介——」『立命館東洋史学』20。
片倉　穣、1987、『ベトナム前近代法の基礎的研究』風間書房。

桜井由躬雄、1979、「洛田問題の整理──古代紅河デルタ開拓試論──」『東南アジア研究』17-1。
桜井由躬雄、1980a、「10世紀紅河デルタ開発試論」『東南アジア研究』17-4。
桜井由躬雄、1980b、「李朝期（1010-1225）紅河デルタ開拓試論──デルタ開拓における農学的適応の終末──」『東南アジア研究』18-2。
桜井由躬雄、1987、『ベトナム村落の形成──村落共有田＝コンディエン制の史的展開──』創文社。
桜井由躬雄、1989、「陳朝期紅河デルタ開拓試論（1）──西氾濫原の開拓──」『東南アジア研究』27-3。
桜井由躬雄、1992、「陳朝期ベトナムにおける紅河デルタ開拓試論──新デルタ感潮の開拓──」石井米雄、辛島　昇、和田久徳（編著）『東南アジア世界の歴史的位相』東京大学出版会。
桜井由躬雄、2006、『歴史地域学の試み　バックコック』東京大学大学院人文社会系研究科南・東南アジア歴史社会専門分野研究室。
佐世俊久、1999、「ベトナム黎朝前期における儒教の受容について」『広島東洋史学報』4。
滋賀秀三、1984、『清代中国の法と裁判』創文社。
嶋尾稔、1992、「植民地期北部ベトナム村落における秩序再編について──郷村再編の一事例の検討」『慶応義塾大学言語文化研究所紀要』24。
嶋尾稔、2000a、「19世紀──20世紀初頭北部ベトナム村落における族結合再編」吉原和男、鈴木正崇、末成道男（編）『〈血縁〉の再構築──東アジアにおける父系出自と同姓結合──』風響社。
嶋尾稔、2000b、「黎朝期北部ベトナムの郷約再編に関する一史料」『慶応義塾大学言語文化研究所紀要』32。
嶋尾稔、2006、「『寿梅家礼』に関する基礎的考察」『慶応義塾大学言語文化研究所』37。
嶋尾稔、2007、「『寿梅家礼』に関する基礎的考察（2）」『慶応義塾大学言語文化研究所』38。
嶋尾稔、2008、「『寿梅家礼』に関する基礎的考察（3）」『慶応義塾大学言語文化研究所』39。
嶋尾稔、2009、「『寿梅家礼』に関する基礎的考察（4）」『慶応義塾大学言語文化研究所』40。
嶋尾稔、2010、「ベトナムの家礼と民間文化」山本英史（編）『アジアの文人が見た民衆とその文化』慶應義塾大学言語文化研究所。
嶋尾稔、2011、「17世紀後半ベトナム北部村落における「売亭文契」に関する覚書」『慶應義塾大学言語文化研究所紀要』42。
嶋尾稔、2014、「「売亭文契」に関する覚書（其の二）」『慶應義塾大学言語文化研究所紀要』45。
末成道男、1995「ベトナムの「家譜」」『東洋文化研究所紀要』127。
末成道男、1998、『ベトナムの祖先崇拝──潮曲の社会生活──』風響社。
末成道男、2008、「中部ベトナムにおける墓祀り：清福村の事例から」『東洋大学学術フロンティア報告書（2008年度）』。
鈴木中正、1975、「黎朝後期の清との関係（1682-1804年）」山本達郎（編著）『ベトナム中国関係史──曲氏の抬頭から清仏戦争まで──』山川出版社。
関本紀子、2010、『はかりとものさしのベトナム史』風響社。
高津茂、2009、「ヴェトナムの神勅に関する一考察──河東省懐徳府慈廉県の史料を中心として

——」『星槎大学紀要共生科学研究』5。

竹田龍児、1967、「越南における会盟について」『史学』40-2・3。

竹田龍児、1969、「ヴェトナムに於ける国家権力の構造——社を中心として見たる——」山本達郎（編）『東南アジアにおける権力構造の史的考察』竹内書店。

チャン・ドゥック・アイン・ソン（上田新也・西村昌也共訳）、2011、「フエにおける葬礼への宮廷文化・仏教・儒教の影響」篠原啓方（編）『周縁の文化交渉学3 陵墓からみた東アジア諸国の位相——朝鮮王陵とその周縁——』、関西大学文化交渉学教育研究拠点。

坪井善明、1990、「ヴェトナムにおける儒教」『思想』792。

坪内良博、1990、「生活の基礎単位」坪内良博編『講座東南アジア学 東南アジアの社会』弘文堂。

永積洋子、2001、『朱印船』吉川弘文館。

西村昌也、2007、「北部ヴェトナム紅河平原における輪中型堤防形成に関する一試論」『東南アジア研究』45-2。

西村昌也、2008、「ヴェトナム集落の形成——ナムディン省バッコック集落と周辺域の考古学調査から——」『東南アジア——歴史と文化——』36。

野田徹、1993、「明朝宦官の政治的地位について」『九州大学東洋史論集』21。

ファン・ダイ・ゾアン（大西和彦 訳）、2002、「17世紀のあるベトナム——日本家族について——バッチャンの『阮氏家譜』を通じて——」櫻井清彦・菊池誠一（編）『近世日越交流史——日本町・陶磁器——』柏書房。

蓮田隆志、2003、「『大越史記本紀続編』研究ノート」『アジア・アフリカ言語文化研究』66。

蓮田隆志、2005、「17世紀ベトナム鄭氏政権と宦官」『待兼山論叢』史学篇39。

蓮田隆志、2017、「ベトナム後期黎朝の成立」『東洋学報』99-2。

蓮田隆志、2017a、「近世ベトナムの地方社会における治安活動と下級武人」『環東アジア研究』10。

蓮田隆志、2017b、「ベトナム後期黎朝の成立」『東洋学報』99-2。

藤原利一郎、1967、「黎末史の一考察——鄭氏治下の政情について——」『東洋史研究』26-1（原題のまま［藤原 1986］に再収）。

藤原利一郎、1968、「ヴェトナムにおける丁賦制の成立について」田村博士退官記念事業会（編）『田村博士頌寿記念 東洋史論叢』（「ヴェトナムにおける丁賦制の成立」として［藤原 1986］に再収）。

藤原利一郎、1976、「黎朝の科挙——聖宗の科挙制確立まで——」『史窓』34（原題のまま［藤原 1986］に再収）。

藤原利一郎、1978、「黎朝時代の学校——とくに科挙との関係について——」内田吟風博士頌寿記念会（編）『内田吟風博士頌寿記念 東洋史論集』同朋社（原題のまま［藤原 1986］に再収）。

藤原利一郎、1980a、「黎朝聖宗の官制改革について」『山本達郎博士古稀記念 東南アジア・インドの社会と文化』下、山川出版社（「黎朝聖宗の官制改革」として［藤原 1986］に再収）。

藤原利一郎、1980b、「黎朝後期鄭氏の華僑対策」『史窓』38（原題のまま［藤原 1986］に再収）。

藤原利一郎、1982、「黎朝聖宗の官制改革の背景」小野勝年博頌寿記念会（編）『小野勝年博士頌寿記念　東方学論集』朋友書店（原題のまま［藤原 1986］に再収）。

藤原利一郎、1986、『東南アジア史の研究』法蔵館（上記藤原論文はすべて本書に再録されており、一部補訂されている。引用箇所は本書の頁数に従う）。

夫馬進、2011、「中国訴訟社会史概論」夫馬進（編）『中国訴訟社会史の研究』京都大学学術出版会。

牧野巽、1980、「安南の黎朝刑律にあらはれた家族制度」『牧野巽著作集第2巻　中国家族研究下』お茶の水書房。（初出『日仏文化』新第6輯、1934年）

松尾信之、1999、「十九世紀末ベトナム北部における村落と統治機関との関係について：訴訟文書の史料的意義」『史学雑誌』107-2。

松尾信之、2000、「土地税台帳から見た植民地期土地政策」『ベトナムの社会と文化』2。

松尾信之、2011、「1930年代ベトナムにおける土地台帳関連資料の意義」『NUCB journal of economics and information science』55-2。

水野浩一、1981、『タイ農村の社会組織』創文社。

水林彪、2006、『天皇制史論』岩波書店。

宮沢千尋、2000、「ベトナム北部の父系出自・外族・同姓結合」吉原和男・鈴木正崇・末成道男（編）、『〈血縁〉の再構築——東アジアにおける父系出自と同姓結合』風響社。

宮沢千尋、2016、「前近代ベトナム女性の財産権と祭祀財産相続——忌田を中心に——」『アジア・アフリカ地域研究』15-2。

宮嶋博史、1994、「東アジア小農社会の形成」溝口雄三・浜下武士・平石直昭・宮嶋博史（編）『アジアから考える（6）長期社会変動』東京大学出版会。

元廣ちひろ、2014、「19〜20世紀ベトナム中部フエ、ラグーン域と水面管理集落」『広島東洋史学報』19。

桃木至朗、1991、「書評論文　桜井由躬雄著「ベトナム村落の形成——村落共有田＝コンディエン制の史的展開」」『東南アジア——歴史と文化——』20。

桃木至朗、1995、「広南阮氏と「ベトナム国家」」桃木至朗（編）平成2年度文部科学省科学研究費（海外学術研究）報告書『南シナ海世界におけるホイアン（ベトナム）の歴史生態的位置I』大阪大学文学部。

桃木至朗・樋口英夫・重枝豊（共著）、1999、『チャンパ——歴史・末裔・建築——』めこん。

桃木至朗、2011、『中世大越国家の成立と変容』大阪大学出版会。

八尾隆生、1998、「黎末北部ヴェトナム村落社会の一断面——ナムディン省旧百穀社の事例——」『南方文化』25。

八尾隆生、2009、『黎初ヴェトナムの政治と社会』広島大学出版会。

八尾隆生、2010、「社会規範としてのベトナム『国朝刑律』の可能性」山本英史編『近世の海域世界と地方統治』汲古書院。

八尾隆生、2016、「ヴェトナム黎朝聖宗の明律受容に関する初歩的考察」『史学研究』293。

山本達郎、1938、「安南黎朝の婚姻法」『東方学報　東京』8。

山本達郎、1940、「安南の不動産売買文書」『東方学報　東京』11。

山本達郎、1970、「越南の家譜」『和田博士古稀記念　東洋史論叢』講談社。
山本達郎（編著）、1975、『ベトナム中国関係史――曲氏の抬頭から清仏戦争まで――』山川出版社。
山本達郎、1981、「フランス支配時代における南部越南の土地契約文書」『論集近代中国研究（市古教授退官記念論叢）』山川出版社。
山本英史、2007、『清代中国の地域支配』慶応義塾大学出版会。
和田正彦、1978、「ベトナム黎朝末阮初の宦官について」『慶応義塾大学言語文化研究所紀要』10。
和田正彦、1988、「ヴェトナム黎朝期の知識人と儒学について――黎貴惇を中心として――」『言語文化研究所紀要』20。

〈外国語〉

Ban Nghiên cứu và Biên soạn Lịch sử Thanh Hóa (biên soạn), 1995, *Chúa Trịnh – Vị trí và vai trò lịch sử*, Thanh Hóa.

Diệp Đình Hoa, 2000, *Người Việt ở Đồng bằng Bắc Bộ*, Hà Nội: Nhà xuất bản Khoa học Xã hội, 2000.

Dương Minh, 1978, "Lê Anh Tuấn và xã hội Đàng ngoài hồi nửa đầu thế kỷ 18, *Nghiên cứu Lịch sử* 179.

Đặng Phương Nghi, 1969, *Les institutions publiques du Viet-nam au 18e siècle*, Saigon.

Đỗ Bang, 1990, *Lịch sử Thanh Phước*, Huế

Đỗ Đức Hùng, 1995, "Trịnh Cương, Nguyễn Công Hãng và cuộc cải cách tài chính ở Đàng Ngoài đầu thế kỷ 18", in: Ban Nghiên cứu và Biên soạn Lịch sử Thanh Hóa, Viện Sử học Việt Nam (eds.), *Chúa Trịnh –vị trí và vai trò lịch sử*, Thanh Hóa.

Embree, John Fee, 1950, "Thailand: A Loosly Structured Social system", *American Anthroplologist* 52.

Gourou, Pierre, 1936, *Les paysans du delta tonkinois*, Paris: étude de géographie humaine.

Huỳnh Đình Kết, 2010, "Quá trình tụ cư lập làng khu vực thành Hóa Châu qua tiếp cận gia phả một số dòng họ khai canh, khai thác – Trường hợp các làng Kim Đôi, Thành Trung và Phú Lương", Nguyễn Quang Trung Tiến, Nishimura Masanari (eds.), *Văn hóa-Lich sử Huế qua góc nhìn làng xã phụ cận và quan hệ với bên ngoài*, Huế: Nxb. Thuận Hóa.

Lê Đình Sỹ, 1995, "Về binh chế - tổ chức quân đội của triều chính vua Lê chúa Trịnh", in: Ban Nghiên cứu và Biên soạn Lịch sử Thanh Hóa (biên soạn), *Chúa Trịnh –Vị trí và vai trò lịch sử*, Thanh Hóa.

Lê Kim Ngân, 1974, *Chế độ Chính trị Việt Nam thế kỷ 17 và 18*, Sài Gòn: Phân khoa Khoa học Xã hội, Viện Đại học Vạn Hạnh.

Lê Văn Tuyên, Lê Nguyễn Lưu, Huỳnh Đình Kết (biên soạn), 2008, *Văn bản Hán Nôm làng xã vùng Huế*, Huế: Nxb Thuận Hóa.

Li Tana, 1998, *Nguyễn Cochinchina: Southern Vietnam in the Seventeenth and Eighteenth Centuries*, New York: Cornell University.

Li Tana, 2012, "Tongking in the age of commerce", in Geoff Wade, Li Tana (eds.), *Anthony Reid and the study of the Southeast Asian past*, Singapore: Institute of Southeast Asian Studies.

Lương Đức Thiệp, 1971, *Xã hội Việt Nam*, Hà Nội: Nhà Hoa Tiên, 1971.

Minh Tiến, Minh Thảo (biên tập), 2009, *Kỷ yếu hội thảo khoa học: Trịnh Sâm – Cuộc đời và sự nghiệp*, Hà Nội: Nxb Văn hóa Thông tin.

Ngô Đức Thọ (ed.), 1993, *Các Nhà Khoa bảng Việt Nam (1075–1919)*, Hà Nội: Nhà xuất bản Văn học.

Nguyễn Duy Hinh, 2003, *Người Việt Nam với Đạo giáo*, Hà Nội: Nxb Khoa học xã hội.

Nguyễn Đức Nhuệ, 1997, "Tìm hiểu tổ chức 'Phiên' trong bộ máy nhà nước thời Lê Trung hưng", *Nghiên cứu Lịch sử* 294.

Nguyễn Hồng Phong, 1959, *Xã thôn Việt Nam*, Hà Nội: Nhà xuất bản Văn sử địa, 1959.

Nguyễn Khắc Tụng, 1978, "Tính chất cứ trú theo quan hệ dòng họ có tác động gì trong nông thôn ta hiện nay?", in: Viện Sử học (ed.), *Nông thôn Việt Nam trong Lịch sử*, tập 2, Hà Nội: Nxb Khoa học Xã hội.

Nguyễn Sĩ Giác, Vũ Văn Mẫu (dịch), 1959, *Hồng Đức Thiện chính thư*, Sài Gòn: Đại học viện Saigon, Trường Luật khoa Đại học.

Nguyễn Thanh Nhã, 1970, *Tableau économique du Viet Nam aux 17e et 18e siècles*, Paris: Editions Cujas.

Nguyễn Thị Hà Thành, 2010, "Nghiên cứu biến động sử dụng đất và một số yếu tố kinh tế-xã hội làng Địa Linh dựa trên các tư liệu địa chính (1935–1996)", Nguyễn Quang Trung Tiến; Nishimura Masanari (eds.),*Văn hóa-lịch sử Huế qua góc nhìn làng xã phụ cận và quan hệ với bên ngoại*, Huế: Nxb. Thuận Hóa, 2010, pp.45–46.

Nguyễn Văn Nguyên, 2006a, "Thực trạng vấn đề ngụy tạo niên đại trong thác bản văn bia Việt Nam", *Tạp chí Hán Nôm* 74.

Nguyễn Văn Nguyên, 2006b, "Những thủ thuật ngụy tạo niên đại trong thác bản văn bia", *Tạp chí Hán Nôm* 75.

Nguyễn Văn Nguyên, 2006c, "Hai nguồn sản sinh và các mẫu chữ niên hiệu ngụy tạo trong thác bản văn bia", *Tạp chí Hán Nôm* 78.

Phan Huy Lê, Chu Thiên, Vương Hoàng Tuyên, Vương Hoàng Tuyên, Đinh Xuân Lâm (biên soạn), 1960, *Lịch sử Chế độ Phong kiến Việt Nam*, tập III, Hà Nội: Nxb Giáo Dục.

Phan Huy Lê, 1995, "Lịch sử hình thành và phát triển làng gốm Bát Tràng", In Phan Huy Lê (biên soạn), *Gốm Bát Tràng thế kỷ 14–19*, pp.13–18, Hà Nội: Nxb Thế giới.

Quang Trú, Lâm Biền, 1978, Một vài vấn đề xã thôn Việt Nam qua các tài liệu mỹ thuật, in Viện sử học, *Nông thôn Việt Nam trong lịch sử*, tập II, Hà Nội: Nxb Khoa học xã hội.

Reid, Anthony, 1988, *Southeast Asia in the age of commerce 1450–1680, vol.1: The land below the wind*, New Haven: Yale University Press.

Reid, Anthony, 1993, *Southeast Asia in the age of commerce 1450–1680, vol.2: Expansion and Crysis*, New Haven: Yale University Press.

Taylor, K. W., 1987, "The Literati Revival in 17th century Vietnam", *Journal of Southeast Asian*

Studies 18–1.

Trần Đình Hằng, 2010, "Thành Hoàng làng Việt vùng Huế và trường hợp Thanh Phước", in: Nguyễn Quang Trung Tiến, Nishimura Masanari (biên soạn), *Văn hóa-lịch sử Huế qua góc nhìn làng xã phụ cận và quan hệ với bên ngoại*, Huế: Nxb. Thuận Hóa.

Trần Thị Vinh, 1998, "Một số biện pháp kinh tế xã hội của nhà Lê-Trịnh: Đối với nông dân ở thế kỷ 18", *Nghiên cứu Lịch sử* 301.

Trần Thị Vinh, 2004, "Thể chế chính quyền nhà nước thời Lê-Trịnh: Sản phẩm đặc biệt của lịch sử Việt Nam thế kỷ 17–18", *Nghiên cứu Lịch sử* 332.

Trần Thị Vinh (chủ biên), Đỗ Đức Hùng, Trương Thị Yến, Nguyễn Thị Phương Chi, *Lịch sử Việt Nam*, tập 4, 2013, Hà Nội: Nxb Khoa học xã hội.

Trần Từ, 1984, *Cơ cấu tổ chức của làng Việt cổ truyền ở Bắc Bộ*, Hà Nội: Nxb Khoa học xã hội.

Tran, Nhung Tuyet, 2006 "Beyond the Myth of Equality: Daughters' Inheritance Right in the Lê Code" in: Nhung Tuyet Tran, Anthony Reid (eds.), *Việt Nam: Borderless History*, Madison: The University of Wisconsin Press.

Trịnh Khắc Mạnh (biên soạn), 2007–2010, *Thư mục Thác bản Văn khắc Hán Nôm Việt Nam*, tập I-VII, Hà Nội: Nxb Văn hóa Thông tin.

Trương Hữu Quýnh, 1983, *Chế độ ruộng đất ở Việt Nam thế kỷ XI-XVIII*, tập 2, Hà Nội: Nxb Khoa học Xã hội.（のち［Trương Hữu Quýnh 2009］に原題のまま再収。引用における頁数は［Trương Hữu Quýnh 2009］による）

Trương Hữu Quýnh, 2009, *Chế độ ruộng đất & một số vấn đề lịch sử Việt Nam*, Hà Nội: Nxb Thế giới.

Trương Kim Bằng, *Một số nhân vật lịch sử dòng họ Trương thời Trần-Lê*, Hà Nội: Nxb Văn học.

Ueda Shin'ya, 2015, "On the Financial Structure and Personnel Organization of the Trịnh Lords in Seventeenth to Eighteenth Century North Vietnam", *Journal of Southeast Asian Studies* 46–2.

Ueda Shinya, Nishino Noriko, 2017, "The international ceramics trade and social change in the Red River Delta in the early modern period: A case study of Bát Tràng and Kim Lan villages", *Asian review of world histories*, vol.5.

Vũ Văn Mẫu, 1957, *Lịch triều hiến chương loại chí*, Sài gòn.

Whitmore, John K., 1983, "Vietnam and the monetary flow of Eastern Asia, thirteenth to eighteenth centuries", in: J. F. Richards (ed.), *Precious metals in the later medieval and early modern world*, Durham: Carolina Academic Press.

Whitmore, John K., 1995, "Chung-hsing and Cheng-t'ung in Texts of and on Sixteenth-Century Vietnam", in: *Essays into Vietnamese Past*, Southeast Asian Program, Cornell University, Ithaca, New York.

Yu Insun, 1980, "Political Centralization and Judicial Administration in Seventeenth and Eighteenth Century Vietnam", *The Journal of Asiatic Studies*（『亜細亜研究』）23–1.

Yu Insun, 1990, *Law and Society in Seventeenth and Eighteenth Century Vietnam*, Seoul: Korea University.

あとがき

　時折、「何でベトナム史（なんか）を選んだんですか」と尋ねられることがある。確かに私より上の世代の人々はベトナム戦争を報道などで見聞きするなかで、ベトナムに関心を持たれたという方も多いが、1977年生まれの私にはそのような時代的背景は全くない。いわば「戦争を知らない子供たち」の世代に属す研究者であるので、そのように思われても仕方のないところではある。「まあ、成り行きで」と答えても、相手はあまり納得してくれないのであるが、実際、成り行きでしかなかったのだから仕方がない。しかし、その「成り行き」の結果として、広島大学在籍時に八尾隆生氏の研究室でベトナムの漢喃史料という魅力的な文書群と出会ったことは、やはり私にとって僥倖というしかない。何かしら「取りすました感じ」のする中国漢籍に鼻持ちならない印象を持っていた私にとっては、どこかしら土のにおいが香るような生々しい記述の史料群が非常に魅力的に映ったのは事実であって、気障な言い方をすれば、私が史料を選んだというよりは、史料が私を選んだような気もしなくもない。以来10年以上に渡ってそれらと格闘し続けるはめになって現在に至る訳だが、本書の記述がベトナムの史料の魅力、そして何よりもそれらを遺した当時の人々の「顔」や「生活」を、読者に少しでも感じさせるものとなっているのであれば、実は筆者としてこれに勝る喜びはない。このようなことを書いたら叱られるかもしれないが、現在のベトナム史研究において進行している「近世史料革命」を考え合せれば、本書における結論それ自体はむしろ議論の叩き台というべきものであって、今後の研究の発展により更新されていくことが望ましい。少なくとも桜井由躬雄氏の研究［1987］が様々な批判にさらされながらも、書き換えられることもなく結局は30年近く放置されてきたような状況を私は望んでいない。

　私が初めてベトナムを訪れたのは、確か2001年のことであったと記憶して

いる。既に荷物運びや観光客向けが中心とはなっていたが、当時のハノイは街中をちらほらとではあるがまだシクロが走っていた。その後、留学した時もしばしば渋滞で身動きが取れなくはなったものの、まだ街中を自転車で移動することが出来た。たかだか15～20年前の話であるが、やはり現在の高層マンションが立ち並ぶ今のハノイとは隔世の感がある。その間に日越関係も大きく変化し、今や日本のODA供与国の上位にベトナムは毎年のように名を連ねている。日本においても都会のコンビニなどでベトナム人店員を見かけることは、さして珍しいことでもなくなった。人的にも経済的にも、日越両国がこれほどの規模で交流したことは歴史上まさに前代未聞ではなかろうか。しかし、政治的な蜜月関係とは裏腹に、両国関係の将来についてはやはり危機感を持たざるを得ない。近年、急増しているベトナムからの技能実習生や留学生は、実態としてはその多くが「出稼ぎ」であって、ベトナム側の物価上昇により「出稼ぎ」の経済的メリットが薄れれば、日本の実習制度や留学制度が抱えている制度的問題点が一挙に顕在化する可能性は高い。そうなればベトナム側はより経済的メリットの高い国々への出稼ぎに流れ、日本側は歪んだ制度を抱えたまま、より安価な労働力を他国に求めるだけであろう。2018年10月現在、日本政府は技能実習制度の改正や就労ビザの検討などを進めているが、新聞などの報道を見る限りでは、このような小手先の改革で果たして海外から就労先として「選ばれる」国になりうるのか、はなはだ疑問である。自国社会のひずみを押し付けるような形での外国人労働者の受け入れは、現在のヨーロッパの移民問題を考えれば、先々日本においても問題となるのは明らかである。日本が真に国際化した社会となれるのか岐路に立たされていえよう。本書で見たような「よそ者お断り」の閉鎖的空間へと日本社会が変質しないことを祈るばかりである。

　本書の執筆にあたっては多くの方々にご協力いただいた。八尾隆生氏、桃木至朗氏、嶋尾稔氏といったベトナム前近代史の先賢の諸先生方には、本書の基礎となった諸論文の執筆において多くの貴重な助言や示唆を与えていただいた。これらの助力が無ければ本書が日の目を見ることがなかったのは間違いない。また考古学の西村昌也氏にはバッチャン村やタインフオック村の

調査において多くの便宜を図って頂いた。西村氏の与えてくれた有形無形の援助が、本書の第Ⅱ部における考察を一段、上の段階へと引き上げてくれたのは間違いない。不幸にも西村氏は先年ベトナムにおける交通事故で無くなられたが、本書を氏にお見せすることが出来ないのは残念でならない。最後にベトナム学開発学院、フエ科学大学史学科の先生方にはベトナムでの調査で幾度となくお世話になった。何よりも調査に協力して下さった村々のインフォーマントの方々には感謝のしようもない。あまりに数が多く一人ひとり全てを挙げることはできないが、「怪しげな外国人」の訪問に対して数々の古文書の閲覧を（時におもしろがりながら）快く認めてくださった村々の族長方には、ただただその度量に感服するしかない。本書の刊行が万分の一でもそれらのご厚意に報いることになれば幸いである。

　なお本書は日本学術振興会科学研究補助金（若手研究Ｂ：15K16845）の成果の一部である。

2018 年 10 月　　　　上田　新也

索　引

【凡例】
- 原則として日本語音による50音順とした。特に漢字の姓名や地名については日本語の音読みにより配列されているので注意されたい。
- ただし、日本語においてもベトナム語の発音が慣例的に認められていると判断されるもの（例えば「阮」→グエン、「清化」→タインホア）については、ベトナム語音に従って並べている。
- 集落内の「処（xứ đồng）」は特に重要と判断されるもの以外は索引に含めていない。また碑文拓本や村落文書に含まれる通常の村人と判断される人々も含めていない。
- 使用頻度の高い語句に関しては、重要と認められる箇所のみを索引に入れている。
- 各図表に含まれる人物名、官職名などについては、この索引に含まれていない。必要に応じて以下の図表を参照されたい。

知番の就任者	【図表2-2】
副知番、僉知番、内差の就任者	【図表2-3】
勾稽の就任者	【図表2-4】
六番成立前の鄭王府系下級官僚	【図表1-2】
六番成立後の鄭王府系下級官僚	【図表2-8】
科挙官僚の官職就任状況	【図表3-1】（1720年時点）
	【図表3-2】（1764年時点）
黎朝の主要官職名	【図表0-3】
黎鄭政権期の年号	【図表0-2】
各種史料（村落文書を除く）	序章補

あ　行

亜鉛銭　152
安山県　237, 243, 247
安豊県　161
安老県　151
威山大王　238
威穆帝　232, 233
右中宮　43, 93, 94
雲窟社　28
営奇　49
永慶簿　304

衛所制　44, 53, 76, 83, 115, 118, 125, 126
永治総　306
役隷　153, 158
閲選　44, 49, 127, 147, 148, 290
王府→鄭王府
夫方居住　265, 276, 277, 279, 284, 365, 366
恩禄　80, 153

か　行

歌籌　234
該官　53
該奇官　83, 118, 191, 193

索　引

階級闘争史観　6, 218
界碼　183, 193-195, 202
該県　56-59, 183, 361
該合　94, 103, 107, 112
開耕氏族　311, 324, 326, 329, 331, 332, 335, 344, 356, 357
開耕神　311, 336
開国功臣　26, 35, 255
界際社　161, 165, 166, 260
該社　53, 57, 58, 60, 76, 361
外戚　74, 173, 233, 256, 257
該総　53, 56-59, 76, 361
該隊　83, 118
外朝　115, 362
外鎮　36, 47, 68, 86, 137
外府兵　46, 47
外兵　46, 47, 61
該民　54, 153-155, 159, 166, 167
海陽　69, 151, 170
開例官　48
会老参盤　225, 228
科挙　38, 68, 102, 127, 137, 141, 206, 213, 361, 362, 369
鶴林社　160, 161, 215
嘉旨　131
嫁資　271-273, 277, 278, 281-284
賀帖　119
夏稲　145, 146, 169, 175, 217, 244
花板社　27, 28, 219, 235, 237-239, 241, 243-245, 247, 249, 250, 258, 259, 261, 262, 267, 272, 273, 275, 277, 278, 364, 366
嘉苗外阮氏　35
家譜　14, 25, 103, 119, 180, 206, 211, 294, 295, 313-318, 321, 323, 325-328, 330, 331, 334-340, 342, 343, 357, 371
苛濫訟　129
嘉隆簿　293, 297, 303, 305, 306, 309
宦官　11, 79, 86, 93, 94, 102-104, 106, 107, 115, 129, 159-161, 163-165, 173, 204, 207, 208, 210, 211, 213, 215, 233, 362
驪郡公　207, 208
監察御史　56, 128, 130, 193, 194, 196
監試　127
官田　45, 50, 89, 90, 222, 244, 245
寛徳侯范　159
勧農使　256
観音院　253, 257-259
管兵　81, 106
観良社　208
翰林院　68, 69, 128, 130
奇（軍制）　45, 137
生糸　191, 192, 197, 198, 203, 213
譏察　56, 58, 59
忌日　165, 327, 331, 337
季税　51, 55, 57, 147-150, 156, 158, 162, 169
キムラン→金関社
郷試三場　103, 206-208
杏市村　151, 152
共住集団　264, 277, 279, 281-285, 365, 366
郷職　145, 229, 230
郷長　228, 268
教坊司　165, 234-237
郷約　14, 214, 219-221, 223-225, 228, 230, 251, 257, 259, 293, 310, 323
教化条例　240
僑寓者→寓居民
御史台　23, 38, 120, 128, 129, 182, 194, 209
銀　17, 152, 161, 206, 231, 254
金関社　27, 180, 199, 200, 202
金関所　184
欽差　119, 125, 127
近世　4, 14, 16, 19, 217, 231, 283, 359, 367, 372
均田例　22, 75, 147, 224, 231, 236, 274, 349, 353

錦袍社　159, 160
寓居民　171, 172, 175, 261, 362
寓禄　80-82, 84, 85, 153, 195
阮印　206
阮栄　211, 212
阮嘉鎔　103
阮輝僅　255
阮貴徳　68-70, 72, 139
阮淦　35
阮錦→阮第
阮玉氏　315, 318, 321, 323, 326-330, 334-338, 341-344, 347, 354
阮言　206, 211
阮公基　68, 71
阮公沆　68, 173, 256
阮光輔　70
阮弘裕　233
阮倣　207, 212
阮尚　204, 211, 212
阮如璘　160, 161
阮賑　204, 207-209, 211-213, 215, 216, 259, 363
阮成珠　102
阮成珍→阮賑
阮勢浜　207, 208
阮族　204, 311, 313, 315, 318, 323, 326, 327, 329, 330, 344
阮第　204, 209, 211, 212
阮泰来　160, 161
阮卓倫　102
阮朝　5, 8, 27, 166, 180, 198, 204, 211, 224, 225, 245, 250, 251, 253, 262, 273, 275, 286, 289, 291, 305, 308, 310, 311, 323, 331, 349, 350, 355, 371
阮擢　204, 209
阮登氏　326, 327, 330, 331, 333-335, 343
阮登道　26, 139, 141, 211
阮登蓮→阮擢
阮伯麟　233
阮伯璘　25

阮文氏　326, 327, 330, 343
阮文族（花板社）　273, 278
阮文侶　233
阮炳　204, 207, 208, 211, 213, 215, 363
阮髈　204, 206, 208, 210-213, 215, 216
阮名誉　135
阮有求　154, 169, 170, 257
口分田　45, 75, 172, 224
軍営　44-46, 70, 73, 112
軍管区制　115, 361
軍項　44, 49, 147
軍事機構　44, 76, 84, 85, 112, 114, 115, 118, 125, 175, 214, 361, 362
乂安　35, 36, 47, 60, 74, 93, 124, 206, 361
啓　48, 190
京師→ハノイ
瓊瑛公主　103, 253, 256, 257
慶寿侯　158
景治簿　297, 298, 300, 303-305
刑番　43, 50, 85, 88, 103, 115
京北　25, 26, 54, 68, 72, 82, 152, 159-161, 163, 182
荊門府　151
華厳寺　238, 258
血盟　185, 190
月曜処　248-250
県官　51, 52, 55, 76, 113, 194, 196
原貫地主義　172, 175, 362
見耕簿　290, 298, 300, 304
憲察使　39, 56, 68, 72, 129, 157, 194-196
県丞　107, 207
権府事　39, 41
甲　210, 226-228, 230, 234-236, 239, 241, 261-263, 266, 366
広威府　25
交易の時代　7, 16, 369
高海平　156, 157
紅河デルタ文人　67, 68, 75, 77, 361, 363, 366, 370, 371
香火田　90, 268, 269, 344, 346, 347, 349,

386

354
交勘 183, 189
広義省 331, 332
甲阮科 94
勾稽 92, 94, 103, 104, 107, 112
黄五福 115, 173
公差 119
口債 224
高山大王 225, 226, 231, 233, 235-240, 251, 260, 365
郊祀 142
後神 152, 153, 160, 161, 163, 165, 167, 278, 363
後神碑 151, 152, 156, 160, 163
香茶県 351
黄丁 44, 80, 147
公田 6, 8, 9, 74, 75, 145, 147, 150, 162, 166, 218, 245, 274, 278, 305, 306, 308, 312, 325, 349, 351-354, 356, 357, 365
広田県 300, 351
公田耕作権 353, 356
広南阮氏 2, 4, 6, 24, 47, 77, 286, 290, 291, 301, 310, 316, 324, 336, 349, 350, 370
広南国 3, 4
広南省 332
工番 43, 85, 88-92, 104
工部 72, 88, 89, 233
后仏 162, 258
高平 69, 77, 137
犒例 224
口粮田 224
公論 194, 195
治和県 159, 160, 163
国威府 162, 164, 233, 243, 244
五軍都督 44
五軍都督府 38, 41, 44, 46, 53, 83, 115, 118, 126
戸婚訟 129
小作人 218, 281, 365

雇借 352
午津大王 238
戸籍 80, 129, 147-149, 151, 161, 175, 236
古銭 51, 90, 91, 112, 152, 153, 163, 165, 192, 224, 251
胡朝 1
戸番(三番) 36, 43, 50, 85, 86, 102, 136
戸番(六番) 43, 85, 86, 88, 90-92, 164, 255
戸部 53
五府 41, 42, 119, 256
五府府僚 39, 42

さ 行

祭祀集団 226-228, 231, 241, 258, 260, 263, 266, 366
財政機構 50, 55, 57, 76, 79, 85, 86, 93, 104, 106, 107, 111, 112, 114, 115, 154, 155, 175, 361, 362
冊封関係 143
差遣 82, 103, 113, 118, 119, 124, 125, 128, 130, 135, 142, 193, 195, 362
差遣官僚 137, 139, 195
左中宮 43, 88, 93, 94
刷号 164
ザップ→甲
左虞 187
左右侍郎 40, 81, 93, 117
ザンカオ→東皐社
参従 39-41, 67, 76, 81, 93, 117, 124, 128, 139, 141, 256, 257
山西 25, 72, 162, 164, 233, 237, 243
山村 219, 221-226, 229-231, 233-241, 243-247, 249-254, 257-260, 262, 364, 365
山南 72, 73, 77, 127, 156, 157
三番 36, 43, 44, 62, 76, 93
三府 60
旨 49, 50, 55, 135, 136, 141, 210

士王廟　54
指揮使　81, 83, 125
侍候　46, 47, 49, 50, 60, 91, 102, 115, 155, 156, 362
慈山府　25, 26, 152, 161, 208
四至　198, 200, 228, 290
祀事　80, 81, 153, 158
旨准　135
使錢　152, 260
市村　152
七族　311, 312
試中書算　103
四鎮　36
四鎮一兵　44, 47, 61, 112
紫沉社→龍珠社
執券　56
執憑　291
祀田　310, 323
祠堂　165, 232-236, 343, 344, 366, 371
侍内書写　48, 62, 94, 255, 361
支派祖　331, 332, 334, 335, 342
斯文会　229, 230
社（行政単位）　38, 80, 145
社官　90, 145
社長　48, 194, 255, 267, 359
朱印船　17, 79, 370
秋稲　146, 169, 244
集落成員権　236, 241, 278, 279, 326, 331, 332, 335, 336, 357, 365, 366, 370
儒教　19, 61, 102, 139, 142, 143, 215, 216, 230, 240, 241, 260, 262-264, 266, 273, 276, 277, 283, 284, 335, 336, 338-340, 344, 357, 358, 362, 365, 366, 369-371
守券　56, 255
首合　94, 107, 112
寿梅家礼　230, 369
守簿　296, 354, 359
守約　56
守隷　54, 153, 157, 158
授禄者→禄社受給者

順安府　25, 54, 182, 194
順化　350, 351
巡察　53, 56, 58
巡司　53, 58, 170
巡総　56
巡番　224
春瓢社　163
巡捕　58, 59
処（行政単位）　38
処（地簿）　305
城隍　166, 225, 226, 228, 230, 231, 235, 239, 251, 365
常信府　156, 157
承政使　39, 56, 129, 194-196, 207
承宣　38, 125, 195, 237
上亭村　156, 157
小農社会論　5, 10, 16, 19, 358, 367, 369
掌府事　39, 41, 67
襄翼帝　233, 234, 236, 238, 239
昇龍→ハノイ
祥麟村　157, 158, 162
所該　51, 54, 55, 57, 59, 76, 78, 86, 113, 114, 153-158, 161, 162, 166, 167, 212
職事官　125, 135, 136, 143
嘱書　25, 264, 266-269, 271-273, 276-278, 283
職秩　81, 82, 85
稷忠侯　104, 165
職能民　236
如琼　26, 212, 255, 257
如琼張氏　173
如琼張族　72, 75, 254-257, 259, 267
書算科　62, 67, 77, 103, 107, 215
所使　107
署府事　39, 41, 137
如麟社　212
司礼監　94, 102, 104, 207
紙礼銭　160
慈廉県　69, 237
珥禄侯　104, 106

索　引

賑給　162, 164, 167, 169, 170
神霄雷法　338
神蹟　27, 228, 231, 237, 238
親族集団　14, 263, 265, 271, 273, 278, 283, 284, 323, 325-327, 331, 332, 336, 338, 356-358, 365, 366, 368
賑貸　162, 164, 167
神道碑　161, 164
申簿　291, 298, 304, 311
人命訟　129
推恩　104, 137
水師番　36, 43, 49, 50, 72, 85, 86, 102
水晶公主　237, 240
水注鄭氏　35
須知簿　150, 185, 247, 249, 250
洲土　51, 180, 184, 197-199, 202, 213
清乂　36
清乂優兵　44-47, 49, 50, 60-62, 72, 74-77, 83, 112, 173, 255, 361
西宮　43, 88
貰示銭　160
青湘社　54
正隊長　83
青池県　156, 203
盛徳簿　300
青梅社　25
清福集落　4, 28, 284, 287, 289-294, 297, 298, 300-303, 305-308, 310, 311, 313, 315, 316, 321-328, 330-332, 334-337, 344, 346, 347, 349, 352-354, 356-358, 366
制禄　80-82, 84, 85, 153, 155, 157, 212
施餓鬼　337, 340, 341
節制　126, 127, 131, 133, 135, 139, 193
占射田　26, 50, 150
前城社　28, 298, 300-303
僉知番　94, 103, 104, 106, 107
先農壇　142
先豊県　25
仙遊県　26

前黎朝　1
総（行政単位）　38, 190
双系　15, 264, 265
造船　289, 307, 308, 310, 313, 353
荘宗　35
相続権　272, 273, 282, 283
皂隷　80, 153, 158
族加入申請　331-333, 335
属宮　88, 91, 92, 94
族譜→家譜
属明期　236
族有田　313, 344, 345, 347, 349, 354, 356, 357
訴訟碑文　182
蘇世輝　90
祖先祭祀　268, 273, 275, 321, 323, 336, 338, 340, 344, 357
租庸　147, 165
租庸調制　74, 75, 147, 173, 197
租庸簿　89
ゾンホ　9, 16, 17, 263, 264, 284, 325, 357, 366, 370

た　行

隊（軍制）　45
第一国家公文書館　27, 219, 293
替易其在田　245, 247, 249, 258
大越　4, 316
ダイ河　219, 248, 249
大元帥総国政　73, 131, 136
西山（タイソン）朝　1, 224, 250, 289, 291, 292, 297, 298, 304, 323, 350
西山（タイソン）党　6, 349, 351, 352, 370, 371
隊長　72, 83, 106
太長公主　103
大土地所有　168, 281, 285, 365
大南　317
滞納免除　171

大姥社　69
タインフオック→清福集落
清化　35, 36, 38, 47, 60, 72, 74, 75, 93, 146, 173, 232, 331, 335, 361
清化参鎮　82
清化集団　35, 72, 74, 75, 173, 371
清化鎮守留守　82
タインホアン→城隍
闘　354
タムザン湖　302, 353
檀家組織　239, 261
譚公伱　25, 73, 103, 120
男女均分相続　15, 264
断売　295, 343, 347
丹鳳県　162, 164
地縁集団　9, 14-16, 19, 216, 236, 261, 310, 323, 325, 326, 358, 367, 371
知県　103, 195, 208
知貢挙　127
知戸官　155
知番　94, 102-104, 106, 107, 128, 136
知府　103, 111, 195
地簿　14, 27, 147, 150, 198-200, 202, 203, 219, 228, 245-247, 249, 250, 253, 273, 275, 277, 279, 281, 282, 284, 285, 290, 291, 293, 296, 298, 301, 303, 305, 306, 308, 349, 354
中間権力　8, 9, 38, 78, 146, 217, 253, 261, 363
中空構造　314, 321-323, 327, 330
中世　4
忠禄侯　207
長安府　45
張日貴　161, 162, 165, 166
張洎　26, 254, 256
張公楷　89
張功鏗　267, 268, 272-275, 279
張功錫　267, 269, 272
張氏玉楮　26, 253, 255, 256
徴収号　44, 51, 52, 55, 76, 86, 89, 91-94, 106, 112, 170, 260, 261, 364
張仍　26, 75, 256
張饒　26, 254, 256
徴税官　57, 162, 168, 169
徴税官吏　51, 57, 58, 78, 146, 151, 153, 154, 159, 160, 174, 260, 364
張戦　26, 255
張太尊太妃→張氏玉楮
張程　255
張誉　254
張雷　26, 255
張陸　255
超類県　54
勅（文書）　131, 135
勅封　219, 225, 228, 231, 235, 251, 253, 295-297, 311
沉山　237, 244, 249, 257, 258
沉寺　237, 238, 240, 244, 257, 258
鎮守　44, 59, 60, 67, 72, 73, 76, 78, 82, 93, 113, 118, 124-126, 129, 135-137, 139, 186, 192, 196, 212
陳善述　204
陳名寧　139
通告田　50, 150
通事　207, 208
通政使　128
妻方居住　255, 265, 278, 279, 283, 284
亭　166, 233, 234, 260, 261
鄭惟慷　126, 127
鄭惟俊　35
鄭惟瞭　35
鄭林　69, 71
鄭㮒　103, 164, 256
鄭王府　7, 11, 36, 38-42, 44, 53, 56, 60, 62, 67, 69, 75-80, 85, 86, 93, 102, 104, 106, 107, 111, 112, 114, 115, 117-120, 124, 127-130, 133, 135, 136, 139, 141, 142, 144, 154, 169, 175, 194, 195, 207, 208, 213, 215, 361, 370, 371
鄭王府系組織　36, 38, 52, 54, 56, 69, 76,

78, 111, 113, 118, 119, 128, 130, 139, 144, 195, 196, 214, 215
鄭王府系役職　79, 81, 119
禎郡公鄭　162
鄭檢　35, 126
鄭杠　106, 131, 141, 171, 224, 256, 257
鄭橺　7, 46, 47, 68-70, 72-75, 77, 85, 89, 103, 134, 137, 142, 169, 172, 173, 224, 253, 255, 361, 362, 371
鄭公銓　134, 135
鄭根　68, 69, 72, 77, 134, 137, 193, 363
鄭柞　69, 71, 77, 193, 207
鄭氏玉惠→瓊瑛公主
鄭氏系組織　39
鄭氏政権　3, 7, 68
鄭松　36, 39, 40, 52, 54, 72, 126, 131, 157
鄭森　103
丁税　44, 55, 80, 147, 149, 150, 169, 171, 275, 290, 291
鄭枇　67, 68, 72, 157
提調　127
提督　70, 207
鄭德潤　82
鄭柏　69, 71
鄭枚　70, 72
鄭柄　70, 131, 254, 255
丁簿　228, 290, 311, 350
堤防　168, 170, 180, 184, 197-200, 202-204, 213, 247-249, 301, 302
鄭橑　73
鄭榆　70, 72
デン　233, 260
添差　119, 120, 124, 128, 129, 135, 136, 139
天井川　168, 213, 214
田税　55, 80, 147, 150, 169, 197, 222, 244, 246, 291, 306, 349
テンデム　263, 267, 311, 327
伝統社会　5, 14-16, 359
伝統村落　9, 19, 218, 287, 363, 367, 371

田土訟　129, 194
天皇制　2, 3, 143
典売　295, 346, 347, 351-353
唐馨処　243, 246
東岸県　25, 82, 152
道教　238, 240, 260, 338, 339, 341, 343, 357, 365
東宮（六宮）　43, 88
東宮（黎朝）　128
鄧訓　72
登郡公　158
同県　56
陶光涯　70, 71
東皐社　27, 179, 180, 182, 183, 194, 197-200, 202, 203, 213
盗劫訟　129
陶光饒　71
鄧氏　72, 73, 173
陶磁器　179
同姓不婚　263, 327, 330
同知府　107
鄧廷相　68, 70, 72, 75
東畲社　27, 180, 184, 190, 199, 200, 202
統領　118, 301
都御史　40, 128
督視　124, 128
德治主義　262
督同　68, 69, 72, 124, 128, 135, 136, 193
都指揮使　39, 44, 60, 81, 83, 118, 125, 142
都将　118
杜伯品　256

な 行

内囲子　51, 55, 80, 86, 104, 112, 113, 115, 153-156, 158
内差　92, 94, 103, 104, 119
内廷　103, 115, 362
内殿衛士　46, 47
南宮　43

ニュークイン→如琼
入籍外貫 255
入粟授職 170
寧山社 252
農業災害 146
農民反乱 6, 169, 170, 173, 175, 363

は 行

派（ゾンホ） 326, 331, 333, 335, 347, 349
埧堰 301-303
買行簿 294, 354
梅斎村 25
裴仕遥 141, 142
陪従 39-41, 68, 72, 76, 81, 82, 93, 117, 124, 128, 134, 135, 139
買亭 165, 234-237
墓祀り 342-344
莫氏 1-3, 11, 35, 36, 69, 72, 77, 137, 150, 206, 361
莫登庸 1, 35, 126, 127
白土社 209, 210
幕府 2, 3, 7, 143
鉢場阮氏 26, 204, 206-208, 210, 211, 213, 215, 218, 260, 363
鉢場社 26, 27, 129, 168, 179, 180, 182, 183, 194, 197, 198, 200, 202, 203, 206-209, 211-216, 219, 247, 259, 363, 366
バックコック→百穀社
バッチャン→鉢場社
ハノイ 2, 12, 47, 49, 57, 67, 70, 74, 179, 206, 211, 212, 219, 231, 233, 244
盤 50, 146, 223, 225-228, 230, 360
番（集落内組織） 224-227, 230, 251
范輝錠 102
潘玉氏 326, 327, 345, 347
范公兼 133
范公著 25, 61, 102, 148, 240, 361
半公半私 345, 349, 354, 356
范公容 90

潘族 313, 315, 323, 326, 327, 329-331, 336, 344
潘仲藩 102
范廷重 154, 155, 195
潘粘 301, 311, 316, 322, 336
漢喃研究院 12, 18, 79, 229
潘文氏 326, 327, 332, 347
潘有氏 315, 316, 318, 320, 321, 323, 326, 331, 336, 340-344, 354
被雇 352
百穀社 13, 168, 210, 215, 230, 259
廟村 219, 221, 222, 225, 237-241, 244, 245, 247, 249, 251, 259
非例官署 56-60, 62, 67, 76, 77, 361
品秩 81, 83, 84
フエ 2, 4, 19, 28, 219, 228, 286, 287, 295, 307, 311, 324, 332, 338, 350, 352, 353, 356, 358, 365, 366, 370
富栄 351
フオン河 287, 305
副勾稽 112
副隊長 83
副知番 94, 103, 104, 106, 107
父系キンドレッド 325, 328, 357
父系血縁原理 335, 336, 344, 356, 357, 365, 366
父系親族集団 9, 16, 17, 19, 263, 273, 287, 325, 347, 365-368, 371
府県 44, 54, 55, 60, 76, 111-113, 129, 170, 208, 215
布政 47, 71
富川県 157
仏教 237-240, 260, 263, 284, 337, 365
仏領期地簿 297
府堂 39, 42
フランス極東学院 12
芙蕾社 152
府僚 41, 90, 130, 133, 136, 171
文江県 207, 212
文属 85, 94, 103, 104

392

索　引

文廷胤　129
兵番（三番）　36, 43, 48-50, 76, 85, 86, 102
兵番（六番）　43, 85, 88, 92
兵部　48-50, 76
聘礼　276
平例簿　148, 149, 151, 191, 192, 222, 244
平例法　148-151, 162, 171, 174, 175, 217, 221, 222, 241, 261, 305, 362, 363, 366
奉（文書）　135
奉差　55, 113, 119, 120, 124, 125, 129, 135, 139
奉差官　55, 113, 125, 128, 129, 148, 182
奉差覆勘　191, 194, 195
防潮堤　302
奉天村　28, 219, 268, 278
奉天坊　212
報答村　212
芳蘭社　90
北河府　159, 160, 163
北宮　43, 88, 89, 91, 92
北属期　1
母系　284, 328
歩兵番　102

ま　行

民項　44, 80, 147
明朝　1, 83, 115, 236
無為寺　237-239, 244, 258
村（行政単位）　219, 223

や　行

屋敷地共住集団　264, 276, 279, 283, 284, 366
養蚕　197, 203, 213
楊廷奎　103
楊武斗　233
抑脅訟　129

ら　行

ラーンサーン王国　126
頼安社　164, 215, 237
雷神信仰　338
ラン　16, 94, 179, 219, 231
六営→六中軍営
六科　68, 128, 135
六宮　43, 44, 86, 90, 92-94
六寺　68, 128
六寺少卿　107
六中軍営　46, 47, 74, 256
六番　36, 43, 44, 67, 68, 78, 81, 85, 86, 88, 89, 92-94, 102, 104, 106, 107, 111-115, 118-120, 128, 129, 155, 164, 361
六部　38, 43, 68, 78, 81, 86, 88, 91, 93, 114, 118, 128, 135, 164, 361
六部尚書　40, 81, 93, 117
理氏著　207, 208
律令制　2, 3, 143
吏番　43, 85, 88, 103
吏部　52, 53, 72, 133-135
龍珠社　27, 28, 219, 222, 233, 237, 239, 240, 244, 245, 247, 248, 251-253, 257, 258, 262, 263, 364
廩給　61, 81
流散　6, 8, 145, 146, 156, 169, 170, 172-175, 217, 362, 363
流民　6, 168-173, 175, 217, 362, 364
流民招集　169
黎維祊　141
黎維禧　47, 139
黎英俊　25, 68, 72, 127, 130, 131, 133-136, 139, 256
黎永鎰　163
黎完瓊　204
黎完浩　204
黎貴惇　24, 350
令旨　131, 134, 135, 157, 193

393

黎時海　135, 137
黎時憲　71
黎時棠　70, 71
黎嵩　233
黎聖宗　6, 11, 35, 38, 126, 147, 166, 262, 286, 290, 302, 310, 322, 358, 361
黎族　329, 347
黎仲庶　129
黎朝系官職　68
黎朝系組織　38, 39, 52, 54, 76, 118, 119, 142, 143, 195, 214
黎朝刑律　15, 266
黎朝後期（後期黎朝）　1-4
黎朝皇帝　2, 11, 36, 38, 84, 116, 117, 126, 133, 137, 139, 141-143, 195, 211, 215, 301, 360, 362, 369
黎朝前期　1-5, 8, 10, 11, 38, 39, 41, 44, 53, 54, 76, 78, 84, 118, 125, 142, 150, 215, 231, 232, 236, 241, 349, 365
黎朝朝廷　7, 11, 36, 42, 76, 79, 93, 116-118, 129, 135, 136, 142, 362
黎鄭政権　3, 4

礼番　43, 85, 88
黎文緑　335
男兵　44, 45, 48, 49, 57-59, 147
黎名顕　204
令諭　55, 131, 134, 135, 182, 192, 193
黎裕宗　43, 85, 137, 141
黎利　1, 3, 35
老項　44, 80, 147
老饒　44, 229
漏田　151
隴厘村　54
禄社　51, 54, 55, 57, 81, 113, 155, 157, 158, 160, 162, 212, 213, 215, 216, 257-259, 363
禄社受給者　57, 80, 86, 113, 146, 159, 174, 214, 215, 258, 259, 261, 364
禄社制　54, 76, 80, 85, 153, 159, 174, 259

　　　　わ　行

輪中　168, 214
和田理左衛門　208

著者略歴

上田 新也（うえだ・しんや）

1977 年生まれ
早稲田大学法学部卒業。
その後、広島大学文学部に編入学し、同大学大学院文学研究科博士課程後期修了。博士（文学）。
その後、日本学術振興会特別研究員（PD）。
現在は大阪大学文学部招聘研究員。

近世ベトナムの政治と社会

2019年3月31日　初版第1刷発行　　　　　［検印廃止］

著　者　　上田 新也

発行所　　大阪大学出版会
　　　　　代表者　三成賢次
　　　　　〒565-0871　大阪府吹田市山田丘2-7
　　　　　　　　　　　大阪大学ウエストフロント
　　　　　電話（代表）06-6877-1614
　　　　　FAX　　　　06-6877-1617
　　　　　URL　　　　http://www.osaka-up.or.jp

印刷・製本所　株式会社 遊文舎

ⓒShinya UEDA 2019　　　　　　　　　　Printed in Japan
ISBN 978-4-87259-678-6 C3022

JCOPY〈出版者著作権管理機構 委託出版物〉
本書の無断複製は著作権法上での例外を除き禁じられています。複製される場合は、その都度事前に、出版者著作権管理機構（電話 03-5244-5088、FAX 03-5244-5089、e-mail: info@jcopy.or.jp）の許諾を得てください。